U0839608

张鹏 编著

时事出版社

# 前　言

城市与我们的生活息息相关。它的出现是人类走向文明的标志，也是人类生活发展的高级形式的体现。下面就让我们走进城市文化璀璨的历史之河，了解一下与城市有关的文化。

城市的产生有多方面的原因：首先是经济方面的原因。随着社会的进步、生产的发展，用来交换的劳动产品——商品交易的频繁度和范围在不断扩大，专门从事商品交换的人群——商人就这样从手工业者中分离出来了。而随着交易的进行和发展，产品生产和交换的集中地也就相应诞生了。这些因素都为早期城市的诞生奠定了基础。其次，城市的产生也有政治方面的原因。随着社会财富的迅速增长，不同聚居点之间的战争更加频繁，出于军事防御目的和政治文化管理方面的需要，城市的功能开始得到延伸，促使了城市的进一步发展。第三，毋庸置疑，古代的城市文明建立在农业的基础上。例如：在古代中国，很多早期城市只是一种独特的、城乡不分的统一体。当然，也有一些城市是大规模的水利工程以及大量奴隶存在的古代农村公社的中心。由此可见，城市是社会生产力发展到一定水平的产物。对于城市来说，无论是古代出于防御的需要，还是近现代发展经济的需要，都是人类文明发展程度的直接反映。

关于城市具体的产生与发展情况，现在就让我们首先看一看我们的祖国——中国。中国是文明古国，也是世界城市文明的发源地之一。早在公元前2500年至前2000年间，就出现了城市的雏形。到了公元前2000年至前1600年间，便出现了早期的城市。中国早期的城市发展迅

速，有着显著特征，比如城市规模小、职能单一、分布范围不广、人口不多等等。到了商代，都城朝歌可算是中国第一个大型城市。等到了周代，陆续出现了一些规模较大、人口较多的城市，如西周都城镐京、楚国的都城郢都以及行人可以“挥汗成雨”、“摩肩接踵”的齐国都城临淄等等。

秦汉时期，中国的城市发展非常迅猛，秦朝的咸阳、汉代的长安和洛阳都是当时世界上著名的城市，不仅规模大、人口多，工商业也十分发达。但自此之后，中国的城市发展却陷入一个小低潮。在经历了东汉末年以及三国时期的战乱、晋代的不稳定、南北朝的混乱之后，中国的城市发展在隋唐时期达到空前的地步。尤其是在唐代，都城长安以无可争议的优势成为当时世界第一大城市，其规模之大、人口之多、工商业之发达，让同时代其他任何一座城市都难以望其项背。长安是中国古代城市发展高峰的代表，也是古代中国文明的波峰。

唐代以后，随着整体国力的下降，中国已无法再建造出长安这样的超级大都市。虽然宋代的东京（今河南开封）以及明代的北京等也都是赫赫有名的城市，但再也没有当年长安的气势与影响，这不能不说是一种遗憾。

对于世界上其他国家和地区来说，早期城市主要分布在尼罗河、两河、印度河、恒河等大河流域以及安第斯山脉和地中海沿岸。这些地区都是世界文明的发源地。

公元前3500年至前3000年间，人类历史上最早的一批城市出现在尼罗河流域和两河流域。例如：古埃及就先后定都提尼斯、孟斐斯。早在公元前28世纪至前23世纪，孟斐斯就已经是世界著名的城市之一了，作为古代埃及的首都和贸易中心，它是当时地中海东部和西亚最为繁荣的城市。到了后来，雅典和罗马都成为欧洲著名的城市，也都是当时西方的工商业中心。和中国早期的城市一样，世界早期城市也有自身明显的特征，比如人口比以前更密集、人们开始从事不同的职业、公共建筑设施得到发展。此外，数学、天文学、几何学、历法学等学科诞生并被广泛应用，也都促进了城市的发展。

从公元5世纪到16世纪是中世纪城市（又称中古城市）发展时期。在公元5世纪时，随着罗马帝国的分裂，罗马的城市文明与罗马帝国一起消亡了。直到9世纪初，欧洲才又陆续形成一些新的城市中心，例如法国的巴黎、西班牙的科尔瓦多、东罗马帝国的君士坦丁堡等。到9世纪中期，称雄欧洲的查理曼帝国建立了，这使得城市生活方式在欧洲又复苏了。查理曼帝国还通过威尼斯、那不勒斯和热那亚等城市重新开辟了贸易渠道，进一步扩大了城市的规模和城市间的交往。

新航路开辟之后，资本主义的发展中心从地中海转移到大西洋、北海的沿岸，那里兴起了很多新兴的工商业城市，如阿姆斯特丹、利物浦等，都是在新航路发展的刺激下兴起的。随着新大陆的发现与开发，美洲也出现一些著名的城市，诸如魁北克、新阿姆斯特丹（今纽约）、里约热内卢等。这些城市中的很多在今天已成为世界级的大都市。

18世纪中叶开始的工业革命迎来了世界城市发展的一个崭新时期。工业化的发展直接带动了城市的迅猛发展，使城市人口数量大大增加，这是近代城市发展的重要特点之一。在这一时期，伦敦、巴黎、纽约等城市的规模急剧膨胀。随后，全球展开了城市化发展的强劲势头。这一势头在第二次世界大战后达到空前的地步，特别是一些发展中国家的城市，如加尔各答、孟买、曼谷、墨西哥城、圣保罗、里约热内卢、布宜诺斯艾利斯等，其城市规模、人口、发展进度都达到前所未有的速度，并持续至今……



不可否认，无论是在过去、现在还是未来，城市与文化都是一个不可分割的统一体。城市是文化的载体，文化是城市之脉。没有文化的城市是单调的、低水平的，也是难以吸引人的。同时，城市历史的延续、城市记忆的保存以及城市文明脉络的保留，都与其深厚的文化底蕴和内涵有着巨大的关系。因此，从某种意义上来说，一座城市的灵魂就是它的文化。

在《西方的没落》一书中，德国哲学家斯宾格勒甚至认为：人类所有的伟大文化都是由城市产生的。所以，每一个人都应该热爱自己的城市，为城市的发展做一点贡献。而我们所要做的，就是从了解城市文化开始。

为了让广大读者更多地了解城市文化，了解中国与世界城市文化的过去、现在和未来，我们特别编写了《中国世界城市文化》一书，以飨读者。本书分中国城市文化篇和世界城市文化篇，读者不仅可以了解悠久的中国城市文化，也能认识神秘的世界城市文化。

全书以不同时期的城市文化为主线，从古至今，从国内到国外，娓娓道来。可以说，本书第一次系统而全面地介绍了中国城市及世界城市的历史起源，详尽地描述了中国和世界各地城市的发展过程，向广大读者展示了一幅不同时期、不同地区有代表性的城市文化的大画卷。此外，本书还涉及城市文化遗产的保护以及城市的未来走向等相关内容。

本书信息量大、涵盖面广，内容翔实、具体、生动，框架结构严谨、清晰，融趣味性、知识性和文化性于一体，文字通俗易懂、自然清新，自始至终都散发着一股比较浓厚的人文气息。可以说，本书既是从事城市文化研究的专家和学者研究中国与世界城市文化的重要参考书，也是广大读者了解中国与世界城市文化的不可多得的优秀读物。

尤其值得一提的是，本书还特别介绍了中国和世界著名现代化城市的有关文化，使全书的内容更加实用、丰富，同时使读者能够更直观地对中国和世界的城市文化有一个比较深刻的认识和了解。

真诚地希望本书能为广大读者了解中国与世界城市的文化打开一扇窗。透过这扇窗，愿每一位读者都能闻到浓郁的城市文化气息，都能体味到中国和世界城市文化的博大精深。当然，由于时间仓促，加之水平有限，本书难免有不足之处，欢迎广大读者朋友批评指正。

编者

2013 年 1 月

# 目录

## 上篇 中国城市文化

## 下篇　世界城市文化

# 上　篇

# 中国城市文化

# 第一章

## 城市的发展轨迹

中国是世界著名的四大文明古国之一，有着悠久的城市文明史。事实上，从城市产生的那一天开始，中国的城市化进程就从来没有中断过。丰富而古老的城市内涵，对中国今天城市的布局和发展仍旧有着广泛而深远的影响。

中国的城市自从产生以来，发展到今天已经有 4000 多年历史。在这漫长的历史岁月中，由于城市在不同时期所依附的社会经济背景不尽相同，中国城市的发展经历了几个不同的历史阶段，从而体现出迥然不同的自然特征和经济形态。

按照不同历史时期的城市发展特征，中国城市发展的轨迹大致可以划分为五个时期：城市的起源时期、城市的早期发展时期、古代城市的发展时期、近代城市的发展时期和现代城市的发展时期。当然，城市还将一如既往地发展下去，城市的发展轨迹也会一直延续下去，所以还会有未来城市的发展时期。

下面，就让我们进入中国城市产生和发展的历史舞台，了解一下祖国城市的历史情况吧。

### 第一节 城市出现的原因

什么是城市？简单来说，所谓城市，实际上就是以非农业经济活动和非农业人口为主的聚落地区。那么，为什么会出现城市呢？中国的城市又是怎样形成和发展的呢？我们一般认为：城市通常是在一定社会历史条件下形成和发展起来的，是人类社会发展到一定阶段时社会文明的必然产物，也是人类对环境影响最深刻且环境反馈最强烈的地区。所以，城市不是从来就有的，城市的出现标志着国家即将成形。

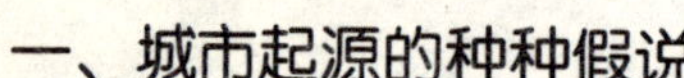

## 一、城市起源的种种假说

关于中国城市的起源问题，国内外的许多专家、学者都有着各种不同的见解与看法，也逐渐形成多种不同的城市起源假说。

### 1. 防御说

这种假说认为：中国城市，尤其是城堡的产生，是统治阶级为保护自身利益、防御敌方侵袭而兴起的。《吴越春秋》一书中就有这样的记载："筑城以卫君，造郭以卫民。"一般来说，城以墙为界，有内城和外城之分，内城叫作"城"，外城叫作"郭"。内城里住的是皇帝和高官，外城里住的则是平民老百姓。可以看出，"防御说"比较看重于"城"的概念。

"城"最早是一种大规模、永久性的防御设施，开始用于防御野兽侵袭，后来逐渐演变成防御敌方进攻的设施。事实上，在漫长的中国古代社会，几乎所有的城邑都是由那一座座墙和一道道门构成的。任何一座"城"都必须有城墙和城门，而且城墙越是高大、城门越是多，这座"城"的地位和级别就越高。像今天这种没有城墙和城门的城市，在中国古代是无法想象的。



之所以筑城，肯定有其目的，其中最主要目的就是抵御外敌的侵犯，实际上也就是"'君'是城之'本'，城为'君'而筑"。

中国已故著名经济史学家傅筑夫教授认为："从本质上看，城市是阶级社会的产物，它是统治阶级——奴隶主、封建主——用以压迫被统治阶级的工具，城市兴起的具体地点虽然不同，但是它们的作用是相同的，即都是为了防御和保护的目的而兴建起来的。"这一说法是城市防御说的代表。因为防御是早期城市的主要职能之一，所以"深池高墙"与"择险而建"就成为中国早期城市的重要特色之一。

**2. 集市说**

这种假说认为：随着社会生产力的不断发展，人们手里多余的农产品、畜产品等不断增多，这时候就需要有集市来进行交换。慢慢地，这个进行交换的地方逐渐固定下来，人越来越多，就成了“市”。相对于第一种说法，“集市说”比较看重于“市”的概念。

我国古代《易经》所说的“日中为市”、《国语》所说的“争利者于市”，以及《史记》颜师古“注”中的“古未有市，若朝聚井汲”，都是指把货物放在井边来卖，这就是“市井”这一说法的由来。凡此种种，都是这一假说的重要支持论据。

显而易见，这种假说是从经济意义上讲的——城市的起源是“市”在先而“城”在后。

**3. 宗教中心说**

这种假说认为：中国最早期城市的起源是以宗教中心的面貌出现的。在原始社会末期，人类社会维系社会经济的聚合力仍然是血亲制度，这种血亲制度使得狩猎部落酋长逐渐演变为有着至高无上权力的神的化身。

那时的城市作为部落联盟中心，用一条无形的纽带——宗教制度将其周围的居民紧紧地联系在一起。因而，那时部落联盟中心和最早期的城市建设就是以宗庙作为“先王之主”的。由此可以推断，“宗教中心”也可能是我国早期城市产生和发展的另一个重要因素。

**4. 社会分工说**

这种假说认为：随着社会生产力的不断发展，一个民族内部一部分人开始专门从事手工业和商业，另外一部分人专门从事农业。而从事手工业和商业的人需要有一个地方集中起来，以便更好地进行生产和交换，所以才有了城市的产生。

随着历史的向前发展，城与市的功能、作用不断靠近，城市的数量越来越多、规模也越来越大。到如今，城市终于成了人口集中、工商业发达、居民以非农业人口为主的地区，并且日益发展成为周围地区政治、经济和文化的中心。

上面的几种假说从不同角度和层次对我国城市的起源做了相关的解释。这些假说在某种侧面看来，的确都有一定的道理，但严格说来都比较偏重一方面的因素，因而不能完整地反映出中国早期城市起源的根本原因。比如：“防御说”虽然反映了古代城市的政治和军事功能，但城市出现的经济原因却没有得到很好的解释。

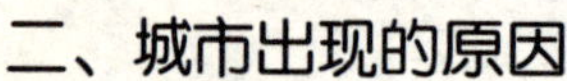

## 二、城市出现的原因

早期城市的形成是人类社会发展的必然结果。城市出现的原因并不是单一的，而是自然、社会、经济和政治等众多因素综合发展的结果。只有从生产力和生产关系的相互作用中考察和分析，才能真正揭示城市出现的根本原因。

### 1. 城市出现的社会基础

在中国原始社会的早期和中期，生产工具十分简单、落后，所以生产力水平非常低下。当时，人类过着穴居的生活，以采集自然食物和渔猎为生，也没有固定的居住点。随着生产力的进步与发展，新的生产工具被发明制造出来，人类驾驭自然的能力不断提高，出现了农耕业，形成了人类历史上的第一次社会大分工——农业从畜牧业中分离出来。从此，人类摆脱了对劳动对象的绝对依附性和流动性，开始选择适合耕种的土地并在附近定居下来，从而形成固定的原始聚落，也就是原始城市的雏形。

随着农业生产技术和生产工具不断发展和进步，人们的劳动生产率也在不断提高，从而有了一定的剩余产品。于是，一部分人从土地上解放出来，成为专门的手工业者，从而出现历史上第二次社会大分工——手工业从农业中分离出来。这时，手工业逐渐成为一个独立的门类，如传说中我国夏代有铸鼎，并把铜作为兵器等。这次社会大分工后，农业生产已经能够满足手工业者和其他非农人口对农产品的需要，这就为早期城市的出现奠定了社会基础。

### 2. 城市出现的经济原因

农业和手工业分离后，手工业者就成为专门的商品生产者，农业生产的剩余产品成了商品，出现了剩余产品之间、农产品和手工业产品之间的交换。最初的时候，交换是偶然、分散和零星地进行的，也没有专门的商人。《易经·系辞下》中叙述的“庖牺氏没，神农氏作，列廛于国，日中为市，致天下之民，聚天下之货，交易而退，各得其所”，就说明了当时那种临时交易的情况。

随着商品交换量的不断增多、交换率的不断提高，以及交换人数的不断增加，原有的交换形式已经不能满足人们的需要。于是，人们逐渐集中到比较固定的交换地点，并约定好固定的时间进行交换，从而形成定期或不定期的集市或固定的交易场所。一段时间后，又出现了专门从事商品交换的人员——商人。职业的分化带来了社会成员的分化，并从根本上决定了聚落的分化。当然，那时的集市和固定的交易场所还远远算不上城市，但是它们却包含了城市一些最基本的特征和功能。可以说，商品生产和商品交换的不断发展，推动和促进了城市不断向前发展，使得人类的原始居住点最终分化成为城市和农村这两种不同性质的社区。所以说，商业的兴旺来源于城市的发展，而城市的发展也要以商业的进程为条件。

**3. 自然与政治等方面的原因**

当社会生产力发展到一定水平、城市生产所需要的社会和经济基础都具备时，自然、地理、政治以及文化等因素就将成为进一步促使城市出现的原因。从自然地理条件方面来看，我国早期的大部分城市都出现在江河湖海的口岸、交通要道等平原地区，因为这些地方的商品生产比较发达，交通又比较方便，便于商品的运输和集散，适合进行商品交换。从社会政治的角度来看，随着剩余产品的产生和私有制的出现，原始公社的生产关系逐渐消失，并逐渐过渡到奴隶社会。传说中，大禹把王位传给了儿子而没有像以前那样进行禅让，标志着中国已经进入私有制社会，而中国的第一个私有制社会就是奴隶社会。

《礼记·礼运篇》中叙述的小康社会，正是描述了原始公社的解体及向奴隶制的过渡："今大道既隐（原始公社解体），天下为家（变公有为私有），各亲其亲，各子其子，货力为己（财产私有），大人世及为礼（孩子继承财产被认为是当然的事）……城郭沟池以为固（保护财产）……以立田里（土地私有）……是谓小康。"从这段描述中可以看出，因为私有制的产生，就需要有城郭、沟濠等来保护自己的私有财产，这也是促使城市产生的原因之一。

实际上，奴隶社会出现后，人类社会出现阶级这一新观念。统治阶级为了维护自己的利益，开始在人们集中的地区周围修筑城墙，兴建了最初的城市，并设置了军队等国家机器进行维护。于是，早期的城市就伴随着私有制和阶级出现了。这种情况与世界上其他国家和地区城市产生的过程是基本一致的。

## 第二节　早期城市的雏形

中国早期城市与世界城市几乎同步产生，所以说中国也是世界城市文明的发源地之一。劳动分工的分化过程为中国早期城市的起源提供了先决条件，使得人类居民点的形式从原始聚落一步步演化成以农业为主的乡村和以手工业、商业为主的城市。

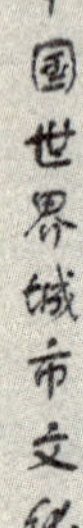


那么，中国早期城市的雏形是在什么时间出现的呢？现有的文献史料和考古的实物证明，中国城市的雏形出现在原始社会向奴隶社会过渡的时期，具体地说是出现在公元前 2500 年至前 2000 年之间。

中国早期城市的雏形以原始聚落为基础，但又超乎于原始聚落。也就是说，原始聚落为中国早期城市的雏形打下了最为原始的基础。当然，就如同社会的不断进步一样，原始的聚落也在不断发展着……所以，要想了解中国早期城市的雏形，就不能不追踪溯源，了解一下原始聚落。

### 一、原始聚落的形成

原始聚落的形成可以追溯到新石器时代。在新石器时代以前的漫长岁月里，古人类的居住条件从“树居”、“穴居”逐渐发展到“半穴居”。一直到旧石器时代中后期，在中国的很多地方，古人类才有了原始的定居地。例如：1960 年在河南省安阳市西南 25 公里处发现的小南海原始人洞穴遗址，就是我国早期人类的一个确凿的定居地。该遗址也是中州地区唯一一处旧石器时代遗址，1963 年被定为河南省第一批重点文物保护单位。

因为类似的居住场所大都以天然的洞穴为主，而不是人工建造的房屋，所以只能把旧石器时代人类的定居场所称为原始聚落的雏形。

在距今 10000 年至 8000 年前，中国进入新石器时代，社会生产力的发展让农业从渔猎采集活动中逐渐分离出来，使得人类在一个地方长久定居下来成为可能，从而产生了固定的居民点——村落，也就是原始

聚落。例如：河南省新郑裴李岗文化时期聚落遗址、河南省渑池仰韶村遗址、陕西省西安半坡遗址等，这些都是我国新石器时代早期的村落或是比较完整的原始聚落。当时，人类的居住已经从“穴居”、“半穴居”发展到夯筑、土坯砌墙以及木构建筑的房屋。

关于聚落，《汉书·沟洫志》中有这样的说法：“或久无害，稍筑室宅，遂成聚落。”《史记·五帝本纪》中也说：“一年而所居成聚，二年成邑，三年成都。”从中都可以看出聚落的形成与发展。

大约在距今 7000 年至 6000 年前，黄河流域的母系氏族公社首先进入比较繁盛的时期，这个时期农业和畜牧业都有了比较坚实的基础。

随着原始氏族社会的不断进步和发展，中国各地的原始聚落逐渐从小到大、从简陋到完善地发展起来，如黄河中游的龙山文化、上游的马家窑文化、山东的大汶口文化以及浙江余姚的河姆渡文化等遗址。有些原始聚落的面积曾一度达到 300 万平方米，已经接近后来很多城市的规模。而且，在河姆渡文化遗址还曾经发现大量的籼稻谷、蒿叶以及家猪的骨骼。这足以证明，6000 年前那里的居民已经开始栽种水稻、饲养家畜，形成以农业为主的原始聚落。



另外，有的聚落内部还划分出一定的功能区域，如居住区、制陶工场、公共墓葬区等，居住区中心都以大型房屋为主体等。这充分表明，当时的聚落已经具备某些演变成城市的重要要素。

随着聚落规模和功能的不断演变，后来又相继产生集镇、市镇和城市。概括地说，我国有这样一套聚落的发展模式：小村——村庄——镇——城市——大都市。

## 二、早期城市的雏形

我国早期城市的雏形是什么？实际上，就是用于防御工事的城堡。那么，又是什么原因促使防御工事城堡出现的呢？

公元前 3000 年前后，我国原始社会的父系氏族公社进入发展的高潮期，出现众多部落以及部落联盟。为了求得自身的生存与发展，各部落之间经常发生冲突，甚至大规模的战争。这样一方面加速了父系氏族公社的瓦解和国家的形成，另一方面也促进了城市的雏形——防御工事城堡的出现。

根据我国考古工作的发现，这一时期出现众多的古城，如河南登封市的王城岗古城、淮阳平凉台古城遗址等，实际上这些古城就是后来城市的雏形，它们大都有几万平方米的规模。这些古城遗址大多有城墙环绕，城外有护城河，城内有密集的房屋建筑群，而且有明确的功能分区，有的古城甚至有陶制的地下排水管网等城市基础设施。可以说，这些古城已经基本具备城市的特征。

那么，中国最早的城市的雏形是什么？它又在哪里呢？经过有关历史专家和考古专家的鉴定，最早的城市雏形就是西山古城，位于河南省郑州市北郊23公里处邙岭余脉上。

其实，西山古城就是一座仰韶文化晚期的城堡，距今已经有5000年左右的历史，可以说是举世瞩目。西山遗址有技术先进的城垣建筑，城外还环绕着类似护城河的壕沟。但是，关于它的性质，学术界却有两种截然不同的意见。一种意见认为：它还不能算作是城市，只能算是一种防御性设施的城垣建筑，有城垣建筑的地方不一定是城市，城市也不一定有城垣建筑。另一种意见则认为：它是轩辕黄帝时期有熊国的都城，古代有熊国的地域除了新郑，还包括新密、荥阳、登封、禹州等地。在有熊国所辖的区域内，其文化遗址都应该属于有熊国文化，当时的氏族部落应属于有熊国的组成部分，因此在西山发现的古城只能是有熊国的城，而且如果别处没有发现第二座城的话，西山古城就一定是有熊国的国都。不过，西山仰韶文化城的始建年代虽然可以定在黄帝时代，但如果仅凭这一点就说它是有熊国的国都，就现存的文献和考古资料来看都还缺少足够的证据。



在该遗址发掘的200余座墓葬中，有父子合葬墓，也有夫妻合葬墓，这就表明当时的家庭结构已经达到父系氏族社会阶段。在一些废弃的窖穴底部还发现扔弃的人与兽共存的骨架、完整的或是零散的人骨、整具或者是同一窖穴内两具完整的兽骨架……这些应是举行祭祀时的牺牲，充分表明宗教活动已经对当时的社会产生了非常深刻的影响。

凡此种种都能足以证明西山城堡已经脱离村落加围墙的聚落形态，逐渐发展为一个地区的政治、经济和文化的中心。尽管它并不一定就是有熊国的国都，但却已跻身于城市的雏形之列。

相关的考古资料已经证实，我国的古城址几乎不带有“市”的性质，只有防御功能而没有市场功能。所以说，中国早期的城址不是经济起飞的产物，而是政治领域的工具。虽然它们具备了城市的一些特征，

但还算不上真正意义上的城市，只能算是早期城市的雏形。只有随着商品经济的不断发展，“市”被吸引到人口比较集中、奴隶主贵族居住的“城”中，真正意义上的城市才开始产生。所以说，当“城”和“市”结合到一起时，人类社会就进入了阶级社会。

总的来说，新石器时代后期的古城无论从规模、功能以及设施等方面而言，距离现代城市的标准还相差太远。与其说它们是城市，还不如说是用于军事防御的城堡，只能算是早期城市的雏形。但是，这些古城的出现标志着中国城市的出现已经为时不远了。

## 第三节　早期城市的发展



城市是由于手工业和商品交换的产生及其发展，而从一般的村落居民点中分化出来的。城市属于社会经济的范畴，在概念上与单纯防御作用的城墙或濠墙是有很大区别的。

据比较公认的说法，我国的奴隶社会开始于公元前 21 世纪的夏商时期。从夏朝开始一直到商朝、西周长达 1300 多年的时间，是我国早期城市出现与发展的重要时期。

那么，我国早期城市发展的详细情况是怎样的呢?

### 一、城市发展的三个阶段

一般来说，事物的发展都会经历 4 个阶段：开始、发展、高潮和结束。早期城市的发展也大致遵循这样几个阶段，唯一不同的是：城市的发展并没有结束，城市并没有消亡。所以，我国早期城市的发展大致经历了开始、发展和高潮三个阶段：

**1. 开始建设的阶段**

公元前 21 世纪至前 17 世纪，中国历史上的第一个奴隶制王朝——夏朝在黄河流域出现了。奴隶主为了维护自身利益、保护自己的财产，同时也为了便于镇压奴隶，开始修筑城池，这些城池就成为中国早期城市的最初形态。

据传，夏朝的第一个统治者大禹在河南嵩山的南面建立了阳城，并

把它作为都城。《孟子》中说："禹避舜之子于阳城。"古书《竹书纪年》和《世本》等文献也都有记载，舜让位给大禹之后，"禹居阳城"。历代历史学家都一致认为：阳城就在今天河南省登封市告成镇西三里一带。阳城的建立为中国早期城市的发展开了先河。

**2. 进一步发展的阶段**

从西周到东周时期是由奴隶社会向封建社会的过渡时期，也是中国早期城市得到进一步发展的时期。周王朝为了稳定和巩固统治，实行了分封诸侯的政策。为了保护自己的领地，受封的诸侯都把建城看作是立国最根本的方略。当时，所谓的"立国"就是在自己分封的领地中选择比较合适的地方兴建可以防御的城池。所以说，中国早期城市的功能以政治、军事为主。周王朝的分封政策促使黄河中下游地区建立了很多作为统治中心的城市，这个时期掀起了中国城市历史上的第一次建设高潮。



周朝初期的城市主要还是分布在黄河中下游地区，但是已经开始不断扩展，向北扩展到了太原、北京附近，向南扩展到了汉水、淮河流域。自此以后，我国城市的分布就以这一地区为中心，逐渐向四周扩展开来。

早在西周时期就设有"匠人"一职，专门负责城市的建设工作，以宫为中心进行城市的布局。西周时期著名的城市有丰镐（西周的都城，遗址在今陕西省西安市西南20余公里的沣河两岸）和洛邑（今河南省洛阳市王城公园一带）等，其城市的规模、功能以及内部的建置等各个方面都大大超越以往任何时期的城市，而且居于当时世界城市的前列。洛邑成为当时集政治、经济及军事为一体的大型综合性城邦，是西周时期的东都，也是当时城市的代表。

**3. 建设新高潮阶段**

到了春秋战国时期，中国又掀起新一轮城市建设的高潮。据不完全统计，春秋战国时期中国已经有100多座城市。这时的城市规模不断扩大、人口不断增多，分布范围也不断扩大，从黄河两岸一直向南向北进一步延伸，在长江流域出现了郢（今湖北江陵）、蜀（今四川成都）、吴（今江苏苏州）等比较重要的城市。



这一时期，城市的建设更加注重经济功能，许多功能单一的城市开始向兼具政治、经济功能的城市过渡。城市的经济职能或商业贸易职能得到大幅度发展，出现临淄、邯郸、开封以及洛阳等商业兴旺的大城市。实际上，真正意义上的城市直到这个时期才基本形成。

## 二、早期城市的特征

从规模、职能、分布、人口、城市间的联系和城址的迁移等几个方面来看，我国早期城市具有以下基本特征：

**1. 城市的规模比较小**

综合研究现有的考古资料表明，我国早期城市的规模一般都比较小，但有逐渐增大的趋势，主要表现为：商朝的城市规模要大于夏朝的城市，都城的规模要大于地方城市。另外，在同一时期内，各地城市的规模差异也比较小。例如：河南登封的夏城王城岗城址和山东章丘龙山镇的城子崖城址的城市范围分别为0.2平方公里和0.18平方公里；早商都城郑州城址和晚商都城安阳殷墟的城市范围分别为25平方公里和30平方公里。



**2. 城市职能比较单一**

我国早期城市的职能比较单一，以政治职能为主，兼有防御职能。殷墟是商朝后期全国政治统治的中心，而其他的商城一般也都是地方的政治中心。这种以政治职能为主的早期城市，一直延续到以后几千年的城市发展之中，成为中国城市区别于其他国家城市的最显著特征之一。

**3. 城市分布范围不广**

我国早期城市的分布范围并不广泛，没有遍及大江南北。根据有关考古和文字记载，直到商朝末期，我国早期城市总共有26座。就其地域分布的范围来看，主要分布在黄河中下游以及淮河上游的地区，相对比较集中，分布不广。这些城市最为集中的地方是山西南部、河南北部与河南东部，例如山西省南部的垣曲古城遗址等就是很好的证明。此外，仅在河南省境内就有沬（今淇县境内）、牧（今卫辉市境内）、封父（今封丘县境内）、历（今禹州市境内）、洛（今洛阳市东）、杞（今杞县境内）、蔡（今上蔡县境内）等城市，约占当时城市总数的一半左右。当然，周朝以后，城市分布进一步扩大，但是相对来说分布的范围依然

有限。

**4. 城市人口数量不多**

一般来说，城市的人口数与城市的规模是一个统一体，所以限于当时城市规模普遍较小的实际情况，城市的人口数量肯定也不会太多，这也是早期城市的重要特征之一。比如安阳殷墟遗址，面积超过 30 平方公里，总人口约为 5 万人。

**5. 城市间的联系不多**

由于我国早期的城市职能比较相似，所以还谈不上相互之间有什么分工和协作。而且当时的交通条件非常差，城市之间的联系也不多，即使有一些联系，也只是它们之间在层次关系上的上、下变化，而且这种联系始终是以血缘纽带来联结的，是以氏族贵族的统治为特征的。所以说，我国早期城市之间不存在密切的联系，也不存在频繁的交往，只是依靠一种若即若离的血缘纽带关系贯穿其中，使不同的城市之间维系和联络，从而融为一体。



**6. 城址迁移比较频繁**

我国早期城市的城址迁移之所以比较频繁，是因为夏和商两个朝代统治阶级内部的纷争非常强烈，加之抵御自然灾害的能力比较薄弱，从而不得不频繁地迁移。例如，在夏朝，都城就迁移了 10 次之多（见表 1—1）。

**表 1—1　夏都十迁**

| 帝王名称 | 年代 | 迁都地名 | 今地名 |
| --- | --- | --- | --- |
| 禹 | 约前 22 世纪末 | 安邑 | 山西省夏县 |
| | | 阳城 | 河南省登封市告城镇王城岗 |
| | | 阳翟 | 河南省禹州市 |
| 启 | 约前 21 世纪初 | 安邑 | 山西省夏县西北 |
| 太康、仲康 | 约前 21 世纪初 | 斟鄩 | 河南省巩义市稍柴村 |
| 相 | 约前 21 世纪中 | 帝丘 | 河南省濮阳市西南 |
| 少康 | 约前 21 世纪中 | 阳翟 | 河南省禹州市 |

续表

| 帝王名称 | 年代 | 迁都地名 | 今地名 |
| --- | --- | --- | --- |
| 帝杼 | 约前 21 世纪末 | 原 | 河南省济源市区西北部 |
| | | 老丘（又作邱） | 河南省开封县陈留北 |
| 桀 | 约前 17 世纪初 | 斟鄩 | 河南省巩义市稍柴村 |

## 三、早期城市发展的遗址

随着社会生产力的不断发展，中国的早期城市也在不断发展，城市数量不断增多，规模也越来越大，功能结构更是日趋完善。直到今天，我国早期城市的遗址还不断地被发现，足以证明我国早期城市的发展盛况。所以，为了进一步了解早期城市发展的详细情况，在此选取我国早期城市发展的几个有代表性的遗址做一简要介绍：

### 1. 二里头遗址

据考古发现，河南省偃师二里头遗址是我国最早的大型宫城，年代约为公元前 2100 年至前 1700 年，是一处规划非常缜密、布局相当严整的大型古代都邑。二里头宫城的面积超过 10.8 万平方米，始建于二里头文化时期。就目前的认识来说，它是中国古代最早的具有明确规划的都邑，其布局更是开创了中国古代都城规划制度的先河。

这座宫城的宫殿区四周均有宽达 10—20 米的大路，大路纵横交错，大体呈现“井”字形状，构成二里头都邑中心区的道路网。宫城平面略呈长方形，比较规则、方正，保存完好的东北角呈现直角状。宫城东西宽近 300 米，南北长约 360—370 米。城墙用纯净的夯土筑成，宽约 2 米。宫城内有两组排列有序的宫殿建筑群，它们分别以大型宫殿基址为核心，每组都有明确的中轴线。宫城、大型建筑以及道路都有统一的走向，显现出极强的规划性。

二里头宫城遗址的发现，使得中国古代的都邑营建制度追溯到了遥远的二里头文化时期。这一宫城可视作中国古代宫城的祖源。此后，中国古代的宫城不断演进，到明朝时期营建的北京城，达到了中国古代城市建设的顶点。学术界一般认为：以二里头遗址命名的“二里头文化”其实就是“夏文化”，二里头遗址不但是一处重要的、典型的“二里头文化”遗址，还是夏王朝的一座都城遗址，也就是历史文献所说的“夏墟”。偃师二里头遗址的考古发现与研究，不但确定了夏朝后期的都城遗址，而且使得河洛地区（“河”指黄河，“洛”指洛河，在黄河与洛河交汇的流域）在中国古代文明起源、形成与早期发展中的历史地位更加突出。

**2. 二里岗遗址**

二里岗遗址位于今天河南省郑州市东南部陇海马路东段两侧。对于二里岗遗址，古史学家们一致认为它是早商的遗址，早商的都城（公元前1500年）就在这里。该遗址中有规模巨大的城墙、数量众多的宫殿建筑遗址、重要的手工业作坊遗址，还有一些“重器”——大型青铜礼器相继出土。这就说明，该遗址不是一般的大型城址，而应该是商朝早期都城遗址之一。

**3. 安阳殷墟**

早商都城与后来发现甲骨文的河南安阳殷墟有非常近的承接关系，因此安阳殷墟被认作是晚商的都城（公元前1400至前1100年）。晚商文化以安阳殷墟遗址为代表，文献中称之为“殷”，殷墟甲骨卜辞中称为“商”、“大邑商”等。根据古书《竹书纪年》等文献的记载，商王朝自第20位商王盘庚开始一直到末王纣，历经八世十二王，前后一共273年，都是在这里定都。

殷墟遗址南北长约5公里，东西长约6公里，有比较清晰的分布格局：安阳市西北小屯村附近是宫殿、宗庙区，这里有大、中、小型建筑基址，组成了王都的主要宫殿群落；宫殿群落多为地面建筑，形状为矩形或凹形，屋柱下面有垫石，其上还有铜质品覆盖，房屋多为由柱础支撑的高大的木构架草顶屋；宫殿区外围西、南两面还有人工壕沟，它与洹河组成了环绕宫殿区的完整防御体系。另外，安阳殷墟城市功能的分区更为明确，由城区（包括宫殿、贵族居住区）、城外居住区、手工业作坊和墓地等区域有机组合而成。

## 第四节　封建社会城市的发展

从春秋时期开始，我国的奴隶制社会就逐渐走向解体，一直到战国

后期封建制度才得以确立。

一般来说，封建社会城市的发展分为三个时期：封建社会前期的城市发展、封建社会中期的城市发展和封建社会后期的城市发展。

## 一、封建社会前期的城市发展

封建社会前期是指从春秋起至东汉止（公元前770—公元220年）的这一段历史时期。这段时期是社会的大动荡、大分化时期，也是经济和城市发展最为活跃的时期。其城市发展的主要特征是：初步形成了三级城市体系；出现了较为完整意义上的城市；建立起以北方地区为主的统一的城市体系，城市规划方面有重大突破。



**1. 建立三级城市体系**

春秋以前，城市主要是作为奴隶主诸侯的统治据点而存在，商业不发达、城市规模比较小、数量也少。战国时，手工业商业发展，城市繁荣，规模日益扩大，出现一个城市建设的高潮。城市体系由春秋时的多中心二级体系到战国时已初步形成“都城—郡城—县城”的三级城市体系。

**2. 出现了较为完整意义的城市**

早期城市的功能比较单一，大都以政治和军事为主。春秋战国时期，随着生产力的不断发展，城市的经济功能大大强化，城市经济空前繁荣，从而促使较为完整意义上的城市出现。

考古显示，在很多城市内曾有大面积的手工作坊。如洛阳王城的冶铜作坊，面积达20万平方米。赵国的邯郸、魏国的大梁是当时著名的冶铁中心。其他的如齐国的临淄、秦国的咸阳、燕国的下都等，都有密集的手工业作坊遗址。在手工业、商业以及农业、交通运输业等各产业全面发展的基础上，战国时期出现众多商业都会。根据司马迁《史记·货殖列传》的记载，当时全国有21个规模较大的商业城市。

**3. 城市规划方面有重大突破**

早期的城市，因为城乡刚刚开始分化，所以一半都没有城墙，也没有全面的、有秩序的城市规划。西周时期，为了维护奴隶制等级社会，开始出现反映奴隶主利益的城市规划思想。到了春秋战国时期，各国之间战争频繁，基于城市防御目的而普遍修筑了城墙，并在宫城外修筑了第二道城墙，形成完整的城郭制度。这一时期，城市的布局呈现出多样化的特点。

公元前221年，秦国兼并其他六国，建立了中央集权制的封建国家。但是，在兼并战争中，秦国对其他六国的城市也造成严重破坏。从汉武帝起全面推行“贱商政策”，严重阻碍了城市经济的发展，从而对汉代及以后中国城市的发展产生了深远的不利影响。如汉长安的人口仅24万，不及战国时齐都临淄的人口规模。小于长安的商业城市仅5个，大大少于战国时的数目。在汉代，城市的发展主要表现为在全国范围内建立起以首都、郡府、县城三级行政中心城市为主体的城市体系。其次，随着四川盆地的开发和丝绸之路的开辟，城市分布的地域范围较以前更为扩大了。

## 二、封建社会中期的城市发展

封建社会中期指从三国时期到宋代（大约从公元3—13世纪）的这一段历史时期。在这漫长的1000多年中，城市发展的主要特征是：南方地区的城市发展水平逐渐赶上并超过北方地区，且城市中的坊市制度先是不断完善，继而彻底崩溃，这使得城市经济和空间结构的发展呈现一种开放的新局面。

汉代以前，中国的经济重心一直在北方，城市的分布也以北方为主。到了东汉末期，北方军阀混战，黄淮流域遭到极大的破坏。其后，魏晋时虽有短暂的统一，但不久以后北方地区接连受到边远地区游牧部落的侵袭，经济又遭到极大破坏。与此相反，江南地区自孙吴以后，经济发展，到唐朝后期逐渐成为我国新的经济重心。

从东汉末年至元朝统一中国，中国一直处在分裂—统一—再分裂—再统一的循环之中。经过长达400年之久的封建割据，到隋朝时中国才重新统一。在隋代，全国有194个郡，是秦时的4.85倍；有1255个县，比秦朝增加了50%左右。也就是说，隋朝的城市发展水平大大超过秦朝。隋的郡县比为1∶6.5，大大小于秦的1∶20。这充分表明：中间规模层次的城市数量逐渐增加，显示中国城市规模体系正渐趋成熟化。

继隋朝之后，唐朝的行政区划有重大变化，在郡之上设道，全国分为15道，道驻地通常为区域中心城市，由此形成以首都、道治、郡府、县城四级行政中心为主体的城市体系，这也是今天省、地、县三级地方行政区划的由来。

随着经济发展水平达到一个新的高峰，继战国时期之后，唐代再次大量出现大中商业城市。据统计，唐代城乡人口合计超过10万的大城市有15个，其中北方地区仅有5个，即长安、洛阳、汴州（今开封）、太原、魏州；南方地区有10个，即扬州、成都、苏州、常州、杭州、湖州、会稽（今绍兴）、宣城、丹阳、广州。此外，还有一批数万人口的中等城市。

自秦朝以后，随着中央集权统治的确立，首都一直是全国最大的城市，唐代的长安也不例外。长安所辖的长安、万年两县有近8万户居民，约43万人。加上不列入户籍的宫中人口、僧人、道士、禁军等，唐长安城内外总人口约60万，这在当时的世界上是规模最大的了。



公元756年，唐代爆发了“安史之乱”，这标志着唐朝由盛转衰。到唐朝末年，著名的古都长安、洛阳均遭到严重破坏，再也恢复不了当年的风采。

经历了短暂的五代之后，又一个中央集权的王朝——宋朝登上了历史的舞台。这是一个积弱蓄贫、不思进取、苟且偷安的朝代，但由于它统一了当时中国人口最多、经济最发达的东部地区，社会与经济的发展水平仍旧超过了唐代。北宋在中国城市发展史上是继春秋战国之后的第二个高峰时期，人们甚至认为北宋时期产生了一次“城市革命”，主要表现在以下几方面：

**1. 城市商业得到了空前发展，打破了传统的坊市制**

早在二里头时期，中国就已出现货币经济。周朝确立统治后，重农轻商，商业开始退居到次要地位。在当时的城市规划中，市场被置于宫城之后的一个特殊地域，设立市官，定时交易，超过规定的时间和空间都是不允许的。

春秋战国时期，城市商业在一定程度上突破上述的限制，但不久秦汉重农抑商的政策重新导致固定、僵化的城市市场管理制度。随着封建统治的加强，城市居住区也开始模仿市场管理制度，里面变为坊，四周环绕围墙，并设置管理人员，对人员、货物实行定时出入。唐朝长安、洛阳两城的兴建，把上述的坊市制度发展到顶峰。长安城居住区有108坊，其中市场仅有两个，各占两坊之地。尽管市场内拥挤不堪，营业范围却不能任意扩大。

但是，商品经济的发展终究要突破坊市制的桎梏。唐朝晚期，因为军阀割据，中央政令不行，在扬州、成都等商业发达的城市中开始出现夜市。五代时期，夜市进一步发展，致使后来的宋太祖即位后不久便正式下诏：不得禁止夜市。于是，传统的市场模式的时间限制被消除了。

北宋中期又出现了破墙开店的现象，封闭的坊市开始瓦解，由此坊市制度全面崩溃。这标志着中国商业由定时限地的古代商业向全天的、不受地点限制的近代商业转化，封闭的城市也开始向开放型城市转化。

**2. 开始出现新型的城市型聚落——镇、市**

我国的镇和草市均起源于南北朝时期。最初的镇属于边地军事系统中的低级驻军单位。宋代，镇逐渐向地方行政系统转化，其中经济功能突出者，成为县城以下的城市型聚落，又可分为交通型、商业型、手工业型等不同职能类型。宋代的草市有两种类型：一种是附郭草市，本身属于城市的一部分，是城市地域范围不断扩大的结果，其中有些草市的面积还大大超过城的面积；另一种是农村中的周期市场，属于农村聚落，但规模扩大后可升置为镇或县。镇和草市的出现使城市等级体系的层次更为丰富。

**3. 大中城市继续发展，首次出现百万人口的特大城市**

北宋时，首都开封城内约有 50 万人，盛期时城内外人口有 60 万，比唐朝的长安城还多出 1/3，再加上十几万禁军、宫内的人口、僧道、游民等不入籍的人员，开封人口最多时估计接近 100 万人，成为我国有史以来较为确信的第一个百万人口城市。南宋是偏居江南的小朝廷，都城临安的人口少于开封，但总数估计仍可达 70 万左右。当时，开封和临安都是世界上最大的城市，这足以证明宋朝社会经济的发展达到一个新的高峰。

## 三、封建社会后期城市的发展

封建社会后期（公元 13 世纪—1840 年）也就是从元朝到鸦片战争这一段历史时期。在这一时期，中国始终保持了统一的局面，使得城市能够稳步发展，再加上明清时期资本主义萌芽的出现，工商业城镇发展较快，城市市场网络开始形成。

遗憾的是，因为落后的社会生产力和封建制度的束缚，我国的城市仍没有突破性的发展，在某些方面甚至有所倒退。比如：明清时的海禁政策，就严重阻碍了港口城市的发展。

明清时期，城市发展出现一个最显著特征：在一些商品经济较发达地区，工商业市镇大量涌现。它们是商品经济的产物。按职能类型划分，这些市镇可分为手工业型和商业型两大类。手工业市镇又可分丝织手工业、制茶叶、制糖业、制烟叶、制瓷业、矿业等不同类型。有些手工业市镇往往同时也是商业中心。从空间分布看，工商业市镇集中在商品经济比较发达的东南沿海一带，特别是在长江三角洲和珠江三角洲上。宋代长江三角洲上的苏州、松江、常州、杭州、嘉兴、湖州六府有71个市镇，明代增加到316个，清代增加到479个。平均每个县有八九个市镇，构成了四通八达、商品流通的市镇网络。

明清时期，大中城市也有一定的发展。除北京外，还有30多个大中城市，如南京、苏州、杭州、广州、福州、武汉、成都、重庆、开封、济南、临清等。其中，广州作为明清实行禁海政策后唯一的对外开放城市，发展尤为迅速，至鸦片战争前夕人口已达八九十万，成为当时仅次于北京的全国第二大城市。苏州则是手工业最为发达的城市，在封建社会城市普遍为消费性城市的情况下已具备一定的生产功能。

从城市的分布看，明清时期的大中城市大部分集中于东南沿海一带，其中江浙两省差不多占了全国城市的1/3，而整个北方仅占1/4。至于广大的内地，城市的发展进程就相对缓慢。

明清时期，在一些工商业城镇中已出现资本主义萌芽。但是，由于多种原因，这些资本主义萌芽却没有能够像同期的西欧城市那样导致资本主义的产生，这就注定了中国城市要从领先于世界的先进水平之上逐渐落伍。以首位城市的规模为例，19世纪初北京仍是世界上唯一的百万人口城市，估计人口为110万，伦敦居其次，为95.9万人。然而到了1850年，伦敦人口已达230万，大大超过北京的165万人。甲午战争后，中国城市的衰落就更加明显。直到20世纪20年代上海兴起以前，中国再也没有一个城市可以进入世界十大城市之列。

# 第五节　近代城市的发展特点

鸦片战争爆发之后，外国资本大举入侵中国，这不仅促使中国传统的封建经济解体，同时给中国资本主义生产的发展提供了某些客观的条件和可能。随着资本主义世界工业革命的兴起，工业新技术和大机器生产的浪潮也波及我国，使我国城市的发展速度超过以往任何时期。

但是，因为我国处于半殖民地半封建社会之下，与资本主义国家相比，城市化的进程十分缓慢。据美国著名学者、新行为主义心理学的创始人之一斯金纳的研究：1843 年，中国的城市化水平约为 5.1%（不含边远地区），到 1949 年上升到 10.6%，仅增加了 5.5 个百分点，而同期世界城市化水平却增加了 22.8 个百分点。

近代时期，我国城市的发展具有以下两个显著的特点：

## 一、出现了二元结构的城市体系

鸦片战争迫使清政府打开闭关自守的大门，开始加入世界经济的体系。从 19 世纪中叶起，资本主义工商业首先在沿海沿江的城市中出现，随后又波及到东北和内地广大地区。从本质上说，尽管这些发展是服务于资本主义世界经济体系需要的，但随着商品生产的发展，形成了一批近代工商业城市，其中上海、天津、大连、青岛、广州、重庆等城市迅速崛起，其地位逐渐超过邻近的苏州、北京、济南、成都等传统城市。由于上海等城市代表了更为先进的生产力，它们逐渐成为全国的经济中心，并形成以它们为中心的商品生产、流通的经济网络，甚至是城市网络。

另一方面，广大的内地城市并没有发生大的变化，它们很少受时代经济的影响，基本上仍起着中心地的作用。这样，我国近代城市体系由一元的、以各级行政中心城市为主体的结构，转向以近代工商业城市为一方、传统的中心地城市为另一方的二元结构。在这个二元结构中，近代工商业城市居于统治地位。

## 二、城市发展的速度不断加快，区域的差异日益明显

随着资本主义工业的大发展，我国又出现很多新兴城市，大都是矿业城市或工矿业城市，如抚顺、鞍山、本溪、唐山、焦作、大冶、萍乡、玉门等。因为我国的煤铁资源主要分布在北方地区，所以新兴的城市多数位于东北及华北地区。这样，自从魏晋南北朝以来，我国城市主要在南方发展的趋势发生了改变，北方再次成为我国城市的主要发展区。其中，东北地区的城市化速度最快。

东北地区原本人烟稀少，19 世纪末叶清政府废除了对东北地区的移民禁令，此后人口才有显著增加。从 20 世纪初到 30 年代，东北地区的人口增长了 3 倍。同时，东北地区由于重要的战略位置和丰富的物质资源，成为沙俄和日本帝国主义争相掠夺的对象。

20 世纪 30 年代，东北地区沦陷后，日本试图把东北变为其附庸，于是在东北地区广泛筑路、开矿设厂，并大量向东北地区移民，从而形成一系列大中城市。到 40 年代初，沈阳的人口已接近 100 万，长春的人口达到 80 多万，而哈尔滨、大连的人口也超过了 70 万，加上抚顺、鞍山、本溪、吉林等城市，东北地区形成了工业城市的密集带。不过，随着日本帝国主义的垮台，这些城市的人口也急剧减少。

那么，资本主义在南方的发展主要集中在哪些地方呢？一般来说，在条件较好的长江中下游地区和珠江三角洲等地，其中一些地理位置优越的城市发展尤为迅速。如上海，鸦片战争前的人口仅为 10 多万，到 1949 年已增加到 545 万，成为我国第一大城市和最大的经济中心。其他的一些城市，像武汉、重庆、南京和广州，人口也先后超过了 100 万，成为当时的特大城市。长江三角洲还形成了由上海、苏州、无锡、常州等城市组成的城市密集带的雏形。

不可否认的是，广大的西部地区在近代城市化进程中是最为落后的。除了在抗战时期部分城市的发展受到短暂刺激之外，因为缺乏现代经济的支撑，绝大多数城市发展缓慢，无论是城市职能还是空间结构方面，基本还保持着前工业社会城市的特征。

# 第六节　现代城市的发展特征

1949年新中国成立以后，我国进入一个崭新的历史阶段。随着社会主义制度的建立和不断完善，工业化进程加速，经济迅速增长，城市也开始了新的进程。随着社会主义建设的进行，除了原有的一批老城市得到改造和发展之外，还兴起了一大批新城镇。总之，城市的发展步入一个前所未有的新时期，呈现出如下发展特征：



## 一、城市化的进程波动起伏

城市化和经济增长的关系十分密切，因而城市化的波动与经济波动之间也存在着某种内在的联系。也就是说，经济波动是导致城市化进程波动的主要因素。从1953年以来，我国的经济增长有4次比较大的波动，而我国城市化的进程也表现出类似的特征。

**1. 1953—1957年是城市化快速发展的时期**

1949—1952年是我国国民经济恢复时期。随着国民经济的恢复和发展、社会秩序的安定，以前受战争影响而迁往农村的人口陆续返回城市。1952年，我国城市总人口为7163万，占总人口比重的12.5%。1953年，我国开始了第一个五年计划，这是经济发展、城市人口增长最快的时期之一，其中城市人口的自然增长率高达3.3%，为建国后的最快时期，并且城市人口机械增长率更高。到1957年，城市总人口为9949万，城市化水平为15.4%。

**2. 1958—1965年是城市化剧烈波动的时期**

1958年，我国经济发展出现过热现象，“大跃进”使农村人口爆发性地进入城市，估计总数达2000万—3000万人，出现城市化水平急剧上升的状况。1960年，全国城镇人口达1.31亿，城市化水平为19.7%。但这种发展违背了客观规律，很快就使当时的经济陷入困境。在这种情况下，从1961年开始进行国民经济的调整，动员大批城镇过剩人口返回农村，结果又造成了“逆城市化”现象。到1963年上半年，动员回乡的城镇人口达2600万。1965年，城市化水平下降到17.9%。

**3. 1966—1976年的“逆城市化”时期**

这一时期，经济短期波动十分频繁，经济增长速度逐渐下降。由于推行大规模的“上山下乡”运动，工厂内迁，大批干部、知识分子受迫害被迁往农村，在全国范围内再次出现“逆城市化”现象，估计总数达到2000万余人。1971年后，“上山下乡”运动逐渐停止，但因为农村人口增长速度更快，城市化水平仍然有所下降，到1976年降至17.4%。

**4. 1977年到现在是城市化加速推进的时期**

随着我国的政治经济形势逐渐走上健康发展的道路，城市化进程也在加快，城市化水平大大提高。到2000年第五次全国人口普查时，全国城镇人口为4.6亿人，是1982年的2.2倍；城市化水平为36.1%，比1982年净增15.2个百分点。

## 二、乡村城市化步伐加快

20世纪70年代末，农村实行家庭联产承包制后，极大地解放了农业生产力，出现大量的剩余劳动力。这就导致农村乡镇企业的发展，以及大量农民进城务工经商和办服务业，从而开始了20世纪80年代乡村城市化的进程。但因为目前我国农业剩余劳动力的转化以就地为主，即所谓“离土不离乡”，所以他们中的大部分不能认为是真正意义上的城市人口，不包括在城镇非农业人口的统计中，于是统计上的城市化水平上升比较缓慢。这是产生“过低城市化”现象最重要的原因。



我国农村城市化的出现，与各地农村大力发展乡镇企业有密切的关系，并创造出长江三角洲、珠江三角洲和温州、阜阳等乡镇企业的发展模式。其中，长江三角洲、珠江三角洲等地以发展较快的集体所有制乡镇企业为主，且多位于乡镇上，能够吸纳较多的劳动力，所以这些地区的农村小城镇发展较快，城市化水平提高迅速。在这些地区，传统的乡村几乎已经看不到了，取而代之的是现代化城镇景观。

进入21世纪以来，全国各省市都把加快小城镇建设、实现乡村—城市转型作为工作重点，这将有效地促进我国乡村城市化的发展。

## 三、城市规模体系变化显著

1949年以来，尽管我国城市化水平不太高，但城市数量和人口的增长速度还是相当快的，特别是大城市及中小城市数量增加的速度非常快。1957年我国城市共有178个，其中100万人口以上的特大城市只有10个，50万—100万人口的大城市只有18个；1993年，100万人口以上的特大城市已经达到32个，50万—100万人口的城市达到36个，城市总数为570个，是1957年的3.2倍。此外，到1999年，我国已经有1.9216万个建制镇，中小城市的数量急剧增长，远远超过了1957年的水平。



## 四、城市化水平的地区发展差异显著

城市化水平的提高主要与经济发展速度有密切的关系。经济发展速度快、水平高，地区城市化水平上升也快。20世纪80年代以来，随着改革开放的不断深入，各地控制市镇非农业人口增长的政策都有所放松，再加上东部沿海地区经济发展的速度远远快于内地，东部沿海一些原来城市化水平较低的省区城市化水平上升较快，特别是长江三角洲和珠江三角洲地区，其城市化水平在20世纪90年代初就已超过国内其他省区。

# 第二章

# 商周城市

夏朝逐渐形成了奴隶制社会。一直到公元前 17 世纪，黄河下游的商族部落才逐渐强盛起来。公元前 1600 年左右，商族部落首领商汤灭掉夏朝，创立商朝。于是，中国的奴隶制社会有了进一步的发展。

商朝的生产技术有了更新的发展，主要是冶铜技术的发展，使铜器成为当时的主要生产工具，虽然还用一部分石器和骨器，但大部分骨器已经逐渐转变成装饰品。商朝人学会了犁地，从而提高了农业产量。加之畜牧业发达，手工业类型逐步增多，商业也兴盛起来。在殷墟（商代后期都城遗址）中发现了石工、玉工、冶铜、制陶等作坊的遗址，还发现了当时的货币——产于海边的贝壳，这表明当时已经有了专门的商人。

奴隶社会中有奴隶主和奴隶两个对立的阶级，还有一些自由民。在商朝的城址中，这种阶级的分化与对立得到明显反映。

周族部落兴起于渭河的上游，以农业为主，逐渐强大起来后开始向东迁移。公元前 1046 年，周武王灭掉商朝建立周朝。周朝的奴隶制度更加健全，这在当时的城市建设制度中有明显的反映。周朝的都城有丰、镐、王城及成周，当时都是按照一定规划建设的城市。

## 第一节　殷商时代的城市

商朝经历 554 年，十七世三十一王。商朝建立之后，从成汤到帝辛的商王朝，城址迁移就达到6次（即“汤始居亳”、“从先王居”、“帝仲丁迁于隞”、“河甲居相”、“祖乙迁于邢”、“南庚迁奄”和“盘庚迁于殷”，这6个都城，除河南省安阳小屯村一带早已被证明为“盘庚迁于殷”的都城遗址外，其余5个都没有得到考古发掘证实）之多，仅从仲丁一直到盘庚迁到殷之前的100多年中，虽然仅仅持续了五世九王，但为摆脱政治动乱和灾害困扰，商王先后5次迁都。（见表3—1）。

**表3—1 商都五迁**

| 帝王名称 | 年代 | 王位变更 | 迁都地点及参考文献 | | |
|---|---|---|---|---|---|
| | | | 《竹书纪年》 | 《尚书序》 | 《殷本纪》 |
| 成汤——太戊 | 约公元前17世纪初 | 四世十王 | 亳（今河南省偃师市二里头） | | |
| 仲丁 | 约公元前15世纪中至约前1395年 | 五世九王 | 嚣（同隞） | 嚣 | 隞（今河南省荥阳市东北） |
| 河甲 | | | 相 | 相 | 相（今河南省内黄县东南） |
| 祖乙 | | | 庇（今山东省郓城县北） | 耿（今河南温县东） | 邢（同耿） |
| 南庚 | | | 奄（今山东省曲阜市旧城东） | | |
| 盘庚 | | | 殷（今河南省安阳小屯村） | 殷 | 亳 |
| 盘庚——帝辛 | 约公元前1123年 | 八世十二王 | 殷 | | |

盘庚迁殷是商朝历史的一个巨大转折点，扭转了商王朝的颓势，使之走上中兴的道路，出现“百姓由宁，殷道复兴”的政治局面。从此，商王朝结束了屡次迁都的动荡岁月，直到商朝灭亡再也没有迁都，迎来了政治、经济、文化发展的新时期。

## 一、商朝城址遗存

解放后，在郑州附近发现商朝的一段夯土墙和大片遗址，被称作郑州商城。郑州商城遗址为商朝二里岗期，就是前面提到的二里岗遗址。在约25平方公里的范围内，断断续续地分布着居住遗址，还有各种作坊。从遗址的规模，居民的成分、职业，大量的作坊等来看，这里与一般居民聚居点有很大不同，肯定不是氏族公社的居民点，而是一个大的城市。城墙内的面积约为3平方公里，城墙底宽20米，顶宽5米，高达10米，挖土量达260万立方米，工程非常浩大。这也是我国目前发现最早的城市遗址。

1952—1954年，考古人员对二里岗遗址进行了大规模的考古发掘，出土商朝早期房基、窖穴、壕沟、水井、墓葬、祭祀坑以及一大批铜、石、玉、骨、蚌、角、陶、原始青瓷器及刻字骨、卜骨等。从地层关系和出土遗物的类比分析看，该遗址就是距今3500年的典型的商朝遗存。

郑州商城平面近似长方形。北城墙长约1690米，西城墙长约1700米，南城墙和东城墙长约1870米，周长将近7000米。西北、西南和东南城角都近似直角，只有北城墙东段向东南倾斜。在郑州商城四面城垣上，共发现11个宽窄不同的缺口，其中有的可能是城门，这些缺口有些是城墙废弃后损坏的，有的可能与商代城墙有关。从考古文物可知，该城已经是一个城垣周长达7000米，包括城外郊区总面积约为25平方公里的古代大城。在这个城市内外，有宫殿、平民住宅区，有铸铁、制骨、制陶等手工业作坊，有农业居民点，也有一些墓葬区。



城内还曾发现一处奴隶主住宅，面积最大的房屋为16.2×7.6米，小的为5×4.5米。房屋一般先挖房基再填土夯实。为了防潮，整个地基用火烤后铺一层白灰面，再填土夯实，再铺白灰面，多达五六层。墙是版筑的，现在仍留有版的痕迹。版筑墙技术为地面建筑创造了有利的条件，也是商朝劳动人民的重要创造。在奴隶主的大房屋附近有窖穴，用来贮藏粮食及财富。还发现了一些半地下的房子，房基平整，但没有夯打，也没有铺白灰面，可能是一般平民的住宅。还有一种全部陷入地下的穴，可能是奴隶居住的。从部分发掘的成组房屋来看，看不出有完整的布局关系。

建造房屋还要活人陪葬，如一处房基下有小孩的骨架两副、狗骨架一副，另一处房基下有小孩和大人骨架各三副。他们被埋葬的方向与房屋的方向一致。这些都反映出奴隶的悲惨命运。

商城附近有贾鲁河、金水河、须索河等，可见城市与河流有密切关系，也说明早期的城市与农业有密切关系。这种早期的奴隶社会的城市，与乡村还没有严格的分界。在城市的北面和南面都发现了较大的冶铜、制骨、陶器和酿造作坊等，冶铜作坊的范围很大。

周朝灭掉商朝以后，周武王封他的弟弟管叔鲜在这个地方，称为管国。管城城区即在商城的基础上建造，也就是今天郑州城的范围。

1961年3月4日，国务院公布郑州商代遗址为全国重点文物保护单位。

## 二、殷墟遗址

商朝前期多次迁都，到盘庚在位时定都于殷（今河南安阳市小屯村），并固定下来，从此商朝也称殷朝。盘庚迁殷以后，商朝社会经济进一步发展。直至武丁即位以后，商朝四处讨伐，征服了周围许多小国，扩大了领土，达到全盛时期。

实际上，盘庚迁到新邑之后，当时并没有把这个地方叫作“殷”，甲骨文中把它称作“大邑商”，商朝也不称为殷朝。周朝灭掉商后，为了表示对商朝的轻蔑，就以商都附近“殷原”（“殷原”是商王的田猎区）的“殷”地名称呼商人。于是，商朝也就称为“殷”或“殷商”。商朝的这座王都在周武王灭纣以后遭到破坏，逐渐废弃，成为废墟，所以称为“殷墟”。

解放前由于发现甲骨文，国家曾对此进行发掘。解放后又进行了大规模的考古发掘，发现在沿洹河两岸5000米的范围内布满遗迹，有宫室、庙宇、一般住宅、坟墓、土穴、窖和地牢等。据《史记》记载：“纣时稍大其邑，南距朝歌（河南淇县），北距邯郸及沙丘，皆离宫别馆”。此范围长达100多公里。

以小屯村为中心，发现大量的夯土房屋台基，这是当时宫室建筑群的遗址。房屋台基沿垣河两岸成带状分布，长达5000米。目前，并没有发现城墙，但自小屯西南至东北方向有一条长约750米、最宽处达20米、深约5—10米的大沟，呈斜坡状，可能是防御性壕沟。

数十处王宫建筑遗址，比商城的白灰面夯土建筑又有进步，全为地面建筑，用填基法在洼地或早期窖穴上填筑，或在地面挖基坑，再填土夯实。房屋形状多为矩形或凹形。朝向为正南北，可见当时已经知道定向。房屋的结构是由柱础支撑的高大的木构架。遗址还没有发现屋瓦，可能仍然用草屋顶，也就是传说中的“茅茨土阶”。

当时仍以杀人及牲畜来奠基。有一处大的王宫下埋牛 30 头、羊 100 头、狗 78 头，还有 1 个人。柱石之间的夯土层中，在门下埋有小孩，两门之间埋有一人一狗，每门最多的有 4—5 人，都跪着并执有戈及盾，是作为守卫者被活埋的。房屋落成后，又将活人埋在房屋周围，这些都反映，当时奴隶主的残酷及奴隶的悲惨命运。王宫附近的窖穴内藏有粮食、生活用具，还有大量农具。在一窖中还发现 1.7097 万块甲骨文，可能是王宫的档案库。

王宫的外围有密集的居住遗址，可能为小奴隶主或自由民的住宅。一般奴隶没有住宅，而与牛马一起住在牢内。王宫的基址有一定布局，成组排列。住宅有东西、南北两屋相对，中间为庭院。发现半穴居，还有穴及竖穴。发现一长 20 米、宽 10 米、深 2.8—3.0 米的窖，作为圈牛的牢；还有深 7—8 米的窖，有上下脚窝，可能是关罪犯或奴隶的牢。



殷墟也有各种手工业作坊，如青铜器、骨角器、陶器等。在小屯东南约 1500 米处有一片规模较大的铸铜作坊。殷墟附近有许多贵族的墓葬。有的规模很大，最大的墓室面积达 4500 平方米，最小的也有 450 平方米。宫室与墓葬的工程规模宏大，可见当时奴隶主集中大量的奴隶进行长期的无偿劳动。

该遗址出土了大量青铜器、玉器、骨角器、陶器等遗物，其中包括司母戊鼎、三联甗和鸮尊等著名的青铜礼器。此外，遗址内还出土了 15 万余片甲骨卜辞，包括单字 5000 多个，这是迄今为止中国发现的最早的文字。

## 第二节　周代的都城

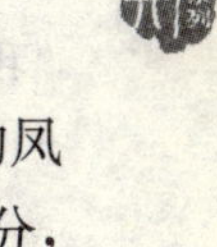



周原是周人的发祥地，位于陕西省关中平原的西部，包括今天的凤翔、岐山、扶风、武功 4 县的大部分和宝鸡、眉县、乾县的一小部分，范围约为 200 多平方公里。岐山、扶风两县的北部是其中心地区，这里北依岐山，南临渭河，古称岐邑。

周人早期活动的根据地和灭商以前的都城就坐落在周原。根据文献记载，公元前 12 世纪末或公元前 11 世纪初，周族之祖古公亶父率众人从豳地迁居到此地，并在此处营筑城郭、宫殿、宗庙、房屋，成为周人的早期都邑。《史记·周本纪》记载："周之先人古公父为戎狄所逼，离豳，度漆、沮，踰梁山，止于岐下。……于是古公乃贬戎狄之俗，而营建城廓室屋，而邑别居之，作五官有司，民皆歌乐之。"《诗·大雅·绵》对岐邑的建设也有非常详细的描述。

后来，也就是公元前11世纪后半叶，周文王、周武王虽然迁都丰、镐，但周原一带仍是一处重要的政治中心。西周初年，周原曾为周公和召公的采邑，至西周末年因戎人入侵而废弃。

20世纪70年代进行考古发掘的周原遗址东西宽约3000米，南北长约5000米，内涵丰富，发现宫殿、庙宇、住宅遗址，也有铸铜、制陶、制骨、制玉石等手工业作坊的遗址，还有窑藏、墓葬遗址等。该遗址出土了大批窖藏青铜器和大量石器、陶器、骨器、玉器、铜器等。1977年，建筑遗址的窖穴内又出土了17万片卜骨和卜甲。

周原遗址的发现，在探索先周文化的起源，西周的社会、政治、经济制度以及物质文化的发展等方面都具有极为重要的价值。

西周的都城为丰、镐，城址均在今天陕西省西安市西南丰水的东西岸，迄今已发现较集中的周代遗址和窖藏的大量铜器，但还没有进行详细的探查。城址的具体范围及有否城墙都不能肯定。遗址发现了瓦片，说明当时的屋顶已经不是草顶了，比殷商时代有很大的进步。

西周初年，政治中心在丰、镐，对于黄河下游特别是原来商代的中心地区不便统治，所以周武王时曾让周公在洛阳附近新建王城及成周两个城市，而且有一定的规划。建城的目的是将殷商的"顽民"集中管制在成周，在其西15公里处建王城（洛邑），派兵两万人驻守，目的在于监视殷的"顽民"。

东周时（公元前8—7世纪），王城曾是都城。《尚书·洛诰》记载："我卜涧水东，瀍水西，惟洛良。"《史记·周本纪》中武王对周公曰："自洛汭延于伊汭，居易毋固……营雒邑而后去，"可见其位置在今天河南省洛阳城西涧河的东岸。解放后，在洛阳西郊的西工、中州路一带，发现东周时代的夯土城墙址，可能就是周王城，其中部分已经被涧水冲毁，部分在涧水的西岸。这也与记载的"涧洛斗，毁王城"相符合。

遗址是一个并不十分规则的方形，长约3320米，宽约2890米，如果把它折合成周朝的尺度，与"方九里"的记载大致相近。中心部分的建筑遗址，分布在城中央偏南，也与“王城居中”的记载相符。由于城址均在洛阳市区的下面，均没有详细探查，城内的窖址和道路布局等也都没有查清楚。城址北芒山一带有大量周代墓葬群，城址中间曾发现汉代河南县城址，可见河南县城建城时尚利用一部分周代城市作基础。

## 第三节　从邑到国

在商周时代，关于城市存在这样几个称呼或说法：邑、都、市、城、廓及国。那么它们之间有什么区别呢？

### 一、邑与都的区别

在卜辞中，邑字象形土地和人民，实际上就是指生产对象和劳动力，可见邑并不仅是指城市，而是泛指所有的居民点，也就是古代的村落。村落自古就是人、宅与自然良好相处的地方，不但规模小，而且相对稳定。每个小的村落就是一个小的文化系统。



一般来说，奴隶主所居住的是大邑，而四野农夫所居住的则是小邑，小邑住十家称为“十室之邑”，田在邑外，一邑有 10“田”（周朝制度：1 田为 100 亩），领主有若干邑，也就是有若干田地及若干家农夫，代表他的领地和财产。春秋时期，邑有所扩大，但名义上仍然称为“百邑”、“千室之邑”或“百乘之家”，每十室有一乘战车，故“百乘之家”就是“千室之邑”。

《尔雅》中记载：“邑外为之郊，郊外为之牧，牧外为之野，野外为之林。”可见，邑与农牧等生产用地有着十分密切的关系。可以明显地看出，这种邑实际上就是一般的村落。《左传》中记载：“凡邑有宗庙先君之主曰都，无曰邑，邑曰筑，都曰城。”从中可见邑与都的区别。实际上，这种邑都是奴隶主的驻地。

### 二、邑与市的区别

中等的邑有时设市，故称“有邑之市”。《周易·系辞》记载：“日中为市，召天下之民，聚会天下货物，各易而退，各得其所。”这就相当于以后赶集的“市”、“墟”、“场”等。可见，并不是所有的邑都有市。

“市”与“井”常常连在一起，常称“市井”，因为市一定是在居民点中，即在邑中，而居民点中必然有井。《易经·井卦》有这样的卦辞：“改邑不改井，无丧无德。”这说明邑可以迁，但井一定不能迁。也有一种说法，每天人们都要去井中打水，顺便在井旁交换货物。还有一种说法，市中必然有井，在交换前要在井中洗濯清洁之后再做交换。

## 三、城与国的区别



国在周代与现在的国是不一样的，“国”字也就是“或”字，而“或”字象形以戈守土。“国”与“土”的意思相同，国象形，土象意，所以说“国”与“城”的意义也同，而且古代的氵成、木成均可以借作“或”(国)。这就可以看出，当时的城有的是外筑土墙，有的外面为沟池，还有的外面是木栅栏，这也说明城是防御性的构筑物。

## 四、城与廓的区别

《墨子·非攻篇》、《孟子·公孙丑篇》、《战国策》中都提到：“三里之城，七里之廓。”《管子·度地篇》中记载：“内为之城，外为之廓。”传说在夏朝，“筑城以卫君，造廓以守民”。

从这些记载可以明确，城与廓是有很大的区别的，廓比城大，或者城就在廓内，城和廓都是防御性的。因为这时候已经有阶级的分化，奴隶主贵族居住在城内，而一般的人民则居住在城外廓内。另外，城与廓的形状也不一定，有的城也并没有廓。

## 五、城与市及城市的区别

前面已经提到，市是指交易的场所，而城是指防御城垣，所以有城的不一定全是市，市也不一定都有城墙，城与市的概念不同。

而城市的经济性质与农村的居民点不同，城市代表这种居民点产生的时代，也就是私有制和阶级产生之后，需要用城垣来保护私有财产，如《礼记》中所指的“城廓沟池以为固”。同时，当时的商业、手工业与农业已经分开，所以需要专门固定的交易场所。于是，市就从一般的居民点（邑）中分化出来。

## 第四节 周代的城制及其对后世的影响

说到周朝的城制，就不得不提到一部重要的著作——《周礼·考工记》。有关周朝的城制情况在《周礼·考工记》中记载得十分详尽，这部书是研究周朝城制的重要参考文献。

《周礼》为儒家经典之一，分叙六官，分别为天官冢宰、地官司徒、春官宗伯、夏官司马、秋官司寇、冬官司空。其中冬官早已佚阙，西汉时的河间献王刘德便取《考工记》补入。所以，《考工记》又被称为《周礼·考工记》。

《考工记》是中国先秦时期的手工艺专著，反映了当时中国所达到的科技以及工艺水平。全书共 7100 多字，记述了木工、金工、皮革、染色、刮磨、陶瓷等六大类 30 个工种的内容。此外《考工记》还有数学、地理学、力学、声学、建筑学等多方面的知识和经验总结。

《周礼·考工记》中曾这样记载："匠人营国，方九里，旁三门，国中九经九纬，经涂九轨，左祖右社，前朝后市，市朝一夫。"这种具体的记载以及后世一些都城的布局都可以说明，周朝的王城是有一定规划制度的，而且这种城制对中国古代城市的布局也有一定影响。

"匠人营国"是指建筑师丈量土地，建设城市。"方九里"，应该每边长九里，如果按照古尺折算的话，也与前面所提到的洛阳周朝城址的 2890×3320 米基本相符。"旁三门"指的是每边开三门。《玉海》中也曾记载："王城面有三门、凡十二门。""国中九经九纬"指的是城内有九条直街、九条横街，也可能是有三条南北向、三条东西向的主要干道，每条干道由三条并列的道路组成。"经涂九轨"指的是为车轨的 9 倍，可并排走三辆车。据伊东忠太考证，当时的车宽 6.6 尺（古代一尺的长度比现在一尺要短），左右各伸 7 寸，共 8 尺，九轨也就是 72 尺，大约为 18 米。"市朝一夫"也就是市与朝各方百步。左祖为祖庙，右社为社稷坛。

周朝的立国之本是农业，这在城市的规划建设上也打下了烙印，这里记述的王城规划意匠显然与"井田制"的土地制度有很大的关系。尽

管后人根据这段记述推测的平面图略有不同，但“国中九经九纬”以及更次一级的经纬道路就好像田中的阡陌一样，把城市划分成不同等级的“井”字，相套组合成方格网平面。再从“市朝一夫”看，井田的基本单位——“夫”，即一农夫所受之一百亩耕地，被用作城市规划用地的基本单位。在这种规划概念与方法下，城的形制较为规整，与周朝社会推行的“礼制”能很好地配合，这也是它能在后世发扬光大的原因。

《考工记》中还记载：“经涂九轨，环涂七轨，野涂五轨。”这说明道路宽度有分级，市内宽，环城窄，城郊更窄。还记载：“环涂以为诸侯经涂，野涂以为都经涂。”这说明按照封建等级，都城有大小，其中道路的宽度也不一样。

《考工记》中还记载：“匠人建国，水地以县，置槷以县，以景为规，识日中之景，与日入之景，昼参诸日中之景，夜考之极星，以正朝夕。”由此可见，当时已经能够运用简单的天文知识来定朝向方位。

周朝的建筑虽没有实物材料，据文献记载，已有对称轴线的布局，平面组合也很有规则，宫殿设“三门”，内有“六宫”，门有毕门，左熟、右熟，宫有东房、西房，东序、西序，东堂、西堂。周朝还规定士大夫贵族的宅第为“前堂后寝”，这和北京故宫的“前朝后寝”、“外朝内庭”是一致的。周朝建筑已广泛采用油漆，色彩也有等级规定，天子的柱瓦用丹色漆，诸侯用黑色漆。

周朝城市规划制度及其建筑布局的一些文献记载，虽然没有被考古发掘完全证实，但从我国古代一些城市的建设实例来看，其影响是非常深远的，如旁三门、宫城居中、左祖右社等。大多数都城的布局都遵循着这些制度，在唐朝长安、宋朝汴梁、元朝大都以及明朝北京的实例中对此都表现得十分突出。

# 第三章

# 春秋战国城市

从公元前770年周王东迁一直到周王朝分裂，这段时期就是春秋战国时代，也是奴隶制社会向封建制社会转变的时期。这个时代，生产力有了进一步的提高，其标志就是铁工具的出现并广泛应用于生产上，确立了土地私有及地主土地所有制。

手工业及商业的发展促进了城市的发展，城市数目和人口不断增加，出现了不少商业都会。手工业的分工也比较细，城市有很多世代的手工业者。商人也有了势力，有的甚至做了官，如秦国丞相吕不韦。商业交换的进一步发展，使一些封建主集中的都城或交通要道，发展成了繁荣的商业都市，如齐国即墨（今山东省平度市）、安阳（今山东省曹县）、薛（今山东省滕州市），赵国离石（今山西省吕梁市离石区），魏国大梁（今河南省开封市）、安邑（今山西省夏县），韩国的郑（今河南省新郑市）、长子（今山西省长治市），楚国郢都（今湖北省江陵县）、宛（今河南省南阳市）、寿春（今安徽省寿县），越国的吴（今江苏省苏州市）等。还有些手工业中心，或是在交通要道上的定期或不定期的市集也发展成为城市。

各国之间经常互相攻伐，城市的防御作用也十分突出，从墨子与公输般争论攻城与守城技术的故事就可知当时对城市防御的重视。可以说，这个时期的城市既是统治阶级的政治中心，也是商业手工业集中的经济中心。

# 第一节　春秋战国时期的城市概况

春秋战国时期，社会生产力水平提高，特别是使用铁器和耕牛，贵族们有了大量的私田，奴隶社会的井田制开始瓦解，地主阶级在许多诸侯国相继夺取了政权，因此奴隶制时代结束，长达 2000 多年的封建社会开始了。

这个时期的城市也有了长足的发展，主要体现在以下几个方面：



## 一、三级城市体系逐步建立

西周灭亡之后，周王室东迁洛阳，地位一落千丈，原本统一的国家逐渐解体。随着诸侯称霸，原来以王都镐京为首的统一的城市体系也逐渐解体。因为当时的大国各自控制着一块地盘，如晋国控制了汾河流域诸国，齐国控制了山东北部诸国，楚国控制了豫南、皖北等地的诸国，它们的都城逐渐发展成为区域中心城市，对外控制着小国的政治。因此，春秋时期的城市体系呈现出复杂的局面，这就是多中心的二级城市体系格局。

随着兼并战争愈演愈烈，到战国时期仅剩下七个大国和为数不多的小国。与此同时，起源于春秋后期的郡县制日益完善起来。这样，战国时期城市体系的等级结构比春秋时期大为简化了。一方面，继续保持着多中心的格局；另一方面，在各国内按郡县制（个别稍有不同），形成了王都—郡城—县城的三级城市体系。到秦统一全国后，中国古代都城—郡城—县城三级城市体系初步建立起来。

## 二、出现工商业城市

西周时期，商业主要由官府控制，实行官商制度，严重妨碍了城市商业的发展。到春秋战国时代，出现了自由经商的热潮和独立的商人阶级，同时出现黄金等贵重金属的流通，进一步促进了商品流通和商业的发展。



春秋战国时期，冶铁技术大为进步，推动了铁制生产工具的广泛使用，促进了农业生产技术的提高，同时兴修了大量水利工程，建立起水陆交通网络，各种手工业生产技术也大大提高，极大地促进了工商业的发展，出现了一大批真正意义上的集工商业、政治经济文化功能于一体的城市，如琢蓟、邯郸、荥阳、临淄等著名都会。

### 三、城市规模日益扩大

这个时期的城市规模已不再受王城规模的限制，各霸主大兴土木，一些大国的都城大都超过周王室的洛阳王城，如燕下都，面积达 32 平方公里，远大于洛阳王城。一些中等国家都城的规模也较大，如上蔡城城墙周长 1.049 万米。城市的用地规模大致可以分为三级：第一级为大国都城和洛阳王城，面积在 10 平方公里以上；第二级为中等国家都城，面积 5—10 平方公里；第三级为小国都城或采邑（卿大夫的封地），面积为 2—7 平方公里。由于当时处于分裂状态，没有一个城市能够成为全国第一大城市。

### 四、城市分布比较广大

春秋战国时期，城市的范围远比西周时期的广大。城市分布南到今广州的番禺，北到辽东，西到陇东、巴蜀，东到吴越。但总体来看，城市主要分布于黄河中下游地区以及汉水、江淮流域，其中以黄河流域最多。按《史记·货殖列传》所列举的 21 个商业城市来看，黄河流域及其附近地区就有 12 个城市，再加上《盐铁论》中列出的荥阳、巩、咸阳、淮阳，共有 16 个商业城市。其余地区则比较少，如江淮地区有 4 个，长江流域有 3 个，其他地区有 2 个。

这一时期城市建设的主要结构方式已逐步形成中国木构架的古建筑体系，屋面已普遍使用青瓦，飞檐翘角，雄伟壮观而又实用。在城市的形制上，普遍修筑城墙，城与郭的组合上也有很多变化，如宫城居中，没有内城，只有一个大城、双城型、多城组合型等。

## 第二节　春秋战国时期的重要城市

春秋战国时期，各国都城的规模都比较大，如下都、临淄、鲁城、邯郸、韩故城、淹城、纪南城等。

## 一、燕下都

燕下都始建于公元前4世纪，约为战国时代中期，为燕昭王时所建，距今已有2000多年。据《史记·燕世家》记载，周武王灭掉商纣以后，封召公于燕（今北京及河北中北部），燕国的都城在“蓟”，称上都（今北京一带）。到了战国时代，北方的燕国逐渐强盛起来，争霸中原，号称七雄之一。燕国为了应付南方各国，在今河北易县建立一个军事重镇，称为“下都”，也就是燕下都。

燕下都是战国时期燕国的都城，在今河北省易县城东南，北依北易水，南临中易水，也就是今高陌乡及周边一带。燕下都呈不规则横长方形，东西约8300米，南北约4000米。该城址为我国一处现存较完整、文化遗存极为丰富的大型战国都城遗址。1961年3月，国务院公布第一批全国重点文物保护单位，燕下都位列其中。2001年3月，其被评为“中国20世纪100项考古大发现”之一，同年又被列入百项重大遗址保护项目。

该城址全城分为东西两城。东城偏北又有东西向隔墙把东城分为南北两个部分。东城的周长为18.5公里，文化遗存十分丰富，是当时人们活动的中心，分为宫殿区、手工业作坊区、市民居住区和墓葬区。

宫殿区在城址东北部，由3组建筑群组成。大型主体高台建筑“武阳台”坐落在宫殿区中心，东西最长处140米，南北最宽处110米，在燕下都夯土建筑基址中，规模最为宏大。实际上，武阳台是燕国君主的宫殿，也就是燕国国君处理政务、行使权力的主要场所。在武阳台的北面又有望景台、张公台、老姆台，四台纵贯，大体连成中轴线，显示出当年庞大的建筑体系特有的建筑风格。周围分布着许多兵器、铸铁、制玉、烧陶遗址，表明当时燕都经济文化的繁盛。

手工业作坊区围绕着宫殿区，墓葬区设在东城的西北部。西城区是为加强东城区的安全而设的防御性附城，城址内遗存较少。

据史料记载，公元前311年这里正式成为燕国都城，燕昭王时达到鼎盛时期。从燕下都的地理形势和所处的地理位置看，它是燕上都通向齐、赵等国的咽喉要地，为燕国南部的政治、经济和军事重镇，延续时间很长。燕昭王在这里筑黄金台招纳贤者，燕国很快强盛起来，大败齐国。燕国即将被强秦灭亡之际，燕太子丹遣荆轲刺秦王，就是在这里策划的。

燕下都文物遗存十分丰富，从民国初年开始，出土文物十万余件。齐侯四器、铜龙等珍贵文物的发掘引起了国际轰动。新中国成立后出土的战国铜人和大铜铺首衔环被专家定为国宝级珍品。这些文物以其极高的历史、科学、艺术价值，填补了多项历史空白。燕下都遗址的发现，还充分展示了战国时期燕国都城城市建筑的布局。

## 二、赵邯郸



据记载，赵敬侯元年（公元前386年），赵国都城从中牟迁至邯郸，历经八王，共158年，至赵王迁八年（公元前228年）被秦国所灭。公元前209年，秦将章邯攻赵王歇，下令“夷其城廓”，一代名都从此毁坏，以后逐渐变为废墟。

赵都邯郸古城遗址位于今河北省邯郸市西南郊约4公里处。宫城由3个小城组成，平面似“品”字形，城内总面积512万平方米。遗址周围保留着残高3—8米蜿蜒起伏的夯土城墙，内部有布局严整、星罗棋布的建筑基台，地下有十几处面积较大的夯土基址，四周有多处城门阙遗迹。

东城东西最宽处935米，南北最宽处1434米。西城比较规整，东西宽约1326米，南北长约1396米。北城近方形，东西宽约1362米，南北长约1557米。城址有夯土平台15处，有几处形成一条轴线，可能是宫殿建筑群。南面一台最大，面积为63648平方米，高达13.8米。台上东西两侧有双列柱石，是宫殿的主要建筑遗址。

在1977年的大面积探查时，邯郸市区范围内发现了汉代及以前的城址，即邯郸古城。西壁与南壁的交叉点距王城的北城东壁约80米，地下夯土城墙遗址已找到的有9000多米。这个大城就是赵邯郸城，与规模较小的王城的关系和齐临淄类似。

在该城址地面下4—9米深处，战国文化层和汉代文化层遍及全城。在部分战国文化层下，发现了很多春秋时期的遗物，还发现有炼铁、铸铜、烧陶、制骨和制石等作坊遗址和陶井遗迹。汉代文化层出土的遗物也很丰富，并发现有铸钱、古井遗迹。

经历了两千多年，赵都邯郸古城至今仍雄伟壮观，是我国目前保存最为完好的唯一一处战国古城址，对于研究我国封建社会初期都城布局和建筑艺术具有重要的价值。该遗址属国务院1961年3月公布的第一批国家重点文物保护单位。

## 三、齐临淄

齐都临淄城是齐文化的摇篮，自从周初兴建以来，在很长的时间里一直保持着“中华第一大城”的桂冠。

临淄是齐国的故城，自公元前9世纪50年代姜氏第七代国君献公由薄姑（今山东省博兴县境内）迁都于此，一直到公元前221年秦灭齐为止，临淄作为齐国的都城长达630余年之久。1961年，国务院将“临淄齐国故城”公布为全国重点文物保护单位。

齐临淄城址在今山东省临淄城北，城墙目前尚有残址。故城由大小两城构成，大城南北约4.5公里，东西4公里，小城嵌在大城西南角，周围约7公里多，总面积约12.5平方公里，是目前所知春秋战国时期各古城中规模最宏伟的古城。



齐国故城形势险要，城墙宽厚高大，小城嵌在大城西南角，自成体系，有以“桓公台”为主体的大片建筑群。桓公台高14米，台基呈椭圆形，南北宽86米，建于生土之上，位于小城西部偏北处，是当时齐国的庙寝所在。城内南半部还有一些手工业作坊遗址。淄河由大城东城墙外流过。大城是贵族与平民所居。《管子·大匡》中记载：“凡仕者近宫，不仕与耕者近门，工贾近市。”大城还有较大面积的空闲地段和贵族、平民的墓地。

《左传》中记载，春秋时期城门有8座：东门、东闾、北门、西门、雍门、稷门、扬门、虎门。诸子和后代著作认为还有其他城门：广门（见《晏子春秋内篇·杂上》）、南门（见《韩非子·十过》）、申门（见《左传·文公十八年杜稷预注》）。现在已经钻探出11座城门，有10条道路与之相连（小城3条、大城7条）。

临淄是战国时代最大最繁华的城市。据《战国策·齐策》苏秦为赵合纵说齐章中记载：“临淄之中七万户……甚富而实。其民无不吹竽鼓瑟，击筑弹琴，斗鸡走犬，六博蹹鞠者；临淄之途，车毂击，人肩摩，连衽成帷，举袂成幕，挥汗成雨，家敦而富，志高而扬。”苏秦虽然有些夸张，但也不至于距事实太远。

7万户，如果按每户四五口人估计，城市总人口在30万以上，不过从城址之大来看完全有此可能。从所描写的城市内的繁荣拥挤程度来看，当时已有商业性的街道。

## 四、曲阜鲁城

鲁城是西周至战国时期鲁国的都城，西汉时期该城延续使用，位于今山东省曲阜市，1977—1978年勘查发掘。

该城平面呈不规则的横长方形，南北宽2700米，东西长3700米，面积约10平方公里。夯土城墙，外有城濠。古城共11座城门，东、西、北面各有3座城门，南面有两座城门，绝大部分门道宽10米左右。东部的稷门在该城的南北中轴线上。城南大道旁有两观及舞雩台遗址。城内中部为宫城，已经发现汉代鲁灵光殿等大型建筑群遗址9处。

鲁城内已发现10条主干道路，东西向和南北向各5条，宽10米左右。城北垣西门与南垣西门之间，都有交通干道连接。城内西、北部有冶铜、制陶、冶铁等作坊遗址及居住区。西部还有墓葬区，已发掘千余座墓，出土陶器、铜器、瓦当等。1961年，国务院公布其为全国重点文物保护单位。



## 五、郑韩故城

郑韩故城在今河南新郑市城附近，位于双洧河与黄水河之间的交汇地带，依自然地势筑成。郑韩故城在春秋时期称“郑城”，是韩国和郑国先后建都的地方。郑国在新郑建都390年，于周烈王元年（公元前375年）被韩哀侯灭掉。韩灭郑后，把国都从阳翟迁到新郑，直至秦始皇十七年（公元前230年）被秦所灭。郑韩两国先后在此建都长达535年之久，郑韩故城跨越我国奴隶社会和封建社会两个历史阶段，是历史上春秋战国时期重要的都城之一。

城分主城及外廓城两部分。城址平面呈不规则长方形，东西长约5000米，南北宽约4500米。中部有一道南北向的夯土墙将故城分成西城和东城两部分。城墙周长1.932万米，面积16平方公里。郑韩故城城墙用黄土分层夯筑而成，基宽40—60米，高15—18米。城墙由北墙、东墙、南墙、内城墙及战国城墙组成。北墙外侧有数处马面，是全国最早的新型城墙防御设施。

主城内是宫殿区及贵族居住区，居住区位于宫殿的北边，在断崖上尚可看见很多当时的房基、下水管道和水井，居住区北有残存的烧陶窑址。外廓城内主要是手工业、商业和一般市民居住区，有规模很大的冶铁遗址，曾发掘出鼓风管、炉渣、红烧土及铁砂。冶铁场北面有一处玉器制造场及骨器制造场，发现锯过的骨器。手工业区的西边是当时商业交易的场所。外廓城内还有一座仓城，是储存物资的大型仓库，从遗址之大、遗物之多可以想象当时的城市是很繁荣的。

1961 年 3 月，国务院公布其为全国第一批重点文物保护单位。2001 年 3 月，其被评为“中国 20 世纪 100 项考古大发现”之一。

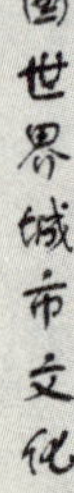


## 六、淹城

淹城在今江苏省常州市南，离市区约 7 公里，是西周时代淹国的都城，迄今已有将近 3000 年的历史，现为全国重点文物保护单位。该城有三重城墙，分王城、内城、外城。王城呈方形，周长约为 500 米；内城为不规则圆形，周长约为 1500 米；外城也是不规则的圆形，周长约 3000 米。城墙均用土筑，三道城墙都只有一个旱路城门，并且三个城门不开在一个方向上。有一条道路通向内城。内城地势高，中间有块高地，可能是王城宫室遗址。三道城墙外都有护城河，内、外城的护城河水面宽广。在外城西部有并列的三个土墩。城外附近土墩很多，皆为不同时期的古墓葬群。现在地面上还基本上保存着该城遗址。

淹城城内及护城河内散布着大量几何印纹陶片。在内城河发现数十只陶罐，据鉴定是战国初期遗物，还出土过许多青铜器（如铜编钟、铜鼎），都具有战国时期南方文化的特征。护城河内还发掘出长 11 米的独木舟，轰动了中国考古学界，经测定约为 2000 年前遗物，被誉为“天下第一舟”。据这些可靠的考古鉴定，淹城被推测为战国时期的城市遗址。

## 七、楚都郢

楚国都城郢在今湖北省荆州市境内的长江北岸，因位于纪山之南，故又称纪南城。据推测，纪南城始建于楚惠王中后期，毁于顷襄王二十年（公元前 278 年），是战国时代的楚都郢。楚在此建都将近 200 年，是楚国全盛时期的都城。

纪南城址略呈长方形，东西约 4500 米，南北约 3500 米，总面积约 16 平方公里。东、西、北城墙均较直，只有南墙的东部向外略凸出一个小的长方形。城墙的东南角为直角，其余三个角为切角，这在古代城市中比较少见，是纪南城的一大特色。现查明的城门有 7 处，其中东墙有陆门一处，西墙有陆门两处，南墙的西门为水门，东门为陆门，北墙的东门为水门，西门为陆门。城外四周为护城河。

在城的中部偏东南一带发现了较密集的夯土台基，可能是宫殿区。城内东北部也分布着若干较大规模的夯土基址，可能是另一重要的宫室建筑群。在城内西南部的陈家台发现铸炉 2 座及残台基 1 座，并且有铜、锡炼渣、陶范和鼓风管等，应该为金属铸造作坊的遗址。城中的瓦窑址发现最多，主要分布在松柏村和纪城村一带。制作生活用品和仿铜陶礼器的作坊主要在城西的新桥。在龙桥河的两侧发现很多陶窑址，表明这一带是制陶的作坊区。

城中的遗迹除了夯土台基外，以古井的发现为最多，约有 400 多口，遍布全城，其中以龙桥河西段长约 1000 米、宽约 60 米的范围内最密集，有 256 口，可以说明人口分布的一些状态。此外，在城外的近郊也发现了一些古井。

今城垣上立有我国著名文学家郭沫若题写的“楚纪南故城”标牌。1963 年，楚都纪南城公布为全国重点文物保护单位。

# 第四章

# 秦汉城市



公元前221年，秦统一全国，结束了长期的战争分裂局面。秦灭六国后，拆除各国都城城墙，并将大量人口集中于首都咸阳。“徙天下富户十二万居咸阳”，咸阳有了很大发展，曾广征民工在北边筑长城。为了便利交通，还建立了通往全国各地的驰道。

各国都城虽然被拆毁，但这些城市仍然是地区的商业中心，如临淄、邯郸、寿春等；还出现了一些新的都会，如云阳、琅琊，冶铁中心临邛，海上贸易中心南海会稽、琅琊、芝罘等。

短暂的秦朝在农民起义中被推翻，刘邦在与项羽的长期战争后建立了汉朝。经过8年的战争及分裂，国家经济受到很大破坏，人口减少很多。汉代政权建立之后，大力发展城市建设，并成为国家兴旺和开拓疆域的象征。

汉武帝时，为抗击匈奴，开发西域，在进军路线上建立了一些新的城市，如酒泉、武威、张掖、敦煌四郡。在北方，为了满足驻军需要而在军队驻地附近设立一些小的军市。边寨还设有许多防御的营寨及烽隧，其中有的形成了设防的城镇，有的并没有形成城市。解放后，在当时五原、云中等地发现了很多汉代的城堡遗址，规模并不大，平面往往呈回形，有内城及外城。如，呼和浩特东郊塔布秃村的西汉城址，版筑土墙；外城长约900米，宽约850米；官署等在内城；民居及兵营在外城南部，并有屯田及演兵场所。



西汉末年，因为战乱，中原、西北、东北等地的城市遭到一定程度的破坏，所以复兴后的光武帝曾下诏合并郡县，大约有1100处城镇被保留。但无论是经济、规模还是文化水平，都不能和西汉时代相比。后来因为都城东迁，长江流域与中原的商业交通更频繁，东汉时增加的10座新城市大都位于长江流域，如荆州的汉宁、沅南，扬州的永宁、临汝、建昌，益州的汉昌、哀牢，博南交州的封溪、望海等。长江以南的城市，如会稽、丹阳、豫章、荆襄等也得到很大发展。广东的徐闻、合浦、广州成为海外贸易中心。

总体来看，西汉的疆域比秦朝大，尽管秦始皇刻石称“四守之内，莫不郡县”，但秦朝的城市并不多。西汉的城市以北方诸省为主，江汉流域各州下辖的县城总数占全国的23.5%，而北方的占77.5%，为1228处。到东汉时，北方各州所占比例下降为70.7%，南方则上升到29.3%。这一现象到了三国和魏晋时期，就成为中国历史上人口、城市和经济中心南移的第一次浪潮。



## 第一节　秦汉城市概况

秦汉时期的城市发展因为政局的动荡不安而呈现出多次盛衰交替的变化，表现如下：

### 一、战国末期至秦末汉初的城市衰败

秦朝曾实行了很多有益于全国统一、生产发展及社会进步的措施，如“税同率，币同值，车同轨，书同文，度同长短，量同大小，衡同轻重，政令统一”，这些对工商业的繁荣及城市的发展都起到很大作用。秦在统一全国的基础上，建立了强大的中央集权及郡县制度，北起辽东（辽东、辽西郡），南至福建（闽中郡），东到苏常（会稽郡），西达川地（蜀郡、巴郡），共设置了36郡。后来，又在今天西南边境一带再置4郡，疆域达到雷州半岛一带。

但是，在战国末期到秦末汉初的这一时期，总体来看城市是衰败的，主要原因是秦朝统一六国过程中大肆攻城掠地，毁掉六国郡县城，加之秦汉又交替战乱。从战国末期到秦初，除原秦国外，中国大部分地区的城市都经历了一次大浩劫，如具有412年历史的一代名都——楚国

的郑都，就在战乱中被毁为废墟，其余各国都城和洛阳王城亦化为废墟，或遭到极大破坏。随后，秦朝灭亡，楚汉相争也对各地城市造成了极大的破坏，就连秦始皇花费巨大的人力、财力和物力修建起来的咸阳宫殿也被项羽一把火烧掉。

## 二、西汉时期的城市兴衰

汉高祖刘邦平定天下后，公元前201年曾下令“天下县邑城”。也就是说，全国的县城都要修筑城垣，以成为坚固而完善的统率地域的据点，同时增设新郡县。战后，经过修养生息、劝农扶桑、省赋减役等政策，经济逐渐复苏发展，人口增加，昔日的都会逐渐恢复了往日的繁华景象。到汉景帝时，出现了著名的“文景之治”的稳定和繁荣局面，为城市的进一步大规模发展奠定了基础。

据统计，汉代全国的各级城市大约有1700多座，其中郡国130个，县邑1314个，道32个，侯国241个。汉代的城市商业得到很大的发展，出现了许多商业都会，有的是在原有城市的基础上发展的，有的是新发展的。同时，伴随着国土的扩大，还在河西走廊以西设立酒泉、武威、张掖、敦煌4郡，在青海一带建临羌，在贵州、云南等地建犍，在南粤置九郡，同时开发福建沿海等地。汉宣帝时，除了长安、洛阳之外，分布在关中、三河、巴蜀、齐鲁、燕赵和南阳6个最发达地区的其他城市也名噪一时。如“燕之琢、蓟，赵之邯郸，魏之温，韩之荥阳，齐之临淄，楚之宛丘，郑之阳翟，三川之二周，富冠海内，皆天下之名都也”，其他还有陶、睢阳、彭城、寿春、江陵、番禺、桂林、珠崖、成都等。城市的分布远较以前更广了。

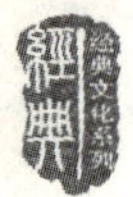

经过200年的建设，汉代建立起以首都长安为中心，五大都会（洛阳、宛、邯郸、临淄、成都）为副中心，广大郡城县府为主体的三级城市体系，从而将中国城市发展推向又一个高峰。

但是，西汉末年的土地兼并，王莽篡政、农民起义导致政局动荡、连年战争，再加上天灾人祸，使中国的社会经济与城市又遭受到一次毁灭性的破坏。如赤眉军率数十万众攻人长安，“烧长安宫室、市里……长安为墟，城中无人行”。

## 三、东汉时期城市的恢复与破坏

刘秀建立东汉政权，因长安已成废墟，便建都洛阳，史称东汉。为巩固政权，封建统治者采取了一系列有利于恢复和发展社会生产的措施，使经济逐步复苏，人口和耕地面积逐渐增加，各地城市也日益恢复生机，若干大都会还出现了相当繁荣的局面。但因已移都洛阳，关中地区政治经济地位大大下降，而长江流域及岭南的经济较西汉有所发展，由此产生了一批较大的城市，如丹阳、豫章、东冶、长沙、会稽、合浦等，城市的分布出现南移的倾向。

东汉后期，朝政日趋腐败，人民生活困苦，先是爆发了黄巾军为首的农民起义，腐朽的东汉王朝名存实亡。紧接着又有军阀混战，由此开始了中国历史上一个长达 400 年的动荡不安期，对社会经济、城市等造成的破坏大大超过前两次，北方的城市则遭到一次彻底的破坏。如董卓把洛阳焚为焦土，李傕、郭汜把长安毁为空城，其余地方因军阀混战，也是一片废墟，使我国的城市又一次陷入衰败之中。

秦汉时期，统治阶级对商业有所抑制，但当时城市的手工业有所发展，如丝织业、造纸业以及盐铁业等。当时还形成了一些丝织业发达的城市，如临淄、襄邑、长安等，丝织品还从“丝绸之路”远销亚欧市场。洛阳则是手工造纸业的中心。城市规划建设中设有专门的商业区—市。如京师长安内有 9 个市，长宽各 266 步，“六市在道西、三市在道东”，统称为东市和西市。其他各城也设有市，如洛阳市、宛市、临淄市等。市的四周有围墙与旁边的“里”隔开，由政府设置的市官实行严格管理。

此时城市的分布，各地区中都有若干区域经济中心城市，如关中区，西安为中心城市，西北边区以姑臧（今甘肃省武威市）为中心城市，关东区以洛阳、临淄、温、轵、陈、陶、睢阳、寿春、合肥为中心城市，燕赵区以邯郸为中心城市，江南区以番禺、长沙、豫章（今江西省南昌市）、广陵（今江苏省扬州市）、会稽（今浙江省绍兴市）为区域中心城市。同时一些边塞与边疆城市也发展起来，西至敦煌，东至辽东，西汉时期共设置 19 郡、290 个县，较有名的有酒泉、武威、张掖、敦煌等郡。

## 第二节　秦国都城：咸阳

咸阳是中国历史上第一个封建王朝秦朝的都城，规模很大。城址在今咸阳市以东约 20 公里处长陵车站附近的渭水北岸，东西约 6 公里，南北约 7.5 公里。宫城位于城北，东西约 900 米，南北约 580 米，仅北、西、南三面有宫墙，城内发现八处建筑基址。宫西有五处宫廷手工业作坊，宫东有一处。民间制陶作坊在宫西约 4 公里处，并发现水井百余口。秦始皇认为咸阳地狭人稠，于是役使工匠，大兴土木，建新宫于渭水南岸，又造长桥以通。

秦咸阳城南部已被渭水冲毁，城址范围很大，还残留一些夯土城墙。北墙头有一条东西长 1000 多米、宽约 5 米的夯土墙遗址，但不能确定是咸阳城墙还是仿建的六国宫城墙，也有一些宫殿遗址，还发现一些陶制的下水管道。下水管道断面很大，可见当时的城市排水系统很完善。



根据《史记·秦本纪》记载，咸阳城从秦孝公十二年（公元前 350 年）“作为咸阳，筑冀阙，秦徙都之”，以后至公元前 207 年秦覆灭，一直为秦都城，历时约 140 多年。

孝公初建的咸阳城主要以咸阳宫为主，限于渭水之北，以后逐渐向渭南发展，“秦于渭南有兴乐宫，渭北有咸阳宫，秦昭王欲通二宫之间、造横桥长三百八十步……”到秦始皇统一时，咸阳规模已大大扩充，并不断向南发展，体现了想在丰、镐之间广为经营的规划。

渭北咸阳城筑有城垣，城门见载的有西门，宫门有棘门、司马门、雍门等。考古发掘了咸阳城北垣，遗址长达 1048 米，是夯筑土墙。与墙相邻有密集的宫殿遗址。渭南部分于昭王时开始拓展，建兴乐宫，始皇时又建了信宫、阿房官等，诸庙、章台和上林也位于渭南。“丰镐之间，帝王之都也”，渭南成为秦始皇的建设目标，地位日益提高。目前，文献资料仅载“表南山之巅以为阙”，并没有说明当时有外廓城，可能诸宫各有宫城，未必有大城。渭北咸阳主要是向东发展。《史记·秦始皇本纪》中记载：“秦每破诸侯，写放其宫室，作之咸阳北坂上、南临渭，自雍门以东至泾渭，殿屋复道，周阁相属”，形成了“六国宫殿区”。城北及城西未有更多的营建。

随着城市经济的发展和生活的需求，咸阳有了集中的工商业区——市。《史记·李斯列传》中记载的“公子十二人死于咸阳市”、“腰斩咸阳市”等，足以证明当时市的存在。据考古推测，市在城南，并由若干按商品分类的“肆”组成，有管理机构“市亭”（也叫“旗亭”），也有专门的市官，对货币收入等有极为严格的管理制度，出售的商品还标明产地和出售地。城北宫殿区附近有铸铁、冶铜的作坊和陶窑等遗址，说明当时已有为宫廷服务的宫府手工业作坊，这种布置方法在春秋战国时期较为普遍。

咸阳的居民区位于城南，由于大部分沦入渭水，遗址已无处可考。但自商鞅后，秦采用了什伍之制进行居民组织，设“里监门”对闾里进行严格管理。故可推测，当时的闾里布置也是规整划一的，但每个闾里的具体规模尚未可知。



秦始皇时，咸阳城不断扩建，又在渭水南岸新建了阿房宫。阿房宫规模宏大，穷奢极侈。《阿房宫赋》的描写当然有夸大之处，但也可想象其规模的宏大。据《史记·秦始皇本记》记载：“（当时殿内）东西五百步，南北五十丈，上可以坐万人，下可以建五丈旗，周驰为阁道，自殿下直抵南山，表南山之巅以为阙，为复道。”

阿房宫与渭水北岸宫殿群及咸阳城有大桥相联，有架空栈道连接各个宫殿。从阿房宫直至南面的终南山均为皇帝专用禁苑，其中还分布着不少离宫。阿房宫遗址在今西安西郊赵家堡和大古村之间，殿基为夯土，台址东西宽约 2000 米，南北长约 1000 米。

秦始皇二十六年（公元前 221 年），为防止叛乱，又将各国 12 万富户集中在咸阳，如果按照每户 5 口人来计算，咸阳当时至少有 60 万人。其人口分布是“仕者宫，不仕耕者近门，工贾近市”。可以说，咸阳是当时世界上最大、最繁华的城市之一。

不幸的是，由于秦始皇和秦二世的统治十分暴虐，公元前 209 年爆发了陈胜、吴广的反秦起义，得到天下人的纷纷响应。公元前 206 年 10 月，刘邦率兵攻入关中，秦王子婴投降。项羽也随之率兵入关，“引兵西屠咸阳，杀秦降王子婴，烧秦宫室，火三月不灭”。一座宏伟富丽、宫阙连绵的秦都咸阳，最终化成一片焦土。

2000 多年后的今天，在这片古老都城的遗址上，考古人员发现了大量秦代建筑基址、墓葬以及兵器、用具、钱币、印章等。在咸阳博物馆里，人们可以看到许多出土的秦代文物，仅从这些古老的遗留物上，就可以想象得到当年这座著名都城的富丽与繁华。

## 第三节　西汉都城：长安

汉朝沿袭了秦朝的制度，这点在长安城的建设上已有所体现。长安城并不是一下子建设起来的，而是随着经济的发展，为了巩固中央集权制及防御匈奴奴隶主的侵袭，从建国后七年至惠帝五年，先后历经 20 年逐步形成的。刘邦入关后，在建国之初曾将秦朝一处名为长安宫的离宫扩建为长乐宫，不久又在其旁建造未央宫和北宫，并以此为基础建造长安城。



二宫及长安城的修建均由军匠出身、后任少府的有丰富营造经验的杨城延主持。未央宫是利用龙首山地形，因地制宜地先建造前殿，而舍弃以前将大殿建在人工夯筑的工程浩大的土台上的做法。在未央宫和长乐宫之间建有武器库、粮仓、织室（纺织文绣作坊）、暴室（染坊）。

长安原先并无城墙，长安城墙是在宫殿等建造成后，在惠帝时三次发动民工在冬闲时修筑的。《史记·吕后本纪》中记载：“（惠帝）三年，方筑长安城。四年就半，五六年城就。”汉高祖刘邦改秦朝的离宫兴乐宫为自己的皇宫，称为长乐宫，但在惠帝之后仅作为太后起居之用，因位于未央宫之东，故亦称东宫。汉武帝时又在城西修建章宫，还修筑城内桂宫、明光宫。王莽时在城南大量修建辟雍等礼制建筑。在推翻王莽的战争中，城市受到损坏。东汉时改为陪都，称西京。光武帝十年（公元 34 年）“修长安高庙”，光武帝十九年（公元 43 年）“修西京宫室”。

东汉末年，董卓割据时，其部将又纵兵烧毁长安，以后始终未恢复原状。南北朝时，前秦、后秦、北齐、北周等均建都长安，对城市进行了一些修复工作。到隋文帝杨坚时，在城东南另建新都，汉长安城才完全废弃，但仍有一些宫殿为隋御苑中的一部分。

城中大部为宫殿所占，仅长乐、未央二宫约占 1/2，其他还有桂宫、北宫、明光宫。各宫均有宫墙、宫门，并有架空道相通。未央宫前殿的台基现尚有遗址。城东北发现一些手工业作坊，曾发掘出一个很大的陶俑作坊，还有冶铁及兵器制造作坊等。长乐宫与明光宫之间发现不少封泥，说明这一带可能是地方政府驻京的代表机构。在城南安门外有数组礼制建筑，规模很大，为皇帝祭祀专用。城南直至曲江池，终南山全部为上林苑范围，为帝王专用园林，其中还有一些离宫。

汉朝的长安最繁盛时有人口约 30 万，《汉书·地理志》记载：“平帝刘衎元始二年（公元 2 年），有户口八万八百，人口二四万六千二百”，加上皇族、奴仆、驻军等，应在 30 万以上。

根据有关史书记载，汉朝长安有九市，分布在南北主要道路的东西两侧：“六市在道东，三市在道西。”有名可查的有东市、西市、柳市、小酒市、直市、交门市等，其中有的不一定在城内，如《三辅黄图》中：“直市在富平津，西南二五里。”集中设市，反映当时商业已较发达，需要集中管理，《三辅黄图》中记载：“当市楼有令署，以察商贾财货买卖贸易之事，三辅都尉掌之。”王莽时称东市为京，西市为畿，管平价税收及捕盗，市之中按专门行业集中成肆。行业的种类已经比前代多了不少。《汉书·货殖列传》中记载，汉武帝时已有酿酒、粮食、皮革、竹木、油漆、铜器、布帛、绸缎、皮毛、毡席、制鞋、典当等数十种。



一般的居住地段称闾里，多在城内各宫殿之间。据文献载，长安共有 160 个闾里，其中有名可查的有宣明、建阳、昌阴、尚冠、修城、黄棘、南平、大昌、陵里、戚里、函里、北焕等。闾里内：“室居栉比，门巷修直”，可见为一些院子并联排列。里四周有墙，每面有门，闾就是里的门。里内设“弹室”，专管弹压平民，每街尚有亭长。城内除去宫城所占用地，如果是 160 个里的话，则每个里的面积都很小。

为了加强中央集权，管理各地的贵族富豪，汉朝在长安周围皇帝陵墓处设陵城。如汉武帝时，“元朔二年，徙郡国豪杰及訾三百万以上于茂陵”；成帝时，“徙五百万以上五千户于昌陵”。这些陵城都是消费性城市，人口一般在 10—20 万，其中茂陵最大，有 27 万人之多。西汉王朝的 11 座陵城分南北两大片，尤其是北区的各陵并肩而立，形成极为壮观的城市带，正如班固在《西都赋》中所记载的“南望杜霸，北眺五陵，名都对郭，邑居相承”。因为北区有五陵（高祖长陵、惠帝安陵、景帝阳陵、武帝茂陵、昭帝平陵），都非常显贵，所以后世也以“五陵少年”来指代纨绔子弟。

长安城的周围，尤其是北墙附近分布着很多制陶、铸钱和冶炼的作坊。其中规模最大的就是上林苑兆伦铸钱遗址，也就是西汉时的国家造币中心“上林三官”。该遗址于1994年被发现，位于今陕西省户县大王镇南兆伦村，南北长约1500米，东西宽约600米。遗址南部多瓦砾，北部有坩埚残块、铜渣、灰堆等堆积。遗址的中部有许多铸钱残范坑和废弃钱范堆积，其中还出土有陶拍、定位销、青铜工具等文物。根据有关文献的记载，汉代货币——“五铢钱”就诞生在这里。

## 第四节　东汉都城：洛阳

公元25年，东汉光武帝刘秀登基后，先在部县建立政权，但由于地处河北一隅，不是帝王之都，后将首都定在洛阳（雒阳）。当时，长安在战争中受到严重破坏，宫室荡然，人口稀少，短期内难于恢复，而且公孙述及隗嚣割据独立，匈奴也日益南下，均对关中有威胁，同时刘秀本来的根据地也在河南而不在关中。洛阳虽然在战争中也被破坏，但南宫尚完好。

东汉洛阳在原来周代成周的位置，也就是今天洛阳以东的白马寺东。南面为洛水，北面为芒山，地形北高南低，城北有谷水。城址是否即周代成周的位置，虽然还没有经过考古证实，但按照文献记载的位置应该是同一地点或者就在附近。据《史记·周本纪》记载，武王灭商之后，曾在雒邑营造宫室。西周的首都是镐京，洛阳是陪都。尤其是在战国时期，由于地理交通和水运的便捷，洛阳成为中原地区最大的商业都市。解放前，在东汉洛阳城址北部金村发现的一组周代贵族墓葬，也说明了这一点。

洛阳的城墙也是用黄土夯筑，城的规模按文献记载：“南北九里七十步，东西六里十步，成长方形”，所以采用九、六的数字，据说这些数字含有尊贵的意思。后来的实测表明，东墙长4200米，西墙长3700米，北墙长2700米，因洛河改道被毁的南墙经复原后测得长度为2460米，基本上是一个不规则的长方形。城市共有12门：东为上东门、中东门、望京门；南为开阳门、平门、津门；西为广阳门、雍门、上西门；北为夏门、毂门等。

实际上，东汉都城洛阳是一座不规则的长方形，东西窄而南北宽，其中仍然以宫殿为主，南北两宫占据了城墙内几乎一半的土地，加上为皇帝和贵族服务的园林、官府、太仓以及武库，一般市民的活动空间极其有限。城门南面是和长安一样的祭祀建筑，包括太学在内。

光武初年的主要宫殿在南宫，据文献记载，在秦代和西汉时，已经有了南北宫的建筑。明帝时造北宫及诸王府，和帝至桓帝、灵帝时增建东宫及西宫。南宫城的正门为正阳门，亦即京城南面的正门，在城中偏东。北宫在城的东北隅，南北二宫均居京城的南北城垣。

城内除了宫殿及闾里外，还有几座皇家苑囿，如芳林苑等。城外也有七八座皇家苑囿，有上林苑、广成苑、鹤德苑、平乐苑、单圭灵昆苑，其中最大的就是单圭灵昆苑。此外，还有一些是贵族的私家园林，尤以大将军梁冀的花园最为著名。

祭祀的建筑如太庙等均在城南，其位置大约在今洛水之南，主要的官署在南宫附近。董卓时，东汉洛阳受到很大的破坏，主要宫殿均已烧毁。

东汉时期的洛阳是天下的名都，是全国政治、经济和文化中心，也是全国最大的工商业都市。东汉从公元25年刘秀称帝始，一直到公元220年刘协止，经历了196年14位皇帝。当时，都城洛阳的商业非常发达，十有八九的人都从事商业活动。汉灵帝引领贵族时尚，非洲“胡床”（折叠椅子）在洛阳十分流行，可见当时中国与非洲多有交往。西晋太康二年（公元281年），有人盗掘了魏襄王墓，盗得了13篇编年体形式的竹简古书，史称《竹书纪年》。这本存在着争议的古书中有这样一个故事：周穆王登基十七年后（约公元前10世纪），远征昆仑山，拜会了“西王母”。这个“西王母”是谁呢？对此，中外史学家一直有不同见解。西方学者福克认为，这个“西王母”就是非洲历史上的女王。

公元97年，东汉政府的西域都护班超派遣特使甘英出使罗马。甘英的使团最远到达了阿拉伯半岛，但是最终没能走到罗马。东汉使团的出现引起了非洲国家兜勒（位于厄立特里亚）政府的注意。根据《后汉书·和帝本纪》的记载，后来兜勒政府主动向东汉派遣了代表团，东汉政府对代表团以礼相待，“赐其王金印紫绶”。这是有史可查的非洲国家向中国派遣外交使团的最早记载。

东汉末年，埃及的“胡床”传到了中国。当时的汉灵帝酷好“胡床”，于是把它摆放在大殿里，引起了王公贵族的争相模仿，结果“胡床”在洛阳红极一时。《三国志·五帝纪》甚至记载说，曹操在行军打仗时仍不忘带上“胡床”。

说到东汉都城洛阳的商业，就不得不提及丝绸。早在公元前 4 世纪，中国的丝绸就已经传到了印度以及地中海沿岸希腊各城邦国家。而丝绸之路的正式形成，起源于公元前 2 世纪汉武帝时张骞出使西域之后。到盛唐时，长安成为西方各国使节和商贾旅人纷至沓来的繁华都市，也就是所谓“万国之会”的国际大都会。

但是，自从开通了陆上到西亚欧洲的丝绸之路以后，盛产蚕丝的洛阳逐渐成为丝绸的集散地。到了东汉，建都于洛阳之后，政治经济中心就转移到了这里，洛阳成为丝绸之路东端的起点。东汉时期，丝绸之路出现了一派繁荣景象。《后汉书·西域传》中这样记载：“驰命走驿，不绝于时月；商胡贩客，日款于塞下。”这时的洛阳已经取代了长安，成为国际大都会。其持续时间之久、规模之宏大及影响之深远，比起长安而言是有过之而无不及。

# 第五章

# 魏晋南北朝城市

三国与两晋是统一王朝消失的时代，差不多持续了400多年的分裂局面。此间战争频繁，人口大量减少，商旅不通，严重阻碍了经济的发展。在这种情况下，不少城市在战争中受到破坏，城市发展处于停滞状态。

公元193年，曹操攻徐州。公元219年曹仁破宛城，据《后汉书·仲长统列传》记载："名城空而不居，百里绝而无民者，不可胜数。"几个大的商业都市都受到惨重的破坏。

三国鼎立的局面形成后，汉代大一统的城市体系就分裂为三个区域性的城市体系，三国在各自的范围内开始发展农业和手工业经济，使成都成为丝织业中心，浙江萧山、绍兴一带开始生产青瓷，侯官（今福建闽侯）、番禺等为造船业中心，城市开始复兴。

公元280年，西晋统一全国后，曾使社会出现短暂的繁荣景象，但仅11年就爆发了"八王之乱"，导致各民族间的大混战，形成"五胡十六国"的混乱局面，由此导致的经济破坏与城市破坏超过以往任何一次。大乱之中，城市被毁坏得最为严重，如洛阳于公元311年被毁后就一蹶不振；长安先后被毁七次，又有五次重建为都；邺城先后被毁三次，又有两次为都。其他地方政权建立的都城达12个，但先后又都毁于战火。总体来说，十六国时期北方地区城市处于大破坏、大衰退时期，无发展可言。

南朝的宋、齐、梁、陈继承了东晋的正统，与北朝相抗衡，从公元

420年起长达169年。原居住在中原的汉民族成批成宗族的大量南迁至江淮流域、长江流域及闽粤一带，使这一带原本较落后的经济得到发展。这些地区自然条件优越，迅速成为中国的经济文化中心，人口大量增加，城市也得到较大发展。原来这一带的大城市只有吴城、会稽、建康等，这时建康已成为政治军事文化的中心。其他城市如杭州、广陵（扬州）、明州（宁波）、洪州（南昌）等也均成为较大的城市。福建地区原来经济不发达，城市很少，这时福州及晋江等均有较大的发展。

佛教在东汉时已经传入中国，在南北朝时期十分盛行。城市内部大量建造寺院、佛教建筑等，成为城市中心的重要建筑群。

## 第一节　魏晋南北朝城市概况



三国之中，魏占据中原，建都洛阳；汉占据四川，建都益州（成都）；吴则占据长江中下游地区，建都建业（南京）。在三国鼎立过程中，各国注重发展本地经济，部分城市也得以发展。曹操称魏公都于邺城，其间实行屯田制，使北方经济得到明显的恢复。诸葛亮重视经济，主张“务农殖谷”，且耕且战，四川地区出现了“田畴辟，仓廪实，器械利，蓄积饶”的景况。孙权于公元211年迁至秣陵（次年更名建业），因其“舟车便利，无艰阻之虞；田野沃饶，有转输之籍……进可以战，退足以守”，建业逐步成为江南政治文化的中心。吴国又沟通了吴（苏州）与会稽的航道，成为江南运河的前身。

公元265年，司马炎废掉魏帝曹奂，自立为帝，改国号为晋，史称西晋，都城仍在洛阳。此次统一非常短暂，其间实行的课田令与占田令并没有缓解矛盾。公元291—306年的“八王之乱”，以及北方匈奴、羯等民族的直入中原，使得北方地区出现空前的大动乱，人民大批渡江南下。公元317年，司马睿在建康（邺）称帝，建立偏安于江南的政权，史称东晋。

“八王之乱”后，北方游牧民族南下，纷纷建立割据政权，中原陷入分裂状态长达一百三四十年，直到北魏统一。这段时期史称五胡十六国时期。其间有两次统一，分别是后赵石勒与前秦苻坚。第三次统一就是北魏的拓跋氏。北魏道武帝定都平城（今山西大同）后日趋强盛起来，至太武帝拓跋焘时结束了十六国的混乱局面，于公元 439 年统一北方（黄河流域），与接替东晋的宋（南朝的第一个政权）相对峙，从此进入南北朝时期。

因为战争破坏和民族迁移，三国至南北朝时期城市发展的总趋势表现为北方中原地区城市的残破以及江南和周边地区城市的崛起。

中原地区的长安—洛阳一线曾是全国城市体系的轴心地带，在三国至南北朝时期成为军事争夺的主要战场，受创最重，大量人口逃离，昔日繁华的都市变成一座座城市废墟。长安城里最荒凉的时候甚至“户不盈百”，只相当于西汉时期正常情况下一个里的人口数目。北魏的杨衒之在《洛阳伽蓝记》中这样描述：“余因行役，重览洛阳。城郭崩毁，宫室倾覆，寺观灰尽，庙塔丘墟，墙被蒿艾，巷罗荆棘……”从中可见战乱后洛阳的衰败景象。



由于西晋时北方战乱不断，许多北方居民纷纷南迁，在长江以南建立东晋南朝，开始了南方地区城市发展的新进程，主要表现如下：首先，全国政治中心第一次南移。东晋王室建都于建康，是全国政治中心第一次大举南移，大多数北方人民也将东晋王室看做正统。其次，南方地区开始出现第一流的大城市。由于东晋王朝南迁，南方地区第一次有了一个可与长安、洛阳媲美的城市——建康。建康盛时人口规模达 28 万户，100 多万人，市井十分繁华，是当时南北第一名都。以建康为代表的江南城市的崛起，标志着江南经济的上升趋势，反映了全国城市体系格局的深刻变化。大量人口涌向江南，促进了经济文化的空前发展，使长江流域出现了“荆城（荆州）跨南楚之富，扬郡（扬州）有全吴之沃”的形势。再次，城市的发展带动了腹地的发展，区域中心城市的数量增加较多。南方地区除建康外，二级城市的数量大大增加。当时重要的二级都会有京口（今镇江），因其北临大江，南连吴郡、会稽，西通建康而成为一方大都会；山阴（今绍兴）是豪门大族的聚居地，又是两浙绢米交易中心；襄阳是南北通商贸易的据点；江陵则是东晋南朝境内除了都城建康之外的另一个政治经济中心；番禺（广州）因南朝时海上贸易的发展，更为富庶。除此之外，还有寿春（淮河边）、郢州（武昌）以及成都、交趾等。最后，出现草市（东晋南朝出现的所谓草市，是附于城郭外或交通要道上的市集，它不同于城内正规的市，但与城市的扩张又密切关联。建康、寿春等城外都有若干草市）。

除了江南地区外，与中原城市丘墟形成对照的还有河西走廊。在十六国时期，河西走廊为前凉、西凉、北凉等政权割据，因为偏安一方，社会相对稳定，其割据政权的中心城市姑臧也得以迅速发展，北凉时人口达20多万。山陕高原的北部地区，历来是北方游牧民族与中原“诸夏”的接触地带。魏晋南北朝时期，北方民族强盛，山陕高原北部则成为其“威制”南方的战略基地。其建立政权后，都城往往选在此处，其中最重要的是鲜卑族北魏政权的平城，还有匈奴族夏国的都城统万城。

在城市行政管理体系方面，三国与西晋时期，州正式成为一级政区，开始实行稳定的州郡县三级制。曹魏约90郡，吴43郡，蜀22郡，共155郡。西晋时总共162郡，秦岭、淮河以北有86郡，以南76郡。与此同时，南方的地区政治中心也随着郡级政区的增多而增多。县的情况南北也不一样。魏有700多县，吴313县，蜀100多县，共有1200多县。

西晋末年永嘉之乱，北方先后在游牧民族所建立十六国的统治之下。各国往往在各自统治的较小区域内随意分置许多州，州制开始发生混乱。此后因为政局混乱、兵战连年，人口流动不定，州郡不时废置，到南朝的后期，实行了400多年的州郡县三级制已经处于完全崩溃的状态。

总之，在魏晋南北朝时期，除江南城市的兴起与发展具有长远意义外，北方城市此起彼伏、动荡不定。不过，就具体城市而言，曹魏邺城开创了城市规划与建设的新局面，而建业的发展也带动了江南城市的兴起，并使中国的经济重心逐步南移。

此外，在文化史上，这一时期是国内各民族文化和外来印度、西域文化大融合的时期，其城市规划和建筑在汉族的城市规划、结构体系和建筑形象的基础上，融汇了各民族以及印度教、西域佛教艺术的若干因素，如佛塔、寺庙、石窟等，大大丰富了中国传统的建筑形式，也为后世的城市建设和建筑奠定了基础。

## 第二节　曹魏都城：邺城

邺城城址位于今河北省临漳县附近，漳河沿岸，后赵、前燕、东魏、北齐等朝代都先后在这里定都，长达126年。公元580年，邺城被毁，当时的相州、魏郡、邺县南迁至安阳城，安阳也称为邺。昔日，这里南望广漠无垠的大平原，是中国封建社会前期黄河下游的经济文化中心。现在，除了位于城西北角的铜雀台、金虎台尚有遗址外，城址的大部分已经被漳河冲毁，只能依据文献资料来研究了。不过，这里仍然是一处重要的古都遗址，是殷邺文化的主要内容之一。

1979年12月，该遗址被公布为临漳县文物保护单位；1982年7月，被河北省人民政府定为省级文物保护单位；1988年1月，国务院公布其为全国重点文物保护单位；2001年3月，被评选为“中国20世纪100项考古大发现”之一。邺城是我国历史上著名的六朝古都，现在历史地理学家们已经将其列为七大古都之一。



### 一、曹魏都城邺城的规划

东汉末年，军阀混战，长安和洛阳先后被毁坏，城市的发展处于停滞状态。而在这个时候，在曹操统治中心却新建了一座都城——邺城。当时，曹操实行屯田制，招募失去土地的逃亡农民来耕种、开垦荒地，并定出法律，严禁大地主豪强兼并，这一政策使得农业生产迅速恢复。他又实行“唯才是举”、“以法治军”，在政治及军事力量方面都得到加强，统一了半个中国。为了加强其后方的根据地，建了新都邺城。

邺城是一座历史悠久的城市，遗址分为邺北城和邺南城。南北两城虽然兴建时间不同，但整体布局严谨合理。春秋时，齐桓公在这里筑城，所谓“以卫诸夏”，为邺北城；战国时，魏文侯在这里建都，任命西门豹为邺令，引漳水灌田，发展农业，结果“河内称治”；汉时这里是魏郡治所；东汉末年，袁绍又占据了邺，官渡之战后，曹操击败袁绍，攻占了邺城，建安十八年（公元213年），曹操为魏公，定都于此，这时就是邺城作为都城所经历的第一个朝代——曹魏。此后曹操以邺城为基地，不断营建。

根据北魏杰出地理学家郦道元在《水经注·浊漳水注》中的记载：“其城东西七里，南北五里，饰表以砖，百步一楼，凡诸宫殿，门台、隅雉，皆加观榭。层甍反宇，飞檐拂云，图以丹青，色以轻素。当其全盛之时，去邺六七十里，远望苕亭，巍若仙居。”如果按晋尺 1 尺为 0.245 米来计算的话，1 里也就是 441 米，所以该城址东西为 3087 米，南北为 2205 米。又记载：“（邺）城之西北有三台，皆因为之基，巍然崇举，其高若山，建安十五年魏武所起”，“中曰铜雀台……南则金虎台……北曰冰井台”。《邺中记》记载：“……三台皆砖砌，相去各 60 步，上作阁道如浮桥……施则三台相通，废则中央悬绝也。”今天，三台只有两台还有遗迹。南面一台是金虎台，此台基向北约 80 米处有另一台基的部分残存，按文献推测应是铜雀台。最北面的冰井台已经完全被漳河水冲毁。

当年，曹操和他的儿子们就在这里宴饮赋诗，造就了著名的“三曹七子”，为后世留下“建安风骨”的美誉，成为我国文学史上的一段佳话。

据文献记载，城市中间有一条通向东西主要城门的干道，将城市分成两半部。北半部全为统治阶级专用地区，正中为宫城，其中布置一组举行封建典礼的宫殿建筑及广场。宫城东为一组宫殿官署，其北半部为曹操的宫室，南半部为官署。官署东为戚里，为王室贵族的居住区。宫城西为铜雀苑，为王室专用园林，靠近西城为粮食武器库。东西轴线南半部为官衙和一般的居住区，划分为若干正方的坊里，有三个市，还有手工作坊。

东西干道通向东城门迎春门及西城门金明门。南北向有三条干道：中轴线干道由南门雍阳门，通向宫门及宫殿建筑群，以北城正中的齐斗楼为终点；西面一条干道，由铜雀苑大门通至凤阳门；东面一条干道，由军政中心的司马门通向广阳门，两旁也有一些官署。东西干道与中轴线干道丁字相交于宫门前，并建有三座止车门，形成一个关闭形的广场。

城中的水系是在城西北引漳河水，由三台下流入铜雀苑及宫殿区，分流一部分至坊里区，由东门附近流出城外。园林也很多，除铜雀苑外，城西有文武苑，北城外有芳林苑，其东有灵芝苑等。

宫殿建筑群的布置很严整。正中宫城部分，入宫门为一封闭形广场，经过端门至大殿前宽广的庭院，大殿在正中，举行大典时用，殿前左右有钟楼及鼓楼。东部的宫殿官署区布局也很严整，进入司马门，干道两边为各种官府衙门，形成重重院落，后半部的后宫为曹操居住之用，是按照“前朝后寝”的制度规划的。

邺城的主要宫殿在西晋末年毁坏，后赵石虎在此建都时有所修复，三台也曾扩建。北齐时，邺城南筑有一邺南城。《邺中记》记载：“邺南城东西六里，南北八里六十步，高欢以北城窄狭，故令仆射高隆更筑此城”，城址目前已无痕迹，大部分已被漳河冲毁。

邺城有明确的分区，统治阶级与一般居民严格分开，一方面是继承了古代城与廓的区分，另一方面也直接继承了汉代宫城与外城的区分。不同点是，区分更明确，不像汉长安和洛阳宫城与坊里相参，或为坊里所包围。这也反映了阶级的对立及等级的森严，还有统治阶级对人民的防范，三台就具有明显的防御性质。



## 二、东魏、北齐邺的南城

东魏、北齐邺都南城紧附于曹魏邺城之南，是南北向的长方形，建于东魏元象元年（公元538年）。根据《邺中记》的记载，因为“北城窄隘”，所以才筑南城，南城“东西六里，南北八里六十步”，也就是说，面积大约为11.64平方公里，比北城宽畅。全城有11个城门，南有3门，东西各有4门。但实际上是13门，因为在北城南墙上还开有2门作为南城的北门。宫殿位于北部中央，其南面正门闻阖门与南墙正南门、朱明门之间的干道就是全城的中轴线。宫城正中南门有3道门，即闻阖门、端门、止车门，开创了宫城正门由多门构成的先河。宫城南半部分也有由大殿构成的中轴线，即太极殿、昭阳殿，昭阳殿东有宣光殿，西有凉风殿。北部称为后宫，大殿很多，可能因地制宜，自由布设，最北部则为后园，即御花园。由此可见，邺都南城的宫殿布局，也为后来唐、宋、元、明、清都城的宫殿布局开创了先例。

由于有明显的中轴线，全城里坊、市场左右完全对称布局，十分整齐。《彰德府志》记载：“南城自兴和迁都之后，四民辐凑，里间填溢。盖有四百余坊，然皆莫见其名，不获其分布所在。其有可见者有东市（东郭）、西市（西郭）、东魏太庙、大司马府、御史台、尚书省卿寺、司州牧廨、清都郡、京畿府……”坊也就是居民区，北城称里，南城称坊，从此以后，“坊”就成了居民区的称谓。

到北齐时，邺南城又进行了扩建和改善，无论是从规模还是装饰、形式上，它都大大超越了前朝的北城，成为一代名都和北方佛教中心。可惜的是，邺北城和邺南城均在北周末年毁于战火之中。今天，城址内出土了盔甲、马铠等各种兵器，瓦、瓦当等建筑构件以及雕刻、货币等文物。

## 第三节　北魏都城：平城与洛阳



### 一、北魏都城平城

北魏统一北方之后，拓跋珪于天兴元年（公元 398 年）七月迁都至平城（今山西大同），至太和十八年（公元 494 年）孝文帝迁都洛阳，共建都 96 年，前后历经六帝（道武帝、明元帝、大武帝、文成帝、献文帝、孝文帝）七世，平城一直是我国北方政治、军事、经济、文化和佛教中心。

平城最强盛时拥有百万人口，被称为当时中国的第一大城市。尽管平城地高气寒，自然条件较差，但是因为在政治上具有特殊地位，经济上仍比较繁荣。

平城遗址在今大同城北、大同火车站以西到陈庄一带，北依方山，外靠长城。今大同城北上皇庄之东和白马城村北的板筑城基，当即郭城的北墙遗迹。大同车站附近曾发现有排列整齐的大型石础、砖瓦残片、“富贵万岁”隶书瓦当等。在南门外工农路北侧，曾出土大型石础、筒瓦和臼等。可推测这是一座北魏大型建筑遗址。

初建都城时，并没有城廓，后来才把原平城的西郊改为宫城，在宫城南面按坊的形式修筑普通居民住宅，大的坊可容四五百家，小的坊可容六七十家。《魏书·太祖纪》记载：“天赐三年（公元 406 年），六月……引沟穿池，广苑囿，规立外城，方二十里，分设市里，经涂洞达。”可见，当时是在宫城之南建立坊里，与曹魏的邺城布局类似。

都城建好之后，朝廷几次从各地包括长安向平城遣徙吏民人口、能工巧匠，以提高京师的社会经济水平。北魏灭掉河西走廊的北凉政权以后，还将那里的一批学者迁居平城，以提高京师的文化水平。但是，相对于不断增加的众多人口，粮食终究不能自给，又不具备从外地调运粮食的高效畅通的漕路，于是平城逐渐成为一座饥饿之城。另外，再加上外族柔然又不断向南活动，对平城也造成了一定的威胁。所以，孝文帝决定迁都洛阳。根据《魏书·成淹传》的记载，孝文帝说：“朕以恒代（晋北地区）无运漕之路，故京邑民贫，今移都伊洛（洛阳地区），欲通运四方。”北魏政权以平城为首都百年后，终于放弃平城，迁都洛阳，平城重又变为地方性城市。孝明帝孝昌二年（公元526年），平城被六镇起事军攻破，该地的州、郡、县同时废罢。

## 二、北魏都城洛阳



洛阳自东汉至魏晋均为都城。三国至西晋时虽然屡次遭受破坏，但均经过修复，城基础无大变动，而宫殿位置则有几次变迁。北魏孝文帝元宏时，为了便于统治全国以及进一步学习汉民族的先进文化，决定将政治中心南迁。孝文帝太和十七年（公元493年）去洛阳出巡，决定迁都于此，并开始营建，十九年（公元495年）九月新城建成。景明二年（公元501年）又建坊里320个，每坊方300步，坊有坊墙。建造坊里的目的是“虽有暂劳，奸盗永止”，以便于管制市民而设的。景明三年（公元502年）宫室全部建成。东魏时将都城迁至邺城，这里改为洛郡阳。西魏大统四年，东魏侯景围西魏独孤信于金墉城，将洛阳宫室民居烧毁。

根据近年考古发掘，北魏洛阳位于洛水北岸，因为洛水北移，遗址南面已被冲毁。其余都城城墙、城门、宫城、城内街道和永宁寺址都已探明，局部郭墙也已探出。

洛阳北倚邙山，南临洛水，地势较平坦，自北向南有坡度向下。城市范围东西20里，南北15里。根据《洛阳伽蓝记》的记载，北魏洛阳的居民有十万九千余户，城南还有1万户南朝人和夷人，加上皇室、军队、佛寺等，人口应在六七十万以上。

城市的宫城建在原来的汉魏洛阳城内居中偏北，是都城最重要的中心建筑区。北面为北宫及帝王专用园林，正对宫门阊阖门的铜驼街为城市主要轴线，其西侧为官署寺庙坛社。街东有左卫门、司徒府、国子学、宗正寺、太庙等。街西有右卫府、太尉府、将作曹、太社和灵太后所营建的永宁寺9层木塔等。城南还设有灵台、明堂和太学。祭天的圆

丘在城南洛河南岸。

京城西面郭内是贵族的宅第，靠近西郭墙的寿丘坊是皇子居住区，号称王子坊。靠近洛阳大市一带是手工业者和商人的聚居地。京城东面的太仓是皇室的粮库，租场是征收各地贡赋的地方，附近还有小市，所以这一带也很热闹，居民密集，有的里坊中，居民达两三千户。城东建春门的外郭门是通向东方各地的出入口，洛阳士人送迎亲朋都在此处。

大城北面有三座小城，各有墙垣，连接为一整组建筑。它们北靠邙山，南依大城，城垣宽厚坚实，地势险要，是洛阳城的军事要塞。根据《水经注·谷水条》记载："谷水又东通金墉城北，魏明帝于洛阳城西北角筑之，谓之金墉城。谷水逸洛阳小城北，因阿旧城，凭结金铺，故向城也。结以为垒，号洛阳垒。"其中的金铺城就是这三座小城。



城内有好几处集中的市，有大市、小市、四通市，大市在西阳门外4里、街道之南；小市在城东；外国商人则集中在南郭门外的四通市，靠近四通市有接待外国人的夷馆区。

北魏孝文帝时期，洛阳一直保持着辐射东西南北的综合商业中心城市地位。北魏洛阳商业，最有名的是四通市。四通市在城正南宣阳门外5里的洛河之南，位于伊、洛的河边，因为货运十分便利，故名"四通市"，即四通八达的意思。其又因为在洛河永桥附近，民间又称"永桥市"。四通市及附近是朝廷安置各外域商贾、使臣和投靠归附之人所居住的"四馆四里"。实际上，四通市已经成为一个由外域国度的商旅、使臣及归附者进行交易的国际市场。

北魏洛阳城内的树木也很多，登高而望，可以看到"宫阙壮丽，列树成行"。北魏洛阳城一方面改造了汉魏洛阳旧城，另一方面也新建了外城，宏伟壮观，布局整齐，开东魏、北齐邺都南城和隋唐长安城宏大、整齐之先河，在中国都城发展史上占有重要的地位。而里、外城的佛寺达1367所，建筑都非常宏丽，这也为洛阳城增添了不少光彩。

## 第四节　六朝都城：建康

南朝的都城建康也是历史名城，最早的城址是春秋末年越国灭吴国后所建造的越城，位于今江苏南京中华门外秦淮河的南岸，长干桥的西

南面。据记载，该城北依聚宝山（今雨花台），南凭秦淮河，扼秦淮河入江通道，在军事上地势十分重要。公元前 333 年，楚威王夺取该地后，在石头山（今清凉山）上筑金陵邑城（据说，当年楚灭掉越后，为了镇压王气，于是埋金以镇之，故名金陵），紧靠长江，军事上比越城更重要。三国时，公元 211 年（汉献帝建安十六年），孙权迁都于此，在金陵邑的原址上建石头城。在石头城的东面建造都城建业，即"建功立业"的意思。建业北依复舟山及玄武湖，南临秦淮河，东凭钟山西麓，西隔冶城山而与石头城相望。东吴皇帝所居的宫城在都城中部偏北，主要宫殿有太初宫和昭明宫。从昭明宫的宫门南出，经过都城的正门宣阳门而到秦淮河岸的朱雀门的七里间是最繁华的地带。秦淮河一带则是市场和居民最为集中的地区。

公元 313 年，因避晋愍帝司马邺名，建业改名为建康。公元 317 年，东晋王朝南迁，建都于此，以后又经宋、齐、梁、陈等几个朝代，建康一直是南朝的都城。

孙吴建立的建业都城，位于今南京玄武湖之南，也就是今南京市区。城的平面呈方形，从都城南墙中门宣阳门开始，南到淮水，长 5 里，形成一条中轴线，称为苑路。孙吴初建的太初宫位于城西部。从孙吴起，有权有势的人大都住在水路交通发达、经济繁华的地区，这也是六朝建康城的一个重要特点，即城小市区大，贵族多居住在城外。

东晋王朝（公元 317—420 年）初年，国力很弱，政权操在几家大豪门贵族手中，北朝的军事势力又咄咄逼人，因此在建国初期的六七年间，只是利用孙吴时代的都城。咸和七年（公元 332 年），局部改建宫殿，称建康宫。太和三年（公元 368 年），在宰相谢安和大匠毛安人的主持下，又加扩建，新宫内外殿宇共为 3500 间。建康宫的南面正中为大司马门，也称章门，给皇帝上奏章的大臣拜伏在这里等候回音。

东晋中期的义熙元年（公元 405 年），新建军政中心东府城，位于青溪的南岸、秦淮河的北岸，又在西晋末年的扬州治的所在地建西州城，安置诸王，这就形成宫城、东府城、西州城鼎足之势。三城之间是居住坊里及商市。从东晋建都后，经过 200 年的发展，城市人口增加很快。到了梁武帝统治时期，建康城达到了最鼎盛的时期，其市区范围东西南北各 40 里。城区北至钟山，南至雨花台，西至石头城，东至倪塘。城市人口达 28 万户，超过 100 万人，成为当时全国最大的城市，也是全国的政治、经济和文化中心。

主要的商市在秦淮河北与雨花台（当时称石子岗）之间：“淮水之北，有大市百余，小市十余。”南朝的政府专门设有大市、南市、北市的令，专管征税等事务，在沿江码头旁经常停靠着来自海外、闽广、长江中上游及“三吴”的大量商船，有时多达万艘以上。六朝时的建康城，市场已分散分布，数量众多，说明自从东晋南渡以后，长江下游的社会经济已得到空前发展，成为全国重要的经济繁华区域。建康还集中了许多官办手工业，如织锦及造纸设有锦署和纸官署，还有八处大冶炼所。

南朝的佛教极盛，尤其是梁代，城内有几百座佛寺。唐朝诗人杜牧曾在《江甫春》中这样写道：“南朝四百八十寺，多少楼台烟雨中。”可见，佛寺已经成为建康城的一大特色。这些寺庙都分布在什么地区难于备述，而梁武帝舍身的同泰寺，也就是今天南京市的鸡鸣寺，位于鸡笼山下，也就是南朝建康宫以北。另外还有栖霞山的栖霞寺、城南花漉岗的瓦宫寺和道场寺也很有名，中国第一位到海外取经求法的大师、杰出的旅行家和翻译家法显大师就曾在道场寺译经。建康还是当时中外经济文化交流的中心，城内有很多外国使者、商人和僧侣。

宋、齐、梁、陈等朝代，还大规模地扩建了玄武湖周围的园林，如宋文帝时筑冬宫、北堤、禾游苑、华林园等。玄武湖内有方丈、瀛洲、蓬莱三神山，湖北有上林苑。齐武帝时建新林苑、元圃园等宫殿园林。

隋文帝杨坚灭陈后（公元589年），曾下令把建康城荡平耕垦，另于石头城新建蒋州城统治这一地区。唐代曾先后设江宁、白下、上元等县郡，成为一般的地区中心城市，是江南地区的经济、文化中心。

南朝的建康城，实际上是一组城市形成的，除了在城内有宫城、东府城、西州城外，原来的石头城和越城依然是十分重要的军事堡垒。为了安置北方大量南下的农业人口，在建康附近还先后设了琅琊、淮南、广州、高阳、堂邑、南东海、南兰陵、南东平等九个“侨郡”，其中琅琊郡领的临沂、即丘、阳都和怀德4个侨县都在建康的近郊。

# 第六章

# 隋唐城市



隋唐时代是我国封建社会发展中的一个鼎盛时期，随着社会经济的发展，城市发展也进入一个高峰时期。但是自“安史之乱”一直到唐末五代十国这段时期，中国又陷入混乱分裂的状态，城市的发展再次陷入衰败时期。所以，这一时期又是中国城市发展兴盛与衰败交替的第二次大波动的时期。

隋唐时期最重要的城市是首都长安、东都洛阳以及北都太原，其城市规划布局整齐有序，为棋盘状道路系统，主要宫殿区位于城北中部，坐北朝南，居高临下，俯视全局，充分体现了中国封建社会中央集权于帝王一身的特权思想。其他区域性中心城市有扬州、成都、广州等，都是当时著名的大都会。少数民族地区著名的都城有：渤海国上京龙泉府、高昌国高昌城、吐蕃国逻些城（今拉萨）、南诏国太和城、羊苴咩城等。

## 第一节　隋唐城市概况

魏晋南北朝时期大约有 400 年，由于割据分裂和长期的战争，农村经济受到很大破坏，商业和手工业也受到严重影响。国家的统一与和平成为各族人民的共同愿望，国内各民族有了进一步的融合，这种情况为隋朝的统一创造了条件。隋初经济有所恢复，沟通了大运河，在此条件下，隋文帝杨坚建造了规模宏大的大兴城和东都洛阳城。

在城市规模体系上，隋代城市规模体系逐渐走向成熟，中间规模层次的城市（如郡城）数量增加，当时全国共有194郡，1255个县，其城市发展水平大大超过秦朝。城市的地区分布更加均匀，南方、北方的城市数量不似前朝那么悬殊，如当时北方地区有91个郡，南方地区有97个郡。南方城市地区分布不平衡，主要分布于江淮之间以及长江三角洲、成都平原等地，再往南，城市分布仍很稀疏。

隋末，隋炀帝（公元605—618年）大兴土木，多次发动战争，对人民进行残酷统治，再加上水旱灾害，人民生活极为困苦，终于爆发了大规模的农民起义，各种战乱使全国人口大减，城市损毁极其严重。最终，这个短暂的王朝在农民起义的斗争中被推翻了。李渊父子窃取农民起义的成果，建立了唐朝。

公元626年，唐太宗（贞观）李世民完成全国统一，次年即帝位，一直到唐玄宗（开元）年间，开始了长达一百多年的盛唐繁荣期，经济空前发达，文化高度发展，城市发展达到一个新的高峰。首先，城市总数增加。唐代有城市1564个，比东汉增加了近1/3，其中郡城增加了2.4倍，说明唐朝城市化的水平大大提高了。其次，城市分布更加均匀。唐朝时南方地区的州、郡、县城数都超过了北方地区。如北方地区州、道城市数为7个，郡城126个，县城540个；而南方地区则分别为8个、204个和745个。最后，大中城市数量增加。随着唐代经济发展水平达到一个新的高峰，大中商业城市大量出现，其中最大最有名的是首都长安。据史料推测，当时长安人口超过70多万，是世界上首屈一指的大城市。其次是人口在10万以上的大中城市，如洛阳、汴州、太原、魏州、构州、成都、苏州、常州、湖州、杭州等。还有一大批中等城市，人口一般达数万人，如汝州的梁、郑州、陈留、亳州、江陵、襄阳、长沙、洪州（南昌）等。唐代在隋朝大兴城和洛阳城的基础上，发展建成了东、西都城长安与洛阳，这是当时世界上最大的城市。

公元755年爆发了“安史之乱”，唐由盛转衰，中国又进入一个军阀割据、战乱频繁的动荡时期，绝大部分城市受到第二次大破坏，著名的千年古都长安、洛阳遭到严重破坏。因为长安、洛阳被毁，后梁只能建都于开封。此后的后晋、后汉、后周也相继建都开封，特别是周世宗扩建开封城，拓宽街道，使开封成为继长安、洛阳之后的又一个大都市，并建立起以开封为中心的水路交通，以利漕运。

南方地区此时较北方安定。城市仍有所发展，原先在唐末战乱中受破坏较严重的城市，在南方9国小朝廷建立后又恢复起来，如扬州、成都、岳州等。而一些未受战乱的小都城则发展更快，如杭州、江宁、江陵、长乐、长沙等。历来开发程度较低的江西、福建等省的城市进程也开始起步。

南北朝后，中国的经济中心逐渐由中原转向江淮流城，隋、唐时的军事、政治中心仍然以关中地区为主，由此出现军政中心与经济中心分离的情况。大运河的修通沟通了南北交通，解决了关中对江淮地区物资大量需求的流通问题，繁荣了商业，运河沿线的一些重要城市随之快速发展，如“淮（安）、扬（州）、苏（州）、杭（州）”当时号称四大都市，汴州（开封）、宋州（商丘）、睢扬、泗州等也是重要的商业城镇。唐朝中叶以后，为了保卫漕运，这些城市都有重兵驻扎，是非常重要的军事据点。



通往西域的陆上国际交通，汉以后曾中断，唐代又恢复，国际贸易和军事行动使这一带的城市重新繁荣起来。吐鲁番的高昌和交河故城都还完整地保留了唐代边疆城市的基本轮廓。当时还有亚非各国，特别是阿拉伯商人经海路来中国经商，广州和扬州是当时重要的通商港口城市，唐末泉州也成为重要的通商口岸。而所有的海、陆贸易又都以首都长安为中心。

魏晋南北朝时期的民族大迁移和大融合，使少数民族地区的生产技术和经济也有了提高和发展，原来很荒凉的边远地区出现了许多新的城市，如渤海国的上京龙泉府及西域的一些城市。

唐代驿站驰道以长安为中心通往全国各地，交通畅通，加以国际贸易的发达，促进了国内商业、手工业的发展，如许多官营的手工作坊，涉及织锦、煮盐、冶铁、瓷器、酿酒等。大城市有繁荣的市肆和适应商业发展的邸店、货栈等。除了南北朝之后已十分发达的佛教之外，唐代国际交通的发展使得一些西方宗教也传入中国，如伊斯兰教、景教、摩尼教等，再加上统治阶级对中国原有道教的提倡，各城市宗教建筑异常活跃，长安、洛阳城中有大量占地很大的寺院。当然，宗教也影响了一些建筑形式。

## 第二节 隋唐都城：长安

长安附近从西周到秦汉一直是都城的所在地，如丰、镐、咸阳、长安等。这些都城在东汉末年的战乱中遭受破坏，关中地区因而人口减少、耕地荒芜，所以之后的魏晋各朝均建都于洛阳。但北朝的前秦、后秦、西魏、北齐又在汉长安建都；北周灭北齐后也以此为都；隋文帝灭北周统一全国后，仍在此建都。长期的混战使邺城、洛阳等城受到严重破坏，加上江南初定，政治统治还不够巩固，隋文帝在长安建都时决定放弃原来的汉长安城，在其东南另建新城，据《隋书·文帝本纪》及《册府元龟·十三》记载："此城从汉以来，凋残日久，屡为战场，旧经丧乱，今之宫室事近权宜，又非谋筮从龟，瞻星揆日，不足建皇王之邑"（意思是，汉长安历经破坏，难于修复，而且"风水"不利）；"王公大臣，陈谋献策，咸云羲农以降，至于姬刘，有当代而屡迁，无革命而不徙，曹马之后，时见因循，乃末代之宴安，非往圣之宏义"（意思是，汉长安已有多朝建都，不在新地建都不能体现新王朝的新气象）；"汉营此城，经今八百岁，水皆碱卤，不甚宜人"。另外，汉长安宫殿与一般建筑杂处，分区不明，防卫和管理也不方便。

于是，新城选定在"山川秀丽，卉物滋阜，卜食相土"的龙首原高地，位于汉长安东南，在开皇二年（公元582年）动工。新城历时9个月，动用民工数万人，初步建成，定名为大兴城（隋文帝在后周时被封过大兴公），以后又经数次修建。新城址用地原来还有一些村庄，建城时拆迁，但村名仍保留，原有坟地也一律迁葬。隋亡后，唐朝仍在这里建都，改名长安城，屡有修建，但城市基本轮廓仍和隋初建城时相同。

长安新城南对终南山及子午谷，北临渭水，东有沪、灞二水和汉代潜渠遗迹，城西一片平原。东北部较高称龙首原，东南部已伸入曲江池及较大起伏的丘陵地区。

至于隋初的建城规模，根据《长安志》的记载："外廓城东西十八里一百一十五步，南北十五里一百七十五步，周围六十七里。"1957年探查，城址东西长9721米，南北8651米，周围约36公里，不算后建的大明宫，城墙范围内用地约8300公顷多，算上大明宫共达8700公顷左右，不仅是中国历史上最大的城市，也是当时世界上最大的城市。

关于隋唐时期长安城的人口，《长安志》中记载“共有户三十万”，实际上包括京兆府各县在内。就长安城内的长安、万年二县计算，共有8万多户，按每户10人计，加上常驻兵10万人，官府僧道等10万人，总人口应在百万以上。

长安城气势宏大，街宽路阔。据文献记载，那时长安的主干道——朱雀大街长达5020米、宽达150米，比今天北京的长安街还要雄伟。唐长安城以朱雀大街为界分为东西两部分，街东归万年县辖，街西归长安县辖。

城市无论大小，都有自己的标志。说到长安的标志性建筑物，就非大明宫莫属了。大明宫就是大唐王朝的皇宫，位于城东北部的龙首原。此宫建于贞观八年（公元634年），原名永安宫，龙朔二年（公元662年）唐高宗命令扩建，第二年即迁入大明宫听政。乾宁三年（公元896年），此宫毁于兵火。大明宫周长7.6多公里，面积约3.2平方公里，为北京故宫的4倍。共11个城门，其东、西、北三面都有夹城，南部有三道宫墙护卫，墙外的丹凤门大街宽达176米，是唐代最为宏伟的宫殿建筑群。经发掘，大明宫内有含元殿遗址、麟德殿遗址、三清殿遗址等大型遗址。主要有下列成就和特点：

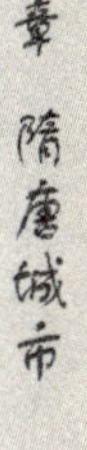


## 一、规模宏大，规划严整

大明宫的规模很大，宫城平面呈不规则长方形。全宫分为宫、省两部分，省（衙署）基本在宣政门一线之南，其北属于“禁中”，为帝王生活区域，其布局以太液池为中心而环列，依地形而灵活自由。宫城之北，为禁苑区。如不计太液池以北的内苑地带，遗址范围即相当于明清故宫紫禁城总面积的3倍多。大明宫中的麟德殿面积约为故宫太和殿的3倍。

## 二、建筑群处理愈趋成熟

建筑加强了突出主体建筑的空间组合，强调了纵轴方向的陪衬手法。全宫自南端丹凤门起，北达宫内太液池蓬莱山，为长达约1600余米的中轴线，轴线上排列全宫的主要建筑：含元殿、宣政殿、紫宸殿，轴线两侧采取大体对称的布局。如不计入内苑部分，从丹凤门到紫宸殿也约 1200 米，这个长度略大于从北京故宫天安门到保和殿的距离。含元殿利用突起的高地（龙首原）作为殿基，加上两侧双阁的陪衬和轴线上空间的变化，营造朝廷所需的威严气氛。

## 三、木建筑解决了大面积、大体量的技术问题，并已定型化

如麟德殿，由前、中、后三座殿组成，面积约 5000 平方米，约为太和殿的 3 倍。还采用了面阔 11 间，进深 17 间的柱网布置。殿东西两侧又有亭台楼阁衬托，造型相当丰富多样。主殿含元殿则用减去中间一列柱子的办法，加大空间，使跨度达到 10 米，可见唐初宫殿中木架结构已具有与故宫太和殿略相同的梁架跨度。

## 四、建筑艺术加工的真实和成熟

唐代建筑风格的特点是气魄宏伟，严整而又开朗。现存的木建筑遗物反映了唐代建筑艺术加工和结构的统一，在建筑物上没有纯粹为了装饰而加上去的构件，也没有歪曲建筑材料性能使之屈从于装饰要求的现象。这固然是我国古典建筑的传统特点，但在唐代建筑上表现得更为彻底。含元殿踞龙首原高处，高出平地十余米，殿十一间，前有长达 75 米的龙尾道。殿阶局部用永定柱平坐，这种较古的方法，唐以后逐渐淘汰。整组建筑气魄雄伟，足可代表当时高度发展的文化技术。含元殿和麟德殿的开间尺寸，不过 5 米稍多，最大梁袱跨距，不过 4 椽，尺度不及后世，用料也相对较小。用较小的料而构成宏伟的宫殿，应该说技艺已相当纯熟。除建筑艺术外，门窗的装饰也朴实无华，给人以庄重、大方的印象。

唐长安全城共划分有 109 个坊里，坊的名字有很多变化，主要是与皇帝名字避讳，且坊都很大。根据文献记载：朱雀大街两侧 18 个坊，约合 26.7 公顷；朱雀大街两侧第二排 18 个坊，约合 34 公顷；春明门、金光门大街以南 47 个坊，约合 49.2 公顷；通化门、开远门之间的大街以北各坊约合 52.2 公顷；通化门、开远门之间的大街以南，金光门大街以北，皇城两侧的各坊约合 76.1 公顷。

坊里面积如此之大，在古代中国城市中也是空前绝后的，其原因：一是坊里的划分完全是由干道网决定的；二是为了便于统治管理。坊里数目太多，不便于管理。

长安城内有东、西二市，两市均有放生池，市门也有一定的开闭时间。市中有肆和行。同样性质的店铺集中在一起称行，文献记载的有220行，如绢行、珠宝行、大衣行、秤行、果子铺、铁行、药行等。日本园仁和尚在《游学长安记》中记述了昌二年六月二十七日“夜三更，东市失火，烧东市曹门以西十二行，四千余家”。可见，当时市内店铺很多。

东市集中着为贵族官僚服务的各种商业。西市颇多外国商人的店铺，相当于一个国际贸易中心，以波斯人、阿拉伯人为最多，有胡店，由胡姬演胡戏，还有波斯的珠宝商。市内以商品交易为主，也有少量与店铺在一起的手工作坊，一般手工业作坊和家庭手工业，仍分散在各坊里中。



城内商业需要集中成市，说明商业已经比“日中为市”的时代发达，但这样大的城市只有两个集中的市，也反映出商业不够发达，市民和市的关系并不太密切。盛唐以后，商业和手工业分布在其他坊里的越来越多，如乐器作坊集中在崇仁坊，毡曲在靖恭坊，制玉器在延寿坊，售美酒在长乐坊，造车工匠在通化门附近，东市附近各坊有很多邸店。各坊里中还有一些为日常生活服务的店铺。市内市民云集，因而也是官府对犯人行刑的所在。

唐朝末代皇帝昭宗末年（公元904年），朱温迫其东迁，迁宫殿及民房，把木料筏至渭河东下，运到洛阳。于是，长安城遭到毁灭性破坏。长安城从建成到被破坏，前后历经322年。

另外还有一点不得不提及，那就是长安城的宗教文化。毋庸置疑，唐朝长安城的佛寺道观最为辉煌，既是名僧高道的修习讲学之地，也是皇家、贵族、官僚、百姓供养的对象，它们和世俗社会有着密切的关系。唐朝前期的几个皇帝，都和某所大的寺院有着密切联系，这些寺院有的是他原来的本宅，如唐中宗和荐福寺的关系就是这样非同一般。对于长安各种宗教寺宇以及相关人物的研究必将加深人们对唐朝宗教、信仰以及宗教社会史的认识。

# 第三节　隋唐东都：洛阳

在很长时间内，洛阳一直是几个朝代的都城，汉魏洛阳城在南北朝的战争中屡遭破坏，隋朝统一时已经残破不堪。南北朝以后，中国的经济文化中心逐渐转入江淮一带。隋朝统一后，政治中心和军事中心仍然在关中地区和黄河下游，产生了政治中心和经济中心分离的情况。隋炀帝沟通大运河的目的和积极效果，就在于加强了两个中心的联系，大运河由泗州到汴州入黄河，经三门峡天险到达长安，所以洛阳的供应条件远比长安要好。

隋统一全国建长安城后，隋炀帝又大规模建洛阳城，称为东京，称长安为西京，当时是两京并重的，皇帝经常住在洛阳。唐朝以后仍然继续这种情况，唐太宗三次到洛阳，唐高宗住洛阳的时间更长。唐太宗时一度废掉洛阳东都之名，改称洛阳宫，高宗又改为东都，他重视洛阳完全是出于地理位置和经济上的考虑。武则天临朝称制（公元683—705年）改国号为周，在光宅元年（公元684年）改东都为神都，在此建都15年。唐玄宗在最初执政的25年里，去了洛阳5次，累计在那里住了9年多，以后宰相裴耀卿实行分段运输法，大大改善了漕运的状况，长安供应有了保证，皇帝才不再长住洛阳。除了这些经济原因，洛阳更接近山东、江淮，便于在军事上加强对这一带的控制。



后来，洛阳城又不断扩大，逐渐形成了拥有百万人口的东方大都会。先后在这里建都的有隋、唐、后梁、后唐，作为陪都的有后晋、后汉、后周、北宋等，前后历经大约536年。

洛阳的修建略晚于长安，当时经济力量雄厚，加之隋炀帝穷奢极侈，因此极力追求“穷极壮丽”，在城市建设方面有很多地方与长安相似。隋朝建洛阳时，先建宫城和皇城。宫城、皇城位于全城西北角，宫城位于皇城北部，地势较高。皇城南面临洛河，以西是辽阔的禁苑区，占了涧河以西整个冲积平原，大部分坊里在洛河西岸的冲积平原上。不可否认，这是一种宫城居高临下的局面，也体现了帝王权威的思想。

据文献记载，隋、唐两代在东都洛阳城里共有3个规模庞大的集中的市，即北市、西市和南市。南市在洛河南岸，以经营日常商品为主，规模最大，“东西南北居二坊之地，其112行，三千余肆，四壁有四百余店，货贿山积”。当时，各类重要商品，如金、银、珠宝、瓷器、皮毛、丝绸等从全国各地汇集到南市，再从这里发送到全国各地乃至西域、日本等。南市最红火的时候是在隋代和盛唐，中晚唐以后变为居民区，金、元以后基本被废弃，其遗址大致位于今洛阳市洛龙区安乐镇曙光村与茹凹村之间。北市在洛河北岸，在该地区坊里的中央，占地一坊。西市在城市西南隅的厚载门内，也占地一坊。其他坊里也分布着一些商业和服务业。例如，洛河两岸的道术坊有五行、占候、医药等集居，沿洛河两岸和运河两岸诸坊也都有商店和邸店。

当时，洛阳的居民主要是士、农、工、商四类人。洛阳城有大量从事商业活动的人员，并且出现了很多酒楼和旅馆。与此同时，小商小贩产生了，有些外国商人也在洛阳经商。



随着洛阳东都地位的日益重要，洛阳城成为一个重要的文化中心。隋唐两代是中国封建社会的鼎盛时期，文人墨客云集洛阳，写诗作赋，创作了很多传世佳品。另外，洛阳也是重要的科举考场，每次考试都聚集了大批赶考的士子。

洛阳的水运比长安发达，长安只有较小的漕渠通到城中，洛阳位于洛河两岸，大船可以在城中靠岸，当时的洛河经黄河在汴州与汴河相通，能直达江淮各地，因此洛阳是物资的集散地，城市内的大商市都与洛河有着直接的关系。

隋代开的运河，经西苑横过皇城，平行洛水横穿皇城以东的坊里，所以运河以南、洛河以北的承福、玉鸡、铜驼、上林、温洛诸坊都是商业最繁荣的地方。武则天时（公元701年），又在皇城东南角元德坊开辟了一个大水潭，可以容纳各处来的商船。

总之，隋唐的东都洛阳，宏伟壮丽，而且经济繁荣，文物昌盛，在洛阳历史上达到鼎盛时期，不仅是国内的商业贸易中心，而且也是国际贸易市场。在当时，它是世界上屈指可数的大都市之一。

隋唐东都的繁华，盛誉海内。遗憾的是，洛阳在隋末战乱中曾有破坏，唐末在战争中又一次受到破坏，《旧唐书·郭子仪传》记载：“宫室焚烧，十不存一，百曹荒废，曾无尺椽，中间畿内不满千户，并邑榛棘，豺狼所嗥，既乏军储，又鲜人力……”以后到金、元两代，因为频繁战争，洛阳宫室被破坏殆尽，城市一直没有得到很好的恢复。

# 第四节　隋唐时期主要的商业城市

隋唐时期，尤其是唐代，国内最大的商业城市有三个，分别是南方海港广州（番禺）、长江与运河交会处的扬州（江都、广陵）、运河至黄河的转运中心汴州（开封）。此外，益州（成都）、洪州（南昌）等地也是商业中心。因为广州和汴州将在本书以后的章节中有详细叙述，在此只以扬州为代表来叙述隋唐商业城市的有关情况。

扬州有着悠久的历史。春秋时长江的江面很宽，达 50 里，南至镇江，北至扬州北的蜀岗。战国时吴王夫差开圩沟，当时建沟城，在今平山堂西北一带。楚怀王十年筑广陵城，城在沟东蜀岗一带，秦统一全国后扬州成为重要交通中心，城市有了发展。汉初其成为盐铁等工业的中心，城址扩大，城的南边在蜀岗，南北达 10 里。

隋时长江江面已大为缩小，南岸仍在镇江，北岸在今城南十里的扬州渡（今扬子桥），运河即延伸至扬州渡入江，隋炀帝在此建临江宫。唐代北岸与江心的瓜州连成一片。唐玄宗时将运河延伸到瓜州，使瓜州成为大码头。



扬州是当时最大的商业中心，达到极盛的巅峰，因位于富庶的长江下游又是长江与大运河交汇处，除长江下游各地商旅在此集中外，长江中上游的商品在此转口，海外商船的货物也在此转运。所以，扬州是唐朝最重要的港口城市、对外交流的门户。扬州也是江、淮盐的集散地，当时盐铁是专买的，盐铁转运使就设在此地。扬州的海外交通，主要是海上丝绸之路，沿北部湾和中印半岛海岸南下，入马六甲海峡，经马来半岛西海岸、印度半岛东海岸，到已程不国（今斯里兰卡）。作为对外交通的重要港口，扬州专设司舶使，经管对外友好往来。

唐朝扬州和大食的交往频繁，有数以千计的大食人侨居在扬州。波斯、大食、婆罗门、昆仑、新罗、日本、高丽等国人成为侨居扬州的客商。日本遣唐使来扬州和高僧鉴真东渡日本，促进了中日两国的政治、经济、科学和文化的相互交流。

扬州人李善在吸取前人成果的基础上，重新注释《文选》，旁征博引，为后人保存了大量已经散失的重要文献资料。其子李邕，不仅在文章和诗歌上有很深的造诣，也是继虞世南、褚遂良之后的大书法家之一。

唐代的扬州，农业、商业和手工业相当发达，出现大量工场和手工作坊，不仅在江淮之间“富甲天下”，而且是中国东南第一大都会，时有“扬一益二”之称（益即益州）。

唐代扬州城有子城和罗城。子城在蜀岗上，为春秋战国时的邗城，唐代为官衙集中地，又称衙城，城内有南北、东西道路十字交叉，通向城门。罗城位于子城东南平原上，为居民坊里及商市所在，形状规整，呈长方形。城内有南北道路六条，东西道路十四条，其中南北干道三条，东西干道四条。路网为棋盘状，东西五排坊，南北十三排坊。坊内部有十字形道路，布局与隋唐长安城相似。罗城内有两条南北向水道，是运河的一部分，河道两侧为码头街市，在城南有大市，是江南主要的物资集散地。罗城的建筑大部分都埋在现代扬州城之下，近年来发现的许多重要遗迹、遗物，其中包括金属熔铸、制骨、骨雕、贝雕和蚌雕等手工业作坊的遗迹和遗物，为研究唐代手工业的生产和分工提供了实物材料。此外，还发现了唐代木船、古河道和桥梁，以及大量的各种釉色瓷器和生活用具，这也充分反映出唐代扬州交通运输和商业的兴盛。另外，开成元年（公元 836 年）扬州惠照寺新修佛殿志、咸通十四年佛顶尊胜陀罗尼经幢，以及各种石雕佛像、菩萨像、动物像等也相继被发现，这对研究唐代佛教在扬州的传播和对外文化交流均有十分重要的意义。罗城东郊的禅智寺遗址和五台山一带是唐人墓葬区，在林庄的唐墓中出土精美的彩绘陶俑，以及很多墓志，可能是唐代扬州一些达官贵人丛葬之地。

唐朝末年，因为节度使割据，汴河年久失修，逐渐淤塞，漕运受到一定影响，因此扬州的经济地位也有所下降。另外，军阀之间的战争也使城市受到严重破坏，五代时更盛。宋朝以后，扬州城址有所变迁。

## 第五节　隋唐的州县城市

到了南北朝后期，州郡县三级制已经混乱到极点，郡一级行政机构形同虚设，地方行政制度到了非改不可的地步。隋朝建立后，于开皇三年（公元583年）罢天下郡，改州领县。公元589年，隋朝平陈，统一南北，把州县两级制推行到全国。大业三年（公元607年）又改州为郡。从此以后，州就是郡，郡就是州。隋朝共有190郡，1255县。可见，县的基本数字没有大的变化，而县级以上的机构却大大精简了。隋朝实行州县制前后共24年（公元583—607年），而实行郡县制共11年（公元607—618年）。

唐初又改郡为州，恢复了州县制，以后在天宝元年至乾元元年间（公元742—758年）又曾一度改州为郡。唐一代近300年中实行郡县制仅16年，基本上是州县制。

在隋唐时代，一般的州县城市很多，在此仅举山西新绛一个实例。

今天，在新绛城内并没有宋朝以前的建筑物，城墙也是明初重修的，但还有几处遗址和一些文献记载可以说明城市轮廓基本上与唐代变化不大。在新绛已经发现的文物古迹中，属于国家重点保护文物的有4处，属于省级重点保护文物的有15处。据文献记载，新绛在隋唐时，有名园“绛守居园池”，为州衙的后花园，创建于隋开皇十六年（公元596年），是目前全国创建时间最早的官家园林，也是国内现存唯一的隋唐园林遗址，其中有薛家花园、陈家花园、乔家花园等私家园林。遗址尚在，也就是今天的新绛中学校园。唐长庆三年（公元823年），樊宗师所撰的《绛守居园池记》详细地描述了当时的环境与园地的情况。

根据《新绛县志》的记载，县署就是古代的州衙。《绛守居园记》中如此描述城垣：“障缅孤巅，阿倔元武”，意思是城墙在北山上由近及远。从现有北城来看，与描述相似。宋代绛州通判孙冲则在《重刻绛守居园池记》这样描述城市的情况：“冲登城向北引望，所谓黄原块天，汾水钩带者”，“西北正与姑射山相对，最居城北上，西连庆门台楼，东北可周览人家，依峰壑列屋”。这些描述也与目前的城市格局十分相似。《新绛县志》中记载：“县城即旧州城，自隋开皇三年，由玉壁徒此，始建。明洪武元年指挥郑遇春重修。”

创自于唐代的“绛州大堂”现为全国重点文物保护单位，昔日曾是大唐名将张士贵的“帅府堂”，堂进深五间，面阔七间，为全国州府大堂之最。绛州大堂位居新绛县城西高垣之上，新绛中学校内（原州署衙门内）。一千多年来，这里一直是州府衙门的正堂，明镜高悬，衙役呐喊，百姓有冤，可以击鼓上堂，是非曲直全凭知州的良心。该堂又名“帅正堂”，史料记载，唐王李世民在稳定李氏王朝的基础上，为讨伐平息外族的入侵，东征高丽，命左领军大将军张士贵在绛州设帐募军，招兵处就设在州治署衙正堂内。今新绛县博物馆还保留有张士贵的交椅遗件，传为“帅正堂”的见证物。现存的大堂建筑为元代重建遗构，大堂内尚存的四块大型石质覆盆式莲花柱础可以炫耀唐代的辉煌。

龙兴寺内的“唐代宝塔”，其迭涩而出，直指蓝天，塔顶曾多次腾烟，青云直上，一连好几天，千年来笼罩在人们心头的这个谜直到今天还没能解开。

隋唐时，新绛是由太原（晋阳）至临汾，往西至梗山，然后在河津渡过黄河通往关中的要道，故商旅比较发达。城内主要建筑州衙在城北山上，地势雄伟。州衙的不远处即是后建的城隆庙，附近山上还有钟楼（明宏治年间建）、鼓楼（元至正年间建）。城内民居及沿街店铺多为明代建筑，南北街及东西街将全城划分为正平、孝义、桂林、安元四坊。坊名尚在，也可能是当时坊里制的遗迹。



## 第六节　隋唐的边远城市

南北朝时，国内有过一次民族大迁移大融合，北方的游牧少数民族大量南下，学习了汉族比较先进的农业生产技术，使边远地区的生产力得到很大提高；同时也吸取了汉族先进的文化和政治制度，逐渐建立了一些集权制的封建国家；还根据经济和政治的需要，兴建了一些城市。当然，这些城市也吸收了汉族地区城市建设与发展的经验，特别是一些都城，其中比较典型的是唐代在东北地区建国的渤海国上京龙泉府。

另外，唐代西域地区在中央政府的直接管辖之下，也建了很多城市。其中一些城市后来因为商路断绝，或是河流改道枯竭，或是沙漠扩大等原因，都先后被废弃，城址却比较完整地保留到了今天。解放后经过考古调查，很多宝贵的材料被挖掘出来，为研究这些古代城市提供了重要参考。这些城市的代表是高昌城和交河城。

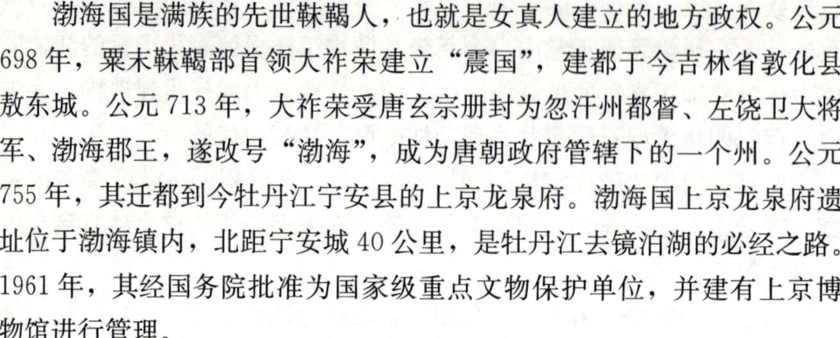

## 一、渤海国上京龙泉府

渤海国是满族的先世靺鞨人，也就是女真人建立的地方政权。公元698年，粟末靺鞨部首领大祚荣建立“震国”，建都于今吉林省敦化县敖东城。公元713年，大祚荣受唐玄宗册封为忽汗州都督、左饶卫大将军、渤海郡王，遂改号“渤海”，成为唐朝政府管辖下的一个州。公元755年，其迁都到今牡丹江宁安县的上京龙泉府。渤海国上京龙泉府遗址位于渤海镇内，北距宁安城40公里，是牡丹江去镜泊湖的必经之路。1961年，其经国务院批准为国家级重点文物保护单位，并建有上京博物馆进行管理。



渤海国全盛时疆域南达朝鲜北部，东到日本海，包括东北大陆、俄罗斯滨海地区全部和伯力边区大部，设5京、15府、62州、130余县。其传存15世，于公元926年被契丹族所灭，城池也被毁。

渤海国上京龙泉府分外城、内城和宫城三重，东西宽4400米，南北长3400米，四面共开10个城门，南北各三，东西各二。中央大街将城市分成左、右两半，称朱雀大街，通向外城的正南门，宽达88米，还有四条大街纵横交错，各宽50米。在这五条道路中间，是划分坊里的次要道路。内城在外城北部中间，周围9华里，呈长方形。宫城在内城北部中央，周围5华里多，也呈长方形，城东是禁苑，现有池塘、假山和亭榭遗址。宫城城垣用玄武岩筑成，尚存3米多高，今称为五凤楼的是宫城的正南门，台基高6米，上有巨大的圆形础石，可以想象当年箭楼宏伟、宫墙壮观，何其雄伟。宫殿为五重殿阁，布置在一条中轴线上，现均遗有巨大的础石，它们排列整齐，柱跨大、范围广。第一殿前有宽200米的广场，第二殿规模最大。这些宫殿都有主殿、侧殿，各殿之间有游廊相通，是皇室和最高统治机构所在。上京龙泉府是仿照唐长安建造的，形制极其相仿，连出土的雕花纹饰也与唐大明宫麟德殿的纹饰相同。上京龙泉府为当年仅次于唐长安京城的东亚第二大都会。

## 二、唐代的高昌城

关于高昌城的由来，有一个非常动人的传说：很久以前，火焰山下住着一个青年牧人，名叫德克雅努斯。一天，德克雅努斯在牧羊的途中拾到一张纸片，上写着许多奇异的文字。他拿上纸去找住在不远的岩洞里的智慧老人。

德克雅努斯来到老人面前，从怀里掏出那页纸片双手递给老人看。智慧老人慢慢睁开双眼，接过纸片，定睛注目片刻后笑道："孩子呀，你可走运啦，幸福之鸟在向你问好。我问你，你们那是不是有一棵老桑树?"

青年点头称是。老人继续说："这纸上写着，你要站在老桑树下，朝北迈出364步，然后转东，再走12步，挖掘那个地方，会发现一处宝藏。去吧，试试你的运气!"

德克雅努斯谢别老人，返回家来。次日，他邀请了几位好友，依照智慧老人的指点，找到地方开始挖掘。当他们挖至五六米深处时，发现了一扇金门，由一个巨石顶着。他们搬掉巨石，找到一把闪着耀眼金光的金钥匙。他们拿金钥匙打开门上牛头大小的金锁。只听7声响后，金门立时打开。德克雅努斯和他的众朋友借着各种珍宝发出的耀眼光芒，走进地下宝库，看到那里有41间仓库，分别存放着金、银和堆积如山的各种稀世珍宝。

他们回来将这惊人的喜讯禀告智慧老人。依据老人的建议，德克雅努斯用这些金银珍宝修建了宏伟的宫殿和城池，自己做了城长，任命智慧老人为宰相，然后将附近的村庄和牧场统一到自己的管理之下，建成了有名的高昌国。从此，高昌城的名字四方传开，流传至今。

当然，这只是一个传说。实际上，高昌古城是古丝绸之路上最繁华的城市和著名的西域佛国之一。该地古称西昌，高昌名始见于《前汉书·西域传》，汉代初元元年（公元前48年）在此设戊己校尉，进行屯垦。《北史·西域传》记载："高昌者，车师前王庭之故地……或云昔汉武帝遣兵西讨，师旅顿弊，其中尤困者因住焉，地势高敞，人庶昌盛，因名高昌。亦云某地有汉时高昌垒，故以为国号。"自晋及魏常设太守统之。晋咸和二年（公元323年），前凉王张骏在这里设高昌都，北凉曾定为国都。从北魏至唐贞观为鞠氏高昌王国时期，公元640年唐灭高昌国，以其地置西州，高昌为西州治所，同时亦为高昌县治所。自此，高昌进入繁华昌盛的最佳时期。

高昌故城在新疆吐鲁番东约25公里、胜金口以南二堡与三堡之间，从胜金口流出的木头沟水，经过二堡流入故城中。从现有城址看来，高

昌城可分为外城、内城及北面的宫城三部分。外城略呈正方形，外城的东南及西南有寺院，西南角寺院很大，其东南和东北有两个“坊”的遗址。外城为一般居民的集居区。内城在外城中间。西、南两面城垣尚存，北、东两面只有残迹，找不到城门的遗址。宫城遗址在全城的北部，呈长方形。宫城北墙就是外城的北城垣，宫城南墙为内城的北垣，城内殿基很多。

居民住屋随地形有两种形式：地势低平的地方，用土坯堆砌或垒土成墙，再用土坯砌成拱顶房屋；地势较高的地方，挖窑洞为住房。外城东南大寺附近的“坊”保存完整。寺东南的坊有两排很整齐的建筑遗址，可能为小手工业作坊。在这南北两排相对的房屋之前，有一广场，可能为集市交易的场所。

城内南部有些建筑遗址，附近有大陶瓮，可能为酿造作坊；其西北尚有一处铸造铜器的作坊，附近有许多绿色炼铜渣。1961 年，高昌城故址被国务院列为全国重点文物保护单位。

## 三、唐代的交河城

唐交河城址在吐鲁番城西 10 公里，位于两条宽而深的河床之间的狭长地带上。两河在城南汇合，交河城名由此而来。正如《汉书·西域传》中记载：“车师前国王，治交河城。河水分流域下，故号‘交河’。”这段对交河故城的最早记载说明，交河故城为秦汉前西域车师前国所建的都城。交河故城气势恢宏、凌峻险绝。

车师人是交河故城的最早居民。公元前 1 世纪，西汉灭了车师前国，这里成为汉兵治地。根据史料记载，班超和班勇父子及董卓等很多古代著名将领都曾统兵驻守过这里，班氏父子还在这里写下了不少边塞诗章。6 世纪初，高昌王国出现，交河变成交河郡。唐灭高昌王国后至唐末，这里一直都在唐统治之下。唐朝在西域的安西都护府最早就设在交河城。公元 8 世纪末以后，这里先后沦陷于吐蕃、回鹘、元蒙之手，屡遭战祸破坏，居民纷纷外迁，从此变得荒凉起来。不过，这一带气候炎热干燥，降水极少，加之偏僻荒凉，人迹罕至，交河故城得以奇迹般完整保存下来，成为我国古代西域都市的稀有标本和世界上保存最完好的生土建筑古城堡。也正因为此，自 19 世纪以来，它便吸引着大批国内外探险家和考古学家纷至沓来，探险寻宝和考古揭秘。

今天的交河故城是吐鲁番的一道著名古遗址名胜风景，更是一部珍贵的“西域史书”。该城位于往西及往北的两条交通要道上，在军事防御上也很重要。城市除西南郊有一些断续的城墙外，四周没有城墙遗址。出入城市有两条道路，一在南端，一在东面。东门面临河床，门内约 20 米处，正对城门有一岗楼似的建筑物。从北向南，越过全城最大一座佛寺后，便是城内主要大道，两侧是高厚的土墙。大街两旁的住宅被街巷划分成一块块的“坊”，坊外围着坊墙，与唐长安的坊里有些类似。走进这些小街及狭巷，方能看见院落的门户。这些院落式住宅与高昌城的一般民居相似。各坊中靠着坊墙、对着街巷交叉口的地方都建有一所房屋，应是巡警瞭望用的“街铺”，而唐长安的坊里也有这类“街铺”。

城外的河流已完全干涸，城市的废弃与此有关。高大庙宇均在城市中部，建筑形式多不一致。中部的庙宇建筑，上为庙宇下为洞室。庙墙为长方形土坯砌成，附近多为唐代遗物。

# 第七章

# 宋元城市

公元979年，宋朝统一中国的东部地区，与北方的辽国形成对峙的局面。为了维护其统治，宋朝采取守内虚外的政策，把政、财、司法、军队等大权集于皇帝一身，避免了军阀再度割据，在经济上大力发展农业、手工业和商业，使中国的城市发展出现一些新景象：一是城市经济十分活跃，特别是商业的发展突破过去的时空限制，使坊市制全面崩溃；二是一种新的城市类型——镇市大量出现，使古老的城市体系开始向城镇体系转化；三是大中城市继续发展，出现百万人口的特大城市。

另外，辽、金、西夏等几个少数民族国家，先后吸收汉民族的文化和生产技术，开始了农垦和定居，建造了很多城市，如辽上京、辽中京、辽南京、金中都等，它们都在中国原来城市规划传统的影响下，有了进一步的发展。之后，蒙古族建立元朝，中国的城市发展从此进入一个前所未有的崭新的大发展时期。

## 第一节　宋元城市概况

唐朝末年，因为中央政权和割据的藩镇之间混战，很多城市遭到毁坏，以黄巢为首的农民起义失败后，五代十国割据、混战的形势持续了近80年。当时的混战主要集中在北方，于是大量有技术的人迁徙到南方。尽管南方也有战争，但持续时间很短，范围也不大，局面相对比较安定，社会经济有了新的发展，使南北朝以来开始的经济文化南移趋势更加明显，南方地区的城市更加繁荣。南方的海上贸易也比较发达，杭州、泉州、广州、明州（宁波）成为海外贸易的中心城市，建康和苏州也是重要的手工业和商业城市。

公元979年，北宋结束了五代十国的分裂局面，并采取了有利于发展生产的一系列措施。于是在开始的四五十年里，城市商业、手工业，尤其是纺织、造纸、瓷器、冶炼等都有了极大发展，城市繁荣，形成了许多大的商业都会。开封和临安两市人口在100万以上，是宋朝两个最大的城市。唐代10万户以上的城市只有10多个，而北宋时增加到了40个，如北京大名府、成都、武昌、建康、苏州、潭州、福州、广州等。人口在1万户以上的大州府城有镇江、温州、襄阳等。城市的发展和市民阶层的增加，也影响了城市的面貌，店铺云集的商业街代替了严格管理的坊里和集中的市肆。

宋朝的行政区体系是路下设州、府、军、监、县，地方政区实际上仍为路、州、县三级制。根据《宋史·地理志》的记载，以秦岭—淮河为界，北方有10个路，145个州、府、军，507个县；南方有14个路，190个州、府、军、监，681个县。北方燕云十六州为辽、西夏所占，北方行政区划较少。南方福建、江西、湖南三省新置州县较多；长江三角洲的城市增长也较多，由隋代的5个县增加到宋朝的16个县；两广地广人稀，合并州县，因而州、县数较少。

公元1127年，金国在北方逐渐强大，灭了辽国之后又灭了北宋，形成长期和南宋王朝南北相峙的局面。南宋控制的地区长期稳定，经济比较发达。首都临安是政治、经济和文化中心，人口在百万以上；建康是重要的军事据点和经济枢纽。另外，绍兴、扬州、苏州、南昌、长沙、福州、吴兴、泉州、广州等也有进一步发展，尤其是广州和泉州集中居住着许多亚非国家的商人，形成外国人集中居住的“藩坊”。

在北宋及南宋的同时期，契丹族和女真族先后在北方建立了辽、金王朝，曾建设了几个都城，还有很多城郭。另外还有西夏王朝。辽、金、西夏之后，北方的一个游牧民族蒙古族又兴盛起来，他们兵力强盛，在12世纪末先后灭了金和南宋，建立了一个空前强大的国家，中国历史从此进入元朝。

元朝的建立使我国自中唐起持续500余年的割据分裂局面再次趋于

统一，并使其疆域较汉唐盛世时更加广阔，这给元及以后的社会经济和城市发展都带来深远影响。元朝时，各民族的融合有了发展，经济逐渐恢复，对外贸易发达，商业和手工业也空前繁荣，南方许多城市保持了原来的繁荣。在长城以北，先后建造了一些新的城市。蒙古王朝的首都上都和大都在建造方面都吸取了汉族的传统和经验。特别是大都，是继长安城之后又一座杰出的大都城，可以说是中国古代城市建设优秀传统的集中表现。元大都规划有序、格局宏大，是当时世界著名的大都市。大都宫殿的建筑既继承了宋、金建筑的特点，又表现了蒙古族的特征，同时还受到喇嘛教和伊斯兰教建筑的影响，如宫城内有若干盝顶殿（瓢状），畏吾尔（维吾尔）殿、棕毛殿等。著名的宗教建筑有大圣寿万安寺塔等，都建造得高大雄浑，十分壮观。

元朝时期，其城市的发展具有如下特征：第一，形成了以省会为中心的省级城市体系，在全国实行以省制为中心的行政体制，并一直延续到今天。元朝省以下行政区划极其复杂。最复杂的地区，省以下设路、府、州、县四级；最简单的地区，只设路一级。据《元史·地理志》的记载，元朝除中书省外，共设有10个行中书省、22个道、185个路、33个府、359个州、1127个县。元朝由于行省面积过大，行省驻所的数量较少，并不能真正反映省级行政中心的发展，因此用肃政廉访司驻所，如济南、太原、合肥、成都、昆明、杭州、福州、南昌、广州、武汉、长沙等地，都与目前各省的省会相一致，实际上就相当于省级行政中心，下辖路、府、州、县，形成以省会为中心的省级城市体系。



第二，城市的分布南方多于北方，城市的规模南方也大于北方。元朝在大都、上都设警巡院，在比较繁华的路、府治所设录事司，专门管理城市居民，故设有录事司的城市都是比较繁荣的城市。当时整个北方地区仅24个城市设录事司，加上大都、上都，共有26个比较重要的城市。而南方却有77个城市设录事司，其江浙行省就有30个，超过了整个北方地区。从城市规模来看，北方及四川除大都、大宁两城市所在路人口超过40万外，其余城市所在路人口大多10—20多万，个别的不足10万。而南方有20个城市（除雷州、庐州外）所在路人口均超过50万，其中13个城市所在路人口超过了100万。当时著名的大城市有杭州、嘉兴、湖州、平江（苏州）、广州、福州、集庆等。元朝城市规模

等级可分为五级：第一级：大都，人口约为50万；第二级：杭州、平江，人口20—30万；第三级：湖州、常州、龙兴、福州、广州、庆元等，人口5—15万；嘉兴、松江、江阴及江南一些州城，北方一些规模较大的路城，人口1—5万；第五级：江南一些县城，北方一些规模较小的路城，人口从数千至1万。一般来说，北方行政级别较高的城市在人口规模上要比同级南方城市低一至两个等级。

第三，城市经济获得较快的发展，在某些方面超过了宋朝。其中城市手工业如织染、丝织业、兵器业、矿冶业、制盐业、造纸、印刷业都有所发展。对外贸易进一步发展，形成大都、杭州、苏州等全国最大的商业中心和一大批区域性商业中心。为保证北方政治中心的粮食供应，元朝形成比较便捷的海运航线，使漕粮从江苏刘家港出长江口，绕经山东半岛抵达直沽（今天津），因而沿线出现了一些新兴城市，如太仓、密州（今山东诸城）、登州（今山东蓬莱）等港口。元朝还新开了大运河来运输漕粮。大运河起自杭州终至北京，连接了海河、黄河、淮河、长江、钱塘江五大水系。运河的通航使沿线出现许多新城镇，如淮安、济宁、东昌、临清、直沽等。

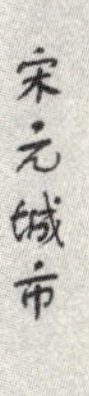


总之，宋朝社会、经济、文化和科技的发展对城市产生深刻的影响，中国城市的发展进程出现一些新的现象。比如：随着农业和农村副业的发展，在一些交通要道出现了定期集市，称为“草市”、“墟”、“场”等，有些集市逐渐发展为市镇；商业进一步发展，延续千年的坊市制转变为街巷制，成为中国古代城市发展史上的重大事件；一些政治中心的大城市，集中了封建官僚、地主，还有为他们服务的各种商业、手工业者，人口规模远比欧洲中世纪的城市大；宋元时代，城市中的宗教建筑非常发达，佛教、伊斯兰教、喇嘛教等寺院增多，在建筑技术和艺术上影响了传统建筑，对城市的面貌产生了一定影响。宋、金以后，黄河多次决口改道，破坏了淮河水系，淤塞了汴河，大大影响了中原地区的经济，因此洛阳、开封等一些重要城市逐渐走向衰落。

## 第二节　北宋都城：东京

### 一、历史沿革

北宋东京（开封）附近是我国古代文化最先发展的地区之一。在殷商时代，这一带就出现过很多城市。根据史料的记载，春秋时期，郑庄公命郑邴在这里筑城，作为屯粮储粟之地，名曰开封，取“开拓封疆”之意。战国时期，魏惠王九年（公元前362年）把首都迁到开封附近新里城，命名大梁，既是政治中心，也是商业都会。关于大梁城的位置，《读史方舆纪要》中记载：“在今城西北……史记大梁东门曰夷门，侯瀛为夷门监，即此。”《东京考》也记载：“高门在固子门外西北二里，即梁惠王故城之城也。门废已久，今土人犹名高门，亦名梁王城。”“秦始皇二十二年（公元前225年），王贲攻魏，引浚仪渠水攻大梁，城遂破坏。秦时设浚仪县，汉时属陈留郡，晋属陈留国，东魏在此置梁州，北周因城滨汴水，名汴州，隋大业初废州，梁属荥阳郡、唐（后唐）仍置注州、唐德宗建中二年（公元781年）宣武军节度使李勉重建汁州城……”五代时，除后唐外都在此建都，前后共历26年。

北宋统一后在东京建都，金灭北宋，城市受到很大的破坏，政治中心南移到临安，加上金明昌五年（1194年）黄河在此决口改道南流，破坏了附近的水系，影响了农田水利和航运交通，城市逐渐衰落，成为地区性的政治中心。金宣宗贞佑年间（1219年）曾迁都至此，更名为南京，共约20年。元朝在此设汴梁路，元世祖至元二十八年（1291年）置河南江北行省，以此为省会。

### 二、市肆街道

由于开封城内河道多，桥梁也很多，城内外共有桥梁33座。不少桥在结构上有创造性，如东门外七里的虹桥，《东京梦华录》对此这样描述：“其桥无柱，皆以巨木虚架，饰以丹艧，宛如飞虹。”不可否认，桥梁也成为城市景色的主要部分。

市内的主要交通工具是大车，用十几、二十几头骡子、驴子或牛拉的太平车，专运货物，可以载数十石。还有一头牛拉的平头车，酒店多用它载酒，也有人乘的平头车，以及独轮车、人力肩舆等。

开封的市肆街道分布与长安、洛阳有显著不同，不再限定在“市”内，而是分布全城，与住宅区混杂，沿街、沿河开设各种店铺，形成熙熙攘攘的商业街。东角楼街巷、宣德楼前、西大街、东华门外、潘楼街、太庙街、州桥东街、朱雀门、保康门、牛行街、马行街等，都是有名的商业街。此外，在皇建院街、赵十万街、潘楼东街、录事巷、甜水巷、横街……也十分繁华。据《东京梦华录》的记载，北宋东京汴梁城“东华门外，市井最盛，……凡饮食、时新花果、鱼虾鳖蟹、鹑兔脯腊、金玉珍玩、衣着，无非天下之奇。其品味若数十分，客要一二十味下酒，随索目下便有之。其岁时果瓜、蔬茹新上市，并茄瓠（一种葫芦，嫩时可食）之类，新出每对可直三五十千，诸阁纷争以贵价取之。”真是一幅繁荣景象。

最繁荣的商业街是宣德门东的潘楼街、土市子一带，州桥东的相国寺一带，东南角门和到扬州门内、外一带。潘楼街一带是金融中心，《东京梦华录》中记载：“由宣德门去潘楼街……南通一巷，谓之‘界身’，并是金银彩帛交易之所，屋宇雄壮，门面广阔，望之森然，每一交易，动即千万，骇人闻见。”金银交易的发达和交子会子等货币的发达，正说明了北宋时期商品经济开始发达。城内也有集中交易的市。相国寺位于城市繁华区，正在汴河北岸，交通便利，因而形成了大的交易市场。每月五次开放万姓交易，其中又按地区分别进行各类货物交易。

开封城中的店铺达6400多家。城内的中心街道称作御街，宽两百步，路两边是御廊。御街上每隔二三百步设一个军巡铺，铺中的防隅巡警白天疏导人流车流，夜间警卫官府商宅、防盗、防火、防止意外事故。这恐怕是历史上最早的巡警了。另外，城内还有通宵营业的地方，形成夜市和晓市，如州桥夜市。朱雀门外御街一带的晓市，天不亮就开业，人称“鬼子市”。许多饮食店、酒楼等都通宵营业，这充分反映了城市经济和市民阶层的发达。由商业街代替商业区的市，虽然不是始于北宋的开封，但在中国都城史上，开封的确已经转变成一个开放式的城市，这也证明作为都城的城市已经进入一个新的发展阶段，形成新的城市风貌。

城市手工业大多建立在为统治阶级服务的基础上。官办作坊有衣

服、绫锦、瓷器、印刷、酿酒等；私人手工作坊有金银铺、药店等，分工较细，雇佣劳动也很普遍。北宋著名画家张择端的《清明上河图》流传至今，生动地表现了当年开封古都的繁华景象和丰富多彩的民俗风情，为了解当时开封市肆的繁荣情况提供了有力而形象的证据。《清明上河图》描绘的街景就是在狭小的街道两旁都是店面，有的张灯结彩，有的挂名贵字画，有的建有欢楼（彩牌坊），有各种各样的招牌。饮食品的数量尤其多，与后世的街景是完全一样的。

因为商业、手工业、运输业十分发达，管理官办手工业的政府机构（总称外诸司）也分散设在城内各处，因而行政区也不如过去集中，只有上层行政管理机构，或专管宫廷用品机构（总称内诸司）集中在大内。

开封城内还有一种瓦子，集中着各种杂技、游艺、茶楼、酒馆，附近还有妓院。这种瓦子全城有五六处，如中瓦子、南瓦子、州西瓦子、保康门瓦子等，瓦子都接近闹市或城门处。最热闹的是桑家瓦子、中瓦子、里瓦子一带。《东京梦华录》中这样记载：“其中大小勾栏五十余座，其中中瓦子莲花棚、牡丹棚、里瓦子夜叉棚、象棚最大，可容五千人。”

开封的饭馆、酒楼非常多，全城有大酒楼 72 处，《东京梦华录》中也有记载：“白矾楼后段为丰乐楼，宣和间重修，三层相高，五楼相向，各有飞桥栏槛，明暗相通，珠帘绣额，灯烛晃耀。”由此可见，酒楼在城市生活中的地位非常重要。饮食店的种类更多，其中包括外地特色的食品店，还有一些招待客商的邸店。这些都说明了市民阶层和流动人口的增加。

## 三、居住区与居民生活

北宋时，东京城的人口增加很快。根据有关史料的记载，太宗太平兴国年间（公元 976—984 年）有 18 万户，神宗元丰年间（公元 1078—1085 年）有 33 万 5 千户，徽宗崇宁年间（1102—1106 年）有 26 万户，《宋史·地理志》记载：“开封府，崇宁间有户二十六万一千一百一十七，人口四十四万二千九百四十。”如果每户平均按 4—5 人计，全城人口当在 110—130 万之间，加上常驻禁军 14 万人（北宋末达到 40 万人），城市总人口当在 130—170 万之间，是当时世界上最大的城市。人口中除了少数皇族官僚外，主要是一般市民，包括士人、商人、工匠、仆佣、僧道、士兵、无业流民等，另外还有一些外国侨民，其中有一些犹太人就一直在开封落户。当时开封人口比唐长安多，面积却只有长安的一半，可见人口密度和建筑密度都很大。

一般人民的住所是城内外的席棚和茅屋，官僚的住宅也分布在城内各处。北宋中期后，大官僚购买土地，拆除大量民房，建造华丽府第，因城内拥挤，多建在外城，如蔡京的太师府就建在梁门外。

开封还是全国的文化中心，太学是全国最高学府，崇宁间最盛时，有学生38000人。太学以外还有国子学、四门学、武学、律学、算学、医学等学校；有三馆（昭文馆、史馆、集贤馆），藏书8万卷。

城内的宗教建筑也很多。佛教有相国寺、上方寺等50余处；道教有朝元万寿宫、佑圣观等20余处；其他祠、庙、庵、院等60余处；封丘门内还有祆教、拜火教等教堂。

城内居住地区，仍分为许多坊，《北道刊误志》中列举了太平、义和、安业等120个坊名。宋代的坊可能与长安那种封闭式的坊里不同，按《东京梦华录》的描写，城中没有有坊门、坊墙的坊里。实际上，开封的坊就是地段名称或行政管理的单位。为了便于管理，全城又分8个厢。当年，唐长安城有109坊，只分左街、右街两区，分由长安县和万年县统管。而开封共80余坊，却由8厢来管理，这正说明开封已不是严格封闭的坊里制度，各户都直接向街巷开门，比较难管理。



## 第三节　南宋都城：临安

南宋都城临安即今浙江杭州。杭州自从秦汉时就已经设县治，这一带雨水充足，物产丰富，杭州又是钱塘江上的重要渡口，经济十分繁荣。隋代大运河修通之后，商业更加发达。唐开元（公元713—741年）年间，有居民8.6万余户，估计约40—50万人。当时钱塘江可通行海船，沿海的贸易多集中在这里。北宋时，这里是重要的对外贸易港口，是全国最大商港之一，人口有很大增加。

金灭北宋，宋王朝南渡，建都于此，改名临安。许多北方的官僚、地主随政权逃亡这里，劳动人民也大批避乱南迁，杭州城市人口因此增加很快。《梦梁录》记载："杭州人烟稠密，城内外不下数十万户，百十万人口"，"细民所食，每日城内外不下一二千石"。根据乾道《临安志》的记载，当时人口约为130万左右。从此，杭州成为南宋全国的政治、经济和文化中心，直到1276年南宋灭亡，前后共历时138年。

南宋的宫城在城南凤凰山东，皇城内众多的宫殿、亭阁，都是利用自然山水地形布置，主要的宫殿位于南部，东北是东宫所在，北部是次要的宫殿、寝殿，皇帝赵构引退时居此，基本上符合"前朝后寝"的惯例。宫殿模式较北宋时小，正朝只有两个殿，常轮番使用，大庆殿在不同仪式时改换殿牌。最高行政机关三省六部，在和宁门以北，比较集中，其他行政机构比较分散，如太常寺在罗汉洞，秘书省在天井坊左边，武学、国学监、太学在纪家桥。管理宫廷供应的内诸司大部分在禁城里，官营手工业则分散在城市各处。

全城分为八个厢，城外还有两厢，共有68个坊。实际上，坊和巷是一回事，只是一个地段的地名。南宋以后，城市人口增加很快，城市范围却没怎么扩展，所以非常拥挤。《梦梁录》记载："城廓广阔，户口繁杂，居民屋宇高森，接栋连檐，寸尺无空，巷陌拥塞，街道狭小，不堪其行，多为风烛之患。"

城内也有集中的市，有些市在城门外，如嘉会门外的浙江市、北关门外的北郭市等。还有"团行"，属于行会组织，有的称"团"，如城西花团、泥路青果团、浑水闸粪团。有的称"行"，如官巷方梳行、销金行、冠子行，城北鱼行，城东蟹行、姜行，候朝门外南猪肉行，横河头布行。有的称"市"，如炭桥药市、官巷花市、修义坊油市、城北米市、融和西坊珠子市等。自和宁门至观桥御街，市肆店铺非常集中。《都城记胜》记载："都城天街，旧自清和坊，南则呼南瓦、北谓之界北，中瓦前谓之五花儿中心；自五间楼北至关巷南御街，西行多是上户金银钞引交引铺，……自融和坊北至南市坊，谓之珠子市头，如遇买卖动以万数。间有府第富室质库十数处，皆不下万贯收质。……又如大小铺席，皆是广大货物，如平津桥沿河布铺、扇铺、温州漆器铺、青白瓷碗铺之类……"城内还有许多供行商住宿及储存货物的塌坊。

由于商业发达，城内有大量流动人口，如逢科举考试，来考的人也很多。《繁胜录》中曾说："诸路市人比之寻常十倍，有十万人纳卷……每士到京，须带一仆，十万人试，则有十万人仆，计二十万人，都在都

州北权歇。”其实，就连大寺院内也住满了人。不少外地客商致富后，也寄居在这里，这都是城市供应、消费性行业特别繁盛的原因。

临安城东邻钱塘江，西就明圣湖（西湖），北近宝石山，南为凤凰山，城内南部有吴山（今城隍山），市内小河纵横，众多的私家园林遍布城市，所以还是一座风景优美，吸引大量人游览的城市。

临安的城市生活与北宋的东京相似，有许多商业街通宵营业，《梦梁录》中记载：“杭城大街，买卖昼夜不绝，夜交三四鼓游人始稀；五鼓钟鸣，卖早市者又开店矣！”由于经济繁荣，临安城内外文化娱乐市场也到处都是，已经成为杭州城市发展的一大特色。当时称为瓦舍，即“来时瓦合，去时瓦解”之义，易聚易散。城内外合计有 17 处，也有 20 处的说法。最著名的有清冷桥西熙春楼下的南瓦子，市南坊北三元楼前的中瓦子，市西坊内三桥巷的大瓦子，众安桥南羊棚楼前的北瓦子，盐桥下蒲桥东的东瓦子，其中以北瓦子规模最大。娱乐的项目除了杂剧之外，还有说书、百戏、小唱、踢弄、相扑、讲经、傀儡、影戏、打谜等，可以说是应有尽有。瓦子内又分为许多勾栏，如北瓦子内有勾栏 13 座最盛，即分门别类的游乐场地。这些瓦子勾栏也有专门的管理机构，城内隶属于修内司，城外隶属于殿前司。临安的瓦子比东京多，瓦子既是娱乐场所，也是商业最兴盛的地方。当然，这里也是茶楼、酒店、妓院等的集聚地，还有金银盐钞交易铺、质库、铺席。《梦梁录》记载：“其余坊巷桥道，院落纵横，城内外数十万户口，不知其数。处处各有茶坊、酒肆、面店、果子、彩帛、绒线、香烛、油酱、食米、下饭鱼肉鲞腊等铺。盖经纪市井之家，往往多于店食，施买现成饮食，此为快便耳。”由此可见，市内街道面貌也和《清明上河图》描绘的汴梁街道十分相似，到处是茶肆、酒肆，还有“每日各铺悬挂成边猪，不下十余边”的肉铺以及沿街摆设的各种地摊等等。

临安城中很多居民都是从东京迁来的，所以城市生活也和东京相似。还有不少饭店、酒楼、点心铺等也都是东京迁来的，这从对当时情况的有关文字记述中就可知。如：《梦梁录》中的“杭城食店，多是效学京师人，开张亦效御厨体式，贵官家品件”，“如酒肆门首，排设杈子及栀子灯等，盖因五代时郭高祖游幸洋京，茶楼酒肆俱如此装饰，故至今店家仿效成俗也”；《都城纪胜》中的“都城食店，多是旧京师人开张，如羊饭店兼买酒”等等。

临安还是全国的文化中心。雕版印刷业是全国之冠，杭刻书籍成为我国宋版书的精华。南宋最高学府——太学设在纪家桥附近，规模最为宏大，它与武学、宗学并称为“三学”。此外还有算学、书学、医学等专门学校，以及临安府学和钱塘、仁和二县的县学。在这些学校之下，还有为数众多的“乡校、家塾、舍馆、书会，每里巷须一、二所，弦诵之声，往往相闻”。可见其教育事业的普及。临安城内外分布着许多寺院，城内有 57 处，加上近郊共达 300 多处，如灵隐、光孝、明庆、灵芝等寺；还有庵舍 13 处。另外，道观也很多，仅城内就有 20 多处。

## 第四节　宋代的平江府：苏州

平江是历史上南宋（1127—1279 年）苏州城的名称。位于长江下游，太湖三角洲的中心，气候温和，雨量充沛，农产品极为丰富。平江的历史十分悠久，春秋时代就是吴国的都城。相传城是吴王阖闾时伍子胥所筑，当时的城门有阖闾门、盘门、胥门等名称，一直保持到现在。在秦始皇时，吴城被火烧毁，在后代的诗文中，记载了苏州城的许多情况，很多诗文中提到的街、巷、桥、坊的名称，大都沿用到今天。自吴国开始，历经秦、汉、晋、唐朝，苏州都是东南沿海人口众多、规模较大的重要城市之一。

隋大业六年（公元 610 年）开通了由京口（镇江）到余杭的大运河，使它更成为该地区的航运中心，商业、手工业更为发达，所以一直是江南政治、经济、文化的中心城市。北宋政和三年（1113 年），苏州升为平江府，治吴县、长洲（今苏州市），辖境相当今江苏苏州及张家港、太仓、吴县、常熟、昆山、吴江等市和上海的嘉定、宝山等地。宋朝时，平江号称东南都会，有丝织、造纸、造船等手工业。

中国封建社会从五代末到北宋年间，北方女真和蒙古统治者日益强大，对中原地区城市骚扰较多，南方时局相对稳定，因此也促使南方城市（包括苏州）的航运和工商业发展和繁荣起来。

平江府可作为宋代一般地区性的府城代表。今天，苏州还保存着平江府当时的城市平面图——《平江图》。这是我国最早的城市地图，是研究宋代平江城市建设的最为可靠的资料之一。城市平面呈长方形，南北较长，4公里多；东西较短，3公里多。城墙略有屈曲，方位南北略偏东。共开有五个城门。城墙外有宽阔的护城河，城门旁都有水城门。城市的道路呈方格形，主要道路呈井字或丁字形相交。大街之间多为较小的东西向巷道。许多小河与街道平行，常是前街后河。这些河道多为人工开凿而成，有整齐的驳岸，河上架有许多联系道路的桥梁。

府治所在称子城，在城市的中央略偏东南。内分六区，分别为府院、厅司、兵营、住宅、库房以及后面的大花园。子城的周围还有城墙包围。在城市中心筑有城墙的衙城，这是当时地区政治军事中心的府州城市的特点。

城市中分为许多坊，在《平江图》上可以看到跨大街建造的书写坊名的华表。《吴郡志》上也记载有这些坊名，与《平江图》相符，但没有坊墙、坊门，华表也不是建造在街巷的入口处，可见这些坊与唐代的坊里制并不相同，仅仅是一种管理制度。坊名华表也成为标列名称的、街道上的装饰品。也就是说，平江没有严格的坊里制，而是不规则的街巷。这也说明，宋以前这两种不同类型的城市是并存的，各有不同的特点。



当然，在平江城市一定地段设有市及行。在《平江图》上可以找到许多以手工行业为名称的街、巷、坊等，像米行、果子行、荐行，还有胭脂绣线行等；也有以贸易交流的集市为名的，如米市、鱼市、花市、皮市等。这些均反映了宋代手工业和商业的发达程度。据《宋平江城坊考》记载，宋时平江城内的一条街或一个坊常是同一行业、手工业聚居地，在交通便利的地点则设有固定的集市场所。

宋代佛、道两教并重，因而这类建筑很多。在《平江图》中记载有100多个寺观。较大的寺庙还建有高塔，如城北的报恩寺塔（今北寺塔）、定慧寺罗汉院（今双塔）、虎丘云严寺塔等。这些寺观在城市中占有很大的用地，位置都在主要道路旁或尽头，反映了宗教建筑在城市中的重要地位。这些高耸建筑物的位置选择恰当，与城市道路及河道配合良好，形成了很好的城市对景，并构成了丰富美丽的城市立体轮廓。

保存至今的《平江图》石碑，高2.48米，宽1.4米，是南宋绍定二年（公元1229年）由郡守李寿鹏所作，吕挺、张允诚、张迪刻石。《平江图》采用裴秀的制图六体，是我国最早、最详细准确的城市平面图，也是世界罕见的巨幅古代城市规划图，还是我国和世界地图史上的

杰作，现藏于苏州市碑刻博物馆。这张宋代城市现状的实录，准确地反映了当时中国城市的面貌，是研究古代政治、经济、军事、文化的重要依据，更是研究古城市历史的珍贵资料。在《平江图》上能清晰地了解当时城市风貌及一些细部内容。如果把《平江图》与苏州城的一些遗迹对照一下，就会发现图上所画出的城市范围、道路、河道、桥梁以及重要建筑物等的位置，都是比较准确的，充分表明当时的测绘水平已经十分高超了。

平江城中集中居住着大地主、官僚及商人，大型宅院也很多。在宋代以前就有较大的私家园林，如沧浪亭等。衙城南有“南园”，有文记载：“酉丽池为治，积土为山，岛屿峰峦，出于巧思”。苏州的城市园林在南宋时已有相当的规模，之后更加发达，形成独具风格的苏州古典园林建筑艺术。

解放后，有关专家在苏州部分地区进行考古勘探，发现瓦砾层达六七层，厚达三四米，有历代的遗物。许多遗址和古建筑实物如玄妙观、双塔等又与《平江图》所示是相符的，所以可以确认，今天的苏州是在原址上不断重建的。之所以没有像统治中心城市因政治、军事原因而随意迁址，是因为平江城的城市骨架——河道起了重要的作用。在南方水网地区，河道是城市经济发展和人民生活的主要命脉。虽然城市的建筑物屡毁于兵火，但是河道基础还存在，只需稍加整修又可以使用，而平江府就属于这种情形。

## 第五节　港口城市：广州

广州又称“羊城”、“穗城”、“楚庭”、“仙城”，是我国最早对外通商的古城。从两千年前的秦汉时期开始，广州就与东南亚和世界各地通商，唐宋年间发展成我国著名的对外贸易港口城市。

秦始皇时实行郡县治，郡治就在番禺县（今广州）。根据《淮南子·人间训》的记载，秦始皇经略南越的时候，番禺已经是犀角、象牙等物的集散中心。汉代时虽然出海口在徐闻、合浦，然而进出口货物的集散地仍然在广州。秦汉以来，对岭南进行的军事活动、辎重运输，以及络绎不绝的民间贸易使得广州港得到迅速发展，当时还开辟有东南亚和印度洋沿岸的航线。根据国外有关文献记载，中国海上交通要以广州为终点。古代所称的东、西洋航线大都以广州为始发港，东去可以到达吕宋（今菲律宾），西去可以到达东南亚、印度洋、波斯湾，以至东非等国家。广州港地处东、西、北三江的汇合点，是海港兼河港码头，泥城（今广州东风路西端的西场）是番禺最早见于史书的码头。两晋至隋唐时又出现了坡山（又称为坡山古渡，在今惠福西路的坡山）和西采初地（在今秀丽二路北侧，是西关南部较早见于史书的码头区）两个码头。三国至南北朝时期，北方和江浙一带战乱，岭南一带相对比较安定，加上大批的汉族南迁，使得广州和附近地区日益繁荣起来，海上贸易也随着造船业的发达而更加发展，“海上丝绸之路”就是从广州等地出发的。

隋朝统一全国后，广州和国内外的联系加强了，贸易有了很大发展。唐朝时期，经济繁荣昌盛，广州与海外进行贸易，使得广州和泉州、扬州一起成为当时国内最大的通商口岸和贸易城市。唐朝在此设市舶司，管理海外交通，征收关税，处理对外贸易事务，给政府带来了大笔财政收入。陆九龄在《开凿大庾岭路序》中说：“上足以备府库之用，下足以赡江淮之求。”阿拉伯商人苏曼在《东游记》中也记述：“以吾度之，每届舶期，则广府（广州）金库，当日进五万典拿。”典拿相当于白银三两，由此可见对外贸易十分发达、港口极度繁荣。唐朝中叶以后，陆上“丝绸之路”受阻，海上“丝绸之路”更加发达。宋元时期，由于手工业和商业有了大的发展，海上贸易和交通更加发达。宋朝非常重视海外贸易，外贸收入是国家重要税源。公元971年，宋朝先是在广州，后在杭州、明州（浙江宁波）、泉州设立市舶司。根据南宋的文献记载，宋朝在贸易上往来的国家有50多个，当时商船最远可以到达非洲。北宋时，广州、泉州和明州仍是大港口城市，其中广州是最大贸易港。到南宋时，由于政治原因，泉州跃升为第一大港。

北宋开宝三年（公元970年）9月至开宝四年2月，在北宋统一中国的战争中，贺州道行营兵马都部署潘美等率军进入岭南（即五岭以南，今广东、广西）境内，攻灭南汉。宋灭南汉时只有唐子城一座，后来不仅维修了这座子城，还修建了东、西两城，这就是宋朝的广州三城，而那座子城被称为“中城”。

宋朝的中城比唐子城大，沿袭南汉兴王府修筑，并把南汉时凿平的番、禺二山包在城内。其范围大致北到今中山纪念堂，西界今西湖，东界今文溪正流，南抵今珠江岸边，为南北走向的不规则形。中城内大致可分为两部分，即衙署区和商业区。历代的官衙都在北部，包括越王宫、南海郡和广州府治均设在这里，以今省财政厅为中心，具体说来就是今惠爱街（中山四路）以北的地区。南部是商业区，以今双门底为中心，一直到西湖路的附近。珠江沿岸是大市所在的地方，也就是沿江商业区，包括河边码头，位于今惠福路一带。宋东城即古越城遗址。东城的范围较小，紧附于中城之东，其东界至于番禺县学，即今农民讲习所西侧。因中城无郭而修东城，主要为官舍区。东城以番禺县署为中心，形成“丁”字形干道，东西干道直通中城，署前南北干道即德政街，向南直达城外。因为中城以西形成了比较繁华的商业区，所以修筑西城。西城西界与今西濠相当，东界与西湖相当，北界与天濠街相当，南界与玉带濠相当。也就是说，西城大于中城，相比中城而言，西城的北界、南界都向外展出，周长 6 公里多，与有关文献记载的 13 里大体上还是相符的。西城是商业区，交通十分便利。街道格局与中城和东城并不一样，呈方格状，以东西向的大市街与中城贯通。

南宋时，沿珠江一带又形成了新的商业区，所以又筑南城，也称为雁翅城。南城紧紧附于宋三城的南面，为明代的广州新城奠定了很好的基础，从高第街到卖麻街大致都属于它的范围，见于记载的有高第街、濠畔街、清水濠街、卖麻街、东横街、西横街、状元街等。

广州很早就有很多外国人留居，隋唐时尤其多。唐末战争时期，外商曾经一度大批离开广州，到宋朝时又增多起来。当时官府设“蕃坊”，建造房屋供外国人居住，并设“判官”一职，又称“蕃长”，负责外侨管理和接待工作。外商留居的蕃坊在今光塔街附近和东郊以及波罗庙一带。《旧唐书》记载：“蕃僚与华人错居，相婚嫁……”宋朝重修南海神庙碑文中记载：“先是此民，与海中蕃夷，四方之商贾杂居。”“蕃坊”所居的大都是阿拉伯人和波斯人，他们都信仰伊斯兰教，所以在“蕃坊”修建有伊斯兰教寺院——怀圣寺，寺中有塔，俗称“光塔”或“蕃塔”，寺前的街称为蕃塔街。阿拉伯人姓“蒲”的特别多，光塔东侧的普宁巷，据说原名“蒲夷人巷”，也是蕃坊的一部分。蕃商居室豪华也是该城的一大特色。市北的清真古墓（俗称响坟），是建修光塔的伊斯兰教徒宛葛士的墓地。据阿拉伯史籍记载，公元 787 年黄巢进城时，波

斯、阿拉伯等国的商人就有12万人。

## 第六节 港口城市：泉州

东汉时，泉州称建安郡，晋时改晋安郡，南北朝时称晋平郡、南安郡，隋开皇九年（公元589年）开始置泉州。泉州地区的开发比较早，古文化遗址很多。西晋末年的“永嘉之乱”后，中原部分士族及人民南迁，即“八姓入闽”，有一部分沿南安江向东南海边迁移，泉州地区的人口迅速增加。因为迁移带来了先进的生产技术和文化，从而带动这一带经济发达起来。南安江在此时改称晋江，所以泉州也有晋江之名。

唐末泉州日益繁荣，逐渐成为对外贸易的港口城市。五代时，城市进一步发展，曾大规模扩建过，筑子城（衙城）及罗城。宋朝泉州仍为重要的对外贸易港口城市，而且其地位逐渐超过广州。宋哲宗元佑二年（1087年）在泉州设提举市舶司，专管进贡及对外贸易、接待及保护外国商人等。

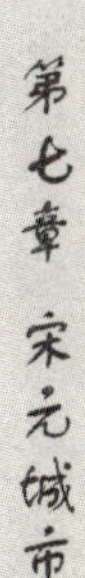

泉州之所以能在宋元时代繁荣发展，原因大致有以下几个：第一，地理优势。唐朝统一全国后，国势强盛，恢复了经过西域通西亚及欧洲的商路，于是中国精美的商品引起了西方商人来中国通商的强烈愿望，但陆上交通漫长艰巨，不能满足要求，阿拉伯、印度等地商人相继经海道来中国。当时，广州沿海已成为贸易港口，贸易十分发达。扬州是长江与大运河的交点，是货物转运的必经之地。而泉州地处广州与扬州之间，位置适中，因此成为重要的港口，主要转运货物，将进口商品在此换船转到其他城市。此外，因为泉州及整个福建地区与其他省区被重重山岭阻断交通，所以不可能大规模、长距离地进行商品流转，主要依靠本地区提供商品。第二，手工业等发达。泉州及其附近地区手工业已很发达，出产的刺桐缎和德化白瓷都属于当时中国出口货物中的主要品种。此外，泉州还是与江南地区进行棉花贸易的重要城市。第三，造船业发达。早在三国和晋朝时期，泉州的造船业已经十分发达，到宋朝时又有很大发展。1973年，在泉州附近的后渚港发现一艘宋元时代的沉船，长24.20米，宽9.15米，有13个船舱，可载重200吨以上，可见当时造船技术已经非常高超了。公元10—11世纪，指南针已经广泛应

用于航海，促进了海外交通的发展。第四，唐宋以来，政府对贸易通商采取鼓励和保护政策，有利于泉州发展成为一个贸易港口城市。

在宋朝，泉州港的范围很大，北有泉州湾，东南有深沪湾，南有围头湾，西南有安海湾，从晋江口一直到泉州城南一带都有港口码头。后渚港是当时最大的港口，各国海船大多停泊在这里。宋元时代，围头湾上的安海港也是重要的港口，泉州通淮门外的晋江东岸北岸一带，如车桥、厂口、新街、清石一带都是码头，而且是外商集中居住的地方。泉州附近的洛阳镇、乌屿岛、石湖等地也是当时的港口码头，与泉州城的陆上交通都很便利。当时的对外贸易主要是输入香料、珠宝等，输出绸缎、瓷器等，交易额很大，但因多为昂贵的奢侈品，数量并不大。

泉州最早的城垣为子城，据传是唐天佑三年（公元906年）由节度使王审知所建。子城偏北是衙城，传为南唐时节度使留从效所建。据明万历《泉州府志》记载："衙城即州之墙垣。"其位置在今泉州市人民体育场范围。子城外是罗城，相传也是留从效时所建，也就是今存城墙的范围。泉州城市平面的形状并不规则，一方面是因为河道等地形的限制，另一方面也因为是逐渐扩建形成的。城东南和城南主要是沿晋江发展。唐朝以后，泉州成为对外贸易的港口，码头、商市、外国人居留地均在这一带，因而沿晋江扩建城墙。

泉州的商市主要集中在城东南一带。在某些街道的某一段也有以商业街形式形成的"市"，《泉州府志》中记载的"市"有涂山街、厂口街、石头街、净桥街等。

唐朝末期以来，不断有外国商人和传教士来到泉州，有的定居下来，宋元以后来得更多，其中以阿拉伯人最多，其他还有印度人、犹太人、意大利人、摩洛哥人、占城（越南）人、朝鲜人等，最多时超过万人。由于宗教信仰及生活习惯方面的特殊要求，他们逐渐集中在泉州城东南一带的"蕃坊"居住。"蕃坊"完全是中国和外国人民之间友好相处，为照顾他们的特殊要求而形成的集中居住地段。"蕃坊"并没有明显的界线，更没有任何防御设施，其间也有中国人居住，受中国行政当局的管理。城西开元寺的石塔是中国和印度僧人共同建造的，开元寺的有些石柱、栏杆上的花纹也有印度色彩。城市现有建筑的部分装修上也有伊斯兰建筑的痕迹。这些都是中国和亚非人民友好往来的见证。现有的外国建筑遗址也多在城南，如北宋年间建的清净寺、涂门附近的番佛寺。这一带还发现很多宗教石刻。泉州东北郊外地区还有大量外国人的墓葬。

泉州城对外贸易方面的重要地位在明朝以后一蹶不振，原因很多，如海盗侵扰、海禁、帝国主义东侵，同时由于港口的逐渐淤塞，外国商人不再来这里。但是，宋元以来海外交通比较发达，大量华侨经此出国，所以泉州也是我国侨乡最为集中的地方之一。

## 第七节　港口城市：明州

明州即今浙江的宁波。早在西汉时期的文献中就已经有了关于宁波的记载。春秋战国时期，宁波先后属于越、楚，秦汉时属于会稽郡辖下的鄞、贸、句章三县，唐开元二十六年（公元738年）置明州，因为城郊四明山（四明山是宁波境内的主要山脉，因此人们也称宁波文化为四明文化。当唐代决定在宁波设立州治时，便取了四明山中的“明”字，称这里为明州）而得名。唐朝中期，明州州治、鄞县县治自小溪口迁至三江口，筑内城，唐末筑外城，逐步发展成为长江中下游的输出港。北宋淳化三年（公元992年）置市舶司，管理对日本和朝鲜的贸易，成为中国近海贸易和与日本、高丽（朝鲜）进行远洋贸易的中心而发展起来。



其实，明州与高丽的通商贸易和文化交流在唐朝就已经开始了。海上航路的开通，不仅使两地的交往变得更为频繁，也直接促使明州港在宋代达到了全盛时期。这种兴旺局面整整持续了几百年。北宋初年，明州开始接纳高丽使者。当时，高丽几乎每年都派遣岁使前来明州朝贡。宋神宗熙宁年间（1068—1077年），在明州州城延秋坊置同文馆，专门接待高丽藩使；元丰二年（1079年），又在明州和定海县（镇海）设立了高丽贡使馆，赐名为“乐宾”。在宋朝，位于宁波城区西南的月湖是明州最繁华的地方。宋元以来，月湖是浙东的学术中心，是文人墨客憩息荟萃之地。唐朝大诗人贺知章、北宋名臣王安石、南宋宰相史浩、宋朝著名学者杨简等风流人物，或隐居，或讲学，或为官，或著书，都在月湖留下不可磨灭的印迹。月湖的东岸有一座重檐重楼的馆舍，那就是江南唯一的“高丽行使馆”。根据史书记载，当时高丽使馆除了接待高

丽使节外，商贾、留学生可谓纷至沓来。一时间，月湖之畔到处可闻异国之音，时时可见异域风情，而城中的百姓也以礼相待，明州域内一片祥和繁华的气氛。由此可见，作为大宋国内一个御笔亲批的使馆，明州高丽使馆是昔日宁波港对外交往和中国与高丽友好往来的历史见证，在中朝两国的“航海外交”史上占据了不可替代的重要位置。今天的高丽使馆遗址也是宁波“海上丝绸之路”与外埠政治、商贸往来的一处重要文化遗存。

南宋光宗绍熙五年（1194 年），明州升为庆元府，元称庆元路。明朝初期又改称明州，明洪武十四年（1381 年）因州名与国名相同而改称宁波府，取“海定波宁”之意。1843 年末，宁波作为通商口岸对西方开放。

六朝时期，浙江还是个落后地区。隋唐时期，大运河的开凿极大地促进了该地区的发展。宁波与江南水系及大运河是相通的，是远洋大船和内陆小船装卸货物、转驳的中转点。正是这种连接内外的水运枢纽地位，给了宁波发展的良好机遇，对外贸易发展迅速，宋元时期成为泉州以北最主要的沿海港口城市。唐宋时期兴修水利也大大促进了该地区农业的发展，水稻、棉花以及盐业兴旺，宁波经济腹地的实力得到壮大，为城市的发展奠定了很好的基础。

南宋时期，朝廷偏安江南，在客观上也给宁波带来了新的发展机会。此时的宁波是泉州和山东半岛之间整个沿海地区货物的主要集散点，南北货物在这里交汇，海运繁荣，与日本和高丽的贸易十分频繁。由此也繁荣了运输业和造船业，而运输业与造船业的繁荣又带动了相关行业以及其他手工业的发展，如编草席、制鞋、渔业以及铁器、铜器的制作等。在宁波城外，就分布有造船厂，还有制作铁器、铜器的工场等。城市的商业也得到进一步发展，出现专业化的市场，如稻米、木材、毛竹、石板、皮革制品、花卉、蔬菜、水果、干鱼、药材、香和油类等批发市场。除了专业市场，也有普通综合性市场、相对集中的娱乐中心、各种旅店等。和广州、泉州一样，明州也有相对集中的外国商人居住区。元、明过渡时期，由于战乱的影响，宁波的发展受到阻滞。

关于宁波的城址，唐开元二十六年（公元 738 年），鄞县县治由东部阿育王山附近迁到今宁波城址。唐穆宗长庆元年（公元 821 年），明州州治从小溪迁至今宁波市区。宁波城市位于余姚江、奉化江和甬江的

汇合处，余姚江和奉化江分别位于宁波城的东北和东南两个侧翼，唐朝末年修建城墙和护城河，重点是西北面和西南面。受自然河流的影响，宁波的城市平面呈不规则形状。尽管这样，城市内部的布局依然遵从传统封建政治中心城市的布局模式，城市道路呈十字形，在中心布置衙门、鼓楼等公共建筑，官署居中偏北，宗教坛庙多位于南部。随着城市的发展，在城外还形成了大片的关厢地区，主要分布于三片地区，即西门外关厢、灵桥门外的甬东以及相对较小的南门外地区。

除了宁波府衙门设在宁波城内，鄞县衙门和分巡宁绍台道衙门也设在宁波城内。分巡宁绍台道衙门是浙江省的四个道台衙门之一，绍兴和台州两个邻府与宁波府都在其治下，所以宁波的行政地位比一般的府治城市要高。公元992年“市舶司”的设立就使得宁波具备了一般府治所没有的特殊功能。由于地处浙江东北海岸线上重要的战略地位，宁波也是个重要的军事据点，从宋代起就驻扎了大量水军。

为了治安和消防的目的，宁波整个大城区在宋代划分为6个“厢”，城内每个象限为一厢（东北、东南等），东郊和北郊为一厢，西郊和南郊为一厢。到元代，“厢”改名为“隅”，但基本分区未变。宋元时期，消防系统的建立受到重视。在一定的街坊分区内和官府等一些重要的建筑物附近，配备了水池、瞭望塔和其他灭火工具。南宋时期，消防任务由军队来承担。



## 第八节　辽金地区城市

与两宋同时存在的有几个少数民族的国家，如辽（916—1125年）、金（1115—1234年）、西夏（1038—1227年）等。

辽是中国古代北方草原的强族契丹族建立的国家，疆域辽阔，与北宋共存。其行政区划仿宋制，当时辖五京六府、156座州城、209个县，统治中国北方长达200余年，大部分位于今河北省、山西省北部和辽宁省境内，城市通常选址于河流附近。五京中上京为皇都，东京辽阳府、南京析津府、西京大同府，分别是各地区的统治中心。

金是由女真人建立的国家，因为他们的社会经济发展水平很低，建国初期，其统治者曾表现出极大的破坏性。如金占据宋北方地区时，繁华一时的开封受到极大破坏，后虽迁都开封，但于建都后第二年又被蒙古所陷，使开封再次遭到毁灭。

西夏是以羌族的一支党项为主体的民族所建立的国家，疆域包括宁夏、甘肃、陕西、青海、内蒙古等地区。西夏建设的最重要城市为其都城兴庆府（银川市）。

## 一、辽上京

上京临潢府是辽代五京之一，是契丹建国初期在草原上新建设起来的第一个都城。自辽太祖神册三年（公元918年）太祖定皇都建城，太宗改为上京。后来，居于我国东北的女真族的金崛起后，大兵南下，于金天辅四年（1120年）攻占上京。金时将辽上京改称北京临潢路，至元代上京逐渐废弃。上京曾作为辽国都城200多年，是辽国政治中心之一，同时也是经济、文化和军事中心之一。1961年，辽上京遗址被国务院列为全国重点文物保护单位。

上京城坐落在今内蒙古赤峰市巴林左旗林东镇南。这里曾是辽代上京道东部，濒临北方大草原的东南边缘。契丹族的摇篮——潢河（今西剌木伦河）横贯而过，“南控黄龙，北带潢水”。从地域上看，上京城也有明显的特征，即城市的选址，把西部草原游牧社会经济形态、东部受农业文明影响的社会经济形态结合起来。其位置距中原或长城南部发达地区的距离较近，较多地受到汉文化的影响。

辽国从汉人燕云城市受到启发，产生了城市生活的意识和建设皇都的动机。华夏城市的规划思想也对契丹影响巨大，他们原来没有建设城市和都城的经验，只能学习汉人的城市。具体说，上京城的规划建设是由汉人康默记等主持的，韩延徽也参加了工作。上京城“有绫锦诸工作、宦者、翰林、伎术、教坊、角觝、秀才、僧尼道士等，皆中国（中原）人，而并汾、幽、蓟之人尤多”。“太祖初元，庶事草创，凡营都邑，建宫殿、正君臣、定名分、法度井井，延徽力也，为佐命功臣之一”，这些都表明了汉文化对其的影响。

上京城建设在平坦的草原上，城市布局比较特殊。皇城呈六角形，由外城和内城组成。墙高三丈，设有楼橹。在皇城之南，外郭之内，还有一个地位显要的汉城，略呈正方形，墙高两丈，是汉人和其他民族居住生活的聚落。其位置在皇城正南，好像是用城围起来的最主要的居住区和公共生活区。异族在城市布局中占有如此重要的地位的情况是罕见的，可见汉文化影响之深刻。实际上，契丹统治者住皇城，汉族人居住汉城，是辽国“以国制治契丹，以汉制待汉人”政治制度的反映。皇城西南有作坊、库藏等，是一个比较偏僻的地方，以孔庙、国子监及有关寺观构成，偏于皇城西南隅，建筑布局稀疏，还有崇孝寺、长泰县、天长观等。

## 二、金上京

金初，都城上京坐落于今黑龙江省阿城市南的阿什河西岸的冲积平原上，以东部的张广才岭为依托，面向西部肥沃广阔的松花江流域冲积平原。这种适于农耕、便于渔猎的地理因素是上京城产生、发展、兴隆的基础。

金上京是当时东北地区最重要的城市和最大的政治经济中心之一，历经金太祖、金太宗、金熙宗三代才建成，号会宁府。金上京会宁府遗址，是全国重点文物保护单位，是迄今保存较为完好的唯一一处金代都城遗址。至今，皇城午门及宫殿建筑遗址都保存得非常完好，外城城墙、瓮城、马面、角楼及护城河遗址尚存。



辽朝末期，以完颜部为代表的女真社会已经从氏族制发展到国家阶段，产生建立作为国家行政统治中心的都城的历史要求；另一方面，完颜部社会发展已脱离“随水草”、“散居野处”、“迁徙不常”的非定居生活而进入“耕垦树艺”、“始有栋宇之制”、“定居于按出虎水之侧”的定居状态，为城市产生提供了必要的社会基础。

太祖阿骨打以前按出虎水流域女真村寨的发展，是上京城市的萌芽——“皇帝寨”，核心部分是乾元殿。没有宫城，更没有城垣，“联木为栅”，这就是城的雏形。太宗天会二年（1124 年），上京城兴建伊始，宫室建筑和宫城部分开始形成，但还没有形成城市总体布局。熙宗皇统六年（1142 年）开始大规模更新扩建，扩大了城市规模，形成了较为完整的城市布局，达到了上京历史上的全盛状态。

鼎盛过后面临着一次巨大的破坏。为了向中原发展，海陵帝把都城从偏在北方的上京迁至燕京。为表现其一往无前的决心，正隆二年，他“命会宁府毁旧殿，诸大族宅第及储庆寺，夷其址而耕种之”，城中人口也大量南迁，城市结构遭到严重损毁，人为地造成了城市的衰退。

世宗大定廿一年（公元 1181 年），上京又迎来了重创之后的复兴。南北议和及疆域的稳固，阶级矛盾缓和的形势，使北方生产得到相当大的发展。为发展其“内地”，进行有力的统治，位于东北地理中心的上京被投入力量复建，作为陪都。复建使上京得以振兴，遗憾的是，最终并没有达到熙宗时的盛况。

## 三、兴庆府

西夏兴起于唐朝末年，都城是兴庆府，也就是今宁夏银川。后周时，该地为灵州（今宁夏灵武西南）所属的怀远县，宋朝初年撤县改镇。西夏的奠基者李继迁夺取宋灵州后，改灵州为西平府，并作为统治中心。其子李德明继位后，认为西平府地处四塞之地，不利于防守，不如怀远的形势有利。1020 年，李德明派遣大臣贺承珍督率役夫，北渡黄河建城，营造城阙宫殿及宗社籍田，定都于此，名为兴州。李德明子李元昊（即西夏景宗）继位后，1033 年又广建宫城，营造殿宇，升兴州为兴庆府，并于此正式立文武班，建立西夏统治机构。西夏历代皇帝都以此为都城。西夏崇宗李乾顺时期进行修建，先后建有戒坛寺、高台寺、承天寺等。13 世纪初，蒙古兵进攻西夏，退兵后桓宗纯佑修复被破坏的城堡，大赦境内，改兴庆府为中兴府。

兴庆府是西夏最大的城市，是西夏政治、经济、军事、文化的中心，在当时的国内处于十分重要的地位。夏天佑垂圣元年（1050 年），夏辽战争时，辽兵进攻兴庆府，几乎攻破城池。从应天四年（1209 年）至宝义二年（1227 年），蒙古成吉思汗四次围攻兴庆府，极大地破坏了这座城市。蒙古灭掉西夏之后，曾大肆屠杀兴庆府居民，并摧毁城市。经历了 189 年，曾在中国历史上威震一方的西夏王朝灭亡了，党项族由此消失，只留下贺兰山下一座座高大的土筑陵台——西夏陵默默地矗立在风雨之中，似乎还在展示着神秘王朝那昔日的辉煌。

西夏陵位于银川市西约 30 公里的贺兰山东麓，是全国重点文物保护单位。西夏陵三号陵面积 15 万平方米，是西夏陵九座帝王陵园中占地最大的和保护最好的一座，考古专家认定其为西夏开国皇帝李元昊的“泰陵”。西夏王陵具有重大的科学价值和考古意义，在中国考古学史上具有重要的地位和作用。2001 年 3 月，西夏王陵被评为“中国 20 世纪 100 项考古大发现”之一。

# 第九节　元朝都城：元大都

元大都所在的位置就是现在的北京小平原，位于今北京东南部，三面被山环绕，古代东南一带是大片的沼泽地。西南角接近太行山，地势较高，是通向华北大平原的门户。东北和西北可通过南口及古北口的峡谷，通往蒙古高原及松辽大平原。雄伟险要的自然地形成为军事要地。春秋战国时，燕国的蓟城就建在这里。从秦汉一直到隋唐时期，蓟城一直都是汉族和少数民族的贸易中心，是北方的一个大都会，当然也是军事重镇。晚唐以后，这里也被称为幽州。由于东北方几个少数民族兴起，这里更成为边防中心。

13 世纪后，北方的游牧民族蒙古族逐渐强大起来，先后控制了欧、亚两洲的广大地区。1206 年，蒙古国建立了，并不断向中原地区扩展。1215 年，蒙古骑兵突破南口，攻下了金中都（金朝的第二个首都，位于今北京外城的广安门内外），烧毁大部宫城建筑。1260 年，蒙古统治者忽必烈决定在金中都附近建立新都城，命汉人刘秉忠主持规划及建设，于元世祖至元四年（1267 年）进行修建，四年后即 1271 年完工。元大都规模宏大，规划整齐，是当时世界著名的大城市。元朝以后，明朝利用元大都南半部加以增筑，逐渐发展成明清两代的北京城。

在建设方面，元大都事先有着非常严密的计划和准备。首先进行了十分详细的地形测量，然后制定总体规划。在修建房屋和街道之前，先埋设了全城的下水道，再逐步按规划建造。新都建成后，正式命名为大都。在用地选址上，元大都完全避开了金中都的废墟，但又把风景优美没有遭破坏的万宁宫及附近大片湖水包括进去，作为宫城的所在。城市形制分外城、皇城及宫城。外城是长方形，共有 11 个城门，北面两个，其余三面各为三个门，门外设有瓮城。城四角建有巨大的角楼，城墙外部还建有加强防御的马面，其外再绕以又深又宽的护城。城址城墙全部用夯土筑成，河基部宽达 24 米。第二重城墙的皇城位于全城南部的中央地区。皇城中部为中海、南海与北海，其东即为宫城。皇城东北部为御苑。皇城西部有隆福寺及兴圣寺等，占地很大。最里一重为宫城，位

于皇城东部，在整个大都的中轴线上。宫城的南门（崇天门）约在今故宫太和殿，北门（后载门）在今景山少年宫前。东西两垣大约在今故宫两垣附近。

大都西面平则门内建有社稷坛，东面齐化门内建太庙，商市集中在城北。这种布局符合“左祖右社，前朝后市”的传统规划制度。大都的衙署布置并不集中，大都总管府在中心阁附近，北中书省与它靠近。各部院分散在皇城各处，不像唐宋都城那样集中。这也说明蒙古封建制度的行政组织还不十分健全。

大都的居民区仍然称作坊，也就是被街道所分割的区域。据说共有50坊，坊各有门，门上署有坊名。今天见于记载的坊名有福田坊、阜财坊、金城坊、玉铉坊、保大坊等40坊，《北京历史地图集》标出方位的有46坊。元代的坊只是居民区的称谓，与宋以前封闭形坊的性质完全不同。大都的居民区主要以胡同命名，整齐地排列在南北向大道的两侧。



大都的街道十分整齐，当时旅居这里的意大利旅行家马可·波罗曾盛赞大都城市规划完善，说：“地面规划有如棋盘，其美善之极。”通向各城门的街道组成城市的干道，但是由于城中间有海子相隔，及南北城门不相对应，有些干道不能相通，故许多干道是丁字相交。在南北向的主干道两侧，等距离地平列许多东西向的胡同。中轴线的大街最宽为28米，其他干道为25米，胡同宽为5—6米。今天北京城内城许多街道胡同仍然保留着元大都街道布局的痕迹。

作为京师的元大都，因为是政治和文化中心，所以人烟非常旺盛，商业经济也十分繁荣。仅根据《析津志》所记载的，元大都城内外的商业行市就达30多种。其中，米市、面市、缎子市、皮帽市、帽子市、穷汉市、鹅鸭市、珠子市、沙剌市（即珍宝市）、柴炭市、铁器市，都在今北京积水潭北的钟、鼓楼一带，这是因为南方来的漕运船只停泊在积水潭上。《析津志》记载了当时的盛况：“钟楼之东南转角街市俱是针铺。西斜街（今北京积水潭东北）临海子，率多歌台酒馆，有望湖亭，昔日皆贵官游赏之地。楼之左右俱有果木饼面柴炭器用之属。”又载：“钟楼……本朝富庶殷实莫盛于此。”大都钟、鼓楼一带是元大都最繁华的商业区，因这里沿着积水潭北岸是一条斜街（今北京鼓楼西大街），所以又称斜街市。

顺承门内的羊角市也是大都城内繁华的地带，有羊市、马市、牛市、骆驼市、驴骡市、穷汉市，买卖奴隶的人市也在此处，其址大约在今北京西城区甘石桥至西四一带。此外，和义门、顺承门、安贞门外各有果市，中书省前（今北京南河沿大街以东）有文籍市、纸札市，翰林院东（今北京旧鼓楼大街东北）有靴市，丽正门外三桥、文明门丁字街、和义门外各有菜市等等。市场上出售的商品，除了一些日常生活用品是当地的产品以外，很多商品都来自全国各地。当时，海运大开，河运通畅，“川陕豪商，吴楚大贾，飞帆一苇，径抵辇下”，为大都城提供了丰富的商品。当然，这些商品中更多的是供达官显贵享用的氈氍貂豽等珍贵皮毛、珠瑁香犀等奇珍异宝，以及锦纨罗氎等高贵纺织品。根据《马可·波罗游记》中的记述：在大都市场上做生意的不但有中国境内南北的豪商巨贾，而且还有远自中亚、南亚的商人，“凡世界上最为稀奇珍贵的东西，都能在这座城市找到，特别是印度的商品，如宝石、珍珠、药材和香料”。“根据登记表明，用马车和驮马载运生丝到京城的，每日不下一千辆次。”元大都城和境内外其他地区的这种经济关系，也从一个侧面反映出其作为封建社会都城的经济特点。

元大都是13世纪世界上最壮丽、最宏伟、最繁华的一座城市。对元大都的研究和考察开始于20世纪30年代。20世纪50年代以后，经过研究古代文献、考古调查、发掘、钻探，元大都的平面规划得到了复原。

## 第十节　元蒙古区城市

上都是元朝的陪都，也是元朝在北方蒙古地区的重要都市。此外，元朝在北方的重要城市还有集宁路城和应昌路城等。

### 一、元上都

元上都由成吉思汗之孙、元世祖忽必烈大帝初建，城址在内蒙古自治区多伦西北40公里，滦河上游闪电河畔。1256年，忽必烈命刘秉忠在此地选址建城，初名开平府，1259年城郭建成。全城由宫城、皇城、外城三重城墙组成。1260年3月，忽必烈在此登上大蒙古帝国皇帝之位，为元开国皇帝元世祖，遂将开平府作为首都。1264年5月，世祖始建大都（今北京），诏开平府上升上都，以取代漠北和林，改燕京为中都，后又称大都，并确立了两都巡行制度，上都为夏都，与元大都共同构成了元朝的两大首都。

随着元朝的日益兴盛，上都也逐渐发展起来，并突破皇城、宫城的格局，衍生出外城。外城西部是皇家的手工作坊，北部是皇家的御花园，又叫北苑。忽里台（蒙古语，指部落与各部联盟的议事会，主要是推举首领，决定征战等大事）大会用的可以容纳数千人的金顶大帐就搭建在北苑。当时，平民都住在外城。上都通往大都的路边到处都是酒家、旅店，现在仍然能够发掘出很多锅碗瓢盆和酒具。王公贵族住在外城的东南面，考古可见多处院落痕迹。

根据史书记载，元上都曾拥有11万人口，商贾工匠云集，繁荣兴盛。城内约有60所官署，160多处佛寺、道观、清真寺等宗教建筑，可见当时宗教活动十分兴盛。作为元夏都，上都是北方宗教兴盛的中心，同时也是多元文化交流的中心，驿道四通八达，是漠北与中原的交通枢纽。

上都在中外外交史上具有重要影响。元代中外交往频繁，上都常有阿拉失、波斯、突厥等商人往来，被称做“色目商贾”或“回回商人”。他们运来各种金属器皿、日用品和为统治阶级享用的奢侈品，而后运走上都地区的畜产品，促进了以元上都为中心的蒙古地区的经济繁荣。



1358年，农民起义之红巾军攻克上都，焚毁宫阙衙署，结束了它作为一代陪都的历史，从那以后没有得到恢复。元上都最辉煌的时候整整100年。由此可见，上都兴则蒙元兴，上都败则蒙元败。上都的兴衰史就是元朝的兴衰史。

迄今，上都遗址保存完好，对研究中国古代都城具有十分重要的价值。1964年，元上都遗址被列为内蒙古自治区重点文物保护单位；1988年，被国务院定为全国重点文物保护单位；1996年，被列入我国世界文化遗产预备申报清单；2000年开始起草申报文本。元上都遗址是目前国内规模最大、最能完整体现蒙元文化的草原人文历史遗址。

## 二、集宁路城

集宁路城在内蒙古自治区察哈尔右翼前旗巴彦塔拉乡土城子村，是元集宁路总管府所在地。古城建于金章宗明昌三年（1192 年），原是金国的集宁县，为西京路大同府抚州属邑，是蒙古草原与河北、山西等地进行商贸交易的市场。元朝初年，其升为集宁路，属中书省管辖，下辖集宁一县。集宁路城位于上都与大都之间，为元朝腹地的重要行政中心。从出土的坩锅、炼铜、铁渣、灰烬来看，这里可能是手工业的重镇。

从南城尚可看出城内道路痕迹，主要道路通各城门，有的丁字相交。南城是工商业集中区，东西三条横街两旁，房屋密布排列，土堆较高，可能为居住房址的基址。里城中心为文庙址，系一整组的三合院。文庙在元代城市中占很重要的位置，在其他元代城市中也是这样，内城中可能为当时总管府衙门的所在。

城内曾有皇庆元年（1312 年）所立的“集宁文宣王庙学碑”，1988 年 6 月被内蒙古自治区人民政府列为第二批自治区级重点文物保护单位。



## 三、应昌路城

应昌路城是元朝一般地区性政治中心的城市代表，城址位于内蒙古自治区昭乌达盟克什腾旗境内，北距锡林浩特市 90 公里，西南距元上都故城约 150 公里。城墙东南西三面正中开门，有瓮城。城内东西门间有一条宽约 10 米的横街，南门内有一条宽约 20 米的南北向街。城市的南部是坊市，南北向街道的两侧是市肆建筑。城内北部是官署，西南部多为居民，有小巷相通。

城东门内有一组较大建筑物，四周有围墙，平面为长方形，是儒学遗址。城内东西横街之北，南北向街道的北端，有一组大型建筑物，四周有院墙围绕。据文献记载，这应该是鲁王府，是全城最高统治者的宫殿。

据文献记载，此城至元七年（1271 年）建成，初名应昌府，至元二十二年（1286 年）改名应昌路，为鲁国大长公主及鲁王所居，当地

居民习称为“鲁王城”。明朝占领大都后，顺帝北奔，曾驻应昌府，1370年顺帝死于应昌。此后，此城被废弃。今从此城遗址中发掘出《应昌府新建庙学记》、《加封孔子制诏碑》及《应昌路曼陀山新建龙兴寺记》等文物，说明该城的儒、佛等文化曾经比较繁荣。

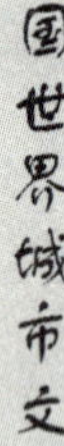

# 第八章

# 明清城市

明清时期是我国封建社会的后期，宋朝以来发生的商业和城市变革在明清时期得到进一步发展，进而达到封建社会经济发展的顶峰，进一步带动了城市的发展。

## 第一节　明清城市概况

### 一、明朝城市概况

1368 年，朱元璋正式建立明朝；1644 年，明朝被清朝灭亡，前后历时 276 年。不可否认，明朝时的中国是当时世界上最强大的国家之一。明朝的社会经济不断向前发展，为城市体系、工商业城镇以及边境城镇的发展提供了良好的环境条件。

**1. 进一步完善地方城市体系**

明朝建立后，对中央和地方行政机构进行了改革，其中最主要的是将元朝的 9 个省（除岭北、辽东 2 行省外）扩大到 15 个相当于省级的行政单位——布政使司，下设府、县二级行政区。此外设州，分直隶州和属州，分别等同于府和县。明朝共有 179 个二级行政区府、直隶州，1404 个三级属州、县。在各布政使司范围内，每个区域都形成各自的中心城市，如今天的太原、西安、武汉、长沙、南昌、杭州、成都、贵

阳、昆明、福州、广州等。各中心城市之下还设有各府、州、县等各级城市，使地方城市体系进一步完善。

**2. 工商业城市、市镇得到发展**

明朝初期推行了一系列积极的政治和经济政策，促进了手工业和商业的繁荣，推动了工商业城市和市镇的发展。明初，全国有33个大中型工商业城市。明朝中叶以后，又恢复和发展起来20多个工商业城市。其主要分布在山西省（5个）、大运河沿线（9个）、长江干流及重要支流（15个）、苏南浙北上海地区（9个）、福建两广（5个）、其他地区（11个）。这些工商业城市逐渐形成一定的专业分工，如：纺织手工业及贸易中心有南京、苏州、杭州等；粮食贸易中心有济南、开封、武昌、南昌等；漕粮转运及商业中心有济宁、淮安、扬州等；沿海外贸口岸有宁波、泉州、福州、广州等。在城市内部还出现了功能分区，如社会区、手工业作坊区、商业区等。除城市外，处于明朝城市体系最低层次的工商业市镇的发展也非常迅速，江南地区最为显著，仅应天、苏州、松江、常州、镇江、嘉兴、杭州、湖州8个府就有371个工商业市镇。这些市镇的专业分工也比较明显，颇具特色，如棉布业镇有枫泾、魏塘、鹤、新泾、朱泾、南翔、七宝等，米业市镇有枫桥市、平望、长安镇等，丝绸业镇有南浔、濮院、乌青、新市、震泽、菱湖、盛泽、双林等。此外，还有渔业市镇、制革业市镇、窑市镇、冶铸业市镇、盐业市镇、刺绣业市镇、编织业市镇、竹木山货市镇、交通业市镇等。这些市镇都具有一定的规模，人口一般在1000户以上，大的镇在1万户左右。



**3. 边镇得到进一步发展**

明朝的边患十分严重，常有外敌骚扰、侵犯。为此，明朝在北面修长城、置九镇（分别是甘肃、宁夏、固原、延绥、山西、大同，宣府、蓟镇、辽东），在东南沿海则广筑卫、所。明长城西起甘肃嘉峪关，东至鸭绿江，全长6000多公里，沿线分416属九镇，即著名的长城九边。这些镇大都是军事重镇，随着军事地位的提高和经济贸易的发展，有些镇发展成规模很大的城市。明朝在从辽东到广东的沿海共设置卫所181处，驻兵20多万，著名的有天津卫、威海卫、镇海卫、金山卫、定海卫等。在防御功能结束后，很多卫所被废弃，个别的后来发展成为城镇，如上海的南汇、川沙等。

#### 4. 城市建设大发展

明朝是我国历史上一个大规模的城市建设时期，明朝初年大规模兴建京师应天，其后又在安徽凤阳大建中都，永乐年间明朝迁都北京，又大建宫殿。北京城的布局突出了都城以中轴线为全城骨干的传统，中轴线自外城南正门永定门起，经正阳门、大明门、承天门、端门、午门进入宫殿区，经太和门、太和殿、出神武门至全城的制高点景山，经皇城北门、地安门至钟楼、鼓楼，全长约8公里，中轴线两侧与“左祖右社”、“前朝后寝”、“五门三朝”的制度相对应。高大雄伟、金碧辉煌的宫殿建筑充分体现了中央集权和皇帝的威严。

## 二、清朝城市概况



1644年，清兵入关，推翻明朝，逐步建立起元朝以后第一个少数民族统治中国的政权——大清，定都北京。康熙、雍正和乾隆时期，生产力发展水平和资本主义萌芽都比明朝有所发展，后期则因为西方资本主义国家的飞速发展和对中国的入侵掠夺，清朝逐渐衰弱，开始进入半殖民地半封建社会。

#### 1. 城市先破坏后恢复发展

为镇压反抗清朝统治的人民，清朝初期清政府对人民进行过残暴杀戮，同时在东北圈地，沿海又实行“迁海”，进一步破坏了明朝已凋零的经济，毁坏了许多城市。从顺治起，清朝政府采取一系列政策恢复生产。雍正、乾隆时代是清王朝国力强大、经济繁荣的时期，全国总人口已达3亿人，超过历史上任何一个时期。到1840年前，全国人口达到4亿。发达的农业生产促进了工商业的发展，使越来越多的城镇成为不同区域范围内的商品交换场所或长途贩运中心。当时，全国有25个省级行政单位，309个府，205个州，1353个县。其中北京、苏州、汉口、佛山被称为“天下四聚”，再加上江宁（南京）、杭州、广州、扬州，构成了清朝最为著名的八大工商业城市。

在城市地区分布上，以长江中下游一带最为集中，黄河中下游地区次之，珠江三角洲再次之，但是大多数城市分布在东南沿海一带。东北、西北、西南和台湾地区则兴起了许多新城镇，从而扩大了清朝城市

地区的分布范围。

**2. 区际商品流通网络得到发展**

四川、湖南的开发和东北地区的垦殖增加了能产生余粮的地区数量，由此形成新的区际粮食流通网络和流通中心。如东北的豆麦经海路运到上海，江苏、安徽、江西的大米经长江运到江浙，江苏的大米经上海海路运往福建，广西、湖南、江西的大米运往广东等。由此，也形成了“三横（即长江水运、清江浦—开封—陕西、珠江水运）三纵（即大运河、沿海航线、北京—广州的水陆交通线）”比较完整的商路。这些流通网络和商路的形成带动了一大批新兴城镇的发展，如上海、泸州、重庆、芜湖、九江、宜宾、汉阳、孝感、应城、汉中、衡阳、桂林、岳阳、景德镇、佛山镇等。



**3. 城市手工业大发展**

在手工业中，民间丝织手工业发展很快，其规模为官方手工业的10多倍。虽然丝织手工业的中心仍然在江南，但是出现从苏州、杭州向江宁转移的趋势。染坊业也开始向城市集中，苏州成为染坊业的中心。此外，个别城镇的铸铁、瓷器、造纸等手工业发展得也比较突出。如清朝最著名的铸铁中心是广东佛山镇，从业人员达数万人，主要产品有铁丝、铁钉、铁锅等。另外，芜湖、湘潭的钢作坊生产的钢也比较著名。清朝的制瓷业较明朝也有进步，制瓷业中心仍在江西景德镇，但广东佛山石湾、江苏宜兴、福建德化等地也出产名瓷。

**4. 城市建筑取得成就**

清朝在城市建筑方面也有突出的成就：一方面是大规模修建北京的皇家园林，并在承德建造行宫；另一方面是江南城镇和扬州也开始大规模营造私人园林，从而使清朝成为我国古代园林建设中的一个鼎盛时期。圆明园和颐和园是北京最著名的皇家园林，其中圆明园号称“万园之园”，共三园，总占地300多公顷，有景150余处，建筑总面积达16万平方米。江南则是当时全国经济的重心，富商大贾众多，又是全国的文化中心，通过科举做官的人很多，由此形成造园的社会和经济基础。与皇家园林不同的是，尽管江南园林因私人所有规模较小，但在造园时却体现了士大夫的审美情趣，极富艺术价值。著名的江南园林有怡园、留园、拙政园、拥翠山庄、环秀山庄等。

清朝还有很多著名的寺庙，如北京的雍和宫、拉萨的布达拉宫和承德的外八庙等，这些寺庙建造得富丽堂皇、雄伟壮观，可以说是清朝建筑艺术中的上品。在城市建设方面，因为满清政府是少数民族政权，所以在一些较为重要的地区中心城市内另建了四周以城墙隔离的设防城堡——满城，以便于同汉族居住区分离。

## 第二节　明清城市的主要特点

明清时期的城市表现出很多特点，了解这些特点有助于更加深刻地认识明清时期的城市。这些特点主要表现在以下几个方面：



**1. 城市人口规模扩大**

中国封建社会是统一的中央集权国家，都城的人口规模一直很大。据《明史卷四十·地理志》的记载，南京当时有119万人。明孝宗时（1488—1506年）北京人口为60万人，明万历时（1576—1620年）发展到近百万人。明清时期，除了都城的人口非常多以外，一些工商业城市的人口也很多。如汉口，《清经世文编卷四十·户政》记载："户口二十余万，五方杂处，五艺具全，盐、米、当、木、花布、药材六行最大，各省会馆亦多。"再如杭州，当时也有30万户，人口不下百万。

**2. 城市的经济职能大大增强**

这主要表现在各级行政中心城市经济职能增强，以及专门工商业城市不断发展上。第一，城市的人口构成有显著变化，工商业者比重有很大提高。如在明代万历时，江西景德镇"镇上佣工，皆聚四方无业游徒，每日不下数万人"。第二，城市手工业的发达开始影响居民的生活。如苏州城一半都是机户，其中很多雇佣工人的作坊，也有家庭内设织机的家庭手工业。第三，在工商业城市中已开始有一定的分工，如明万历时《广志绎》中记载："天下马头，物所出所聚处，苏、杭之币（布帛）、淮阴之粮，维扬之盐，临清、济宁之货，徐州之车骡，京城城隍、灯市之骨董，无锡之米，建阳之书，浮梁之瓷，宁、台之鲞，香山番舶，广陵之姬，温州之漆器。"概括地说，主要有以下几个专业性工商业中心：纺织业及其交易中心，如南京、杭州、苏州、松江；粮食业中心，如开

封、济南、常州、芜湖、荆州、南昌、成都；南北商业交易中心，淮安、济宁、东昌（今聊城）、临清、德州、直沽；印刷及文具交易中心，如徽州、池州、湖州、徐州；边地及各族茶马交易中心，如大同、开原、河州、大理；沿海外贸港口，如福州、泉州、广州、宁波。

**3. 大的区域性都市不断成长**

明清时期，由于城市人口不断增加，城市经济职能不断加强，大的区域性都市不断成长。《明宣宗实录》记载，15世纪初，全国在33个商业及手工业发达的城市增收课钞，其中包括顺天、应天、苏州、松江、镇江、常州、扬州、仪征、杭州、嘉兴、湖州、福州、建宁、武昌、荆州、南昌、吉安、清江、广州、开封、济南、济宁、德州、临清、桂林、太原、平阳、蒲州、成都、重庆、泸州等。明朝中叶以后，随着商品经济的发展，淮安、岳阳、九江、西安、遵化、芜湖、宁波、泉州、廉州、沙市、郑州、天津、阆中、河间、保定、宣化、大同、潞安、铅山、衡阳、益都等规模较大的工商业城市随之兴起。清道光（1821—1850年）年间，全国有5万人以上的城市约61个，其中北京、苏州、广州、武汉、杭州、成都、福州、西安、南京、重庆、天津、太原、上海、南昌、宁波、湘潭、佛山、长沙、开封、潮州、景德镇、扬州、镇江、芜湖、无锡、绍兴、济宁等27个城市人口均在10万人以上，其余城市包括湖州、嘉兴、常州、安庆、庐州、保定、潍县（今潍坊）、顺德府（今邢台）、济南、临清、东昌、九江、赣州、樊城、老河口、衡州、常德、叙州、泸州、嘉定（今乐山）、万县、汉中、贵阳、大理、江门、桂林、廉州、新会、漳州、泉州、厦门、温州、兰州、宁夏、西宁等。

**4. 市镇得到迅速发展**

明清时期是市镇迅速发展的时期，新兴的市镇蓬勃发展，区域城镇系统不断完善，尤以经济发达的江南地区最为明显。以江南地区的松江、嘉兴、湖州三府为例，据不完全统计，宋元时期镇的数量仅为26座，明代中期达到130座，清代有了进一步发展，仅松江、湖州、嘉兴三府就达到132座。随着经济的进一步发展，许多小集镇迅速成为人口众多、工商业繁荣的巨镇，如苏州的盛泽、展泽、南翔，嘉兴的王江泾、濮院，湖州的乌青、菱湖、南浔，松江的枫泾、朱家角，杭州的塘

栖镇。苏州的盛泽镇在明嘉靖（1522—1566 年）年间还只是一个进行绸布贸易的仅百家的小镇，嘉靖以后居民日渐增多，到明末清初已经发展成有大量商人来交易的小都会，绸丝牙行约有一千余家，远近农村织成的布匹都在这里交易，外地来收购的商人拥挤不堪。又如震泽镇，元朝时还很萧条，只有居民数十家，明成化中有三四百家，嘉靖时达到七八百家，到明末清初时已达二三千家。镇的发展不仅表现在数量方面，有些镇的发展甚至超过县、府级驻地城市，江南地区的南浔、乌镇、新城、濮院等镇“烟火近万家”，实际上已经达到了城市的规模。除了江南地区以外，其他地区的镇也发展很迅速。如号称“四大名镇”的汉口镇、佛山镇、朱仙镇和景德镇发展势头就很大，其中汉口镇、佛山镇与北京、苏州并称“天下四聚”。而在号称“广东四聚”的城镇中仅广州为县级以上驻地城市，其余的三个（佛山、陈村、石龙）均为镇。又如江西的樟树镇，《广志绎》记载：“烟火数万家，江、广百货往来及南北药材所聚，足称雄镇。”

**5. 城市分布地域扩展**

明清时期是我国封建社会历史上统一时间比较长的一个时期，城市分布地域比前几个朝代有明显的扩展。随着对边疆地区的开发，当地的城市发展也比较迅速，其中发展较快的为西南的云贵地区和西北的新疆，奠定了这两个地区城市发展的空间格局。出于政治原因和自然条件的限制，青藏、东北和台湾的城市发展起步较晚，但也有一定程度的发展。



## 第三节 明清时期的南京

明朝的南京城就是六朝时代的建康城。因为其在军事、交通和经济上具有重要地位，所以成为全国最大的城市之一，并多次成为都城。隋朝统一全国后，将南朝首都建康城全部破坏，另在石头城设置蒋州，统治该地区。在唐朝，城市曾多次更改名字，先后有江宁、归化、白下、上元等县名，丹阳、江宁等郡名，以及升州的州治。五代时成为杨行密所统治的吴国的重要据点，设金陵府。此后，又以金陵府为西都（首都是扬州），城内一再扩建。公元 937 年，徐知浩夺取杨吴帝位，改国号为南唐，并迁都金陵。

南唐的金陵城经过扩建，比六朝的建康城更向南移，把石头城及秦淮河均纳入城内。南唐灭亡后，北宋在金陵设江宁府治。南宋时又改称建康，作为行都，同时也是南宋政府铸钱和织染业的中心。元朝时称集庆路，并在这里设江南行御史台，没有扩大城市规模，人口约10万左右，但经济比以前更繁荣。

元至正十六年（1356年），朱元璋进占集庆路，改名应天府。朱元璋曾想把都城定在开封，所以称应天府为南京，开封为北京。洪武十一年（1378年）罢开封北京称号，南京改称京师，成为正式首都。但由于都城偏于东南一隅，位置不适中，不便于对北方边防的管理，所以朱元璋在晚年曾想迁都关中，可是并没有实现就驾崩了。永乐十九年（1421年），明成祖迁都北京，但考虑到南京的重要地位，所以保留了南京的宫殿官署，南京为留都，设置六部，在政治上有特殊地位。清兵入关后，南京曾一度作为南明福王政权的统治中心；清兵南下之后，成为两江总督和江宁将军的驻地，仍是地区的封建统治中心。与明朝相比，南京城基本上没有什么变化。

公元1366年，朱元璋对南京进行改建，首先在钟山之南建宫殿，并建立太庙、社稷坛。洪武二至六年（1369—1373年），城市经过两次大规模的改建，至洪武十九年（1386年）基本建成，前后历时21年之久。明朝的南京城，包括外城、应天府城、皇城三重。

南京城城内有规则方正的宫城区，也有反映商业及手工业自发成长的市肆区。市肆区集中在鼓楼以南一直到秦淮河这一带，是繁荣的商业中心，因为是自发形成的区域，所以布局并不规则。东部皇城区是新建的行政中心区域，空间布局规整有序。城西北的地势较高，大多是没有建设的空旷地带，专设屯兵军营。在三区交界的中央高地上建造钟鼓楼。

因为明朝的南京城邻近发达的江南地区，再加上政治地位不断提高，所以南京不仅是南方的政治中心，也是全国重要的经济中心城市。

朱元璋定都南京后，曾多次征集人口到京师，所以城市人口迅速增加。根据《客座赘语》的记载：“高帝定鼎金陵，驱旧民置云南，乃于洪武十三年（1380年）起，取苏浙等处上户四万五千余家填实京师。”洪武二十五年（1392年），人口达47万多人，其中匠户达四万五千户，富户一万有余。另外，还有20万人左右的禁卫军。明朝中叶后，人口继续增加，曾超过100万人。

明朝南京的手工业很发达，以丝织业及印刷业等最繁盛，丝织业包括官府手工业、民间家庭手工业及私有作坊，主要利用邻近太湖平原的蚕桑资源生产锦缎，在明朝后期成为著名的锦缎产地，产品供应宫廷、整个长江流域以及中亚市场。清朝以后，织造手工业则更加发达，专门设有江宁织造府，以管理锦缎生产，供宫廷需要。据估计，南京城内外盛时织机达3万台，男女工人达5万人。南京的造纸印刷也十分发达，仅供包裹锦缎的绵纸每年需求量即达一万六千张。同时，南京又是全国的主要印刷业中心之一，书肆主要分布在三山街及太学前。仪凤门外三义河附近还有龙江宝船厂，明朝初年郑和下西洋的大船就是在这里建造的。

南京的商业十分繁荣，明朝初年刚在此建立都城时，就设置了13个市，分别为大市、中街市、三山街市、新桥市、来宾街市、龙江市、长安市、内桥市、六畜场市、上中下塌场、新鞋夹。商业区主要集中在秦淮河两岸及其附近，各种手工业及商号号称103行。明太祖时，商旅非常繁盛，曾大量建廊房（铺面）、塌房（货仓），供商旅住宿并作为货栈，并在其附近建造了一些娱乐场所。明朝中后期以后，商业娱乐的发展达到鼎盛，尤以秦淮河沿线的夫子庙一带最为繁华，为上绅富民的理想居住地和商业娱乐中心地区。对此，《广志绎》中这样记载："水上两岸人家，悬椿拓梁为河房水阁，雕栏画槛，南北掩映。夏水初阔，苏常游山船百余只，至中流，萧鼓士女阗骈，阁上舟中彼此更相看觑为景。盖酒家烟月之趣，商女庭树之词，良不减昔时所咏。"由此可见当时的盛景。

明朝的南京城也是全国的文化中心之一。在鸡笼山下成贤街有国子监，明朝迁都北京后，南京国子监仍然保留，最盛时有几千学生，其中还有日本、朝鲜、暹罗（泰国）等国的留学生。鸡笼山上还建有钦天监测候台，聚宝山上建有回回测候台。明朝初期崇尚节俭，所以南京的园林较少，最著名的有漆园、桐园和棕园，均位于钟山的南面。私家园林主要集中在今中华门内西南隅，即凤凰台、杏花村一带。

明清时期，南京城有很多宗教建筑，著名的有灵谷寺、报恩寺、天宁寺、静海寺、朝天宫等，特别是报恩寺的琉璃塔，是郑和下西洋后的

余资兴建的，“琉璃九级，不施寸木，夜间燃灯百余”，是当时世界七大奇迹之一。

## 第四节 明清时期的北京

洪武元年（1368 年），明军攻占元大都后，曾派大将军徐达在 1371 年修复元大都的城垣，并改名北平。当时，为减少建城的工程量，缩短防线，元大都城北比较荒凉的部分均划出城外。

明初定都南京，虽然接近东南经济中心，但不利于加强北方边疆的防御，同时我国封建社会后期，政治中心逐渐北移，所以原封藩于北平的燕王朱棣以武力夺取帝位后，决定将都城由南京迁往北平。永乐二年（1403 年），改北平为顺天府，建为北京，北京由此得名。因为元大都在战争中并没有受到毁坏，因此北京城建设以元大都为基础。永乐十五年（1417 年）开始改建，至永乐十九年（1421 年）改建完毕，共历四年，造宫殿及王府 8350 间，木料来自四川、江西，从南京迁来匠户两万七千户，动员工匠二三十万人，役民夫近百万。永乐十九年正式迁都北京，升北京为京师。

明朝的北京城，具有京城、皇城和宫城三重城墙，其中京城又包括内城和外城。内城范围与元大都相比，南北分别向南移动了五里和一里半，东西墙仍然是元大都的城垣。内城即今北京城的范围。北、东、西三面各开门，南面开三门。其中，南部正中的正阳门俗称前门，建有城楼、箭楼、城、正阳桥等建筑，造型庄严、气势凝重，构成北京城最为宏伟庄严的一组建筑群，是古城北京的标志性建筑群。皇城在京城中，包括三海及宫城。正南门为承天门（清朝称天安门），左右设有太庙及社稷坛，前面是千步廊，两侧是五府六部统治机构。天安门墩台高大宽敞，下用白石须弥座，红墙上建有高大城楼，门前是一个 T 字形闭合广场，两侧以东西两座门与东西长安街分隔，南面千步廊直达中华门，门前有玉带河，广场内还有华表、石狮。这个空间处理得非常丰富，是高度建筑艺术的结晶。宫城在皇城中，布局严整，城墙高大，四角建有角楼，城外有护城河。共开四门：东华门、西华门正对两条大街；南正门为午门，用凹形城楼，处理特别庄严；北为玄武门，正对景山。宫城

内主要建筑分三大殿，高踞在大白理石台基上。整个宫城采用“前朝后寝”的形制，最后有一座御花园。外城又称南城，位于内城以南28里，高二丈，也被称做外罗城。明朝改建北京时，将城内河道截断，大运河的漕运不再入城，商业中心逐渐移至城南。加之明朝以来城市人口增加很快，在嘉靖、万历年间（1522—1620年）接近百万人口，城南形成大片市肆及居民区。因为边防比较紧张，在嘉靖二十二年（1553年）“以城外居民繁夥，拟筑新城约七十余里”，新城计划在四面包围内城，后“因经费不敷，事遂寝”，仅于嘉靖二十三年（1554年）加修了城南的外城，并把天坛和先农坛包围了进去，这样就形成明清两代北京城最后的规模。

北京作为都城，商业十分繁荣，为城市积聚了大量的财富。元大都时，商业中心在鼓楼一带，明朝城区市肆分布与元大不同，由于通惠河填塞和城市向南发展，逐渐在正阳门外的大街、东西河沿岸一带形成繁杂的商业区，由于此处是自发形成的，所以街道布局非常不规整。明朝行会制度发展，同类商业相对集中，在今天的北京地名中也还可以看出，如米市大街、磁器口等。同时，城市内有些地区形成了集中交易后定期交易的市，如东华门外的灯市，在上元节前后开市十天；西城的白塔寺、东城的隆福寺都是利用大型庙宇的集市。



明朝灭亡之后，清朝仍然在北京建都，整个城市布局没有什么变化，都是沿用明朝的基础。清朝初期，因为火灾及地震，很多宫殿都被毁坏了，在康熙时得到重修。现存的宫殿建筑大都是当时重建的。

清朝北京的城市范围、宫城以及干道系统都没有改变，只有居住的地段有所更动，如将内城一般居民迁到了外城，内门设营房，驻守八旗兵。内城里建有许多王亲贵族的府第，并占据很大的面积，屋宇十分宏丽，大都有庭园。

清雍正、乾隆以后在西郊建了大片的园林宫殿，如著名的“三山五园”（三山即香山、玉泉山、万寿山，五园即圆明园、畅春园、静宜园、静明园和颐和园），是世界上最大的皇家园林组群。由于皇帝多住在园中，很少去宫城，皇亲贵族为便于上朝，府第多建在西城，这就使得政治生活转移到了西城。

清朝，北京的商业得到进一步发展，正阳门外大街一带仍然是全城的商业中心，集中了大量的店铺，戏园、会馆、酒楼，如六必居、同仁堂、马聚源、全聚德、都一处等闻名遐迩的老字号都分布在这一带。会馆的数量也很多，据《宸垣识略》记载，在乾隆年间，仅会馆建筑就多达180所左右。此外，清朝商品运输主要借助大运河，仓库大多集中在接近大运河的城东，使东城经济得到发展，出现不少地区性及行业性的会馆建筑，因此有“贵西城，富东城”的说法。

清朝宠信喇嘛教，因此清朝北京除原有佛、道教寺院建筑外，还增建了一些喇嘛庙，如雍和宫等。北京城市人口在明朝末期已经接近100万人，清朝时城市人口继续增加，最终超过100万人。明清的北京城，几乎完整地保存到现在。

## 第五节　明清的府州县城市

明清时期的府州县城很多，其中绝大多数为前朝设置，而明清时期新设置的府州县城多位于边疆地区。清嘉庆道光年间，据内阁学士那斯洪阿统计，“查奉天府及各处省会十八，府一百八十有一，直隶州六十有八，直隶厅一十有二，州一百四十有七，县一千三百九十有四”，县级以上城市达到1820个，除去都城、省会城市18个以外，府州县城市达到1788个。

明朝大多府州县城重建了城墙，清朝基本上是在明朝的基础上发展起来的。府州县城市作为一定范围地区的中心城市，具有较强的综合性职能，与前朝城市相比，除了政治和文化职能之外，经济职能明显增强，已经成为地方性经济中心。在此，仅列举几个有代表性的城市。

### 一、保定

保定所处的太行山东麓，自古以来就是中原地区联系河北以至东北的重要交通要道，古代华北平原的重要城市如邯郸、邺城、相州、中山等都位于此地带。封建社会后期，随着政治中心的北移，保定作为京师南部的门户，逐步发展起来。

保定原为北魏设立的清苑县，宋朝时为保塞，金朝时为保州，元朝时设保定路，明清时期为保定府。金卫绍王崇庆元年（1212年）元攻金，城被毁，军政中心迁往西北胡里的满城。金哀宗正大四年（1227

年）回治保州，在原址上重建，城市规模远小于明朝所建的定州府、宣化府、正定府。经过元明清三代的建设，其虽然规模较小，但作为拱卫京师的重镇，在军事上与天津卫齐名，至清朝进一步成为直隶省会，历时200多年。保定虽然是省会城市，但由于距离北京非常近，所以从来没有成为地区性中心城市，只是小范围区域的中心城市。

保定府城接近正方形，西南部为便于挖掘护城河而向西南突出。东西大街横贯城中。在全城制高点的北大街正南建有大慈阁，而位于城市中心的南大街街口建有横跨街道的鼓楼作为对景。城市内部分区比较明显，西大街是富庶的商业市肆区，南大街为手工业区，新县街、署雅街一带是行政区，西南角是军事区，其余是居住区。清朝末年，府河水运兴盛，在城南沿府河发展了工业。保定在清朝时分42坊，坊的规模大小相差很大。



## 二、安阳

安阳位于河南北部地区，北部的小屯村是殷墟所在地。因为殷墟作为商朝的都城时间比较长，所以安阳曾被提议作为七大古都之一。春秋时属卫，称东阳，秦昭襄王五十年（公元前257年）改名安阳；汉朝时属于汤阴县，北魏时置安阳县；唐高祖武德元年（公元618年），改为相州；宋初，相州属河北西路，并置彰德军节度；金章宗明昌三年（1192年），彰德升为府；明清时期也称彰德府。

北魏天兴元年（公元398年）开始兴建安阳县城郭，宋景德三年（1006年）又增筑。明朝初期，该城又被改建，据《彰德府志》记载："明洪武初改筑，周围九里一百一十三步，裁（才）得旧城之半……各门建楼，又建角楼四，敌楼四十，警铺六十有三，成化十三年（1477年），知府曹隆重修。"

据县志记载，南北大街的南部建有钟楼，北部建有鼓楼，不过今天都已经不存在了。县署在城的东北角，建于洪武二年（1369年），城的西北还建有县丞署、主库署、主簿署、典使署、儒学署、训导署等，有的在县署内，有的在其附近。社稷坛在南关外二里处，风云雷雨山川坛在社稷坛北，先农坛在东关外半里，厉坛在北关外一里处。城内的祠庙很多，大约有17处。各种宗教的寺、宫、庙多达38处。清朝时期，城内还有1处书院，7处义学。

安阳有著名的八景。清乾隆五十二年（1787 年）编撰的《彰德府志》中记载，安阳八景分别为鹿苑春晖、鲸背观澜、柏门珠沼、漫水长虹、韩陵秋霁、漳河晚渡、善应松涛、龙山积雪。

明清时期，安阳的手工业比前几朝的发展更加迅速，出现一些名牌产品。手工业的发展又进一步促进了商业的发展，安阳出现一些大的集市，市集在城内，不同的地点有不同的定期集市。金属货币和纸币的流通使得这一时期的商业更趋繁荣。

## 三、南通



南通城地处长江口北岸，三国时期还是一片荒凉地带，唐朝时作为盐场，开始出现居民点。这里的自然条件较好，农业发展较快，加之狼山的军事防御地位很重要，于是附近的居民点开始转化为城镇。后周显德五年（公元 958 年），后周夺取南唐江淮地区后，在这里设置通州，由于农业和盐业的不断发展，通州渐渐成为长江口以北的重要经济中心。明朝时期，通扬运河的开凿大大改善了南通的交通条件，促进了商业的发展。同时，通州又从松江传入植棉业和棉纺织技术，再加上该地区的土地适宜种植棉花，所以棉纺织手工业逐渐发展起来。清朝乾隆时期，该地的棉花远销到南京、江西，棉纺织品更是远销关外以及闽粤等地。后来，为了区别于北京顺天府的通州，改称南通州，简称南通。

南通城为长方形，城外有护城河。城内街道分大街、街、巷道三种。大街呈丁字形，直通三座城门，南北大街构成城市中轴线，延伸至新城南门。街比巷道略宽，有些商店分布两边，巷道只有 1—3 米宽。城内有明显的分区，丁字街口的北面为州衙署，是政治中心。城东北部沿东大街分布文庙、学宫、试院等，是文教中心。军事机关和仓储区分布在北部。东西大街以南是生活居住区，包括东、西门外沿交通线形成的大片关厢区。商业大都沿街分布，但也有比较集中的市，如平政桥的鱼市，东门街市，北河米市，西门果市、菜市、木市、砖瓦市，南巷布市、花市等。因为西门接近通扬运河，所以商业比较发达，在清朝时已形成商业中心。当时，有“穷东门，富西门，叫花子住南门”的说法。

## 四、淮安城

西晋以前，淮安属于射阳县，并没有城池。东晋以后，因为南北长

期分裂，江淮之间成为南北双方的主要争夺地区，加之淮安地处徐州、扬州两大边境重镇之间，地位逐渐变得重要起来，并在东晋安帝义熙七年（公元411年）改射阳县为山阳县，并开始筑城。南朝齐武帝永明七年（公元489年）开始称淮安，隋开皇十二年（公元592年）改为楚州。唐朝以来，淮安军事地位有所下降，但由于位于大运河上，经济职能反而得到加强，在明清时期达到顶峰。元朝置淮安路，明清时期为淮安府，均为府治所在地。

淮安因地处江淮平原中心，地控南北，扼运河入淮河及故黄河的入口，是明清时期重要的地区性军事政治中心和商贸中心城市。明朝淮安府辖区范围包括现在淮阴、盐城、连云港的大部分地区和徐州的东部。淮安府城及其以北的清江浦设置了大河卫、漕运总督等军政机构，成为苏北地区的军政中心。由于淮安位于运河入淮河的入口处，商业贸易十分发达。



清朝后期，淮安也称得上是一方重镇、全国的繁华之城。清朝光绪《淮安府志》中有这样的描述："府城至北关厢，由明季迨国朝，为淮北纲盐顿集之地，任鹾商者皆徽扬高资钜户，役使千夫，商贩辐辏。夏秋之交，西南数省粮艘衔尾入境，皆停泊于城西运河以待盘验，牵挽往来，百货山列。河督开府清江浦，文武厅营星罗棋布，俨然一省会，帮工修埽，无事之岁费辄数百万金，有事则动至千万。与郡治相望于三十里间，榷关居其中，搜刮留滞，所在舟车阗咽。利之所在，百族聚焉。"由此可见淮安当时的盛况。

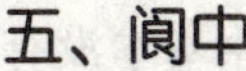

## 五、阆中

阆中因"阆山四合，阆水纡曲，城在阆山、阆水之中"而得名。新石器时代，阆中已有先民生息。夏代为梁州之域，殷商时代为巴方，周代属巴国。秦惠文王后元十一年（公元前314年）置县，除隋朝改为阆内县外，历代均名阆中。阆中位于四川盆地北部中心，介于东西两川以及川陕通道剑阁、米仓道之间，战略地位十分重要，历史上为川北交通枢纽和军事重镇。

明清时期，阆中的经济以蚕桑最为著名，明朝学者郭子章记载："所过浙江到四川，所见湖州和阆中蚕桑最盛"、"胜苏杭品质之优享天宝物华之誉"，所产丝茧称"阆茧"，质地优良，仅次于"湖丝"。其不

仅供本地的丝织业，还远销晋、陕、苏、浙等地，如山西潞安府著名的丝织品“潞绸”就主要以“阆丝”作原料。蚕桑的发展进一步促进了城市商业的发展。

由于商品经济的不断发展，城市的发展也不断突破城墙的限制，形成大片的关厢地区，其规模超过了城内。关厢大都分布在主要对外联系道路经过的东门外，该区商业繁盛，市廛密集，会馆也多分布在这里。

明清时期，阆中成为四川临时省会长达10年。由于独特的地理位置，在漫长的历史长河中，阆中一直是川北政治、经济、军事、文化中心。阆中历史悠久、文化发达，楼宇、寺庙、祠堂等宗教文化建筑比较多，如伊斯兰教的圣地清真寺、巴巴寺，天主教遗迹天主堂，西南最大的基督教堂——阆中福音堂，以及道教的云台观、吕祖祠、八仙洞，佛教的大佛寺、观音寺、永安寺、五龙庙、圆觉寺、千佛寺、长青寺、净圣庵等，都具有丰富的文化内涵。以一县之地，汇聚如此众多的宗教文化遗迹，在全国也实属罕见。1986年，国务院公布阆中为国家历史文化名城。

## 第六节　明清的边疆城市

明清时期，我国的边疆地区主要分布在西南、东北、新疆、蒙古、青藏、云贵以及台湾地区。在这一时期，边疆地区虽然是社会经济最落后的地区，但也是发展较快的地区。由于受各种条件的限制，明清时期云贵、新疆发展最快，东北、蒙古和台湾次之，青藏高原基本没有太大变化。边疆地区的开发促进了边疆地区城市的发展，从而带来明清时期城市扩建分布的变化。

明征服云南元梁王势力以后，在洪武十六年（1383年）设云南省，永乐十一年（1413年）平定思州、思南后，设贵州省，从而正式统治云贵地区。明朝中叶以后直至清后期，中央对该地区加强控制，进一步促进了汉族移民的进入、经济和城市的发展，城市发展迅速。据统计，在云贵地区的县治中，有约90%以上为明清时期设置。昆明、贵阳、大理、临安、遵义等区域中心城市逐渐发展起来，经济职能逐步增强，而其余城市多为政治军事中心。

明朝初年，在新疆东部设置了哈密、罕东、安定等羁縻卫所，不久就退守嘉峪关。清朝乾隆年间统一天山南北，并在乾隆二十四年（1759年）设置伊犁将军统辖新疆地区。为维持在新疆的军事统治，清政府开始以屯田的形式开发新疆，最初以军屯为主，以后民屯、商屯、回屯、旗屯等有组织的民间屯垦也迅速发展起来。屯垦地区主要分布在北疆，其中伊犁、库尔喀拉乌苏、乌鲁木齐、吐鲁番、巴里坤、哈密一线分布得最为密集。对新疆的开发促进了城市的发展，新兴城市最初都是军事政治中心，如巴里坤、伊犁九城、乌鲁木齐、塔城等。随着经济的不断发展，城市的经济职能逐渐加强，巴里坤、伊犁惠远城、乌鲁木齐等都成了较大的商业城市。南疆地区自古就是城邦农耕地区，所以新建的城市很少，大都是在原来的基础上发展起来的城市，后来随着经济的发展，也产生一些较大的商业城市，如喀什葛尔、库车、喀拉沙尔等。

明朝在东北地区的实际控制区是南部的辽东行都司，同时也是明朝东北城市发展较快的地区，北部为羁縻卫所，并于永乐七年（1409年）设置奴尔干都司进行羁縻统治，经济发展比较落后。南部的辽东行都司实行军政合一的统治，设置了大量实土卫所，共计25卫2州，兴建了辽阳、广宁（北镇）、义州、宁远（兴城）、盖州、复州、金州、铁岭、开原、沈阳等卫所城市。清朝时期，东北的城市仍有较大的发展，主要表现在南部城市经济职能得到加强，北部政治军事城市得以兴建，南部原明朝的军事卫所城市全部转变为府、州、县城，并设置大量的新县城。出于军事防御的需要，还设置了很多政治军事中心城市，如吉林乌拉、齐齐哈尔、黑龙江城、宁古塔、阿勒楚喀、三姓等城市，东蒙则有海拉尔、呼伦贝尔等城市。

明清时期，蒙古地区的城市发展主要集中在长城沿线附近，明初在蒙古高原统治地区到达河套—西拉木伦河一线，在长城以北设置了东胜、云川、玉林、开平、大宁等卫，但不久就撤到长城以南，原有的卫所城市很快就衰落下来。清朝以来，虽然政府禁止汉族移民进入蒙古高原，但没能够有效阻止晋、冀、陕边民进入长城以北的草原地区进行开垦，加之驻军也要求就地屯垦，长城沿线地区经济发展、城市兴起，主要城市分布在土默特川、察哈尔地区和热河—卓索图盟三个地区，如归绥、张家口、独石口、多伦、赤峰等。归绥、张家口同时也是繁荣的商业城市。在漠北蒙古，农业发展主要以军屯的形式集中在乌里雅苏台、库伦等城市周围地区，对城市经济职能影响较小，城市基本以军事政治职能为主。

明清时期发展变化较小的边疆地区是青藏高原和台湾。内地的农业技术和文化对青藏高原地区的影响较小，但随着内地和青藏高原地区商业联系的加强，外围产生了一些边境贸易城市。位于甘青交通要道的西宁，在明朝仅为西宁卫的卫城，至清朝道光年间已经成为人口 5 万人以上的较大城市；其他如巴塘、昌都等城市的商业也很发达。台湾在明朝时已经不断有大陆移民进入，清康熙二十二年（1683 年）统一台湾后，设立台湾府，这时人口有 20 多万，但大陆移民仍不断迁入，到嘉庆十六年（1811 年），人口增加到 200 万左右。随着经济发展和人口增加，相继建设了一些城市，如台湾府城（台南）、凤山、彰化、嘉义、台北、新竹等。

总体来说，明清时期的边疆城市发展水平比较低，大都为行政等级较高的城市，低等级的城市如州县城、市镇不发达。城市职能多以军事、政治为主，几乎没有经济职能。但是，在局部地区也有一些经济较为繁荣的城市，如迪化（乌鲁木齐）、喀什、归绥（呼和浩特）等。

## 一、迪化

迪化就是今天的乌鲁木齐，乾隆二十年（1755 年）平定新疆后，在九家湾的明朝故城遗址上修建土垒屯兵。乾隆二十三年（1758 年）设办事大臣一员，并在乌鲁木齐河东、红山以南修建土城，称为乌鲁木齐，意思是“丰美的牧场”。次年（1759 年），设乌鲁木齐副都统。乾隆二十五年（1760 年），改设乌鲁木齐同知。乾隆二十八年（1763 年）因人口日渐增多，房舍渐稠，在土城北部建汉城——迪化城，城内设官署、兵营，并将巴里坤提督移驻迪化。乾隆三十六年（1771 年），设参赞大臣。乾隆三十七年（1772 年），在迪化城西修建满城——巩宁城。乾隆三十八年（1773 年），升为参赞大臣都统，并设迪化州，乌鲁木齐都统及满营军移驻巩宁城。次年（1774 年），移巴里坤道到巩宁城。迪化建城之初，城内只有衙署、军营、仓廒、箭楼等设施，后因屯垦开发，人口逐渐增加，以茶、马、丝绸等为主的商业贸易逐渐繁盛起来，陆续出现民房、店铺、茶楼、酒肆，街道也逐渐形成。

光绪初年，受战争的破坏，迪化城仅剩下城垣，巩宁城已被夷为平

地，因此光绪六年（1880 年）又在迪化城东北新建满城。光绪十年（1886 年）新疆建省后，迪化成为省会。光绪十二年（1886 年）迪化设府，首任巡抚刘锦棠对迪化城进行大规模的修建，以城墙把满汉两城联系起来，并在迪化城南部关厢增建城墙，形成乌鲁木齐最终的城市城墙规模。城内修建了巡抚衙署、庙宇、会馆和商号，设置集中的手工业街坊——衣铺街、铜巷街，用以安置复员军人。其中，商号主要分布于迪化城中心的大十字一带。

## 二、喀什

喀什位于塔里木盆地西缘的喀什葛尔绿洲，古代丝绸之路在新疆南、北线和葱岭以西道路在此交会，是丝绸之路上的国际贸易重镇，也是维吾尔族聚居区最主要的商业中心城市之一。

喀什古名疏勒，据传城镇址形成于公元前四世纪，西汉时是西域三十六国之一的疏勒国的都城，神爵二年（公元前 60 年）属西域都护。唐代为安西都护府所属的“安西四镇”之一。隋唐时期始有喀什葛尔之称，意思是“玉石之国”。



清乾隆二十四年（1759 年）平定南疆后，次年在喀什葛尔设置参赞大臣。清朝的喀什城居民多为维吾尔人，因此尽管城市的大部分在清朝形成，但依然完好地继承了旧城的街巷格局。受伊斯兰文化的影响，城内街巷布局较为自由活泼。城内主要公共建筑多为宗教建筑，如建于喀拉汗王朝时的伊斯兰学府——汗勒克买德里斯（皇家经文学院）等。

自古以来，喀什就是南疆最大的商业中心城市，早在平定新疆之初的乾隆年间，虽然城市面积小，但城内的房户稠密、商业繁华，手工业和商业已经十分发达。此外，西大街、大寺前、布八棚等处的商业也十分兴旺，长途贸易的主要商品为丝绸、茶叶和大黄。喀什地方性商业主要通过集市贸易进行，当地称为“巴扎”，主要交易品以本地的农副产品和手工艺品为主。主要的巴扎有艾提尔清真寺附近的安江巴宁扎，以及位于城东吐曼河东岸的大巴扎。

光绪十年（1884 年）新疆建省，设喀什葛尔道、疏勒直隶州（1902 年升为疏勒府）和疏附县。

## 三、瑷珲

瑷珲城又称黑龙江城，位于今黑龙江省黑河市瑷珲乡，是清朝东北地区建设较早的城市之一。瑷珲又称“艾浒”，在满语中是“母貂”的意思，因盛产貂而得名。明朝是达斡尔人的聚居地，属奴尔干都司管辖。为抵御沙俄，加强边防，康熙二十二年（1683 年），设置黑龙江将军和瑷珲副都统。

最早的瑷珲城建于黑龙江左岸的今俄罗斯境内，顺治八年（1651 年）被哥萨克焚毁，康熙二十三年（1684 年）在艾呼寨旧址上筑黑龙江城，即旧瑷珲城。最初修建的是堡垒，以后逐步修建外郭。



新瑷珲城位于黑龙江右岸，距旧瑷珲城 12 里。因为旧城位于江东，与内地交通不便，康熙二十四年（1685 年）在托尔加村寨旧址上建瑷珲新城，也称为黑龙江城。新城内的主要大街是贯穿城中的南北大街，也是城市主要的商业街，沿街多为店铺，大街两旁有许多小巷和一些街道。副都统署、大人府、演武厅等重要衙署分布在内城，内城东南有城隍庙、万寿宫、文庙、真武庙、魁星楼等宗教建筑。城外多为军民住宅，也分布兵营、船场、永积仓、教军场等军事设施。

清朝的瑷珲城不仅是黑龙江的军政重镇，同时也是黑龙江北部最大的商业城市，具有较强的商业职能。据《瑷珲县志》记载：“瑷珲庚子之前，居民四万，商贾三千，诚为黑龙江中枢之点。”光绪二十六年（1900 年），沙俄入侵，将瑷珲城焚毁，仅余魁星楼。

## 四、归绥

归绥即今天的呼和浩特，其所处的土默特川平原位于内蒙古高原中部长城以北的大阴山南侧，是中原和边疆游牧民族政权争夺的地带，历史上屡经废置，曾先后属中原王朝所置的云中郡（秦）、云州（北魏）、丰州（辽）等地。明初属山西行都司东胜卫，永乐年间被废，地属蒙古；清朝中期属蒙古土默特部，雍正元年（1723 年）设归化城理事同知厅，改属山西省。乾隆二年（1737 年），在归化城东北 5 里建造新城绥远，并移山西右卫建威将军及满洲八旗驻城中，隶山西管辖。乾隆二十六年设归绥道。归绥由归化和绥远两城组成，故名归绥。

归化城即归绥老城，建于明隆庆六年（1572 年），康熙三十三年（1694 年）扩建，康熙三十五年（1696 年），商埠促进了城市的进一步发展。当地主要经营的商品有茶叶、丝绸、金银首饰、药材、牲畜等。当时，手工业很发达，毡毯、皮革、五金等均闻名遐迩。此外，为商业服务的钱庄、典当、餐饮业也十分发达。相对比较发达的商业而言，归化城的政治职能比较弱，城中的主要行政机构是副都统衙门。

绥远城俗称“新城”。绥远为新建的驻防城市，政治军事为主要职能，城内驻有镇守将军及满营兵，将军衙门位于靠近中心的西大街北侧，此外有都统街门、佐领衙门等机构，其余多为军营和官兵家属住宅。随着城市人口的增加发展，商业也有一定程度的发展，主要集中在四条主要大街上，其中以南街最为繁荣，但经营的商品多为食品、药材、酱盐、柴炭、杂货等日常生活用品，说明新城的商业仅具有服务本城的功能。

归绥是一个多民族聚居的城市，主要民族有蒙古族、汉族、满族和回族，除了汉族以外，其余各民族的分布相对集中，其中满族主要分布在绥远，人口最多时达到一万多人，蒙古族主要分布于归化，而回族则集中于归化城北部及北门外一带。归绥的宗教文化建筑也较多，其中最著名的有分布于归化城南部的喇嘛教寺庙——大召和席力图召，新旧两城的文庙，分布于归化城的蒙古、汉族文昌庙，分布于新城的满族文昌庙，以及分布在归化城北门外的回族清真大寺。

# 第九章

# 近代城市



近现代时期指的是1840—1949年这一段历史时期。这一时期，一方面西方资本主义国家极力想把中国的国门打开，从而掠夺中国的资源，占领中国的市场；另一方面，封建统治者又试图极力维护自身的统治，采取闭关自守的政策，却迫于西方国家的武力，不得不签订了一系列不平等条约，导致东部沿海地区和内地的许多口岸城市被租借或开放为通商口岸。这样就产生了两个后果：一是中国近现代城市体系呈现出以沿海近现代工商业城市为一大类、广大内地传统城市为另一大类的二元结构；二是中国在租借地内丧失了更多主权，使中国沦为半殖民地半封建社会。

## 第一节　近代中国城市发展概况

1840年以前，中国的城市都是封建性质的，大都是封建地主统治阶级和一些商人、手工业者的聚居地，属于消费性城市。城市中有官府、地主宅第，以及商业、手工业者和其劳动人民，城市的功能结构比较简单。当时，中国的经济发展很缓慢，生产力已远远落在欧美资本主义国家的后面。

清王朝的统治极为腐败，军事力量大大落后，所以鸦片战争后帝国主义势力不断入侵，使中国沦为半殖民地半封建社会。由此，中国的土地上出现一些帝国主义的“租界”和殖民地城市，也有一些受侵略影响较大的城市。其他一些封建城市也随着这种社会经济的变化，发生了不同程度的变化。

鸦片战争后，从清朝统治阶级内部提出的“洋务运动”、“变法维新”开始，先后出现一些资本主义工业企业，随之产生一些新城市，同时使得很多旧城市发生比较大的变化。由于封建经济闭塞，城市经济发展十分不平衡，沿海及长江这一带城市化程度则较高。所以说，近代城市的分布与发展具有明显的地区不平衡性。

不可否认，近代城市的发展变化，与不同时期的社会政治和经济发展有密切的关系，按照城市发展的特点，可以分为以下三个时期。

## 一、近代城市的兴起时期

这一时期一般是指 19 世纪中叶至 19 世纪末叶，具体来说应该是 1840 年至 1895 年间。鸦片战争后，中国在与列强的战争中接连失败，清政府被迫与西方资本主义国家签订了一系列不平等条约，其中与城市的发展有直接关系的是割地、租地、开辟通商口岸和开设租界。1842 年，清王朝被迫签订了《南京条约》，让英帝国主义租借香港，并开放广州、上海、宁波、厦门、福州为通商口岸。1843 年，又在《虎门条约》中被迫同意开放“外人居留地”。从此，中国的土地上开始出现近代史上特殊的城市区域——租界。租界的产生使一些城市中的某些地区畸形发展起来，其中以上海、天津等地最为突出。

从《南京条约》到《中日马关条约》（1895 年签订），中国共开辟通商口岸达 43 个，强行开辟租界 25 个，涉及香港、广州、福州、宁波、上海、厦门、牛庄（营口）、登州（烟台）、南京、镇江、九江、汉口、天津、潮州、琼州等口岸。这些被迫开放的口岸，以对外贸易发展为先导，然后是金融业、商业、航运业及工业，使得我国当时沿海沿江的一部分通商口岸逐步转变为近现代城市，从而改变了中国古代城市体系的结构，中国城市体系的发展由此进入近现代时期，并对中国政治、经济和文化的发展产生深远影响。

另外，这一时期，封建统治阶级的“洋务派”采用资本主义技术，由 1865 年上海江南制造局开始，开办了一些军事工厂，天津、武汉也竞相效仿。一些官办的民用工厂也随之兴起，如上海机器织布局等。这些对城市的发展均有一定的影响。

## 二、近代城市发展时期

从中日甲午战争到1937年抗日战争全面爆发的时期，是中国近现代城市的发展时期。甲午战争后，清政府被迫签订《中日马关条约》。继英、法、美等资本主义国家之后，日本、俄国、德国等后起资本主义国家也开始大举入侵中国，不仅占领了中国的一部分领土，得到大量赔款，还取得了在华设厂、筑路、采矿等特权，使西方资本主义对华的经济活动转向以资本输出为主。它们都寻求在中国建立侵华基地，通过租借、开矿、修铁路、建港口侵吞更多的中国领土，这也导致一些新城市的出现。

这一时期，中国开放的口岸达88个，民国后期开辟了10多个，总数达100多个。新开辟的口岸主要集中于东北，其余分布在沿海、沿江省区及云南、内蒙古和西藏等地。重要的通商口岸中，东北有哈尔滨、长春、吉林、齐齐哈尔、沈阳、丹东等，关内有苏州、杭州、南京、岳阳、长沙、沙市、济南、潍坊、秦皇岛、昆明、南宁等。这一时期是旧中国城市经济发展较活跃、较快的时期。

## 三、近代城市的动荡期

1937—1949年是近代中国城市的动荡时期。1931年“9·18”事变后，日本侵占我国东三省，并成立伪满洲国，把东三省变成其殖民地和扩大侵略战争的大后方。为了掠夺东北地区丰富的资源，日本对东北的投资大幅增加，使东北的工业生产大幅增长，也使移民人口大增。在短短10年时间里，各主要城市的人口都增长1倍多，形成从哈尔滨、长春至沈阳、鞍山、本溪、抚顺、大连等工业城市带，还新建扩建了政治军事城市，如丹东、通化、吉林、牡丹江等。

1937年日本发动全面侵华战争，吞并了华北、华中、华东和华南的大片土地，许多城市被日军占领，如北京、天津、太原、济南、武汉、南京、上海、杭州、福州、广州等。许多城市遭到严重毁坏，南京大屠杀使古城遭到浩劫，徐州、长沙、衡阳、金华也无不遭受惨重破坏。除了日军出于战略需要在天津塘沽和青岛以及黄石等地修建了一些港口等城市设施外，沦陷区的绝大多数城市建设都陷入停滞状态。但由于国民党政府溃退到大西南和大西北，沦陷区的大批工商企业、机关、学校和居民都向这些地区撤退，导致这些地区许多城市的人口激增，城市规模、实力都大大扩大，如重庆、成都、昆明。就连一些偏僻县城也因大量工厂内迁而人口激增至10余万人，如沅陵、辰溪、芷江等。还有一些城镇因交通运输线路的修通，或矿产资源的开采而发展起来，如宝鸡、双石铺、天水、腾冲、内江、自贡、玉门、泸州等。重庆是抗战时期国民党政府的“陪都”，政治、军事、经济、文化机构都集中在这里，内迁的工业比较多，在抗战期间有了很大发展。战前重庆只有28万人，抗战开始后不久增加到47万人；1945年抗战胜利前竟达到100万以上，工厂增至1500家，为战前的16倍。

1945年抗战胜利后，战时迁到内地的工厂、学校、机关又重新迁回沿海，导致内地许多城市再次衰落，而沿海的城市又兴盛起来。到1947年，全国100万人口以上的大城市已有7个，但三年的内战又使城市经济濒于崩溃的边缘。到1949年，全国设132个市，2200个县城，5400个镇，城市化水平为10.6%，与当时世界平均水平差距很大。

## 第二节　外国势力进入的新兴城市

在近代，一些城市长期受某些帝国主义国家的控制，如哈尔滨（帝俄及日本）、旅大（帝俄及日本）、青岛（德国和日本）、广州湾（法国）等。这些城市的发展带有明显的殖民地色彩，城市的各个方面都反映了帝国主义与中国人民之间的对立。

### 一、哈尔滨

1896年，根据《中俄密约》铺设“东清铁路”（即后来的中东铁路）时，哈尔滨作为“铁路附属地”被帝俄占据，后又在1906年据《东三省善后条约》开辟为商埠。

该地区原来只是松花江边上的一些渔村，如秦家岗（即南岗）、田家烧锅（即香坊）等。“哈尔滨”的原意是晒网场。东清铁路修筑后，哈尔滨因位于铁路与松花江的交汇处，发展较快。该城市以铁路起家，所以铁路的位置很突出。为防止铁路线被水淹，铁路沿南岗下面的较高地段通过市区，并以路堤通至松花江桥。

东清铁路建成时，哈尔滨已具近代城市的雏形。20世纪初，哈尔滨已成为国际性商埠，先后有33个国家的16万多侨民聚集这里，还有16个国家在这里设领事馆。与此同时，中国民族资本也有了较大发展，确立了哈尔滨在北满的经济中心和国际都市地位。

南岗区的建筑大都为铁路所属，如车站、铁路管理局、铁路医院、铁路员工住宅等，区内几乎没有大片的绿地。沿江多码头，旅客比较多，所以旅馆、饭店也很多。市区一些重要地区修建了很多东正教堂，都是俄罗斯风格，还有很多典型的俄罗斯风格的大型公共建筑。总体来说，城市的建筑色彩大都是乳黄色的，风格协调统一。

1932年后，日本全面占领哈尔滨，哈尔滨成为日本在中国东北的统治中心之一。此后，日本开始了对哈尔滨市的规划，采用商业地区、工业地区、居住地区、绿化地区、特别地区、军用地区、移民地区的地区制。值得一提的是，当时还设立了特别地区和移民地区，不过最终实现的并不多。

## 二、大连

大连位于辽东半岛的南部，港湾原名大连，与旅顺相距40公里，军事地位十分重要。1879年，英国海军入侵，曾用英国女王的名字“必克特里贝”作为港口的名字，并测量陆地，测绘海图。1894年，中日战争后签订《马关条约》，把辽东半岛割让给日本，但由于俄、德、法等国出面干涉，割让没有成功。清王朝为了酬谢帝俄的帮助，于1898年以25年之期租此地给帝俄，定名为青泥洼市。

帝俄占据大连有两方面目的——军事和经济，这与18、19世纪以来帝俄向外扩张政策的总目标是一致的。帝俄侵占大连是为了在东方寻找出海口，因而开辟天然地形优越的旅顺为军港、大连为商港，企图把大连建成一个国际自由贸易港口和拟建的中东铁路的出口。1899—1902年，帝俄先后投资1000万卢布建设第一期海港工程。到1905年，建设了码头和地面仓库。不久，大连被日本帝国主义侵占，建设计划全部停止，但是当时计划范围内的道路和主要建筑物已基本建成。



日俄战争后，日本取代了帝俄在整个东北的势力。日本帝国主义的侵略野心更大，为了实现其“先占朝鲜、后占满蒙、再吞并中国”的侵略意图，大连成为他们侵略东北的基地。大连距离日本比较近，因此占据此地就可以控制整个渤海和黄海。同时，大连又是东北最大的港口，是掠夺整个东北资源的出口。所以，根据其制定的扩展计划，再加上大量移入日本国民、兴办工业，市区的面积不断扩大，人口不断增多，1936年市区面积就增加到45.27平方公里，人口达到37万。这期间，日本修建了南满铁路、海港码头、日本人居住区，还扩建了各项市政工程，城市发展比较迅速。1945年，日本战败离开。

## 三、青岛

青岛位于山东半岛南部，胶州湾的东口，原为一个荒僻的渔村。明代中期，为防止倭寇侵袭，在其东设浮山防御千户所。清朝在此设粮仓及税卡。鸦片战争后，在1891年设总镇衙门，派兵四营驻守。1897年，德国借口“曹州教案”派兵强占青岛，并于第二年强迫清政府签订《中德租界条约》，租青岛99年。初期，重点建设军事设施和港口，企图把青岛作为掠夺中国原料和倾销其本国商品的口岸。1901年开始修筑胶济铁路，在铁路沿线开矿，并在大港附近建设现代化港口及增加装卸设备。



1905年胶济铁路通车，大港码头建成，城市的商业贸易发展迅速，在整个城市中占据着重要的地位。城市人口也迅速增长，1902—1911年人口增加了3倍。

1914年11月，日本帝国主义利用第一次世界大战的机会派兵占领青岛。这时帝国主义的经济侵略已逐渐由商品输出发展为资本输出，因此日本就在青岛设立银行，在沧口、四方一带开办工厂。此时，中国的民族资本家也在青岛办了一些工厂，使青岛的城市功能有了很大变化。工业发展了，加之人口又有增加，青岛1914年为16.5万人，1922年增至29万人，促使大量服务设施相应出现，城市也得到很大发展。

在1919年召开的巴黎和会上，帝国主义无视中国的合理要求，要把青岛强行“转交”给日本。经过多次交涉，青岛直到1922年才由当时的北洋军阀政府接收，而日本仍享有种种特权。到1937年“七七事变”前，青岛的人口已达38.5万人，官僚资本势力也有所增加。



1937年后，日本帝国主义第二次占领青岛，企图扩大城市范围，

把青岛变为华北的战略基地及掠夺物资的港口。根据这个计划，大青岛市把胶州、即墨两县划入，管辖面积达8500平方公里，人口180万。这个计划还拟扩充大港，并新建运煤港——黄岛，将铁路的客运和货运分开：货运沿海岸向南穿过工业区至大港，客运穿过住宅区通到新的市中心。但这一计划因抗日战争爆发未能实现。1945年日本投降，国民党政府在美国海军护送下接管青岛，将其转变为美国海军的基地。美军占据了市内较好的建筑物，如山东大学校舍、东海饭店等。

### 四、香港

19世纪初，英国政府加强对东亚的不平等贸易和掠夺，竭力获得中国沿海沿江口岸的通商特权，并以此建立一系列的商业据点。英“伦敦东印度与中国协会”考查中国南部沿海，认为香港可以建天然良港，有建设条件和开垦条件，可自给自足，并易于军事防守。于是，英国政府以签订贸易条约，确保英国商人有移居经商之地为由，向清政府提出割让香港岛给英国，并发动了第一次鸦片战争。1841年，清政府被迫与英国签订《穿鼻条约》，随后英国商人及移民进入香港。1862年第二次鸦片战争后，清政府被迫与英国签订《北京条约》，进而强占九龙半岛。1898年，英国又强迫清政府签订《拓展香港界址条约》，九龙以北到深圳河的新界地区以及235个岛屿被迫租给英国，租期为99年。

19世纪末，香港成为商业中心和国际贸易集散中心。1898年，港九开通第一条从中环至尖沙嘴的渡海航线。1898年后，香港北部边界面积扩大了10倍。20世纪初，香港城市进入迅速发展时期。

## 第三节　近代新兴的城市

19世纪的前半个世纪，中国开始出现新的生产方式和经济形态。外国资本是最早的影响因素，外商在华投资最初主要集中在商业和金融等领域，在操纵中国对外贸易的过程中，早期为初级农产品，如生丝、茶叶，进而尝试在中国设立机器丝织厂和制茶厂，后来扩展到棉织业、制糖、制革、榨油、食品、烟草、火柴、木材加工、印刷制版等领域，但主要是进出口贸易服务。

鸦片战争后，中国封建社会中本来已经产生、并缓慢发展着的资本主义经济因素，虽然受到帝国主义侵略的排挤，但比过去已有较快的增长。这种生产方式的变化必然会影响到城市的发展，从而出现一些因近代工商业和交通运输业而发展起来的城市。

在清朝末年的洋务运动及“新政”等时期，先后开办了一些企业，最初集中在军事工业企业，如 1861 年成立的安庆内军械所、1865 年成立的江南制造总局。19 世纪 70 年代后，重点转移到民用工业，集中在煤业、金属矿、冶铁业、棉纺织业以及铁路、航运等部门。民间的民族资本也是近代工业发展的动力之一，主要集中在船舶修造、螺丝、火柴、造纸、印刷等生产行业。同时，还有“官办”或“官督商办”的工矿企业。有些企业因原料关系，设在原来的村镇，使这些村镇很迅速地发展成为新的城市，如河北唐山、湖南锡矿山、河南焦作等地。有些企业设在原来已有一定基础的旧城市中，因为企业数量较多，对城市的影响较大，如江苏南通。可以说，中国近代工业具有机器工业和手工业并存的特点，新兴的近代工业促进了一些新城市的发展。

第一次世界大战前后，帝国主义暂时无暇顾及对中国的经济侵略，中国民族资本的工商业有了较快发展，出现了工业比较集中和发展比较典型的城市，如江苏无锡。铁路建设对城市发展的影响也较大。一方面，铁路路线、火车站、附属工厂等本身建设会带动城市发展；另一方面，铁路通车后，商业、运输业的发展或工矿企业的增加也会对城市发展产生影响。例如安徽蚌埠，江苏浦口、河北石家庄、长辛店、河南郑州、江苏徐州和湖南衡阳等地。

在近代，还有一些工业城市完全是由民族资本发展起来的，如无锡、南通等，这些城市从来没有开埠，成为近代城市发展的一种特殊类型。

此外，还有少数位于侨乡中心的市镇，在近代发展变化很大，而且也非常有特色。国外侨胞热爱祖国，热心家乡公益事业，他们在国外捐款，或回国后参加家乡建设，使当地的城乡发展很快。侨乡集中在广州附近的新会、台山、顺德等地，以及福建的泉州、厦门等地。

以上各类城市显然与帝国主义直接占领或由“租界”发展起来的城市不同，大多分布在沿海沿江地区。

# 第四节　近代衰落的城市

鸦片战争以后，帝国主义的经济侵略与国内资本主义经济的逐步发展，带来了新的生产技术与现代化的交通运输业，开始排挤在封建社会因地处交通要道或以手工业生产发展而繁荣的一些城市。虽然这些城市的地位重要，发展比较早，而且历代都为经济发展的重镇，但在鸦片战争后的近代百年里，与其他新兴的城市相比较，它们逐渐走向衰落，如大运河沿线的淮阴、嘉定、襄樊等。

实际上，封建经济城市的兴起，往往是由于具备重要的交通地位、兴盛的手工业、商业及封建统治中心等因素。所以，一旦这些条件有了变化，或因交通路线改造，或因政治中心迁移，或因经不起资本主义工商业竞争的影响，城市就会逐渐衰落下去。



## 一、淮阴

淮阴位于江苏北部，为古代中国南北主要交通线——大运河的沿岸，远在隋唐时代就成为我国经济繁荣的“淮、扬、苏、杭”四大城市之一。元朝以后虽然历代封建统治阶级多在北方建都，但是南方却一向为其经济命脉的所在地。大米、手工业品以及一些主要经济作物等都必须由南方运往京都。当时南北的主要货运路线只有大运河，因此作为运河沿岸重镇的淮阴早就得到发展。特别是清朝大运河分段通航后，所有的南北航运都要在淮阴调换车船，因此商旅云集，又有南北各省的会馆，十分繁荣，人口达50多万。

淮阴市的手工业与商业较发达，有四个大造船厂及其他作坊，与淮安市只相距30里。两淮城市扼漕运、盐运、河工、榷关、邮驿之机抒，与扬州、苏州、杭州并称运河线上的“四大都市”。两淮城市的繁华也带来了人文荟萃的局面。淮安是府治所在，地位比较重要，市内有很多统治阶级和地主的大型四合院建筑，但商业、手工业不如淮阴发达。

由于城市发展条件的根本改变，淮阴在近代逐渐出现迅速衰落的势头。主要原因有如下几个：第一，帝国主义以先进而价廉的海轮运输代替了落后的运河运输，给大运河的交通运输带来沉重打击。第二，1911

年津浦铁路通车后，中国南北陆上运输又以铁路代替了大部分的水路，大运河的运输量因此减少，淮阴城作为运河沿线重镇，自然也就失去了它原有的经济地位。第三，清咸丰五年（公元1855年）黄河改道，由山东境内入海，同时淮河也因黄河流经时期河床升高而不从淮阴城经过了，这样原来作为三河交汇的淮阴城，改变了原有的交通条件和城市状况。由于上述原因，淮阴城的地位一落千丈，商业衰退，人口减少，街景萧条，从具有全国影响的运河转运枢纽口岸和工商重镇，衰落为淮北一个普通农产品集散中心，成为近代衰落城市的典型。

## 二、嘉定

嘉定县位于上海的西北部，1210年南宋在此设嘉定府城。嘉定是通往苏州、昆山水道的必经之地，货运往来都要经过市内，因而城市人口密集、商业繁荣。城内生产土布的手工业相当有名，布匹倾销到南方广大的城乡。在我国封建社会中，嘉定是一个经济繁荣的中等城市，市内官僚地主及商人的住宅、园林较多，而且手工业作坊、商业建筑、旅馆、饭馆等也比较多，市面繁荣。

嘉定之所以衰落，主要原因是：第一，1906年沪宁铁路通车，不经过嘉定，而昆山、苏州的航运主要以铁路运输来代替，再加上黄浦江航运的兴起，从而使得嘉定失去了交通要道的地位。第二，嘉定附近的上海在近百年中迅速发展。帝国主义与官僚资本主义在上海用新机器生产出大量洋布，物美价廉，大量倾销于广大城镇中，代替了嘉定手工业生产的土布，促使嘉定手工业生产破产。所以，在很短的时间内，嘉定城市一改繁荣局面，迅速衰退。

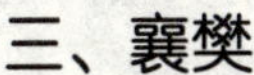

## 三、襄樊

襄樊由位于汉江两岸的襄阳和樊城组成，南岸是襄阳府城，北岸是樊城。由于地处汉水两岸，襄樊历代都是商贸和交通要埠，商业和手工业繁荣。城市的政治、文化职能主要集中在襄阳。

襄樊逐渐衰落的主要原因是，1906年京汉铁路开通后，交通方式发生改变，铁路逐渐取代内河运输而占据运输主导地位，铁路的迅速发展又促使沿线城市逐渐发展起来，而襄樊这个水运时代的商业和手工业城市就逐渐衰落了。

## 第五节　近代中西部的城市

在近代，中国的广大内地城镇一直处在落后状态。抗日战争开始以后，工业生产力重新配置，改变了以口岸和外国租界为基地的发展模式。一些工业、机关、学校内迁，军事公路修筑，加之人口增加等，促使这些城镇发生了一些变化，如国民党政府的“陪都”重庆、军政中心西安等。但总体说来，内地的中西部城市变化比较小，大致可以分为以下几种类型：

第一，内迁工业集中的一些城镇。抗战初期，内迁的工厂极少，根据《中国近代工业史资料》的记述：“沪战三月迁移至内地的工厂不过112家，连同从南京、镇江各地迁出的工厂不过二百余家。这些工厂指定迁入武汉、长沙、无锡、重庆、梧州、南昌、株洲、昆明等地，但事实上各厂家一时都集中于武汉。”后来，日军进攻武汉，不得不第二次迁厂。内迁工厂集中在四川、陕西、湘西、广西等地，以重庆最多。湘西各地也因内迁而工厂集中，人口曾一度激增。例如，衡阳的人口由10万人激增至50万人；沅陵、辰溪、芷江等偏僻县城也都激增至十余万人；兰田小城镇激增到3万人。直到抗日战争后，这些工厂再次迁移，城镇中曾经出现的人口增加、商业繁荣的现象也随之消失。

第二，因为交通的发展而引起一些城镇的变化，如陕西宝鸡、凤县双石铺，甘肃兰州、天水，云南昆明、腾冲等。

第三，内迁学校及文化机构集中的一些城镇，也引起了城市的变化。陕西城固原是汉中的一个小城市，抗日战争时由于有大量内迁学校集中在这里，如西北联合大学、西北工学院、西北师范学院等，成为西北的“文化城”；重庆的沙坪坝集中了重庆大学、中央大学、中央工专、南开中学等；成都的华西坝除了原有的华西大学外，还集中了齐鲁大学、光华大学等；四川宜宾的李庄原是长江边的一个小镇，抗日战争后期，同济大学迁到此地，又集中了中国营造学社、中央研究院历史语言研究所等单位，这里发生了很大的变化。



第四，因军事工业及军事资源的开采而发展了一些城镇，如四川泸州曾是兵工厂的集中地，甘肃玉门的老君庙是石油开采地。

第五，因为进口物资停止，一些手工业城镇有所发展，如四川内江的制糖中心，在抗日战争期间的产糖量占全四川省的44%；1939年以后，四川自贡市的盐加工也有比较大发展。

第六，革命根据地的城镇有较大发展。中国共产党领导的中国人民革命的特点之一就是建立革命根据地，以武装革命对付武装的反革命，因此在革命尚未在全国取得胜利之前，已有在党领导下的城镇建设工作。1927年10月，在井冈山首先开辟了革命根据地；同年，建立广东海陆丰革命根据地；1931年11月，中央工农民主政府在江西瑞金成立，宣布没收帝国主义开设的银行企业，无代价收回各地租界，无代价没收地主豪绅、军阀、官僚的祠堂、庙宇、房屋，并规定这些房屋分给工人、苦力、学徒居住。在陕甘宁边区，尽管斗争环境极端艰苦，但政府还是建设了边区的中心城市延安。有的以前很偏僻的小村镇也繁荣了起来，如合水县的西华池；一些旧城镇也得到发展，如陕西的安寨、定边等都扩大了几倍，甚至几十倍。

另外，近代边远地区的城镇受工业化和近代化的影响很小，在明清时期城镇格局的基础上缓慢发展，基本上没有太大变化。

# 第十章

# 品读中国现代城市文化



随着我国社会经济的持续稳定发展，中国的城市进入一个前所未有的大发展时期。自从 20 世纪 90 年代以来，我国城市呈现出一种加速发展的态势。

首先，城市数量快速增长。《中国统计年鉴·2001》的统计数据表明：2000 年，我国共有城市 663 个，比 10 年前的 1990 年增加了 196 个，平均每年增加近 20 个城市。其次，城市规模急剧扩大：一方面，超大、特大和大中城市越来越多；另一方面，城市的人口也在快速增长。

今天，很多现代化的城市已经屹立在华夏五千年文明的土地上，它们必将给我国的总体发展注入新的活力。中国的现代城市文化值得品读，而品读现代城市文化的过程就是一个享受城市文化大餐的过程。

## 第一节　现代城市文化概况

城市文化是人类文化发展到一定阶段的产物，是人类文化的一种特殊形态。现代城市文化包含城市物质文化、城市制度文化和城市精神文化，而城市精神文化是城市文化的内核或深层结构，包括一个城市的知识、道德、法律、信仰、艺术、习俗，以及每一个城市成员习得的其他一切能力和习惯。

目前来说，中国现代城市文化还是一种非成熟的转型期城市文化。首先，农业文化的痕迹还很重；其次，尚未完成产业结构、社会结构的调整，第三产业、服务业还没有成为城市产业中最重要的部分；最后，城市居民的价值观念还没有完全转变成一种城市的价值观。

现代城市文化应该具有流行性、大众性和多元兼容性。流行性就是时尚，比如流行音乐、演唱会、时装表演；大众性就是城市文化发挥让大众普遍得到享受的功能，使得大众能够在愉悦的享受中接受潜移默化的教育；多元兼容性就是价值多元化，趣味更加多元化，同时使得大众都能够接纳。

一个城市的文化特色与城市的形象也有着极为密切的关系。对一个城市来说，在其城市文化定位中起重要或关键作用的就是文化资源和文化特色。比如：西安的城市文化定位就是文化古都，因而恢复城门城墙，重新恢复芙蓉园，其实这就是在充分利用文化资源；而桂林的自然资源异常发达，这就是它的文化资源、文化特色，所以势必会把自然的山水资源发挥到极致；大连把自己定位于“最佳生活地”；青岛以“和谐、卓越”为理念，全力打造“帆船之都”、“名牌之都”；聊城则亮出了“江北水城”这张牌……可以说，在城市文化方面，它们都找准了自己的定位，从而成功地打造出自己的城市文化。



一个没有文化特色和个性的城市是没有差异竞争优势的，也就不会有城市的内涵。可见，文化特色和文化个性对一个城市的发展来说非常重要。所以，每一个城市都必须承载历史，挖掘其特有的文化积淀；还应该展现现实，多层次、多角度地反映现实文化产业、产品和所承载的城市文化内涵；更应该顺应城市的文化命脉，不断发展、革新，创造出属于自己的独特的城市文化。

## 第二节 北京：最富皇家气度的现代首都

北京简称京，是中国的首都，也是历史悠久的世界著名古城。它位于华北平原西北边缘，东南距离渤海大约150千米。北有军都山，西有西山，东南是永定河、潮白河等河流的冲积平原。北京是全国第二大城市，也是北方最大的城市。市树为国槐和侧柏，市花为月季和菊花。

作为世界历史文化名城和古都之一，早在70万年以前，北京的周口店地区就出现原始人群部落“北京人”。公元前1045年北京成为蓟、燕等诸侯国的都城；公元前221年秦始皇统一中国以来，北京一直是中国北方重镇和地方中心；公元888年以来，北京又先后成为辽陪都、金上都、元大都、明清的国都。中华民国17年（1928年），改北京为北平特别市。日伪统治时期，北平一度又改称北京，属于燕京道。1945年抗战胜利后，仍称北平。1948年底，中国人民解放军和平进驻北平。1949年10月1日，中华人民共和国成立后称北京，并将其定为首都。

北京有3000多年的建城史和800多年的建都史，地上地下文物保存非常丰富，各种名胜古迹数量居全国之首。市内有世界上现存最大的宫殿建筑群——故宫，还有古代帝王用来祭天的场所——天坛（现已建为天坛公园），壮丽的皇家园林——颐和园，宏大的皇家陵寝——十三陵等。1982年，北京被国务院列为国家历史文化名城。

作为一座古城，北京城至今仍有大量的传统商铺，以及众多代表百年不变的传统文化的中华老字号企业。在饮食方面，北京堪称是全国美味的荟萃地，几乎可以品尝到中国任何一种菜系和世界各地的美味佳肴。另外，北京出产的象牙雕刻、玉器雕刻、漆雕、景泰蓝、地毯等传统手工艺品，都驰誉世界。

作为首都，北京集全国政治、军事、科技、外交、文化、教育、体育、信息等各种中心于一身，是一座生机勃勃、充满活力的综合性城市。2005年，北京被定位为“国家首都、国际城市、文化名城、宜居城市”。北京市商业总体布局良好，是中国重要的金融中心和商业中心之一，有多处规模较大、有良好购物环境和文化氛围的商业文化中心。著名的商业中心包括王府井、西单、前门等，新兴的则以中国国际贸易中心为中心的北京CBD（商务中心区）商业圈、亮马桥商业圈为代表。此外，还有以电子产品闻名的中关村、上地，以古玩闻名的潘家园，以经营服装闻名的动物园、大红门商业圈等。北京还是全国高等院校的中心，聚集了很多全国著名高校，如北京大学、清华大学等。

北京是古老的、极富皇家气度的，可谓博大精奥、高远深邃；但同时又是现代的，是一座焕发青春和美丽的现代化国际大都市。今天，北京正以一个雄伟、瑰丽、新鲜、现代化的姿态展现在世界历史的舞台上。

## 一、饮食文化

北京饮食文化丰富，品种繁多，特色名菜及风味小吃至少有二三百种。北京菜又称京菜，主要指宫廷菜、清真菜和地方风味菜。北京地方风味菜由鲁菜转化而来，受其他菜系影响，品种、口味都有变化。烤鸭、涮羊肉、烤肉是北京特有的三大名菜。除了京菜，其他菜系在北京都有名餐馆。

北京的小吃俗称“碰头食”或“菜茶”，融合汉、回、蒙、满等多民族风味小吃以及明、清宫廷小吃而成，品种多，风味独特。北京小吃包括佐餐下酒小菜（如白水羊头、爆肚、白魁烧羊头、芥末墩子等）、宴席上所用面点（如小窝头、肉末烧饼、羊眼儿包子、五福寿桃、麻茸包等）以及作零食或早点、夜宵的多种小食品（如艾窝窝、驴打滚等）。其中最具京味特点的有豆汁、灌肠、炒肝、麻豆腐、炸酱面等。



一些老字号专营特色品种，如仿膳饭庄的小窝窝、肉末烧饼、豌豆黄、芸豆卷，丰泽园饭庄的银丝卷，东来顺饭庄的奶油炸糕，合义斋饭馆的大灌肠，同和居的烤馒头，北京饭庄的麻茸包，大顺斋点厂的糖火烧等，其他各类小吃在北京各小吃店及夜市食摊上也都有售。

### 1. 豆汁

久负盛名的老北京传统风味小吃，相传是粉房中做豆粉的粉汁发酵而无意中发明出来的，距今已有几百年的历史。豆汁是用绿豆做汁发酵而成，根据发酵程度的不同分为三种味道，当天做成的是甜味，放到第二天为酸甜，第三天为纯酸味。清朝御膳房做的豆汁有和米一起熬的“下米”，有掺入豆粉的“勾面”，也有不加辅料的“清熬”。街头则有豆汁铺和挑担叫卖者，豆汁担一头为小煤炉，一头是小方桌和小板凳。豆汁常和油炸的焦圈、麻花、小菜等一起食用，夏季可以消暑解渴。

### 2. 六必居

北京著名的老字号，明嘉靖九年（1530 年）由山西临汾西杜村赵氏三兄弟创建，是北京已存年代最长久的商店。其初为酒铺，后增售柴、米、油、盐、酱、醋等 6 种生活必需品，所以被称为六必居。店中有明朝宰相严嵩题写的匾额。六必居后以制作和销售酱菜久负盛名，实行自产自销，原料来自固定的产地，遵循严格的制作程序。酱菜色泽鲜亮，咸甜适度，曾是宫廷御用食品。1900 年曾被焚毁，次年重修后开业。1985 年建成新厂房，传统品种达 60 余种。

**3. 全聚德**

北京著名的老字号餐馆，以经营挂炉烤鸭闻名。老店位于崇文区前门外羊肉胡同，由杨寿山于清同治三年（1864 年）创办。他聘请在御膳房专制烤鸭的厨师，运用挂炉烤鸭技术制作烤鸭，烤出的鸭子皮脆肉嫩，配以面饼、甜面酱及葱等多种辅料食用，风味独特。清末民（民国）初，该店又增加了山东风味菜肴，利用鸭舌、掌、内脏等创出 100 余种鸭菜，逐渐成为北京著名的餐馆。1952 年该店实行公私合营，之后在王府井、和平门等地相继建立了分店，其中和平门烤鸭店规模最大。1989 年以来，又增加十多家分店。烤鸭现为北京菜的代表之一。



## 二、工艺文化的代表

**1. 景泰蓝**

北京特有的传统工艺美术品，又称掐丝珐琅，因所用釉料多为月蓝色，且于明景泰年间（1450—1456 年）盛行，故名。其创始年代早于景泰年间，目前传世的最早作品是明正德年间制作的。景泰蓝的制作方法是，将细铜丝按一定的图案粘在铜制的胎型上，在铜丝花纹内填充各种釉色，然后烧制、磨光而成。1904 年，景泰蓝宝鼎曾获芝加哥国际博览会一等奖。

**2. 绢花**

由绢、绸、纱、绒等制作的工艺品，因出自北京又称为“京花”。中国的绢花制作历史悠久，唐朝已十分兴盛，元朝以来，北京成为绢花制作和销售的中心，崇文门外的花市大街就是因生产和销售京花而得名。绢花制作工序包括选料、上浆、染色、窝瓣、烘干、定型、粘花、组枝等，做出的绢花千姿百态、栩栩如生。清朝末年的艺人刘享元制作的绢花曾在巴拿马万国博览会上获奖。1949 年以来，绢花的制作工艺得到进一步提高，创造出了许多新的品种。

## 三、京味文化的代表

**1. 胡同**

北京城内较小的街道多称胡同，这一称呼始于元朝，较流行的说法认为：它源于蒙古语“浩特”（Hotton），意思是为聚落或水井。传统的胡同多是排列在道路两侧的四合院组成的街区，是旧北京城市的重要组成部分。北京在元朝有413条街巷，直接称为胡同的有29条；明朝有1177条街巷，直接称为胡同的有459条；清朝有2077条街巷，直接称为胡同的有978条。如今伴随着旧城的改建，大量的四合院被拆除，胡同正在迅速减少。

**2. 四合院**

北京民居的基本形式，已有数百年的建筑历史，因其四面有房，围成院落而得名。四合院有多种不同的规格，小院仅为一至两进院落，大院可为多进、多座院落的组合，并附有花园。典型的四合院坐北朝南，按南北轴线对称布置房屋和院落。南为一排倒座房，院门多在东南角，门内迎面建影壁，院内有东西向花墙把院落分成内外两个部分，花墙正中为垂花门，进垂花门有环廊通向两侧厢房，再由厢房通向正房。正房左右附以耳房和小跨院，正房后面有一排罩房。院落四周由房屋后墙及围墙封闭，对外不设窗户。外墙面及屋顶以青灰色为主，大门、影壁、墀头、屋脊等处常饰以砖雕，正房明间与次间之间由木雕罩、隔扇等隔开，院内种植花木，或摆设盆景、鱼缸。今天，已有很多四合院被列入北京市文物保护单位。



**3. 京剧**

戏曲剧种，因形成于北京而得名，曾称皮簧戏、平剧。京剧的表演行当有生、旦、净、丑四行，唱腔由板腔体和曲牌体组成，有比较严格的表演程式，注重虚实相间的表演手法，人物多实行脸谱化，伴奏乐器以京胡、二胡、月琴、唢呐和锣鼓等为主。传统剧目约有1300个，主要表演流派约30个。

**4. 北京话**

主要流行于老北京城里和近郊区的一种口语和方言，是数百年来诸多地区和民族的方言在此相互作用的产物。它现在的特点主要形成于清朝：有四个声调，声音抑扬顿挫，语调优美，尤其是“儿化韵”和“轻声”十分发达，使语音在表达意思时变化多端。北京话中融入了很多少数民族语言的成分，其中尤其以满语为多，也有回语、蒙古语等。北京话是今天普通话的基础，却又与普通话有别，是一种具有特色的方言。

## 四、旅游文化

在从金朝起的800多年里，北京建造了许多宏伟壮丽的宫廷建筑，使北京成为我国拥有帝王宫殿、园林、庙坛和陵墓数量最多、内容最丰富的城市。当然，这也使得北京具有丰富的旅游资源，对外开放的旅游景点有200多处，有世界上最大的皇宫紫禁城、祭天神庙天坛、皇家花园北海、皇家园林颐和园，还有八达岭、慕田峪长城以及世界上最大的四合院恭王府等名胜古迹。全市共有7309项文物古迹，其中有6处世界遗产、2处国家重点风景名胜区、1座中国历史文化名村（爨底下村）、99处全国重点文物保护单位（含长城和京杭大运河的北京段）、326处市级文物保护单位。

### 1. 天安门广场

北京的符号，位于北京市区中心，和故宫隔街相望，是当今世界名城中最大的广场，为新北京十六景之首。天安门广场是中国的心脏，是一个规模浩大、气势宏伟的广场，也是全世界最大的城市中心广场。

### 2. 故宫

北京故宫又称紫禁城，原为明、清两代的皇宫，住过24个皇帝，建筑宏伟壮观，完美地体现了中国传统的古典风格和东方格调，是我国乃至全世界现存最大的宫殿，也是中华民族宝贵的文化遗产。

### 3. 天坛

以布局合理、构筑精妙而扬名中外，是明、清两代皇帝“祭天”和“祈谷”的地方，是我国现存最大的古代祭祀性建筑群，也是世界建筑艺术的宝贵遗产。

### 4. 颐和园

我国最有名的皇家园林，园中山青水绿、金碧辉煌，在中外园林史

上享有盛誉，这里有全国最长的游廊——长廊，把远山近水连成一体，具有非常高的艺术价值。

**5. 明十三陵**

北京最大的皇家陵寝墓群，内有明代 13 个皇帝的陵墓，尤其是现代发掘的明定陵，规模浩大，极为壮观。

**6. 宗教建筑**

北京的宗教寺庙遍布京城，现存著名的有：佛教的潭柘寺、雍和宫、法源寺、戒台寺、云居寺、八大处等，道教的白云观等，伊斯兰教的北京牛街礼拜寺等，天主教西什库天主堂、王府井天主堂等，基督教的缸瓦市教堂、崇文门教堂等。



**7. 其他景点**

北京其他景点有人民大会堂、中国历史博物馆、人民英雄纪念碑、毛主席纪念堂、周口店北京人遗址、中央电视塔等等。

## 第三节　西安：最富古蕴的十三朝古都

西安在西周时被称为“丰镐”。“丰镐”是周文王和周武王分别修建的丰京和镐京的合称。至西汉初年，刘邦定都关中，立名“长安”，意即“长治久安”。丝绸之路开通后，长安成为东方文明的中心。隋时，隋文帝杨坚将新都命名为“大兴城”；唐朝时，又恢复长安之名；元朝，易名为“奉元城”；明洪武二年（1369 年），改奉元城为西安府，意为“安定西北”，这就是西安之名的得来；1928 年，西安首次设市；1948 年，由省辖市改为国民政府行政院辖市；新中国成立后，西安市曾经是陕甘宁边区辖市、西北行政区辖市、中央直辖市、计划单列市，从 1954 年以来，一直为陕西省省会所在地，现属副省级城市。1981 年，西安被联合国科教文组织列为世界历史名城。

西安与雅典、罗马、开罗并称为世界四大古都，史有“西有罗马，东有长安”的说法。从公元前 11 世纪到公元 10 世纪左右，先后有 13 个朝代或政权在西安建都及建立政权，历时 1100 余年。所以，西安有十三朝古都的说法。这 13 个朝代分别是：西周、秦、西汉、王莽建立的新朝、东汉、西晋、前赵、前秦、后秦、西魏、北周、隋朝、唐朝。

西安是中西部地区最大最重要的科研、高等教育、国防科技工业和高新技术产业基地，中国重要的航天工业中心、机械制造中心和纺织工业中心。西安拥有较强的工业基础，是西部地区科技实力最强，工业门类最齐全的特大城市之一。

西安是我国重点高等院校最为集中的城市之一，在校学生人数仅次于北京、上海，居全国第三位。西安的人均受教育水平较高，平均每6人中就有1人接受过大学本科以上教育，居西部地区首位，在全国也处于领先地位。

## 一、文化概要

西安是华夏文明的发源地，历史悠久，文化积淀十分厚重，是第一批国家历史文化名城。以西安为中心的关中人，将其生活方式和民俗风情概括为“关中十大怪”——面条像腰带、锅盔像锅盖、辣子是道菜、泡馍大碗卖、碗盆难分开、帕帕头上戴、房子半边盖、姑娘不对外、不坐蹲起来、唱戏吼起来。

在西安碑林，有一块清代碑石记录了以西安为中心的八处关中著名风景名胜，被称为“关中八景”，又称“长安八景”，分别是华岳仙掌、骊山晚照、灞柳风雪、曲江流饮、雁塔晨钟、咸阳古渡、草堂烟雾、太白积雪。

秦腔又称乱弹、梆子腔，流行于陕西以及西北等地，是中国戏曲四大声腔中最古老、最丰富、最庞大的声腔体系。中国国画中的长安画派、起源于汉代以前的关中皮影戏、源于西周的陕西木偶戏，以及色彩浓郁的户县农民画等，都是西安文化中不可或缺的重要组成部分。

西安的饮食文化同样博大精深，作为中国西北饮食的代表，以西安小吃最为著名。另外，西安的旅游文化和宗教文化也十分发达。

## 二、饮食文化的代表

### 1. 西安饺子宴

西安市著名小吃宴席，是在发掘研究唐代和我国传统饺子的基础上研制而成的。饺子宴选料考究、工艺独特，制出的饺子造型生动，一饺一格，一饺一形，观之赏心悦目，食之回味无穷。尤其是动物造型栩栩如生，常使顾客忙于欣赏而忘了进餐。西安饺子宴之所以得名，就是因这种宴宾筵席由千姿百态的饺子组成。

**2. 秦镇凉皮**

以大米粉为原料制成，因主产于户县秦镇而得名，也叫秦镇米皮，已有200多年的历史。制作时把大米粉调成糊状，平铺在多层竹蒸笼内，旺火蒸熟，做出的凉皮筋、薄、细、软，具有独特风味。吃时用刀切成细丝，加入青菜、小豆芽等，调入作料，好的口味全在辣椒油上，调好的凉皮呈红色，辣里透香，在西安深受欢迎。

**3. 牛羊肉泡馍**

独具西安地方特色的著名小吃。用优质牛羊肉加作料入锅煮烂，汤汁备用。把烙好的坨坨馍掰成碎块，加辅料煮制而成。其特点是：肉烂汤浓、香醇味美、粘绵韧滑。食后再饮一小碗高汤，更觉余香满口，回味悠长。

**4. 肉夹馍**

西安市著名小吃，起源于战国，当时称“寒肉”。“腊汁肉夹馍”最为著名。腊汁肉夹馍由樊凤祥父子俩始创于1925年，1989年参加商业部“金鼎奖”评选活动，被评为部优产品。腊汁肉是一种用腊汁煮出来的酱肉，但比一般酱肉酥烂，滋味鲜长。由于选料精细，调料全面，火功到家，加上使用陈年老汤，因此所制的腊汁肉与众不同，有明显的特色，人们称赞它“肥肉吃了不腻口，瘦肉无法满嘴油。不用牙咬肉自烂，食后余香久不散”。吃时切腊汁肉少量，夹入刚出炉的白馍中，此时馍香肉酥，回味无穷。

**5. 岐山臊子面**

历史悠久，在清朝就已驰名全国。它以薄、筋、光、稀、汪、酸、辣、香而闻名，用精白面粉、猪肉、黄花菜、鸡蛋、木耳、豆腐、蒜苗等原料和多种调味品制成。岐山面是一种高碳水化合物、高饱和脂肪酸的地方特色面食。

## 三、旅游文化

西安的旅游资源得天独厚，是著名的世界历史文化名城。从100多

万年前旧石器时代的蓝田猿人，到六七千年前新石器时代的半坡村，西安的建城史已有3100多年，众多王朝在此建都。在汉唐时期，西安就是中国政治、经济、文化和对外交流的中心，是当时世界上人口最早超过百万的国际大都市。

西安还是著名的丝绸之路的起点。西汉时期，汉武帝派遣张骞出使西域，正式开辟了以长安为起点，连接欧亚大陆的通道——丝绸之路。从此，中国的使臣、商贾和中亚、西亚、南亚各国的使节客商来往络绎不绝，中外商业贸易迅速发展，文化交流日趋活跃，友好往来不断加深。

西安的文物非常多，历史文化积淀深厚，文物古迹遗存浩瀚，因而享有“天然历史博物馆”的美称。秦始皇兵马俑坑被誉为“世界第八大奇迹”，秦始皇陵是最早列入世界遗产名录的中国遗迹；西安古城墙是至今世界上保存最完整、规模最宏大的古城墙遗址；近年，汉阳陵出土的裸体彩俑被誉为“东方维纳斯”，引起轰动。市内有多处驰名中外的景点：有6000多年历史的半坡遗址；明代建立的3000多块藏石碑，被誉为石质历史书库的碑林博物馆；文物储藏量全国之最的陕西历史博物馆；唐代高僧玄奘法师译经之地大雁塔；西北历史最长的清真寺化觉巷大清真寺；西安周边的华夏始祖轩辕黄帝之陵黄帝陵；汉武帝刘彻之墓汉茂陵；唐女皇武则天与唐高宗李治的合葬墓唐乾陵；释伽牟尼佛指舍利存放之处法门寺；唐大明宫遗址等。自然景观峭拔险峻，独具特色，境内及附近有西岳华山、终南山、太白山、王顺山、骊山、楼观台、辋川溶洞等风景名胜区，更有周边的森林公园十余个。人文山水、古城新姿交相辉映，构成古老西安特有的神韵风姿。

近年来，西安旅游业发展迅猛，旅游设施不断完善，旅游业已成为西安市真正的支柱产业和先导产业。西安市还于首批获得“中国优秀旅游城市”称号。

## 四、宗教文化

### 1. 佛教

佛教于东汉永平十年（公元67年）传入西安，已经有1900多年的历史。西安现有佛寺100多所。在中国和东南亚影响深远的八大宗派中，有六个宗派的祖庭在西安市（三论宗祖庭草堂寺、法相宗祖庭大慈恩寺、密宗祖庭大兴善寺、华严宗祖庭华严寺、律宗祖庭净业寺、净土宗祖庭香积寺）。其他寺院如青龙寺、兴教寺、隋仙游寺、藏传佛教寺院广仁寺等在历史上都有很大影响。

**2. 道教**

道教是我国土生土长的宗教，产生于东汉顺帝时期（约公元125—144年），距今已有1800多年的历史。全市现有道教宫观27所，影响较大的宫观有周至县楼观台、西安八仙宫、户县重阳宫、临潼老母殿。

**3. 基督教**

从《大秦景教流行中国碑》的记载算起，基督教传入西安已有1300多年的历史。基督教的大量传入并有较大发展主要是在鸦片战争以后。西安现有基督教礼拜堂138处，目前影响较大的基督教堂有南新街礼拜堂、东新巷礼拜堂等。



**4. 天主教**

天主教也称“公教”，以罗马为中心，16世纪传入中国。西安现有天主教堂94处，影响较大的教堂有五星街天主教堂、糖坊街天主教堂等。

**5. 伊斯兰教**

唐永徽二年（公元651年）传入西安，有1300多年的历史。西安现有清真寺21所，影响较大的寺院有化觉巷清真寺、大学习巷清真寺、大皮院清真寺、小皮院清真寺等。

## 第四节　南京：最富诗意的六朝胜地

南京地处长江中下游平原东部苏皖两省交界处，江苏省西南部，古称金陵，简称宁，是江苏省省会。1949年4月23日，中国人民解放军占领南京，成立南京市人民政府。1949年后，南京先为中央直辖市，后改为江苏省省辖市，一直到现在。

南京是我国著名的古城，具有悠久历史，与北京、西安、洛阳并称为中国四大古都。先后有东吴、东晋，南朝的宋、齐、梁、陈等王朝在南京建都，它曾是“六代帝王国、三吴佳丽城”的金粉之地，史称六朝。此外，南唐、明（洪武）、太平天国以及国民政府都曾建都于此。因此，历史上盛称南京为“六朝胜地、十代都会”。南京的文化积淀深厚，文化遗存众多。越城、金陵邑遗址、六朝陵墓石刻、南唐二陵、明代城墙等大批历史遗迹，显示出浓厚的古都特色。城市风景秀美，东南山峦起伏，西北江水环绕，城内绿树成荫，四十八景风光迷人，民俗风情引人入胜，已成为国家优秀园林城市、旅游城市。1982 年，南京被国务院列为国家历史文化名城。

南京的历史人物非常之多。春秋时代的吴王孙寿梦、西汉开国大将韩信、三国吴主孙权、南唐后主李煜、南宋名将岳飞、明代开国皇帝朱元璋、太平天国首领洪秀全、民主革命先驱孙中山等都曾在南京留下深深的历史足迹。李白的诗歌、李煜的词曲、王安石的美文、吴敬梓的小说等也为古都留下了灿烂的文化遗产。

地处辽阔的长江下游平原、濒江近海的南京，“黄金水道”穿城而过。作为天然良港，南京港成为远东内河的第一大港，目前已成为中国东部地区以电子、汽车、化工为主导产业的综合性工业基地，也是重要的交通枢纽和通讯中心。

南京人文荟萃，人才济济，是我国重要的科研和教育基地。现有中科院、高等院校、部、省、市及企业所属各类开发机构和自然科学研究近 600 家，研究领域涉及自然科学和工程技术各大门类，科研设施十分先进，科研开发的实力也非常雄厚。

## 一、南京的“名片”

### 1. 市树

1982 年，雪松被定为南京市的市树。雪松挺拔雄伟，品格刚毅，耐严寒和酷暑，深受广大市民喜爱，在城市绿化中广为种植，南京已成为全国繁育雪松的基地。

### 2. 市花

1982 年，梅花被定为南京市的市花。南京有梅园新村、梅花山等富有历史意义的梅花胜地。梅花具有与雪松相似的品格，经受了风雪严寒的考验，含苞欲放；早春二月，大地尚未完全复苏，梅花绽放，最早迎接春天的到来。南京人赏梅、爱梅。梅花与雪松作为南京的市花、市树，可谓珠联璧合。

**3. 市标**

六朝文化中的辟邪石刻成了南京城市标志之一。辟邪是古代镇墓的神兽，似麒麟而无角，两侧有翼，肌丰骨劲。南京的很多辟邪就是南朝的遗存，作为南京的形象就是矫悍威猛、镇灾祛恶的辟邪。南京市民对辟邪青睐有加，尤其是玉雕无尾辟邪，被人们视作守财的象征。

**4. 标志性建筑**

中山陵位于南京市东郊钟山风景名胜区内，西邻明孝陵，东毗灵谷寺，是中国近代伟大的政治家、革命先行者、国父孙中山先生的陵墓及其附属纪念建筑群。它坐北朝南，面积共8万余平方米，主要建筑有牌坊、墓道、陵门、石阶、碑亭、祭堂和墓室等。其中祭堂为仿宫殿式的建筑，建有三道拱门，门楣上刻有“民族、民权、民生”。从空中往下看，中山陵像一座平卧在绿绒毯上的“自由钟”，山下中山先生铜像是钟的尖顶，半月形广场是钟顶圆弧，而陵墓顶端墓室的穹隆顶，就像一颗溜圆的钟摆锤。“钟”含有警示之意，象征孙中山先生对革命的贡献。

## 二、饮食文化

南京的饮食文化源远流长。南京菜一向被称为京苏大菜，厨师则自称“京苏帮”。南京菜以选料严谨、制作精细、突出主料、玲珑细巧、色泽艳丽著称，并按时令季节不断翻新品种。京苏大菜的特点在于口味醇和，咸淡适中，讲究原汁原味，酥烂脱滑而不失其形，滑嫩爽脆而不减其味。菜肴讲究原汁原味，以鲜、香、酥、烂、嫩为主。

南京的制鸭技术久负盛名，鸭肴闻名全国，除金陵烤鸭外，板鸭、盐水鸭、烧鸭、金陵酱鸭、香酥鸭、八宝珍珠鸭、咸鸭肫等也各具特色。

**1. 夫子庙风味小吃**

夫子庙地区是南京小吃的发源地，早在六朝时期就成为全市的小吃中心。明清及至民国政府时期，随着秦淮灯船的兴起，夫子庙更加繁华，已有大大小小20家小吃店，成了南京小吃集大成之地。名店有“奎光阁”、“新奇芳阁”、“蒋有记”、“雪园”、“永和园”、“六凤居”、“五凤居”、“德顺居”、“龙门居”等。抗战胜利后，“蒋有记”、“六凤居”和“小巴黎”合称为“夫子庙三家”。“蒋有记”以善制牛肉锅贴名噪金陵；“六凤居”以豆腐脑、葱油饼著称；“小巴黎”以女侍招客，颇具洋风。20世纪80年代以来，夫子庙小吃空前繁荣兴旺。从1987年12月起，全市每年举办一次的美食月发展为一年举办两次的食品节。这种食品节有组织，有计划，声势浩大，美食风味独特，吸引了众多食客。食品节期间，实行开放式经营，并邀请北京、天津、南京、成都、昆山、无锡、扬州、镇江等地的名师来夫子庙献艺。夫子庙风味小吃深受海内外游客喜爱，有19个品种获得省级和部级奖励或荣誉称号。

**2. 雨花茶**

20世纪50年代末研制成功的一种高级绿茶，1960年被评为全国十大名茶之一，因产于雨花台而得名。1949年后，为了纪念死难的革命先烈，雨花台建了烈士陵园，并栽种了许多树木，其中茶园出产的茶叶被称为雨花茶。雨花茶加工精细，冲泡后茶色碧绿，香气清雅，滋味甘醇。



## 三、民俗文化代表

**1. 南京白局，民间曲艺**

起源于明朝的织锦工人用南京方言演唱俗曲、小调、民歌以自娱，逐步发展成为曲艺曲种。因演唱者不取报酬，“白唱一局”，故名“白局”。南京白局常用的曲牌主要有：《满江红》、《银纽丝》、《穿心调》、《数板》、《梳妆台》、《剪剪花》、《下河调》、《汉阳调》等，形成曲牌联缀体。曲目近百个，内容以反映现实生活为主。清末民初后，“南京白局”随着织锦业一起衰落。1949年后，曾成立专业的剧团，现在只有少数业余演唱者。

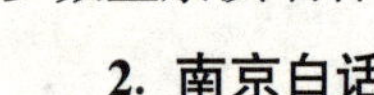

**2. 南京白话，民间曲艺**

用南京方言说相声，所以又名“南京相声”，流行于南京及其毗邻地区，相传始于20世纪30年代。起初只是简单模仿相声，后来逐渐有所发展。南京白话用第一人称，演员就是剧中人，所以“演”重于“说”。代表性曲目有《老相识》、《包您满意》、《人情债》、《庙上风情》、《商业新风》等。现在常有“南京白话”节目在报刊、电台、电视台发表和播出，颇受读者、听众和观众的欢迎。

**3. 南京评话，民间曲艺，又称“讲评词”**

相传始于明末清初的“说善书”，清末民初为鼎盛时期，流行于南京及其毗邻地区，并曾流入南京。“南京评话”以长篇讲史为主，主要剧目有《三国》、《隋唐》、《水浒》、《岳飞传》等，“说”“演”并重，常于书中穿插许多南京的风土人情、历史掌故、名胜古迹，富有浓厚的地方色彩。近年来，南京评话日渐衰落，但还有专业演员坚持演出。

**4. 麻雀蹦，民间舞蹈**

因以模拟麻雀蹦跳为主要动作，故名麻雀蹦；又因开始流行于南京市江宁区方山乡一带，又名方山大鼓，相传明朝末年由河南移民带来。太平天国时期是“麻雀蹦”发展的鼎盛期。整个舞蹈节奏鲜明，动作形象生动，活泼热烈。近年来，“麻雀蹦”常在大型庆典中演出，深受群众的喜爱。



## 四、旅游文化

南京的对外交通十分发达，有国际机场、高速公路、铁路和水路，沟通国内主要大中城市及港澳地区，每年接待海内外旅游者 1500 万人次。作为历史名城，南京自古各类文化遗存就比较多，今天的南京尽展中国优秀旅游城市的风采。

**1. 明故宫遗迹**

江苏省文物保护单位，位于南京市区中山东路东段。明故宫始建于元至正二十六年（1366 年），建筑规制与现存的北京故宫相似，规模宏伟，一派皇家威仪，曾作为明初洪武、建文、永乐三代皇宫达 54 年之久。明成祖朱棣迁都北京后，南京明故宫仍留原有建制。清咸丰三年（1853 年），原有建筑毁于兵火。后以午朝门为主体进行修整，并辟为公园向游人开放。

**2. 中山陵**

全国重点文物保护单位，中国民主革命先行者孙中山的陵墓，位于南京市东郊朝阳门外、紫金山中部小茅山南坡，坐北面南，前临平川，背依青嶂，占地 8 万多平方米。1925 年 3 月 12 日，孙中山病逝于北京，第二年人们开始在南京建造陵墓，工程历时两年多，于 1929 年建成。当年 6 月 1 日，接孙中山遗体归葬南京。中山陵建筑群浑然一体，布局严整、气势雄伟、肃穆庄严，四周松涛起伏，景色秀丽如画。祭堂顶呈穹隆状，堂中央供奉孙中山全身意大利白石雕坐像，四周壁上刻有孙中山革命事迹的浮雕。墓穴上置大理石棺，棺盖上仰卧着孙中山全身汉白玉雕像，下面安葬着孙中山的遗体。

**3. 南京城墙**

全国重点文物保护单位。南京城墙建于元至正二十六年，历经 21 年，于明洪武十九年（1386 年）完工。原建的宫城、皇城已毁，现存都城城垣和外郭城。南京城墙的建造集我国古代城墙建筑技术之大成，是研究中国古代军事防御和建筑科学技术难得的实物。

**4. 夫子庙遗迹**

江苏省文物保护单位，位于南京市区秦淮河畔贡院西街。宋仁宗景祐元年（1034 年），建文宣王庙，俗称夫子庙，为建康府学。明清时期，夫子庙地区是文人墨客的聚集地，所以商业十分繁荣。现存的夫子庙主体建筑大部分为 1984 年逐步修复的，只有 100 米长的照壁为明朝遗物，但其却是全国保存最大的照壁。泮池边的石栏、大殿后的明伦堂、贡院的明远楼是清朝的建筑。贡院内保存有 22 通明清时期的碑刻。



## 第五节　香港：最富动感的东方之珠

自秦朝起，香港就是当时的中原领土，直到 19 世纪中叶清朝对外战败，其领域分批被割让和租借给英国而成为其殖民地，香港从此开始港口发展。第二次世界大战后，香港的经济和社会迅速发展，不仅成为“亚洲四小龙”之一，也是全球最富裕、经济最发达和生活水准最高的地区之一。历史的变迁让香港从一个当年的小渔村，变成今天有“东方之珠”美誉的国际大都会。

香港是世界顶级城市之一。不过，走在香港的街头却往往有时光交错的感受：明明刚看到一艘艘古式帆船，来回穿梭于维多利亚港，仿佛回到了古代王朝；一转身，一幢幢高楼大厦又立在了眼前，立刻又回到了现代。就是在这种时空交错的感受下，我们才更能体会香港的味道。

香港得名于香江，位于珠江口外，原属广东省新安县，含香港岛，九龙半岛及新界三部分。香港有660多万人，96%为中国人，主要语言是粤语和英语。1997年7月1日，香港回到祖国怀抱，结束了英国的殖民统治。

香港的九龙地区位于北边港口的半岛，尖沙嘴一带是游客最多的地方。香港岛的面积为78平方公里，只占全香港陆地面积的7%，但它是主要的商业地区，充满了观光旅馆和旅游景点；九龙半岛约50平方公里，也是主要的商业区，香港过去的机场——启德机场就位于此地；新界的面积最大，约有980平方公里，相当于香港陆地面积的91%，北部多山。

香港的维多利亚海港与美国的旧金山港、巴西的里约热内卢港并称世界上3个最优良的天然深水港。它与世界上200多个国家和地区的460个港口有运输和贸易往来，是世界最繁忙的航运港口之一。香港虽然地狭人稠，却能在购物方面为旅客提供最大的满足感。不论价钱、种类或服务都名列世界之最，是名副其实的购物天堂。

美丽的香港还是一座自然美与人工美高度结合的现代化大都市。这里有诱人的海滨浴场，有耸立于海岸低地的高楼大厦，还有众多历史遗留下来的和新近开辟的风景名胜游览地，被誉为“动感之都”。

## 一、流行文化

### 1. 流行歌曲

香港早年普及的大众娱乐是粤曲，20世纪20年代是粤曲的黄金时代。这一时期香港的流行文化与广州一脉相承，并没有形成独特的香港文化。20世纪50年代后，香港汲取上海文化，加上欧美多年的影响，自70年代起掀起后来蓬勃发展的“粤语流行曲”，出现众多歌影视明星，深深影响了中国内地和东南亚。20世纪80年代不仅是香港粤语流行曲百花齐放的日子，也是香港乐坛的全盛时期。

### 2. 电影

香港的电影始于1913年的首部电影《庄子试妻》。第二次世界大战后，大批内地电影人才及资金南下，香港先后成立多家电影公司，令粤语片在20世纪50年代异常繁荣。一段时期，东亚各国政府一度只容许香港电影进口，令香港享有“东方好莱坞”之称。20世纪80年代是香港电影的全盛时期。现在，每年3—4月间举行的香港国际电影节及香港电影金像奖，是香港电影界每年一度的盛事。香港电影业将继续发挥着对华语电影的影响力。

## 二、节假日与娱乐文化

### 1. 公众假日

香港的公众假日融合了东西文化的特色，全年共17天，分别是：元旦日、农历新年（3天）、清明节、复活节（3天）、五月一日劳动节、农历四月初八佛诞、农历五月初五端午节、七月一日特区成立纪念日、中秋节翌日、十月一日国庆节、重阳节、圣诞节（2天）。

### 2. 博彩娱乐

赛马与赛马博彩（赌马）是很多香港市民参与的娱乐，每年由9月开始到第二年6月为止的一个马季内，大约共60多天的赛马。日赛多在沙田于周末举行，夜赛则多在跑马地于星期三晚上进行，观众可以购票入场观看及投注。

### 3. 其他文娱盛事

香港每年都主办各种类型文化、康乐、体育活动，包括香港艺术节、香港国际电影节、国际综艺合家欢、香港国际七人榄球赛、六人木球赛和有影响力的国际赛马等。

## 三、饮食文化

香港还是一个集世界美食于一地的著名“美食之都”，什么口味的餐馆都有，开遍大街小巷，愈热闹的地方人就愈多，如旺角、铜锣湾、尖沙嘴东部和九龙城等地有些街道尽是食肆。充满亚洲风味的餐馆遍布香港，辛辣的泰国汤、香浓的印度咖喱、丰腴的韩国烧烤、清新的越南沙律卷、鲜美的日本寿司等特色美食，应有尽有。香港的中国菜餐馆也提供中国各地的特色佳肴。所以，在香港可以品尝到全世界各地最可口的美酒佳肴。



快餐店在香港十分流行，中西式都有，分布在香港的每一个角落。

此外，还有不少本地传统风味的“大排挡”，开设在各区的市政大楼内或专拨一处经营。另一个深具香港本地特色的饮食地点是香港的茶餐厅，食品价钱相宜，种类繁多。

香港还是一个小食的天堂，各式各样的小食随处可见。最常见的街头小食除了鱼蛋、牛杂外，还有具有地方色彩的叮叮糖、炒栗子、龙须糖等等。饮品方面则有各式果汁、餐茶、凉茶，此外还有粥、粉面类、碗仔翅、油炸鬼、臭豆腐等，多不胜数。最常见的街头小食大多在旺角的花园街、女人街及油麻地的庙街。

## 四、旅游文化的代表



### 1. 太平山

太平山雄踞香港岛的西部，海拔554米，是港岛最高的山峰。太平山上有船形了望台、狮子亭、卢吉道小径、山顶公园等特色景点。太平山以其得天独厚的地理环境和人文景观，吸引着成千上万的海内外游客，成为人们到香港的必游之地。

### 2. 浅水湾

位于港岛南部，是香港最具代表性的美丽海湾。浪平沙细，滩床宽阔，坡度平缓，海水温暖。夏令时节，是浅水湾最热闹的时候。大批游客蜂拥而至，沙滩上人山人海，各式泳装组成了一幅色彩斑斓的画面。浅水湾东端是富有佛教色彩的镇海楼公园。门前面海矗立着两尊巨大塑像“天后圣母”和“观音菩萨”。海边远处建有七色慈航灯塔，气势雄伟，吸引众多游客在此留影。

### 3. 迪斯尼乐园

香港迪斯尼乐园是全球第五个迪斯尼乐园，位于大屿山的欣澳，环抱山峦，与南中国海遥遥相望，是一座融合美国加州迪斯尼乐园及其他迪斯尼乐园特色于一体的主题公园。乐园包括四个主题区：美国小镇大街、探险世界、幻想世界、明日世界。每个主题区都能给游客带来无尽的奇妙体验。乐园内设有香港迪士尼乐园酒店和迪士尼好莱坞酒店，除了为游客访问乐园提供住宿方便，身在其中还可尽情体验童话世界和电影世界的奇趣，各种迪斯尼人物随时会出现在游客身边，惊喜无处不在。

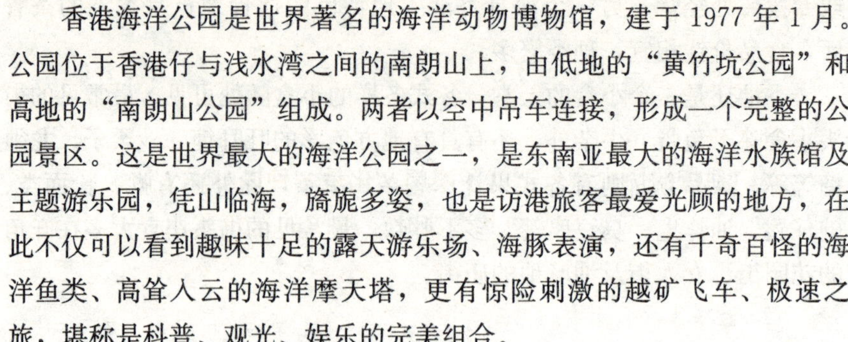

#### 4. 海洋公园

香港海洋公园是世界著名的海洋动物博物馆，建于 1977 年 1 月。公园位于香港仔与浅水湾之间的南朗山上，由低地的“黄竹坑公园”和高地的“南朗山公园”组成。两者以空中吊车连接，形成一个完整的公园景区。这是世界最大的海洋公园之一，是东南亚最大的海洋水族馆及主题游乐园，凭山临海，旖旎多姿，也是访港旅客最爱光顾的地方，在此不仅可以看到趣味十足的露天游乐场、海豚表演，还有千奇百怪的海洋鱼类、高耸入云的海洋摩天塔，更有惊险刺激的越矿飞车、极速之旅，堪称是科普、观光、娱乐的完美组合。

### 五、宗教文化

在香港，世界各大宗教几乎都有人信奉。华人主要信仰佛教、道教。香港共有 360 多间寺院，40 座公共庙宇，24 座天后庙宇。1841 年，罗马天主教在香港设特别行政区主教传教区，天主教会在香港办有学校、医院和社会服务中心。同年，基督教传入香港，现已经有 50 多个宗派，在香港也兴办学校、医院和社会服务中心等机构。其他宗教还有伊斯兰教、印度教、锡克教和犹太教。

香港著名的宗教文化景观有：香港岛上的文武庙、圣约翰大教堂、铜锣湾天后庙；九龙的侯王庙、慈云山观音庙、黄大仙祠墓、九龙清真寺；沙田的蓬瀛仙馆、半园春、万佛寺、车公庙、道风山基督教堂；荃湾的竹林禅院、荃湾天后庙、东普陀；龙门的青松观、青山寺、妙法寺；元朗的灵渡寺、云浮仙观；西贡的蚝涌车公庙、佛堂天后庙以及大屿山宝莲寺、长洲北帝庙、坪州天后庙等。

## 第六节　澳门：最为豪气的东方赌城

澳门背靠珠江三角洲，东隔珠江口与香港相望，西与珠海市的湾仔、横琴岛隔海相对，北与珠海市的拱北接壤。

1557 年，葡萄牙人向当时的明政府取得居住权，成为首批进入中国的欧洲人。最初澳门由果亚亲王管辖，1623 年，葡萄牙政府委任马士加路也为首任澳门总督。直到1999年12月20日，澳门才回归到祖国的怀抱。

澳门特别行政区由澳门半岛、氹仔和路环两个离岛组成，总面积28.6平方千米。澳门半岛与氹仔之间由三条澳氹大桥连接，包括嘉乐庇总督大桥、友谊大桥以及西湾大桥。

澳门独特的历史背景造就了澳门文化是一种以中华文化为主、兼容葡萄牙文化的多元化色彩的共融文化。澳门的建筑东西参混，千姿百态，既有中式的古宅大院，也有西式洋楼；既有明清的古庙，也有欧陆式的典雅教堂。如今，又增加了不少气宇轩昂的现代高楼大厦，古今中外之房屋建筑无不具备，别具情调。

澳门是一个美丽的地方、一个花园城市、一个旅游胜地，仅有居民45万人，但每年到来的游客竟有800多万。澳门优美的自然景色和独特的人文景观极大地吸引着不同肤色、不同面孔的人前来观光旅游。



澳门的魅力体现在很多方面，其中最重要的是这里是东西方文化交汇的窗口。天主教与佛教各行其道，古庙与教堂并立，现代与历史共存，到哪儿都有文化融合的痕迹。行走在澳门的土地上，每一寸土地都有着说不尽的故事，都值得去深深地体味。

## 一、博彩文化

澳门是一个真正的博彩之城。小小的城市有20多家赌场，包括世界有名的澳门金沙娱乐场、威尼斯人度假村酒店赌场等。

1847年，澳门的博彩业在葡萄牙的管治之下开始合法化，从此澳门以东方“蒙地卡罗”之名广为世界所知，博彩业更成为澳门经济的重要一部分，规模渐渐与美国拉斯维加斯的博彩业相若。

博彩业需要专营权牌照。1937年，澳门的第一个博彩专营权牌照发给了泰兴娱乐公司，但该公司没能完全发挥博彩业的经济潜能。1962年，政府将所有形式的博彩专营权牌照改发给澳门旅游娱乐有限公司。牌照于1986年续期15年，2001年末届满。2002年，澳门特别行政区政府不再发出博彩专营权，改为向三家公司发出博彩经营权牌照，分别是澳门博彩股份有限公司、永利度假村（澳门）股份有限公司以及银河娱乐场股份有限公司。

博彩业在澳门的经济中扮演着非常重要的角色，是澳门政府财政收入的主要来源之一。很多游客喜欢在澳门赌博，也有很多当地人经常出入赌场。总的来说，博彩业在澳门可以分成五大类：赌场赌博、赛马、赛狗、彩票和足球博彩。

## 二、饮食文化

饮食文化是澳门吸引人的一个热点，这里荟萃中西南北美食，各地的风味美食在这里都可品尝到，包括葡萄牙、澳门本地、广东、上海、日本、韩国和泰国。澳门的葡国菜分为葡式及澳门式两种。经过改良后，更适合东方人口味的澳门式葡国菜是世界上独一无二的菜式，也是葡萄牙、印度、马来西亚及中国广东烹饪技术的结晶。

著名的葡式葡国菜有青菜汤、马介休等。澳门有很多酒楼食肆供应精美的中菜，深受大众的欢迎。此外，澳门还有各式各样、鲜甜味美的海鲜，价格适中。如果想换换口味的话，可以到小食店尝尝各式粥品、粉面、云吞水饺和驰名的姜汁撞奶等，花很少的钱就可以饱餐一顿。澳门饮食变化无穷，佳肴美食廉宜，以至于很多华人家庭有举家出外用餐的习惯。



## 三、旅游文化

澳门已经有400多年的历史，东西文化一直在这里相互交融，使得澳门成为一个十分独特的城市，既有古色古香的传统庙宇，又有庄严肃穆的天主圣堂，还有众多历史文化遗产，以及优美的海滨胜景。

### 1. 大三巴牌坊

大三巴牌坊位于澳门大巴街附近的小山丘上，是圣保罗教堂的前壁遗迹，因教堂前壁遗迹貌似中国传统的牌坊，所以称大三巴牌坊。游览大三巴牌坊，除欣赏巍峨壮观的前壁之外，它壁上精致的浮雕均有意义。现在，大三巴牌坊已经成为澳门的象征之一，也是游客澳门行的必到之地。

### 2. 妈阁庙

妈阁庙建于1488年，正值明朝。位于澳门东南端的妈阁山西麓是澳门最古老的寺庙。妈阁庙原称妈祖阁，俗称天后庙，背山面海，沿崖建筑，古木参天，风光优美。整座庙宇包括大殿、弘仁殿、观音阁等4

座主要建筑，石狮镇门、飞檐凌空，是一座富有中国文化特色的古建筑。

400 多年前，葡萄牙人抵达澳门，在庙前对面的海岬登岸，注意到有一间神庙。他们询问居民当地的名称及历史，居民误以为他们问庙宇的名字，故答称“妈阁”。葡人以其音译而成“MACAU”，成为澳门葡文名称的由来。

除夕午夜开始，不少善男信女纷纷到来拜神祈福，庙宇内外好不热闹。而诞期前后，庙前空地会盖搭一大竹棚，作为临时舞台，上演神功戏。每年春节和农历三月廿三日娘妈诞期，妈阁庙香火至为鼎盛。

**3. 市政厅**

澳门市政厅最初名为“议事亭”，意在供市民聚集讨论重要事项，建筑风格是红墙绿瓦的中式亭园。1784 年，议事厅现址落成，风格也变成今天古朴雅致的南欧式两层建筑。1940 年，改称市政厅。目前，市政厅主要负责管理市政事务，并召集市民代表讨论商议。200 多年来，市政厅内部虽经多次修缮，并一度扩建，但其装饰仍保持着 16 世纪宫廷式布局，墙上有记载历史的石刻。

市政厅前的广场由葡国的能工巧匠按传统南欧风格设计，用碎石子铺成波光鳞鳞的波浪形状，就像微波轻漾的海面，被誉为流动的南欧风情。广场四周商铺林立，中央则矗立着一座饰有地球仪的喷泉，是广场的标志。周围有供人休息的长椅。每逢重大节日活动时，有关机构都在这里举行表演供大众观赏。

**4. 海事博物馆**

澳门海事博物馆建于 1987 年，其主题不但反映了澳门历史与大海之间的密切联系，还系统地阐述了中国和葡萄牙在海事方面的历史，说明大海对人类及文化具有重要意义。

## 四、宗教文化

和其他华人社会一样，澳门的多数居民信仰儒、释、道及民间神祇，观音和妈祖特别流行。澳门曾经是宗教文化中心，既有儒、释、道等古老的中国宗教，也有后传入的天主教、基督教、伊斯兰教等宗教。宗教文化的多元化在澳门得到充分表现，天主教、基督教、佛教、道

教、妈祖在这里都有所保留。如大三巴牌坊融合了东西方建筑的精华，是东西方宗教互相包容的杰作。

天主教澳门教区成立于1576年，首任主教为贾尼劳。首位华人主教为林家骏主教。圣公会维多利亚教区成立于1849年，管辖范围包括澳门。1807年，基督教传入澳门，这也是基督新教在中国的第一站。澳门有两间最古老的华人新教教会，分别是中华基督教会志道堂和澳门浸信会。

**1. 谭公庙**

位于路环十月初五街尾，与中国大陆小横琴岛极接近。该庙建于清朝同治年间，是路环香火最盛的庙宇。

**2. 圣老楞佐堂**

位于风顺堂街，建立于1560年，曾几度重修。教堂门前有左右两排石梯级直达大门前，左右钟楼并峙，一座是时钟用来报时用，一座是铜钟，供教堂做弥撒时摇动震鸣用。教堂的屋顶是中国式的金字瓦面，圣堂内挂有古式吊灯，古雅逸趣。

**3. 普济禅院**

又称观音堂，是澳门三大禅院之一，建于明朝末年。大雄宝殿内供奉三尊三宝佛像，都是丈八金身，其中之一为佛祖释迦牟尼。主殿供奉观音，十八罗汉分列主殿两旁。

**4. 菩提园**

禅院内供奉有全澳最大的释迦牟尼佛像，该尊佛像连底部莲座高5.4米，重约6吨，以青铜铸造，佛像左手平放，右手平举，法相尊严慈祥。

## 第七节　上海：最繁华的现代商业都会

上海既古朴又摩登，既富东方神韵又有西方风味，令人痴迷，人们均被它的文化、历史、人文以及活力所吸引。上海就像西太平洋海岸的一颗明珠一样，因此有了“东方明珠”之美誉。

上海简称“沪”，别称“申”。大约在公元四五世纪的晋朝，松江

（现名苏州河）和滨海一带的居民多以捕鱼为生，他们发明了一种竹编的捕鱼工具“扈”，加之当时江流入海处称“渎”，因此松江下游一带被称为“扈渎”，后又改“扈”为“沪”。此外，相传在春秋战国时期，上海曾经是楚国春申君黄歇的封邑，故上海别称为“申”。

2003年末，上海被列入全国重点文物保护单位有16处，市级文物保护单位114处，纪念地点29处、保护地点14处。

上海是一个不断发展、日渐强盛的城市，是我国最大的商业、金融中心，也是西太平洋地区重要的国际港口城市。其内外联系广泛，交通、通讯比较发达，正在吸引着越来越多注意的目光。20世纪90年代以来，特别是进入21世纪以后，上海发展的步伐十分迅速，在中国乃至世界上享有越来越高的经济地位，正在向现代化、国际化、时尚化的国际大都市目标迈进。

## 一、上海的“名片”

### 1. 市标

1990年，经上海市人大常委会审议通过，上海市市标为以市花白玉兰、沙船和螺旋桨三者组成的三角形图案。三角图形似轮船的螺旋桨，象征上海是一座不断前进的城市；图案中心扬帆出海的沙船，是上海港最古老的船舶，象征上海是一个历史悠久的港口城市；沙船的背景是迎着早春盛开的白玉兰，展示了城市的勃勃生机。

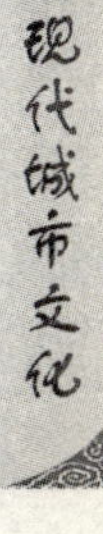


### 2. 市花

1986年，经上海市人大常委会审议通过，白玉兰成为上海市市花，象征着一种开路先锋、奋发向上的精神。白玉兰在上海开花特别早，冬去春来，清明节前，它就繁花盛开。白玉兰洁白如玉，开放时朵朵向上，溢满清香。

## 二、海派文化

上海的文化被称为“海派文化”，是在中国江南传统文化（吴文化）的基础上，与开埠后传入的对上海影响深远的欧美文化等融合而成的，既古老又现代，既传统又时尚，具有开放而又自成一体的独特风格。

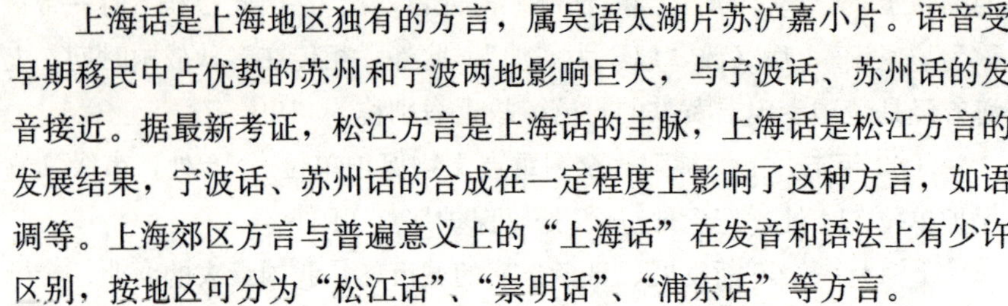

**1. 方言**

上海话是上海地区独有的方言，属吴语太湖片苏沪嘉小片。语音受早期移民中占优势的苏州和宁波两地影响巨大，与宁波话、苏州话的发音接近。据最新考证，松江方言是上海话的主脉，上海话是松江方言的发展结果，宁波话、苏州话的合成在一定程度上影响了这种方言，如语调等。上海郊区方言与普遍意义上的“上海话”在发音和语法上有少许区别，按地区可分为“松江话”、“崇明话”、“浦东话”等方言。

从20世纪80年代后期开始，上海各学校统一用普通话授课，而且政府取消了很多广播电台和电视节目中的上海话内容。现在，上海仍然是一个吴语城市，普通话也很通用。随着中国各地移民的日益增加，会说上海话的人比例开始减少，因此近些年来上海舆论界掀起一股“保卫上海话”的浪潮。



**2. 沪剧**

沪剧是上海的代表性剧种，流行于上海、苏南及浙江杭、嘉、湖地区。它起源于浦江两岸的田头山歌和民间俚曲，在流传中受到弹词及其他民间说唱的影响，演变成说唱形式的滩簧。1898年，有艺人将之带入上海，并固定在茶楼坐唱，称作本滩。1914年，本滩易名为申曲。1927年以后，申曲开始演出文明戏和时事剧。1941年上海沪剧社成立，申曲正式改称沪剧。1953年成立第一个国家沪剧演出团体上海人民沪剧团（上海沪剧院的前身）。国家非常重视非物质文化遗产的保护，2006年5月20日沪剧经国务院批准列入第一批国家级非物质文化遗产名录。

## 三、文化节日

**1. 上海电视节**

中国创办最早的国际电视节，创办于1986年12月，由国家广播电影电视总局和上海市人民政府主办。经过20多年的打造，其已成为中国最优质、最具影响力的中外电视交流合作平台。

**2. 上海国际电影节——“金爵奖”**

创办于1993年，次年获得国际电影制片人协会的认证，被归于A

类即非专门类竞赛型电影节。

**3. 上海旅游节**

中国著名的大型旅游节庆，吸引着四海宾朋纷至沓来；同时又是世界的节日，当今世界著名的节庆活动皆在这里汇聚，尽情演绎多姿多彩的民俗风情和节庆文化。

**4. “上海之春”国际音乐节**

前身是始于20世纪60年代的“上海之春”音乐舞蹈月和80年代的上海国际广播音乐节，2001年两者合并。从此，“上海之春”国际音乐节成为荟萃中外经典音乐节目的圣堂。

**5. 中国上海国际艺术节**

我国最高规格的对外文化交流节庆活动。艺术节以吸收世界优秀文化，弘扬中华民族艺术，推动中外文化交流为宗旨，荟萃了中外一流的艺术家及各种艺术。

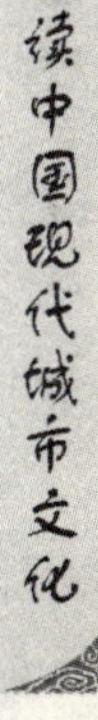


## 四、饮食文化

20世纪初，上海汇聚了苏、锡、宁、徽等16个地方风味，上海人称之为苏帮菜、徽帮菜，而对本地风味的上海菜则称为本帮菜。本帮名菜有很多，大多以“浓油赤酱”为特点，咸淡适口。后来，上海菜不断吸收外地菜特别是苏锡菜的长处，在20世纪中叶形成了取料鲜活，品种众多，擅长烧、生煸、滑炒、蒸，品味适中，既有清淡素雅，也有“浓油赤酱”的特点。

上海的小吃也非常有名气，其特点是品种繁多，兼具南北风味；选料严谨，制作精细；应节适令，因时更变；供应方便灵活，如南翔小笼包、生煎馒头等。

## 五、旅游文化

上海的旅游文化十分发达，迄今为止仍保留着我国唐、宋、元、明、清以来的若干古迹和富有特色的园林，既有具有1000多年历史的龙华古寺，也有建于三国时期的静安古寺和国内外知名的玉佛寺，还有号称“江南名园之秀”的豫园等。此外，上海具有光荣的革命历史传统，留下了无数革命者的足迹和不少革命遗址，有中共一大会址，孙中山先生故居，毛泽东、周恩来同志的寓所以及鲁迅先生的故居等。

**1. 东方明珠塔**

位于上海黄浦江畔、浦东陆家嘴嘴尖上，1991 年 7 月 30 日动工，1994 年 10 月 1 日建成，塔高 468 米，与外滩的万国建筑博览群隔江相望。东方明珠塔现列亚洲第一，仅次于加拿大多伦多电视塔和俄罗斯的莫斯科电视塔，是世界第三高塔，是上海的标志性建筑之一。

**2. 上海博物馆新馆**

位于上海市的中心——人民广场的南侧。上海博物馆是与北京、南京、西安齐名的中国四大博物馆之一。平面布局分开放区、库房区、学术区、科研区、管理区、设备区等 6 个区域。现开设 12 个专题陈列室，以展示珍贵文物为主。

**3. 外滩**

外滩是这座东方大都会最著名的景观，东起中山东一路，北起外白渡桥，南至金陵东路，面对开阔的母亲河——黄浦江，背倚造型严谨、风格迥异的建筑群。外滩的江面、长堤、绿化带及美轮美奂的建筑群所构成的街景，是最具特征的上海景观。

**4. 豫园**

位于上海老城厢东北部，北靠福佑路，东临安仁街，西南与老城隍庙、豫园商城相连。它是老城厢仅存的明代园林。园内楼阁参差，山石峥嵘，湖光潋滟。全园可分 4 大景区，呈现了不同的特色。其构思精巧，布局细腻，以清幽秀丽、玲珑剔透见长，具有小中见大的特点，体现出明清两代南方园林建筑的艺术风格，是江南古典园林中的一颗明珠。豫园内还收藏有上百件历代匾额、碑刻，大都为名家手笔。1959 年，豫园被列为市级文物保护单位，1982 年 2 月，国务院公布其为全国重点文物保护单位。

**5. 其他人文古迹景点**

上海其他人文古迹景点主要有：上海枫泾古镇、上海朱家角古镇、老城隍庙、上海大观园、七宝古镇、陈云故居、上海文庙、上海老街、静安寺、方塔园、古城公园、宋庆龄故居纪念馆、玉佛禅寺、大观园、韬奋纪念馆、长宁区革命文物陈列馆、刘海粟美术馆、宋庆龄陵、陶行知纪念馆、宝山烈士陵园、黄炎培故居、崇明前卫生态村、张闻天故居、叶家花园等。

## 第八节　重庆：雾都与山城的结合

重庆是中国重要的中心城市，国家历史文化名城，长江上游地区的经济中心，也是世界著名的山城和有名的“雾都”。重庆有 3000 多年的悠久历史和光荣的革命传统，巴渝文化的发祥地就是以重庆为中心的古巴渝地区，这片土地孕育了重庆悠久的历史和灿烂的文化。

在浩荡的历史长河中，重庆以其巨大的凝聚力和辐射力，成为古代区域性的军事政治中心和重要的商业物资集散地，历经三千载而不衰。近代 100 多年以来，重庆又经历了“因商而兴、内迁而盛、改革腾飞”的发展道路，从一个古代的军事要隘，发展成为连接我国中西部的战略枢纽；从古代的区域商贸中心，发展成为长江上游的经济中心；从 19 世纪的单一型转口贸易城市，发展为中国西部最大的多功能现代工商业城市；从位居四川盆地东部的港口城市，发展成为立足中国内陆、面向五洲四海的中央直辖市。毋庸置疑，重庆在我国西部地区的迅速崛起，在中华民族的发展史上留下了深刻印记，为世人所关注。

今天的重庆面临新的发展机遇，正致力于成为长江上游商贸、金融、交通、通讯、科教文化信息中心，及以高新技术为基础的现代产业基地。重庆在地理、人文和社会环境上，正在日益凸显其气度恢宏、激情飞扬的魅力。

### 一、重庆的“名片”

#### 1. 市花

1986 年，山茶花被正式命名为重庆市市花。山茶花系山茶科，常绿小乔木，花期长，抗污染，易栽培，品种达 73 种。花色鲜艳，有淡红色、紫红色、白色、复色等。花瓣类型有单瓣类、复瓣露心类、托桂类、曲瓣类、半平瓣类和平瓣类。其在巴蜀地区已经有 2000 多年的栽培历史，宋朝大诗人苏轼曾以“游蜂掠尽粉丝黄，落蕊犹收蜜露香”的诗句来咏叹山茶花。

**2. 市树**

1986 年，黄葛树被正式命名为重庆市市树。黄葛树（又名黄桷树）系桑科，榕属，落叶乔木。黄葛树具有顽强的生命力。它根深杆壮，枝繁叶茂，生长快，寿命长，忍高温，耐潮湿，抗污染，即使置身于悬崖峭壁，也迎风昂首，茁壮成长。自古重庆地名以黄桷冠之者众，北魏《水经注》记载：“江水又东经黄桷峡（铜锣峡）。”宋《图经》云：“涂山之足，有黄桷树，其下有黄桷渡。”重庆至今仍有黄桷垭、黄桷坪等地名。



## 二、饮食文化

重庆独特的地理环境、气候特征促成了重庆人“尚滋味，好辛香”的饮食习俗。现代的重庆人思想十分活跃，在饮食上喜欢标新立异，猎奇追怪，以吃感觉、吃风味、吃麻辣为时尚，哪里有新、奇、怪的饮食，哪里就会成为热点，不过热潮一过，人们又会转向他处。

**1. 重庆火锅**

麻、辣、烫、鲜、脆（嫩）是火锅的特点。火锅的种类很多，最著名的就是毛肚火锅，此外还有鳝鱼火锅、海鲜火锅、鱼头火锅、羊肉火锅、狗肉火锅、鸳鸯火锅等。现在的火锅在重庆可谓最受欢迎，即使在夏天，品尝者也大有人在。

**2. 歌乐山辣子鸡**

出自重庆沙坪坝区歌乐山镇，一个叫林中乐的路边小店最先推出这种菜，从 1990 年开始风行。食客最大的乐趣就是在一大盆辣椒里搜寻黄豆大小的爆脆鸡丁。

**3. 泉水鸡**

出自重庆市南岸区南山镇，从 1993 年开始风行。采用的方法是快杀活鸡，然后急火猛烧，从杀鸡到成菜不超过 5 分种。该菜出自号称“山城花冠”的南山，因此南山也形成了泉水鸡一条街，还举办过泉水鸡节。

### 4. 毛血旺

出自重庆市沙坪坝区磁器口镇，做法是将毛肚、血片（鳝鱼）、鸭血旺，再加上辣椒、花椒、姜片等一起煮。

## 三、旅游文化

重庆不仅有很多风景游览区，还有众多名胜古迹。在两江环抱之中的重庆，就好像一艘艨艟巨舰直逼江心；依山而建的街衢，过峦旋嶂，十分雄伟壮观。清朝著名的官吏张之洞这样咏赞：“名城危踞层岩上，鹰瞵鹗视雄三巴。”这充分表现了重庆的磅礴气势。重庆市区的高阜园林，别具风格。枇杷山公园耸峙居中，是瞭望全市、欣赏重庆夜景的最佳处。南山公园被誉为“山城花冠”，奇花异草，千姿百态、争芳斗艳、四季飘香。

重庆山川巍峨，钟灵毓秀，境内有瞿塘峡、巫峡等壮丽自然风光；世界文化遗产——大足石刻；合川钓鱼城等古战场堡寨；中共中央南方局驻地、八路军办事处和歌乐山烈士陵园。全市有 10 多个国家级文物保护单位，有金佛山等四大国家级风景区，有仙女山等五大国家级森林公园，有小三峡等四个国家 AAAA 级旅游区（点）。温泉星罗棋布，峡谷奇险纵横，溶洞千姿百态，瀑布龙飞九天。长江沿岸的白鹤梁、丰都鬼城、石宝寨、张飞庙、白帝城、巫山神女十二峰等著名景点，令人目不暇接。

## 四、民俗文化

重庆的民族以汉族为主体，此外有土家族、苗族、回族、满族、彝族、壮族、布依族、蒙古族、藏族、白族、侗族、维吾尔族、朝鲜族、哈尼族、傣族、傈僳族、佤族、拉祜族、水族、纳西族、羌族、仡佬族等 49 个少数民族。少数民族人口占全市人口的 5.6%，主要分布在黔江开发区的五个民族自治县和涪陵地区。

重庆域内的各少数民族仍保留着自己的传统习俗。土家族有摆手舞、赶年、唱傩戏、花灯，苗族有赶秋节、踩山节。此外还有春节拜年、十五观灯、清明祭祖、中秋赏月以及悬酒幌、赶庙会、坐花轿、放风筝、羊马节、火星节、哭嫁、跳丧等民族习俗和活动，涵盖了婚丧嫁娶、文娱游戏、崇拜禁忌、鬼神观念、岁时节令、工商交易等各个范畴。现在，多姿多彩的民俗风情已经成了重庆重要的旅游资源。

另外，重庆还有丰富多彩的地方戏剧、曲艺、绘画、手工艺品以及群众节令活动等，这些也颇能反映出巴渝的风俗民情，如土家族的吊脚楼、苗族刺绣和蜡染等就独具特色。

## 第九节　大连：美丽的花园式海滨城市

大连的地理位置十分优越，位于辽东半岛的南端，西临渤海，东濒黄海，处于环渤海地区的圈首，是京津的门户，北依辽宁省、吉林省、黑龙江省和内蒙古自治区的广大腹地，南与山东半岛隔海相望，同日本、韩国、朝鲜和俄罗斯远东地区相邻。



大连的历史十分悠久。战国时期至秦汉时代，这里属辽东郡，汉朝设沓氏县，唐朝属安东都护府，辽代设苏、复州，金代改苏州为金州，元朝设金复州万户府，明朝设金州卫，清朝设金州厅。

19 世纪时，大连还是一个名叫青泥洼的小渔村。1899 年，俄国人开始建造这个城市，并起名“达里尼”特别市，意思是遥远的城市，因为这里距离莫斯科和圣彼得堡十分遥远。甲午战争和日俄战争时，大连都是主要的战场，并先后被俄、日帝国主义者占据近 50 年。日本人占领这个城市后，把“达里尼”音译过来就成了“大连”。1945 年日本投降，设立旅大市，1981 年又改为大连市。

今天的大连已经发展成为中国北方重要的港口、工业、贸易和旅游城市。大连的工业基础雄厚，工业门类齐全，综合配套能力较强，具有较强的承载世界制造业转移的能力。大连金融业发展迅速，已经成为中国北方地区外资银行最集中的城市。大连的展览业异军突起，也已经成为了大连新的经济增长点。大连的商业十分繁荣，全市商业网络发达，现代商贸业态发展迅速，国有商业、民营商业、外资商业相互促进，购物中心、大型超市、连锁店等交相辉映。

21 世纪的大连选择了最朝阳的产业——软件及信息服务业——作为城市未来发展的支柱。以软件产业国际化为发展方向，以大连软件园为核心基地，大连已经被正式命名为中国第一个，也是唯一的“软件产

业国际化示范城市”。

这几年来，大连的绿地多了，空气清了，城市靓了，经济也搞活了。如今，大连城市绿化覆盖率已达 43.3%，人们称赞其就像新加坡一样——城市建在花园里。大连先后荣获诸多荣誉称号，诸如国际生态安全最佳城市、环境“全球 500 佳”城市、全国绿化先进城市、全国环境综合整治十佳城市、国家卫生城市、国家级园林城市、国家环保模范城等，还获得联合国“人居奖”、国家建设部“中国人居环境奖”。

## 一、饮食文化

多数大连人都是山东人的后裔，所以大连菜也属于鲁菜系，以海鲜为主要原料，兼蓄中外之长，形成了自己的独特风格。大连的名菜有“红烤全虾”、“彩蝶虾”、“鱿鱼戏龙螺”、“珍珠海胆”、“海螺大虾”、“八仙（鲜）过海”、“清蒸加吉鱼”、“清蒸扇贝”、“五彩雪花扇贝”、“群鸭抱海参”、“通天海参”、“灯笼海参”、“清蒸珍壳灯笼鲍鱼”、“原壳鲍鱼”等。不过大连当地饭菜偏咸。

大连的特色铁板烤鱿鱼，闻名全国。烧烤店一般都营业到半夜，是聚会的好地方。另外，与其他许多城市不同，大连路边没有早餐点。

## 二、旅游文化

大连是中国著名的避暑胜地和旅游热点城市，依山傍海，气候宜人，环境优美，适于居住，夏无酷暑，冬无严寒。大连是中国首批“优秀旅游城市”，不仅有丰富的中国近代人文历史旅游资源，还有许多风景奇秀的自然旅游资源。南部沿海风景区、旅顺口风景区、金石滩风景区和冰峪风景区是大连四大名胜风景区。

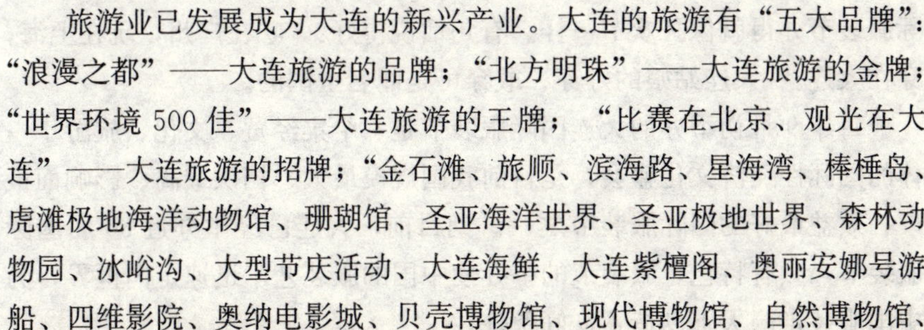

旅游业已发展成为大连的新兴产业。大连的旅游有“五大品牌”：“浪漫之都”——大连旅游的品牌；“北方明珠”——大连旅游的金牌；“世界环境 500 佳”——大连旅游的王牌；“比赛在北京、观光在大连”——大连旅游的招牌；“金石滩、旅顺、滨海路、星海湾、棒棰岛、虎滩极地海洋动物馆、珊瑚馆、圣亚海洋世界、圣亚极地世界、森林动物园、冰峪沟、大型节庆活动、大连海鲜、大连紫檀阁、奥丽安娜号游船、四维影院、奥纳电影城、贝壳博物馆、现代博物馆、自然博物馆、

世界和平公园、水上人间”——大连旅游的名牌。

大连的广场特别多，不大的一块地方，只要有四面辐射的街道，就称之为广场。大连全市有80多个广场，广场文化同样丰富多彩，绿地、白鸽、雕塑、喷泉等自不用说，还有全国独一无二的女骑警和圆舞曲。

大连还有著名的“大连八景”，分别是：绿山揽胜（劳动公园）、海韵观日（海之韵广场）、城雕赏月（星海广场）、发现王国（金石滩海滨）、金石天工（金石滩东部景区）、塔观双海（旅顺口老铁山灯塔）、黑山夕照（金州大黑山）和冰峪丹枫（庄河冰峪沟）。

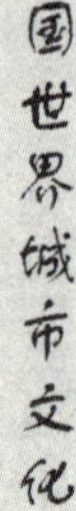

## 三、特色文化

### 1. 足球

大连是一个狂热迷恋足球的城市，素有“足球城”之称，城因球而更加出名，球因城而风靡中华。足球是大连的骄傲，更是大连的激情。足球运动在大连根深叶茂、蔚然成风，已经成为一种独特的文化现象。大连是名副其实的足球城，全民爱球，全民迷球。一谈起足球，大连人就眉飞色舞、津津乐道。

大连的“足球城”之誉，起源于大连万达足球队（先后改名为大连实德、大连海昌国际），万达被称为这座城市的一张绿色名片。大连是中国第一个足球特区，万达是中国最早的职业化俱乐部。足球精神的实质就是团队合作、开拓进取、顽强不息；足球文化的实质就是一种竞争文化、拼搏文化、进取文化、开放文化。由此可知，兼有足球精神和足球文化的“足球城”大连，迅速崛起势在必然。

### 2. 服装

大连也是有名的“服装城”，是大连的另一个城市荣耀，大连的国际服装节办得就像狂欢节一样。有句话说得好：“吃在广州，玩在上海，穿在大连。”大连姑娘的好穿、敢穿可是闻名全国的。

每年9月初举办的大连国际服装节是一个集经贸、文化、旅游于一体的国际性经济文化盛会，是目前我国规模最大、档次最高、影响面最广、效益最好的国际服装节之一。到目前，大连已经举办近30届国际服装节，颇有特色。服装节的举办使中国的服装艺术迅速走向世界，为中国服装走遍天下创造了良好条件。

## 四、节日文化

每年一度的大连国际服装节、烟花爆竹迎春会、赏槐会、啤酒节、国际马拉松赛等大型活动，融经济、文化、旅游为一体，享誉海内外，给大连市的发展带来了无限商机和活力。

### 1. 烟花爆竹迎春会

每年的农历正月初二到初八举办。节日活动丰富多彩，有彩灯冰雕汇展、烟花焰火表演、风味美食品尝、花卉奇石展销、趣味游乐绝活绝技、杂技曲艺等，倍受中外来宾和大连市民的欢迎。

### 2. 赏槐会

每年 5 月下旬举办。大连素有“东方槐城”之美誉，每年 5 月，槐花盛开，满城飘香，美丽的滨城绚丽多姿。每年的赏槐会都是人山人海，非常令人瞩目。游人可以赏槐看花领略槐乡的风韵，重温童年放风筝的乐趣。

### 3. 啤酒节

由中国轻工业联合会和大连市人民政府共同举办，每年 8 月在星海广场举办。啤酒节包括啤酒厂商搭台展示、啤酒迪斯科广场、啤酒文化展、啤酒竞饮大赛、摄影比赛等主要活动内容，啤酒行业峰会、啤酒知识大赛等活动。

### 4. 国际马拉松赛

田径也是大连人喜爱的体育活动，大连是中国著名的“田径之乡”，多位世界冠军在这里诞生。从 1987 年开始，大连国际马拉松赛在每年 10 月最后的一个星期日举办，吸引了越来越多的国外马拉松赛好手参加，成为大连体育旅游的一个代表项目。1997 年，经国际田联认可，大连国际马拉松赛正式成为国际赛会。

## 第十节　青岛：红瓦绿树的滨海城市

青岛是一座历史文化名城。早在 6000 多年以前，这里已经有了人

类的生存和繁衍。东周时期建立了当时山东地区第二大市镇——即墨。秦始皇统一中国后，曾三次登临现位于青岛胶南市的琅琊台。清朝末年，青岛发展成为一个繁华市镇，昔称胶澳。

1891 年，清政府在胶澳设防，开始青岛建置。1897 年 11 月，德国以“巨野教案”为借口派兵强占青岛。1914 年 11 月，日本侵占青岛，取代德国殖民统治。1919 年，著名的“五四”运动的起因就是“收回青岛”。1922 年 12 月 10 日，中国收回青岛，设立胶澳商埠督办公署，属北洋政府。1929 年 7 月，设青岛特别市。1930 年，改称青岛市。1938 年 1 月，日本再次侵占青岛。1945 年 9 月，国民党政府接收青岛，仍为特别市。1949 年 6 月，青岛解放。1986 年，青岛市在国家计划中实行单列，赋予相当省一级经济管理权限。1994 年，被列为全国 15 个副省级城市之一。

“青岛”这个名称，原来指的就是小青岛（也叫琴岛），以岛上“山岩耸秀，林木蓊郁”而得名。“青岛”之名的出现，就现在已发现的典籍文献来看，最早有明确记载的是在明代中叶，距今已有 400 多年的历史。

今天，青岛已经成为中国东部重要的滨海城市，中国重要的经济中心城市和港口城市，国家历史文化名城和风景旅游胜地。青岛是国家环境保护模范城市、国家卫生城市和国家园林城市，获得“中国人居环境奖”。

## 一、饮食文化

青岛盛产名贵的海参、扇贝、鲍鱼、海螺、大对虾、加吉鱼等，所以以海味原料为主是青岛烹饪的特点。传统的青岛宴席有一定的讲究，上菜的顺序要求先冷后热，先咸后甜，每席必有鱼，没有海参不算大席。

青岛既有北方特色的海鲜大席，也有山东各种特色的风味小吃。面食铺天盖地，饺子热气沸腾。青岛名厨云集，山珍海味集中，又有誉满海内外的青岛啤酒和崂山矿泉佐餐，滋味真是相当不错。

在小吃街可领略青岛地方风味小吃，这里有大饭店里难得的乐趣。“劈柴院”位于中山路、河北路之间的江宁路，是青岛著名的小吃街。此外，还有大麦岛海鲜街、云霄路中苑美食街、汇泉小吃街、双星大吃街、泰山路烧烤街、长安食街等，荟萃八方风味，是美食家的天堂。

青岛的特色饮食主要有：青岛啤酒、崂山矿泉水、胶州湾蛤蜊、崂山绿茶、流亭猪蹄、青岛大包、泰山路烧烤等。

## 二、旅游文化

青岛是中国首批优秀旅游城市，是中国东部沿海地区重要的交通枢纽，也是海外游客出入中国的主要口岸。海滨风景线旖旎壮美，海上仙山——崂山起伏跌宕，到处是红瓦绿树、碧海蓝天，多国建筑具有典型的欧陆风格，还有众多名人故居，使青岛这座中西合璧，山、海、城相融相拥的城市，成为中国最优美的海滨风景带和海内外著名的旅游胜地。



### 1. 滨海步行道

开放式景点，西起团岛环路，东到石老人，全长约 36.9 千米。滨海步行道将青岛栈桥公园、海军博物馆、小青岛公园、鲁迅公园、第一海水浴场、八大关风景区、五四广场、石老人海水浴场等主要旅游景点串联在一起，形成一条独具特色的海滨风景画廊。

### 2. 五四广场

开放式景点，分为南北两部分，广场主体雕塑“五月的风”成为青岛新的标志性旅游景观。

### 3. 栈桥公园

开放式景点，是百年青岛的标志，也是青岛最好的观景点之一。

### 4. 小鱼山公园

青岛前海最佳的观景点之一，山虽不高却能远眺，登山俯瞰，栈桥、小青岛、鲁迅公园、汇泉湾、八大关景区、前海红瓦绿树、碧海蓝天的美景尽收眼底。“鱼山秋月”是青岛市十大景观之一。

### 5. 第一海水浴场

位于汇泉湾，浴场沙平面广，没有暗礁、隐壑、旋涡，沙滩长约 580 米。高峰时，每天可接纳 25—30 万人入浴。新改建的海水浴场体现了青岛海滨城市特色风貌。

### 6. 青岛海底世界

集海底观光旅游和海洋科普教育为一体，填补了山东省海底世界项目的空白，并创下多项全国第一，形成了青岛黄金海岸线上一道独特亮丽的旅游景观。

### 7. 信号山公园

信号山是青岛市内最佳的观景点之一，主要景点有：“旋转观景楼”、“露天茶座”、“六角亭”等，山顶的标志建筑三个红色蘑菇楼，寓意我国古代传送信号的三支红色火炬。

### 8. 崂山风景名胜区

国务院首批审定公布的国家重点风景名胜区之一，由崂山、市南海滨、石老人礁岩、薛家岛沙滩四个风景区组成，是我国重要的海岸山岳风景胜地。整个崂山风景区由巨峰、流清、太清、上清、棋盘石、仰口、北九水、华楼、登瀛等9个风景游览区和沙子口、王哥庄、北宅、夏庄、惜福镇等5个风景恢复区及外缘陆海景点三部分组成。

## 三、奥运与青岛

青岛人酷爱体育运动。作为2008年奥运会帆船比赛的举办城市，青岛进一步改善了生态环境，突出了“新青岛、新奥运”的主题，充分体现“绿色奥运、科技奥运、人文奥运”的理念，实现了举办一届“有特色、高水平”奥帆赛的目标。

青岛充分利用其“山、海、城”浑然一体、人与自然和谐共处的城市特点，做足海上运动的文章，建设亚洲一流、国际先进的海上运动基地，展示青岛“海上奥运”的特色，将青岛打造成中国的“帆船之都”。

青岛国际帆船中心位于青岛市东部新区浮山湾畔，整个项目实现市场化运作，所有设施充分考虑了赛后的可持续利用。

## 四、名牌文化

截至2010年上半年，青岛拥有中国名牌68个、中国驰名商标62件、山东名牌272个、青岛名牌401个，“国字号”品牌位居全国同类城市前列。海尔、青啤、海信、澳柯玛、双星等一大批名牌和名牌企业为青岛赢得了“名牌之城”的美誉。在世界品牌实验室评出全球最具影响力的 100 个品牌中，海尔成为唯一入选的中国本土品牌。

青岛为什么如此盛产名牌？一方面在于政府的扶持引导、企业的自主努力，另一方面在于青岛长期以来形成的一种有利于品牌成长的开放性文化。从某种程度上来讲，不同文化与思想的融合为青岛名牌企业的成长提供了优越的环境。

今天，名牌已经成为青岛的名片和动力。从品牌产品到名牌之城，青岛市因名牌的不断出现而变得愈加充满发展的活力。

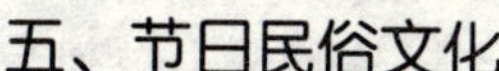

## 五、节日民俗文化



### 1. 青岛国际啤酒节

亚洲最盛大的啤酒节，始创于 1991 年，每年在青岛的黄金旅游季节 8 月的第二个周末开幕，为期 16 天，是融旅游、文化、体育、经贸于一体的国家级大型节庆活动。啤酒节的主题口号是“青岛与世界干杯!”今天，青岛国际啤酒节已逐渐成为青岛一张靓丽的城市名片，在国内外具有了相当的知名度和影响力。

### 2. 中国青岛海洋节

青岛市的重要节庆品牌，是当今中国唯一以海洋为主题的节日，创始于 1999 年，举办时间定在每年 7 月。该节荟萃现代节庆之精华，活动内容丰富，涵盖了开幕式、海洋科技、海洋体育、海洋文化、海洋旅游、海洋美食、闭幕式等几大板块数十项活动，成为 7 月青岛一道亮丽的风景线。

### 3. 樱花节

每年 4 月下旬—5 月上旬在中山公园举办。中山公园樱花节是每年青岛的第一个节会，是市民赏花踏青的好去处。置身于公园内的樱花街中，仿佛进入了一个粉色的童话世界。

### 4. 大泽山葡萄节

大泽山葡萄节原为平度大泽山区独有的民间传统节日——“财神节”（农历七月二十二日），相传源于唐朝初年。自 1995 年起，为提高大泽山葡萄更高的知名度，吸引更多有识之士来大泽山开发投资和旅游观光、洽谈经贸，节庆主会场设在大泽山镇，定名为“大泽山葡萄节”，时间为一个月，横跨不同品种葡萄的盛果期，游客可以品尝到各种葡萄的美味，各种节庆活动盛况空前。

**5. 海云庵糖球会**

海云庵位于四方区海云街，始建于明朝。旧时，农历正月十六是该庵庙会，香火颇盛。庙会上卖山楂糖球的特别多，久而久之人们便习惯地称其为“海云庵糖球会”。1986 年，青岛市恢复了这一传统民俗节日。庙会时，茂腔、柳腔、皮影、杂耍、剪纸、年画、秧歌大赛、锣鼓大赛等各种民间艺术活动丰富多彩，造型各异的糖球琳琅满目，各种风味小吃和手工艺品应有尽有。从 1990 年起，海云庵糖球会被列为国家重点旅游项目。今天的糖球会已成为“中国十大民俗节”之一，是全国知名的民俗文化活动品牌。

**6. 天后宫民俗庙会**

俗称“青岛大庙庙会”，每年农历正月初一至三十举办。位于青岛市太平路 19 号青岛天后宫，始建于明代成化三年（1467 年），距今已有 500 多年的历史，是青岛市区现存最古老的明清砖木结构建筑群。1996 年，青岛市政府对其进行全面修复，并将其辟为“青岛市民俗博物馆”。

## 六、宗教文化

青岛历史上有道教、佛教、伊斯兰教、基督教、天主教 5 种宗教。青岛解放时，市区的道观保存完好者有 59 处；1990 年有道士的道观 1 处。青岛的佛教历史悠久，崂山崇佛寺建于魏元帝景元五年（公元 264 年），是佛教在崂山的发端地。东晋义熙八年（公元 412 年），高僧法显和尚从天竺（今印度）取经后乘船到崂山，此后佛教在青岛地区逐步得到发展，许多朝代都曾在此建有寺院。进入 20 世纪，青岛的有识之士为了弘扬佛教文化，于 30 年代筹资兴建了湛山寺。青岛湛山寺在谈虚法师的苦心经营下，很快成为天台宗在国内外都有很大影响的名刹。基督教传入青岛是在鸦片战争之后。解放前夕，青岛的基督教各教派共有教堂及聚会场所 140 余处。天主教传入青岛已有 100 多年的历史。解放前夕，市区有教堂 10 处，1990 年青岛有开放教堂 2 处。1928 年，伊斯

兰教传入青岛，许多回民从外地陆续来到青岛。1990年，青岛有开放清真寺1处。

## 第十一节　深圳：现代化的特区城市

深圳位于广东省中南沿海地区，珠江入海口之东偏北。东临大鹏湾，西连珠江口，南邻香港，与九龙半岛接壤，与香港新界一河之隔，被称为“香港的后花园”。

考古研究表明，早在6700多年前的新石器时代中期，就有土著先民繁衍生息在深圳土地上。深圳市最早的前身为宝安县。宝安作为县建制始于东晋咸和六年（公元331年）。隋开皇十年（公元590年），宝安县改属南海郡，县治在今深圳南头。唐至德二年（公元757年），宝安县更名东莞县，县治迁往东莞。明洪武二十七年（1394年），设立东莞守御千户所及大鹏守御千户所。明万历元年（1573年），扩建东莞守御千户基地，建立新安县，辖地包括今天的深圳市及香港区域。民国三年公元（1913年），广东省新安县复称宝安县，县治仍在南头。抗日战争时期，南头沦陷，宝安县政府临时迁往东莞县。1979年3月，中央和广东省决定改宝安县改为深圳市；11月，深圳市升为地级省辖市。1980年5月，深圳被定为中国第一个“经济特区”；8月，批准在深圳设置经济特区。1981年3月，深圳市升格为副省级市。1988年11月，深圳市成为国家计划单列市。

深圳曾获得“国家卫生城市”、“国家园林城市”、“国家环境保护模范城市”、“中国优秀旅游城市”、“全国双拥模范城”等称号。这座城市已拥有书城、大剧院、图书馆等现代化文化设施，并拥有交响乐团、歌舞团等文艺团体和大批高新发展的企业。

经过近30年的建设和发展，深圳由一个昔日的边陲小镇，已经发展成为了一个欣欣向荣的现代化城市，综合经济实力跃居全国大中城市前列，创造了罕见的工业化、城市化和现代化发展速度。

深圳是中国内地人均国内生产总值最高的城市，是经济效益最好的城市之一；深圳基本建成“以高新技术产业、先进制造业为基础，以现代服务业为支撑的适应现代化中心城市功能”的新型产业体系，高新技术产值居国内城市首位；深圳经济发展不断攀上新台阶，高新技术产业、现代物流业和金融服务业是深圳三大支柱产业。

现在，深圳已经确定了建设园林式、花园式城市、区域经济中心城市和现代化国际性城市的奋斗目标。如今，深圳已成为中国高新技术产业基地和区域性金融中心、信息中心、商贸中心、运输中心及旅游胜地，并将成为现代化的国际性城市。

## 一、地名的由来

“深圳”这一地名始见史籍于明永乐八年（1410 年），于清朝初年建墟。当地的方言俗称田野间的水沟为“圳”或“涌”。深圳正是因水泽密布，村落边有一条深水沟而得名。

深圳又称鹏城，这是因为深圳东部 50 多公里开外的南澳镇有一处名叫鹏城的地方，城门好像北京的德胜门，只是规模小了很多。城墙经风雨侵蚀，一番破败景象，虽不及山海关雄壮，仍古味十足。进入城门，只见青石板铺就的道路两旁的平房都是砖木结构，鳞次栉比，露出房檐的椽子都已腐败，看起来年代似乎很久远了。当地居民称这个地方叫王母，又叫大鹏，这座城就叫鹏城。

自从深圳建立特区以来，面貌发生了巨大变化，成为一座充满生机、潜力无限的城市。而深圳的版图也正像一只展翅高飞的大鹏，搏击长空、勇往直前。所以，鹏城也就名副其实地叫响了。

## 二、深圳的“名片”

### 1. 市花

1986 年，簕杜鹃被选为深圳市的市花。簕杜鹃花开灿烂，生命力旺盛，但花期多在 10 月至次年 4 月。现在，有关专家通过科技攻关，已经掌握了“控花”技术，成功地实现了盆栽簕杜鹃周期性连续开花，从而实现了簕杜鹃四季有花。

### 2. 市树

深圳是广东省主要的荔枝产地之一，所以荔枝树被定为深圳市的市树。荔枝树在深圳的栽培有悠久历史，也是深圳种植最多的树种，每逢荔枝成熟的时节，碧叶、红果溢香四方，把深圳装点得繁茂似锦。

## 三、饮食文化

深圳是一座移民城市，随着全国各地的人涌入深圳，也带来了独具特色的厨艺。大杂烩融入到深圳，才能体现出深圳的饮食文化特色——集百家于一身。深圳拥有2万多家饮食场所，高中低各档次的饭馆、酒楼、大排挡、中西餐厅比比皆是，真是美食天下。

“吃”文化是深圳人生活的一大主题，大小酒楼、食街吸引了大量外来游客和当地人。粤菜也叫广东菜，包括广州、潮州、东江三派，以海味见长。粤菜注重各种技法，着意于清淡生脆、鲜嫩滑爽，素有“食在广州”的美誉，近年来更兼客家菜于一身，远近闻名。深圳的菜系包罗万象，来自全国各地的美味佳肴，如川菜、京菜、苏菜、沪菜、贵菜、湘菜、赣菜、东北菜、西北菜等，应有尽有。近年来，深圳开始流行西餐，给吃文化融入了“洋味”，有意大利餐、韩国料理、日本料理等，令人目不暇给。这些都促使饮食业风靡深圳，但深圳缺乏全国知名的餐饮品牌。



在深圳能品尝到早晚茶，吃各式的点心、小吃，到海边还能吃到各样海鲜。深圳人饮食有两个最大的爱好：一个是喝汤；一个是夜宵。这两个爱好差不多占据了深圳一半以上人的生活，广东人爱煲汤，讲究火候和营养，并已经形成一种文化。而工作到深夜后，很多人都会选择找地方吃宵夜。不少摊点会一直营业到凌晨，成为居民和旅游者宵夜的好去处。

## 四、旅游文化

深圳历史悠久，文化发达，旅游资源也十分丰富，保存在地上、地下的文物古迹十分丰富。20世纪80年代，深圳博物馆考古人员进行了文物普查，发现了一大批颇有价值的古建筑、古遗址、古墓葬、古寺庙、古城址和风景名胜等。深圳市人民政府于1983年先后公布了两批重点文物保护单位，并对名胜古迹作了修复，再现了原有风貌，以供游人观赏。

深圳境内有著名的赤湾天后庙、鹏城东山寺等古迹遗址，并保留有南头古城、大鹏所城等古城。两城内保留有古城门、文天祥祠、鸦片战争中打响反侵略战争第一炮的赖恩爵将军府等古迹。蛇口的宋少帝墓和古炮台、沙头角中英街的界碑，龙田世居、大万世居等有浓郁民俗风情的客家村寨，以及抗日战争时期东江纵队革命遗址等，也是旅游者喜欢一游的地方。

深圳市是依山面海、风光秀丽的海滨城市，也是一座新兴的城市，整洁美丽，四季树木葱茏，当地政府因地制宜地开发了很多旅游景点，把自然风光和人工建筑巧妙地结合在一起。著名的人文景观有：锦绣中华、世界之窗、明思克航母世界、欢乐谷。

**1. 大鹏所城**

国家级文物保护单位，位于龙岗区大鹏镇鹏城村，建于明洪武二十七年（公元1394年），历经600多年风雨仍巍然屹立。

**2. 明思克航母世界**



坐落在深圳市沙头角海滨，毗邻闻名遐迩的中英街，是目前中国乃至世界上唯一一座以航空母舰为主体的军事主题公园，被授予“全国科普教育基地”及“广东军事科普教育基地”称号。明思克航母世界以苏联退役航空母舰“明思克”号为主体兴建而成，集旅游观光、科普教育、国防教育于一体。

## 第十二节　成都：悠闲自在的天府之国

成都位于四川省中部，是四川省的政治、经济和文化中心，也是国家历史文化名城。成都古为蜀国地，秦朝并巴、蜀为蜀郡并建城，汉朝时因为这里织锦业发达，专设锦官管理，所以有“锦官城”之称，五代蜀国时大量种植芙蓉，所以成都别称“芙蓉城”，简称“蓉”。

1921年，成都被设为市政公所，1928年改为成都市，直隶四川省，为省辖市。1949年12月27日，成都解放，开始作为川西行署所在地。1952年，撤销行署，恢复四川省建制，成都市一直为四川省省会。1989年2月，经国务院批准，成都市成为国家计划单列市。

成都是古蜀国文化的重要发源地，创办了中国历史上第一所官办学堂——石室学堂（今成都石室中学），该校也是世界上现存历史最悠久

的学校之一。自其创办以来，屡经兴衰，校名也曾多次更改，但校址却从来没有变动，这在中国和世界上来说，都是很罕见的。在唐宋经济发达、文化繁荣的时期，著名诗人李白、杜甫、李商隐等都流寓成都，在此创作了大量吟诵成都风物的诗词歌赋，并留下众多文化遗迹。

成都历史悠久，在中国历史上创造了两个奇迹：一个是它的名字，2000多年来从没有变更过，这在中国地名史上实属罕见；二是2000多年来，成都一直是四川地区的郡、州、府、道、省等行政区划的首府所在地，从没有变更过，可以算是中国历史最悠久的省会城市之一。

成都是古蜀国文化的重要发源地。现今出土的大量古蜀国文物说明，早在商周时期，古蜀国人民就创造了高度发达的青铜文化，成为华夏文化的重要组成部分。成都的文化影响着全世界所有的中国人，甚至在日本、韩国也有很多人热衷于成都的三国文化。成都的文化博大精深，在中国人中影响极为深刻。



## 一、成都的“名片”

### 1. 市花

1983年5月，芙蓉花被封为成都市花。成都栽培芙蓉历史悠久，据古籍记载，五代时期，蜀后主孟昶在成都城墙上遍植芙蓉。芙蓉花娇美动人，有国色牡丹一般的容颜，还有不屈不挠、拒霜傲雪、蓬勃进取的坚毅品格，不愧为富饶美丽的成都的象征。

### 2. 市树

银杏是成都的市树，是中国特有的古老树种，在成都栽培历史久远。生长在成都寺庙、公园、民居院落及附近乡村的上千株古银杏，是成都市历史文化名城活的证物，记录了成都的沧桑岁月。

## 二、饮食文化

四川盆地气候温和，物产丰富，自古有“天府之国”的美誉，“食在四川”的美食文化名贯古今，而成都更是把川菜的精华发扬光大了。

川菜作为中国四大菜系（川、粤、鲁、淮扬）之一，已历经千年，迄今已有3000多个品种，数百种名菜。川菜以辣闻名天下，却不仅仅止于辣味，其强劲的势力早已渗透到全国各地每个角落。川菜的招牌菜有：麻婆豆腐、八味冷碟、宫保鸡丁、酸辣蹄筋、鱼香肉丝、水煮鱼、开水白菜、樟茶鸭子、香辣蟹、水煮牛肉、回锅肉、蚂蚁上树、东坡肘子、粉蒸牛肉、酸菜鱼等。

成都的小吃集中了全川小吃的精华，品类繁多，风味独特，种类不下200种，包括：龙抄手、赖汤圆、夫妻肺片、钟水饺、担担面、串串香、韩包子、龙眼包子等等。

成都的本土火锅以其包罗万象、热情似火、平易近人的特点，毯式轰炸般迅速征服了全国人民的胃口。成都火锅花色品种繁多，锅底就有数十种，原料更是数不胜数，可以说，凡是可以吃的东西皆能下火锅涮、煮、烫。

成都的饮食街主要集中在羊市街西延线、科华北路、领事馆路、望平街、一品天下等。



## 三、旅游文化

成都旅游资源丰富，名胜古迹众多，是中国最著名的旅游城市之一。2007年2月8日，国家旅游局、世界旅游组织正式宣布：经过与全国其他20余个城市的角逐，成都、杭州、大连脱颖而出，成为首批“中国最佳旅游城市”。

“中国最佳”和“国际知名”将是成都市发展旅游的方向，作为中国西部唯一取得该荣誉的城市，成都正在推销无障碍的精品线路，打造从成都出发、玩转成都、玩转西部的“中国最佳旅游城市”。

## 四、博物馆之都

成都有着“博物馆之都”的美誉，各种博物馆和各类文化遗址众多，这也显示了成都巨大的文化魅力和价值所在。

### 1. 成都武侯祠博物馆

武侯祠博物馆是闻名海内外的三国文化圣地，首批全国重点文物保护单位。武侯祠位于成都市区，是全国最负盛名的诸葛亮、刘备纪念地和唯一的君臣合祀庙宇，也是全国影响最大的三国遗迹博物馆。武侯祠始建于公元223年，主要由惠陵、汉昭烈庙和武侯祠三大部分组成。

**2. 成都杜甫草堂博物馆**

唐代诗人杜甫成都故宅旧址，首批全国重点文物保护单位。杜甫草堂位于成都市区，是富有诗情画意和竹林风光的名园。诗人杜甫于公元759年移居成都，历时3年9个月，在此作诗240余首，其名篇《茅屋为秋风所破歌》就是居住在该草堂时的作品。主要建筑有大廨、诗史堂、柴门、工部祠、少陵草堂等。

**3. 成都永陵博物馆**

永陵是五代十国时期前蜀皇帝王建（公元847—918年）的陵墓，全国重点文物保护单位。博物馆位于成都市区，1942年被发掘，出土的重要文物有白玉谥宝、哀册、玉带、玉杯、银钵、铁猪及铁牛等，是研究五代时期政治、经济、文化的宝贵资料。



**4. 金沙遗址**

金沙遗址位于成都市西郊青羊大道，被评为2001年“全国十大考古新发现”之一，全国重点文物保护单位。该遗址代表了3000多年前的灿烂辉煌的古蜀文化，与广汉三星堆遗址文化一脉相承，前后衔接。

**5. 古船棺遗址**

古船棺遗址位于成都市中心商业街,，距今已经有2500多年的历史是全国重点文物保护单位。2000年7月发掘，每具船棺都以特大圆木造成船形，其墓葬规模堪称全国之最。同时出土的文物有制作精美的陪葬陶器。

**6. 文殊院**

清朝川西“四大丛林”之一，前身是唐代的“妙园塔”，宋时名“信相寺”，明朝时毁于战火，清康熙三十年（1691年）重修之后改称“文殊院”。寺内藏有自唐宋以来500余件古今名人书画，珍藏12万余册各类经书，还有自汉代以来的碑刻、雕、刺绣等实物珍品。

## 第十三节　昆明：四季现美景的春城



昆明是云南省的省会，具有2400多年的历史，是云南省政治、经济、文化、科技、交通的中心，同时也是我国著名的历史文化名城和优秀旅游城市。昆明地处云贵高原中部，南濒滇池，三面环山。气候温和，夏无酷暑，冬无严寒，四季如春，气候宜人，是极负盛名的“春城”。



昆明有着悠久的历史，春秋时为滇部落领地，战国时周赧王二十九年（公元前 286 年），楚将庄率部入滇，建立“滇国”。汉武帝元封二年（公元前 109 年）置益州郡，郡治滇池县（今昆明市城南）。隋、唐初为昆州。公元 765 年，唐朝南诏国在滇池北岸筑拓东城（今昆明城区东南部拓东路一带），设拓东节度。宋大理国时为鄯阐府，鄯阐城在拓东城的基础上向西扩展。元朝为中庆路，至元十三年（1276 年），设云南行中书省，昆明从此成为云南政治文化中心。明洪武十五年（1382 年）改中庆路为云南府，清朝沿袭。1928 年设昆明市。1950 年 3 月，昆明市人民政府成立。

昆明是云南省的工业基地和商贸旅游中心，是国家级口岸城市。昆明市城市建设总体目标是：发展成为以面向东南亚、南亚为重点，全方位对外开放的现代化国际性商贸旅游城市。

## 一、饮食文化

昆明饮食滇味风格独特，风味小吃众多，有鲜明的民族和地方特色。昆明满街吃的真是让人垂涎，街边的小吃、烧烤、环境优雅的室内餐厅都有当地特色食品可以吃到。但总体来说，昆明美食比较集中的地方是北边的北大门美食街、西边的兴苑路（也就是在西山区政府大楼旁），另外还有滇池路、关上中路、官南大道、世博大道等。

在昆明可以品尝独特的民族食品，民族风味菜肴在制作上有烤、腌、冻、焐、舂等多种方法，器皿有石板、香竹、羊皮、卵石等。昆明的饮食十分丰富，每种都有着自己独特的味道。总体来说，昆明菜的口味有点偏咸、偏辣。

昆明的特色小吃主要有：过桥米线、小锅米线、烧饵块、气锅鸡、老奶洋芋、米凉虾、豆焖饭、洋芋焖饭、抓抓粉、春卷、紫米八宝饭、宜良烤鸭、香竹烤饭、香茅草烤鱼、白族三道茶、烧豆腐、豌豆粉、喜洲粑粑、鸡枞菌、干巴菌、粑肉饵丝等。



值得一提的是，昆明的山珍在全国很有名，山珍中的野生菌类更是令人百吃不厌。

## 二、旅游文化

昆明是中国历史文化名城之一，也是中国最优秀的旅游城市之一。这里夏无酷暑，冬无严寒，四季如春，鲜花常年不断，素有“春城”之美誉。昆明是自然景观和人文景观的荟萃之地。悠久的历史、独特的地质结构，为昆明留下了众多的文物古迹和风景名胜。作为一个发展中的国际旅游城市，目前，昆明已形成了一个集自然风光和民族风情为一体的多功能的四季皆宜的旅游胜地，等待着游客的到来。

### 1. 石林风景区



我国首批国家级重点风景名胜区之一，是世界最典型的喀斯特地貌景观。范围达350平方千米，素有“造型地貌天然博物馆”之称，是中国的四大自然景观之一。石林风景名胜区由大小石林、乃古石林、芝云洞、长湖、大叠水瀑布、月湖、奇风洞7个区域组成。

### 2. 世界园艺博览园

位于昆明东北郊的金殿风景名胜区旁，距昆明市区约6千米。经国际博览局和国际园艺生产者协会批准，由中国政府于1999年5月1日至10月31日在昆明市成功举办。园内集中展示了中国各省区市和国际著名的园林园艺精品，各类园林园艺布局紧扣“人与自然”的主题，依山就势，移步设景，亭、台、楼、榭相映成趣，岸、堤、岛、桥聚散有致。世博园同周围的自然环境之山、水、林有机地融为一体，源于自然又回归于自然。可以说，这里是一个汇集了全世界园艺风景的超大型博览场所。

### 3. 云南民族村

位于昆明市南，南临浩瀚的滇池、北望昆明、西靠著名的西山风景区，湖光山色秀美无比。傣族村是风情最浓、最美的村寨之一，里面种满了热带和亚热带植物，一幢幢精致典雅的傣家竹楼点缀其间。其中，最豪华的村落要数白族村。“三坊一照壁”，“四合五天井”雕梁画栋，彩绘丹青。彝族村的太阳历广场，中间竖有一根观测时辰的石柱，四周雕有12生肖的石刻，通过石柱的日影来观测时辰，生动地再现了彝族古老的太阳历。另外有土掌房、舞蹈等场景可供观赏。

### 4. 滇池

位于昆明城西南，又叫昆明湖，古称滇南泽，是云南省面积最大的高原湖泊，也是全国第六大淡水湖。滇池湖面辽阔，景色优美，被誉为“高原明珠”。滇池东西方向有金马、碧鸡二山的夹峙，南北有长虫、白鹤两山遥遥相望。滇池四周，名胜较多，既有石器时代的遗址，古滇王墓的踪迹，又可在岸上游览西山、白鱼口、郑和故里、盘龙古寺、官渡金刚塔等数十处名胜古迹；还可以深入环湖海口、昆阳、晋宁、呈贡、官渡、黑林铺等大小城镇考察风俗民情。如果乘船出游，只见烟波浩渺，四周美景迷人，犹如入图画之中。

## 三、民俗文化

昆明是一个多民族汇集的城市，有 26 个民族，形成聚居村或混居村街的有汉、彝、回、白、苗、哈尼、壮、傣、傈僳等民族。其民族风情引人入胜，描绘出神奇迷离的画卷。在长期的生产生活中，各民族既相互影响，融会贯通，同时又保持各自的民族传统，延续着许多独特的生活方式、民俗习惯和文化艺术。

生活在昆明地区的各民族同胞热情好客，能歌善舞，民风纯朴。他们待人接物的礼仪、风味独特的饮食、绚丽多彩的服饰、风格各异的民居建筑、妙趣横生的婚嫁，都能使人感受到鲜明的民族特色。

在众多的民族节日中，彝族的“火把节”，白族的“三月街”、“绕三灵”，傣族的“泼水节”，苗族的“踩花山”，傈僳族的“刀杆节”等久负盛名，节日活动丰富多彩。

每逢节日，各民族群众都会穿上自己手工刺绣染制的民族盛装，从四面八方汇聚到一起，举行摔跤、斗牛、对歌等活动。按照岁时节令，农历三月初三的西山调子盛会、正月初九的金殿踏春、九九重阳的螺峰登高、中秋之夜的大观赏月等许多习俗在民间十分流行。

昆明地方文艺种类繁多，滇剧、花灯戏、民歌小调以及少数民族剧种、民间叙事长诗、民间传说等，历经数百年的发展和传颂，为广大人民群众喜闻乐见。

# 第十四节　拉萨：青藏高原的风情

拉萨是西藏自治区首府，藏语意为“圣地”，是一座具有1300年历史的古城。拉萨位于雅鲁藏布江支流拉萨河中游北岸，海拔3657米。其地处川藏、青藏、中尼公路结合点，是西藏重要的交通枢纽。拉萨全市总人口55万，有藏、汉、回等31个民族，其中藏族人口占87%。这里属于高原干旱气候区，气温偏低，降水较少，空气稀薄，年日照时间长达3000小时以上，有“日光城”之称。

拉萨的历史悠久，秦朝时属古汉，唐朝为吐蕃之地。早在公元7世纪，唐朝贞观七年（公元633年），松赞干布完成了统一西藏的大业，建立了吐蕃王朝，同时建都拉萨，又在拉萨修建了大昭寺，小昭寺和布达拉宫。千余年来，这里成为了西藏政教活动的中心。唐贞观十五年（公元641年），松赞干布迎娶唐朝文成公主。文成公主的到来，为西藏的文化及生产带来了很大的改变。同时，西藏的文化也渐渐地流传到了中原。

1951年5月23日，西藏和平解放，拉萨城进入了新的时代。1960年，国务院正式批准拉萨为地级市，1982年又将其定为首批公布的24座国家历史文化名城之一。

## 一、饮食文化



拉萨是各种美食汇集之地。膳食主要分为藏菜、川菜和西式风味，也有尼泊尔和印度菜。旅游饭店，菜肴以川菜为主。各个饭店均可制作别具风味的藏式菜肴。西式餐厅大都集中于游客比较多的北京路，几乎每间旅店的餐厅都供应西餐。

酥油、茶叶、糌粑、牛羊肉，被称为西藏饮食的“四宝”，还有青稞酒和各式奶制品。藏餐的口味讲究清淡、平和。很多菜，除了盐巴和葱蒜，不放任何辛辣的调料，这也充分体现了餐饮文化返朴归真的生活情调。

拉萨有一些十分有特色的藏餐、藏菜，如各类灌肠、青稞酒和酥油茶、牛羊手抓肉、凉拌牦牛舌、包子、各种糕点、甜茶、奶茶、酸奶、烤肠、风干肉、夏普青（肉浆）等。

## 二、旅游文化

拉萨城风景优美，在一般人的印象中是由布达拉宫、八廓街、大昭寺、色拉寺、哲蚌寺以及拉萨河构成的。但西藏人认为，严格意义上的“拉萨”应是指大昭寺和围绕大昭寺而建立起来的八廓街，只有到了大昭寺和八廓街才算到了真正的拉萨。如今拉萨城东一带还保持着古城拉萨的精髓。

以布达拉宫和八廓街为中心的拉萨新城，北至色拉寺，西至堆龙德庆县。纵目眺望拉萨城，各色建筑物星罗棋布，互为参错，连连绵绵。站在布达拉宫顶上俯瞰拉萨全城，整个拉萨市区到处是一片片掩映在绿树中的新式楼房，唯八廓街一带飘扬着经幡，荡漾着桑烟。

八廓街密布着颇具民族风格的房屋和街道，聚集着来自藏区各地的人们，他们中许多人仍然穿着本民族的传统服装，从不离手的转经筒和念珠表明佛教实际上已成为一种生活方式。古老与现代，传统与创新，宗教与世俗，昨天、今天和明天，都在这里碰撞、凝聚和交融。

## 三、宗教文化

自藏王松赞干布在拉萨定都起，拉萨就成了西藏政治、经济、文化和宗教的中心，也是藏传佛教信徒们心中的圣地。其金碧辉煌、雄伟壮丽的布达拉宫，是至高无上政教合一政权的象征。走进神秘的拉萨，徜徉在海拔 3700 米的拉萨街头，深深地呼吸着稀薄干净的空气，望着深蓝色的天空，人们仿佛走进了心灵的净土……

### 1. 布达拉宫

坐落在拉萨市区西北的玛布日山（红山）上，是一座规模宏大的宫堡式建筑群。公元 7 世纪，吐蕃松赞干布与唐文成公主联姻，于是建造此宫而居。以后此宫两次毁于灾害兵火。1645 年，五世达赖喇嘛进行扩建，历时半个世纪始具规模。现今整个建筑群占地 10 余万平方米，有数千间房屋，布局严谨，错落有致，体现了西藏建筑工匠高超的技艺。每逢节日活动，宫门挤满信仰藏传佛教各民族的佛教徒，成为著名佛教圣地。1961 年，布达拉宫被国务院公布为第一批全国重点文物保护单位之一，1994 年被列为世界文化遗产。

### 2. 大昭寺

位于拉萨老城区的中心位置，八廓街正是围绕大昭寺而展开的。大昭寺在藏族人心中的地位并不亚于布达拉宫，它也是游人到西藏必游的景点之一。大昭寺始建于公元 647 年，是藏王松赞干布为纪念文成公主入藏而建，后经历代修缮增建，形成庞大的建筑群。大昭寺是藏族人心中的“佛地”，大昭寺门口时常可以看到很多虔诚的佛教徒在磕长头，场面非常感人。还有更多的人每天围绕着大昭寺转经，很多僧人也在大昭寺附近摆开架势，向过路的人唱经化缘。

### 3. 罗布林卡

位于拉萨西郊，始建于 18 世纪 40 年代，是历代达赖喇嘛消夏理政的地方，属于全国重点文物保护单位，全园占地 36 万平方米，建筑以格桑颇章、金色颇章、达登明久颇章为主体，有 374 间房，是西藏人造园林中规模最大、风景最佳、古迹最多的园林。



## 四、节日文化

藏族节日文化是中华民俗文化中的一朵亮丽之花，以文化活动、文化产品、文化服务和文化氛围为主要表现，以民族心理、伦理道德、精神气质、价值取向和审美情趣为深层底蕴。它是藏族民俗文化、古代文化和宗教文化的重要组成部分。

藏族节日的起源和性质是多样化的，虽然大部分与藏族人民所信仰的佛教有关，但从藏族节日文化中还可以追寻藏汉文化的历史概貌、交流的历史线索等。藏族节日文化既是藏族社会历史的一面镜子，也是一幅恢宏壮丽的藏族风俗画卷。

### 1. 藏历新年

藏历年的确定，与藏历的使用有密切关系。农历丁卯年（1027 年），藏历年正式开始使用，从此藏历的用法就沿袭了下来。藏族人民从藏历十二月就作过年准备，这时每家都在盆里浸泡青稞种子，到了除夕晚上，各家在佛像前摆好各种食品。农历初一是藏历新年第一天，他们做的第一件事，就是各家派人到河边背回新年的第一桶水——吉祥水。从初二开始，亲朋好友彼此走访，拜年祝贺，这项活动持续三五天。藏历新年期间，在广场或空旷的草地上，人们围成圈儿跳锅庄舞、弦子舞，在六弦琴、钹、锣等乐器的伴奏下，手拉手、人挨人地踏地为节，欢歌而和，孩子们则燃放鞭炮，整个地区沉浸在欢乐、喜庆、祥和的节日气氛中。

**2. 传昭大法会**

西藏最大的宗教节日。届时拉萨哲蚌寺、色拉寺、甘丹寺三大寺的僧人都集中在拉萨大昭寺。该法会是格鲁派创始人宗喀巴大师于1409年在拉萨举行的祈祷大会延续下来的，并举行格西学位考试，西藏其他地方的佛教信仰者也前来朝佛。此后，其规模不断扩大和丰富，祈愿大会成为一个固定的、十分盛行的宗教节日，一直到今天。

**3. 酥油花灯节**

藏历元月十五日，是藏族人民规模宏大、绚丽缤纷的酥油花灯节。白天，人们到各寺朝佛祈祷；夜晚，拉萨八廓街举行酥油花灯会，满街搭起各种花架，上面摆满有五颜六色的各种神仙、人物鸟兽和花木形象，还有木偶表演。这是拉萨最热闹、最快活的节日。

**4. 沐浴节**

藏族人民有一种传统的节日，至少已有七八百年的历史。按佛教说法，青藏高原的水有八大优点，即一甘、二凉、三软、四轻、五清、六不臭，七饮不损喉，八喝不伤腹。七月被人们称为最佳沐浴时间，在藏历七月上旬，藏族人民的沐浴节要持续五六天。节日期间，无论城镇、乡村，还是牧区，人们携带帐篷和酥油茶、青稞酒、糌粑等食品，纷纷来到拉萨河畔、雅鲁藏布江边，来到青藏高原千江万湖旁争相下水，在水中尽情嬉戏、游泳。直到今天，沐浴节还充满着勃勃生机和活力。另外，沐浴节还吸收了大量的娱乐文化，从而使今天的沐浴节演变成了一个集宗教、娱乐、健身于一体的综合性社会节日。

**5. 雪顿节**

西藏最大的传统节日之一，“雪顿”的意思就是酸奶。节日期间，藏族人民三五成群，男女老少相携，背着各色包袱，手提青稞酒桶，有的还搭起帐篷，地上铺上卡垫、地毯，摆上青稞、菜肴等节日食品涌入罗布林卡内。近年来，自治区各机关单位还将大型的文艺活动、学术研讨、经贸交流会安排在雪顿节期间，使场面更加热闹。

# 第十一章

# 城市文化遗产保护

中国是一个历史悠久的国家，其文化遗产也是世界文化遗产最重要的组成部分。文化遗产分为物质文化遗产和非物质文化遗产两大类。而物质文化遗产又可大致分为“文物保护单位”、“历史文化保护区”和“历史文化名城”三个层次。

自从20世纪50年代以来，城市化的进程在世界范围内都不断加快，从而不可避免地加剧了城市人口、资源环境和文化遗产保护等各个方面的矛盾，文化遗产所承担的压力和风险不断增加。今天的城市在不断发展，出于城市规划、建设等方面的原因，我国的城市文化遗产保护面临着前所未有的冲击，特别是在城市密集区内，城市文化遗产与城市发展的矛盾更加突出。

## 第一节　城市文化遗产的价值

目前，在我国城市文化遗产的保护工作中，存在两极分化的问题：在经济比较发达的地区，因为过度开发和不合理利用，城市文化遗产不断受到破坏；而在经济欠发达的地区，城市文化遗产却处在无力保护的状态。现在，全国重点文物保护单位中有138处是大型古代城市遗址，但却仅有16个城市的遗址有保护规划，仅为总数的11.6%，正在制定保护规划的也只有46处。

城市文化遗产是什么？是通过漫长的历史时期逐渐形成并遗留下来的最宝贵的财富，反映了城市历史、社会和思想的变迁，是今天人们能够触摸到的还没有消逝的历史。所以在某种程度上来说，城市文化遗产就是一个城市生命历程中不能中断的链接。这种链接把历史、今天与未来紧密地联系在一起，使今天的人们感情有了物质和精神的依托。毋庸置疑，城市文化遗产的价值巨大，不仅能体现在对具体文物的研究、保护和开发上，而且从宏观上反映出各个历史时期人类社会活动的各个方面，及其相互联系、相互制约的社会关系。城市文化遗产的价值不仅仅只有经济价值，还包括历史文化价值、社会价值和科学研究价值等。

对于一个城市来说，文化遗产不但是其发展的历史见证，而且是城市文明最为现实的载体。在古代，要营建一座城市，就必须考虑到宫殿、衙署、里坊、道路和水系等等，是一个规模十分宏大、布局相对合理、功能相对完备的完整的科学体系。在今天，很多城市中依然留存了一些成片的历史街区以及数量众多的传统民居，这些都是城市文化遗产的重要组成部分。不可否认，它们既是先人活动的遗存，也是现代人生活的空间。它们凝聚了一代又一代居民的智慧、思想和生活气息，一刻也不停息地诉说着城市的文化与历史，让后世的人们了解那令人感动的城市故事，清晰地体悟到城市的成长历程。

我国历史性的城市文化遗产资源非常丰富，它们一方面蕴含了城市文化的深厚底蕴，另一方面也体现了城市对华夏五千年文明所作出的贡献。在这个世界上，无源之水、无本之木都是不存在的，每一个城市也都有自己的生命历程，而城市文化遗产则体现了城市独特的文化价值，是城市生命历程的根基。

所以，我们要走近城市文化遗产，热爱城市文化遗产，更要保护文化遗产，因为它是一个城市的文化之根。

## 第二节　城市文化遗产保护历程

对城市文化遗产的保护功在当代，利在千秋。城市有关部门应该本着对民族、对未来负责的态度，增强城市文化遗产的保护意识，处理好“保护”和“发展”的关系，切实把对城市文化遗产的保护纳入城市发展规划。

目前，一些城市的发展与文化遗产保护之间的矛盾越来越尖锐。例如：有的城市为了发展房地产业，对城市中有文物价值的建筑甚至城区大肆拆除；有的地方对古镇、古村落进行“杀鸡取卵”、“竭泽而渔”式的开发，把文化遗产当成了提款机、摇钱树，只知道享受，而不愿意或不知道保护和休养生息，不惜以破坏文化遗产为代价，换取短暂的经济繁荣。这些急功近利的行为，对城市文化遗产的生存构成了极大的威胁，使得美好的文化遗产面临昙花一现的危险。

要保护城市文化遗产，就要果断制止过度或破坏性开发，还要与利用、开发有机结合，实现城市文化遗产的可持续性保护，使城市文化遗产传承成为现代化进程的有机组成部分。对城市文化遗产的开发利用绝不是仅有开发旅游这一个途径，实际上，城市文化遗产的真正价值在于它所蕴含的丰富的文化因子，如果能从中获得灵感，创造出体现民族独特风格和优秀价值观的文化产品，打造出强大的文化产业，那么城市文化遗产的作用将得到充分发挥。



关于我国城市文化遗产的保护历程，可以追溯到20世纪20年代。1928年，我国成立了古物保存委员会；1929年，成立了民间学术研究机构——中国营造学社，开始系统地运用现代科学方法研究中国古代建筑；1930年，国民政府公布《古物保存法》，对古物的含义、保存要求、文物发掘等都做了规定，1931年公布《实施细则》，增加了保护古建筑的内容；1948年，清华大学梁思成先生主持编写了中国现代最早记载全国重要古建筑目录的专书——《全国重要文物建筑简目》，成为以后公布全国第一批重点文物保护单位的基础。

新中国成立后，国家加快了城市文化遗产保护的步伐。1950年5月，中央人民政府发布了保护文物古迹的政令；1958年，《中华人民共和国宪法》规定“国家保护名胜古迹，珍贵文物和其他重要历史文化遗产”；1961年11月，国务院颁布了《文物保护管理条例》，公布了首批全国重点文物保护单位，实施了以命名“文物保护单位”来保护文物古迹的制度（2006年5月，公布了第六批全国重点文物保护单位1080处，现在共有全国重点文物保护单位2351处）；1982年2月，国务院公布首批24个历史文化名城，标志着历史古城保护制度的创立（现共有103个国家历史文化名城）；1982年11月，颁布《文物保护法》；

1984 年 1 月，国务院颁布《城市规划条例》，规定城市规划应当切实保护文物古迹，保护和发扬民族风格和地方特色；1985 年 1 月，中国政府加入《保护世界文化和自然遗产公约》；1986 年，国务院确定将文物古迹比较集中，或较完整地保存某一历史时期的传统风貌与民族地方特色的街区、建筑群、小镇、村落，划定为历史文化保护区加以保护（现北京已公布 40 处历史文化保护区，浙江省 43 处，上海市 12 处等）；1987 年中国有了首批“世界文化遗产”——长城、故宫等；1987 年和 1990 年，泰山和黄山分别列入首批“世界文化和自然遗产”；1992 年九寨沟、黄龙和武陵源首批列入“世界自然遗产”；1997 年，我国首次有古城——平遥和丽江列入“世界文化遗产”；2000 年，我国首次有村落——“皖南古村落”列入“世界文化遗产”（现在中国共有“世界遗产”33 处，居世界第三位）；1989 年 12 月颁布的《城市规划法》中规定，编制城市规划应当保护历史文化遗产、城市传统风貌、地方特色和自然景观，城市新区开发应当避开地下文物古迹。

进入 21 世纪后，城市文化遗产的保护工作仍旧在继续。2002 年 10 月，颁布修订后的《文物保护法》，确立了保护文物保护单位、历史文化街区（村、镇）、历史文化名城三个层次的保护体系；2003 年 11 月及 2005 年 9 月，建设部、国家文物局分两批公布了 44 个中国历史文化名镇，36 个中国历史文化名村；自 2006 年起，每年 6 月第二个星期六为“全国文化遗产日”。

城市文化遗产的保护已经走过了一段很长的路，未来还有很长的路要走，关键要以正确的理念来平衡多方不同的利益主体，走一条可持续发展的道路。

## 第三节　城市文化遗产保护案例

城市文化遗产应该得到很好的保护，隋唐洛阳城和北京原镶蓝旗汉军都统衙门就是成功的城市文化遗产保护案例，为城市遗产的保护作出了榜样。

## 一、北京原镶蓝旗汉军都统衙门

北京的旧城经过元明清朝几百年的发展，形成了一套由四合院、胡同和街巷构成的居住系统。这个系统遗留了很多零散地分布在旧城各个街区的独具特色的历史建筑。在城市化进程中，这些遗留下来的历史建筑有的需要移位保护，原镶蓝旗汉军都统衙门就是其中的一例。

清八旗都统衙门最早建立于清雍正元年（公元 1723 年），是八旗都统正式的办公场所。2006 年初，北京市古代建筑研究所发现，位于北京市西城区太仆寺街 5 号和罗贤胡同 18 号的原镶蓝旗汉军都统衙门，被划在了一家单位基建项目用地的中心位置。于是，该历史建筑的保护成了一个难题。

首选是原址保护，因为这体现了文化遗产保护中一贯地对真实性的追求。不过，在城市化进程中，经济利益却在冲击着“原址保护”的理念。在不可能进行原址保护的情况下，就只能尽最大可能保存现存历史建筑中最具价值的历史信息。所以，对该遗址进行保护的下一个目标就是迁建保护。

于是，该遗址开始实施迁建保护方案。方案要求把该院在建设用地范围内向东移 14 米，原状恢复。研究设计者发现，虽然原镶蓝旗汉军都统衙门经过多次修缮，建筑物的外观形状有较大变化，但是总体的布局基本没有改变，院落的格局依然十分清晰，特别是“东西房南北接续”的做法，体现了清朝衙署的特征。所以，在“东移”的过程中，尽可能保持原有历史建筑的平面格局，并在总格局遵循“完整性”原则，采用“制度复原”的设计理念，复原和迁建太仆寺街 5 号院和罗贤胡同 18 号院两个院落。单体建筑遵循“真实性”原则，采用“原状复原”的设计理念，把缺少充分、直接复原依据的后房 7 间和东房南 3 间“复原”为台基，并标识说明。

在拆迁院落内存留的有价值并可以继续使用的历史遗物、建筑构件等，尽可能地按照原状、原功能、原位置恢复利用。对于原镶蓝旗汉军都统衙门的大门、正房所用的屋顶形式、等级等，规划设计者只能参照 2002 年以前的影像资料，以及现存的两处都统衙门的形式进行“复原”。

## 二、隋唐洛阳城

城市建成区古代城市遗址保护，应该采用“整体保护”的方法。在隋唐洛阳城的保护规划中，规划人员坚持遗产文化价值的“整体保护”，把规划保护对象扩展到城址、苑囿、漕运、墓葬等四大部分，而不仅仅是局限在城址上。除了实现洛南的成片保护外，在洛北的宫城区中心部位策划“遗址展示区”，并通过城垣保护带河通廊，实现隋唐洛阳城“整体格局”在城市空间上的保护框架。

因为洛南遗址区在城市建成区中呈“城中村”状态，再加上遗址深埋的状况，该区不能种植乔木林，也不能规划成城市内的“森林公园”。同时，河南的人口压力比较大，由此就规划在25平方千米的洛南遗址区内，综合考古情况，划分出成规模的遗址公园中心片区，其余用地全部保留原农业用地性质。

洛北遗址区有着完全不同的情况，完全受城市建筑物叠压。规划对建筑物的高度、建造年代、土地使用性质进行分析后，结合地下遗存的历史文化价值，做了两方面的策划：一是地下文物埋藏区，根据遗产价值分析，洛北里坊区没有洛南的规模完整，地下遗存受城市建设破坏较大，规划就把其划为“地下文物埋藏区”，并将根据考古发掘与研究，确定地上的城市建设强度。二是洛北遗址区的保护重点地带是宫皇城区，其中的重点保护目标是宫城区中轴线河北区的建筑遗址。规划通过对该区地上建筑物的分析发现，40%以上的用地属于工业仓储，而且大多是单层建筑，可以成规模地搬迁、拆除。

# 第四节　旧城改造与城市文化遗产保护

新中国成立以来，因为政府实施城市发展控制政策，直到20世纪70年代末到80年代初，中国才认识到城市化是社会发展的大趋势，于是开始加快缩短城市化与国际社会的距离。在这种情形之下，众多的城市开始了大规模的旧城改造运动，大大的“拆”字频繁出现在老城的巷陌中，成了众多城市的集体活动。

今天的旧城改造正在如火如荼地进行着，但这也引发了建设性的破坏。旧城区是城市中历史记忆保持最完整、最丰富的地区，但同时也是房产开发商高价争夺的黄金地段。有的城市为了追求最大化的经济效益，不合理地要求“就地平衡”，盲目地在旧城区内兴建高层建筑，使城市文化遗产及其环境遭到了严重的破坏。作为一个文明的传承，城市文化，尤其是城市文化遗产，记载了太多的东西，也成了城市的记忆。

美国著名人文学者、《城市发展史：起源、演变和前景》一书的作者刘易斯·芒福德曾经说过：“城市是靠记忆而存在的。”关于城市的记忆，著名作家冯骥才先生曾这样精辟地阐述：“城市和人一样，也有记忆，因为它有完整的生命历史。从胚胎、童年、兴旺的青年到成熟的今天——这个丰富、多磨而独特的过程全都默默地记忆在它巨大的城市肌体里。一代代人创造了它之后纷纷离去，却把记忆留在了城市中。承载这些记忆的既有物质的遗产，也有口头非物质的遗产。城市的最大的物质性的遗产是一座座建筑物，还有成片的历史街区、遗址、老街、老字号、名人故居等等。地名也是一种遗产。它们纵向地记忆着城市的史脉与传衍，横向地展示着它宽广而深厚的阅历，并在这纵横之间交织出每个城市独有的个性与身份。我们总说要打造城市的‘名片’，其实最响亮和夺目的‘名片’就是城市历史人文的特征。”



很多学者把旧城的保护上升到保护城市文化遗产的地位。当年，拆除北京的一系列老旧城区时，著名建筑学家梁思成就表示强烈反对。但是，在轰轰烈烈的城市建设运动中，学者们的声音被淹没了，于是很多城市就成了现在的样子——中不中，洋不洋，那种本来所具有的独特风格不复存在。

是的，老城区非常富有生命力，很多老民居经历了岁月的洗礼，成为几百年中国民居文化的精致缩影。实际上，城市文化的传承，除了语言、风情、民俗之外，更多的就是实物的相传，而古民居就是传递、传播城市文化的一个非常好的载体。在一些古老的城市中，比如北京，很多地名的文化、人文底蕴非常足，常伴随着一些典故。汪曾祺老先生在他的《胡同文化》一文中写道：“胡同的取名，有各种来源。有的是计数的，如东单三条、东四十条。有的原是皇家储存物件的地方，如皮库胡同、惜薪司胡同（存放柴炭的地方），有的是这条胡同里曾住过一个有名的人物，如无量大人胡同、石老娘（老娘是接生婆）胡同。大雅宝胡同原名大哑吧胡同，大概胡同里曾住过一个哑吧。王皮胡同是因为有

一个姓王的皮匠。王广福胡同原名王寡妇胡同。有的是某种行业集中的地方。手帕胡同大概是卖手帕的。羊肉胡同当初想必是卖羊肉的，有的胡同是像其形状的。高义伯胡同原名狗尾巴胡同。小羊宜宾胡同原名羊尾巴胡同。大概是因为这两条胡同的样子有点像羊尾巴、狗尾巴。有些胡同则不知道何所取义，如大绿纱帽胡同。”看看现在的地名呢？已经越来越多地被楼盘的名字所取而代之，而且还有愈演愈烈的态势。可以试想一下，很多年后，当这些胡同的名字都变成了某某花园、某某小区的时候，城市的传统魅力还会存在吗？一定不会了，肯定会“烟消云散”，成为永远的遗憾。

俗话说：“远亲不如近邻，近邻不如对门。”在北京的老胡同里，四合院内，人们生于斯长于斯，正如人民艺术家老舍先生在《正红旗下》中写到的北平胡同生活：平时白天男人们出外干活，女人们则在家做家务缝缝补补，老人们在胡同口的大树下纳凉下棋遛鸟斗蟋蟀，谁家炒菜缺点酱油，马上去对门借；大人有急事，托邻居照顾孩子；谁家夫妻吵架了，院子里的老太太们会来不遗余力地劝说；男孩们在胡同里踢球，女孩们则在树下跳猴皮筋，大杂院的生活琐碎而有趣。可是，随着一波又一波的旧城改造风潮，女人们再也不能和对门的邻居唧唧喳喳地谈论了——连人家的名字都不知道；再也不能看到胡同口里的老人们为了一步棋争得面红耳赤了——都进了小区的中老年活动室；孩子们再也找不到玩伴了——因为有没完没了的作业和补习班。老北京城正在旧城改造中变迁，城市里很多传统的生活方式和先前有的人际关系也随着四合院的拆掉而变得支离破碎。

不得不承认，旧城改造与城市文化遗产保护之间还存在很多问题，可以说是任重而道远。在观念方面，操之过急，大拆大建，虽然保护的理想很高，但保护的实践却不理想；在保护制度方面，只有官方的“自上型”的单向保护，而来自城市成员“自下型”的保护行为还没有完全展开；在保护的具体做法和技术方面，偏离了城市文化遗产的原真性精神等等。

# 第十二章

# 城市未来发展方向

随着中国社会经济的持续健康发展，未来中国的城市将步入加速发展时期，新兴的城市将会越来越多，城市的规模、等级结构将会更加完整，城市的空间结构体系将会更加合理，城市的职能将会更加齐全，城市的面貌将会更加现代化、生态化和信息化，城市的社会、经济与文化将会进一步向前发展。

## 第一节 城市的发展模式

所谓城市发展，指的是城市在一定地域内的地位、作用及其吸引力、辐射力的增长变化过程，是城市为满足自身人口不断增长的多层次需要进行的功能扩张充实过程，是城市整体系统的生成、变化、完善和更新的过程。

所谓城市的发展模式，则是指一个城市在发展过程中所采取的战略方式，是综合考虑城市经济增长、空间拓展、生态环境及文化发展等各方面因素的战略集合。

城市发展模式是一个十分复杂的整体系统，包括多方面内容，如城市的产生与成长模式、城市经济发展模式、城市空间发展模式、城市生态发展模式、城市交通发展模式、城市文化发展模式等等。可见，城市发展模式的内涵非常丰富。一个城市采用什么样的整体发展模式，是综

合权衡各子系统发展模式的结果，同时会受到各子系统发展模式的影响和制约。那么，中国城市的发展模式是怎样的呢？

## 一、东部及沿海地区城市的发展模式

东部与沿海地区城市非常多，不同规模、不同产业结构、不同物质基础的城市发展模式都存在特殊性，但总体来说，其发展也有一些共性。

首先，东部沿海地区拥有广泛的城市群与城市带，再加上很多发展良好的中小城市，形成了组团式的五大城市集群：长江三角洲城市群（以上海为中心）、珠江三角洲城市群（以广州为中心）、辽中南城市群（以沈阳为中心）、京津唐城市群（以北京为中心）和山东半岛城市群（以济南、青岛为中心）。五大城市群的交通系统发达、便利，为区域内城市之间的物质与信息交流奠定了很好的物质基础。这些城市群的大城市在资金、技术、人才等方面拥有明显的优势。此外，作为中心城市副翼的中小城市的发展也比较好，如长江三角洲的苏州、无锡、镇江等，珠江三角洲的东莞、惠州、中山、顺德等。大、中、小城市功能互补、共建共荣，是城市发展过程中的一种高级演替形态。



其次，沿海地区大城市的发展模式可以说是“外溢”式与“跨越”式并存。如广州和北京的高速发展，依然采取传统的“外溢——回波”式发展模式。而深圳、青岛、厦门、上海、中山则通过新城建设，采用“跨越”式开发模式实现了城市的快速发展。无论是城市形象方面，还是经济发展方面，后一类模式都比前一类显示出更大的活力。

最后，东部与沿海地区许多城市旅游业、服务业相对发达，形成了旅游业、服务业型城市发展模式，或者两者相结合的城市发展模式。像上海、北京、深圳等大城市以信息、金融、保险等为主的服务已经成为城市的最大产业部门和主导动力，而一些海滨城市如海口、珠海等则旅游业十分发达。

## 二、西部地区城市的发展模式

西部地区城市发展受自然条件、经济实力、基础设施、资金、技术、历史文化等因素的影响，其城市发展有着不同于东部沿海地区城市

的模式。

首先，西部地区特大城市与大城市之间比例失调，中间出现断层，严重影响了特大城市中心带动职能的传递和辐射。所以，西部地区缺乏东部沿海地区那种以特大城市为依托、大中小城市协调发展的城市带与城市圈，缺乏区域内城市之间的交往。国家开始推进西部大开发战略以来，为西部地区城市发展提供了难得的发展机会。西部城市应该充分利用这一机遇，重视引进国内国际资本及技术，重视重建与整合地区内部贸易合作关系，重视与东部沿海城市的交流与沟通，积极吸取东部城市发展经验，结合自身特点尝试走出一条“制度先导”与“要素自发”相结合的城市发展道路。

其次，“综合——市场”型模式，就是从政府、市场联合推动，过渡到以市场推动为主的城市发展模式。该模式主要适用于基础设施较好，有一定人力资本存量和其他资本存量的城市，如靠近重庆、成都、兰州、西安和昆明等特大城市的周边城市。采取这种发展模式，可以提升整个西部地区的经济实力。

最后，西部自然资源丰富，各类矿产以及石油、天然气等能源富足，因此西部地区形成了一些工矿业型（资源型）城市发展模式。探索资源性城市可持续发展的模式，规划好资源的适度开发与利用，是这类资源型城市制定发展战略的重点和难点。

## 第二节　影响城市未来发展的因素

中国城市的未来发展肯定会受到一些因素的影响，这些因素是世界性的，也就是说，随着全球化经济时代的到来，影响城市发展的因素也就具有了世界普遍性。实际上，影响未来城市发展的因素很多，在世界普遍性的因素中，主要包括以下几点：

### 一、全球城市化与城市全球化趋势日益明显

有资料表明，预计到 2025 年，发展中国家城市化水平将增长到 65％，而发达国家城市化水平将增长到 83％。人类的历史将迎来一个全新的时代，一个全球城市化的时代。

今天，信息时代已经来临，服务业等第三产业的发展如火如荼，从而推动着城市化加速进行；工业化的迅猛步伐也加速了城市化进程；信息革命更是带来了新的经济增长空间，信息经济成为城市化的巨大推动力之一。毋庸置疑，未来社会的全球城市化与城市全球化的趋势日益明显，不仅表现在城市化进程的加快上，也表现在大城市数量快速增加上，全球城市化呈现出区域发展水平的差异，也就是发达国家与发展中国家的城市化水平失衡。当然，伴随着城市化进程的加快，许多城市问题也会不可避免地涌现出来，如空气污染、水污染、噪音、垃圾、能源短缺等环境与生态问题，道路设计不合理、空间布局不平衡、交通拥挤的问题，人口增加带来的住房紧张问题、人口老龄化、城市就业率低、城市弱势群体的扩大及其权益保障等社会问题……如果这些问题得不到有效解决，就会成为影响未来城市发展的重大障碍。全球城市化与城市全球化的趋势，将使未来城市的发展面临越来越多的挑战。所以，未来城市的发展，一定要充分考虑到全球城市化与城市全球化进程加速所带来的各种影响。

## 二、经济全球化与文化多元化趋势进一步增强

在21世纪，经济全球化将进一步向纵深发展，全球性的经济活动正深入影响到每一个地区和城市。经济全球化对现代城市发展已经产生了重要影响，主要表现在使现代城市发展环境出现了同质化趋势，这对未来城市的国际性与开放性提出了挑战。来自发展中国家的研究表明，国际性经济活动正在一些大城市产生明显影响，最直接的表现是外国直接投资的迅速增加，伴生的是跨国企业、金融、咨询和市场活动的增加，已经成为城市发展的重要动力之一，如中国长江三角洲地区等。国际经济组织的进入，对城市空间带来新的结构性变化，高收益的城市经济活动的再集中，引起城市土地升值，出现新的城市土地利用方式，同时也为城市带来了更加严重的社会经济不平等，低收入者不得不从老城区迁到城市外围，一部分人的就业、收入和生活质量会下降。所以，未来城市的发展，必须考虑到经济全球化与一体化趋势带来的影响。

经济全球化是一种不可避免的趋势，在这一过程中，文化也存在一种全球化的趋势，也就是说，全世界的各种文化都不能再孤立地发展，都面临着其他文化的影响和挑战。从城市发展的历程看，城市离不开文

化，文化也离不开城市。城市文化建设是城市可持续发展的重要内容，也是城市的形象语言。在多元文化并存发展的今天，文化怎样对未来城市的功能进行定位，将成为未来城市发展的重要课题。

### 三、高新技术迅猛发展及快速应用

毫无疑问，今天已经是信息的时代了，科学技术将逐渐成为社会的核心资源，知识、技术、信息已经成为新型的财富和资本。科技进步已经成为城市发展的最主要的动力。高新技术的大量应用，使人类获得了新型的社会生产力，从而加速了城市产业的重组。随着城市高科技活动的增加，城市土地利用效率也开始大幅提高。同时，自动化、信息化、智能化等高新技术正在更新人类从事各项活动的技术基础，不断开发出物质生产新领域，形成了新产业和新职业，从而使得城市的职业结构、就业结构处于急剧变化的状态之中。人们的社会生活开始趋于分散化，城市内部功能分区将出现混合与重组趋势。另外，科技进步还促使城市建筑向智能化和多功能方向转变。可见，高新技术的迅猛发展及快速应用，已经成为影响未来城市发展的重要因素之一。

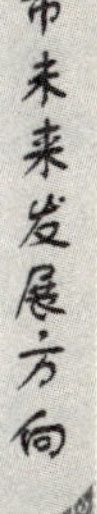


## 第三节　展望城市的发展

这是一个充满希望和挑战的世纪。我国的城市发展和城市化也进入了一个新的历史时期。展望我国的城市发展前景，对于推进城市和城市化的健康发展，促进经济发展和社会进步，具有非常重要的意义。

不可否认，城市是现代文明的发祥地。在人类社会发展的进程中，城市作为一个国家或地区的经济、政治和文化中心发挥着主导作用。20世纪，在全球经济迅速发展的同时，世界城市也得到了迅速发展，当然我国的城市也是迅速发展的，城市化水平迅速提高。那么对于未来，城市的发展将是怎样一种情况呢？

### 一、城市化进程加速进行

按照城市化发展的一般规律，目前我国实际城市化水平已进入城市化发展中期阶段，而且近10年来，我国城市化进程已经处于加速发展状态。所以，未来的20年，我国应在发挥大城市优势、强化中小城市功能的同时，积极发展小城镇，以实现乡村人口就地城市化和城乡一体化。

## 二、城市规模等级结构更加完整

新中国成立以来，不同规模的城市发展存在一定的差别，20万—50万人口的中等城市发展最为迅速，其次是大城市和特大城市，小城市的数量增长相对缓慢，而且特大、超大城市人口已经占我国城市人口的40%以上，充分体现了大城市超前发展的规律。但是，仅仅依靠大、特大城市吸纳人口还远远不够，所以必须大力发展中小城镇，实现乡村人口就地城市化。未来几年，我国将会建立城镇体系的一、二、三级经济中心，构建起中国完整的城市网络体系。

## 三、城市空间结构更合理

目前，我国城市空间结构仍旧不合理，东部地区城市高度密集，中部地区次之，西部地带最为稀疏，这种状况一方面说明我国城市发展不均衡，另一方面也导致东中西部社会经济文化发展水平出现较大的差距。未来我国城市空间布局将随着国家经济建设重心向中西部转移和西部大开发战略的实施加速向中西部发展，在一定程度上缓解城市东西分布不匀的状况。

## 四、城市职能趋向多元化

随着城市在国家社会经济生活中的地位和作用的日益重要，未来中国城市的职能将趋向多元化。城市既可以承担主导地区经济发展的职能，也可以成为国家或地区政治、经济文化中心，承担行政管理、经济发展、文化教育、科技研究、商贸流通、金融信息、消费服务、交通运输等多样化的重要职能，还可以成为具有某一突出主导职能或某种特殊职能的城市。预计未来十年，我国有可能出现一批新型科教大学城、信息中心城、国际金融城、文化产业城、休闲旅游疗养城、影视城以及一些新开发的工矿城、交通枢纽城、边境口岸城、少数民族地区政治中心城等。

### 五、城市发展现代化

随着经济的快速发展，国家和各级政府都非常重视城市建设，投入大量资金扩建和更新改造城市，使城市的基础设施、生态、人居环境逐步改善和优化。未来10—20年，我国城市仍应该大力加速城市的现代化进程。首先，要大力加强城市基础设施的建设，特别是道路交通、能源电力、供水供气、邮电通讯、环境卫生、防洪减灾、社区服务管理等设施的建设；其次，要实现城市生态环境和人居环境的现代化，未来城市建设应以可持续发展为前提，注重生态保护和整治，使城市居民的居住社区环境更为优美、舒适和现代化；最后，实现城市运行和管理的信息化，通过建立高度信息化和全面网络化的城市，借助互联网，使城市所有成员都参与到城市规划和建设中来，以科学规划、建设和管理城市社会经济各个领域，使之正常运行，并直接改变传统的城市形态和功能，使城市建设更快地向信息时代迈进。

## 第四节　中国未来的城市群

20世纪90年代，我国经济的显著特征是长江三角洲、珠江三角洲和京津冀三大城市群发展速度加快，经济规模越来越大，成为我国经济发展的引擎。未来20年，三大城市群仍将主导我国经济的发展。

国家“十一五”规划纲要已经明确指出：“要把城市群作为推进城镇化的主体形态；已形成城市群发展格局的京津冀、长江三角洲、珠江三角洲等区域，要继续发挥带动和辐射作用，加强城市群内各城市的分工协作和优势互补，增强城市群的整体竞争力；具备城市群发展条件的区域，要加强统筹规划，以特大城市和大城市为龙头，发挥中心城市作用，形成若干用地少、就业多、要素集聚能力强、人口分布合理的新城市群。”

近几年来，随着城市间交通状况的改善，城市间的产业联系与经济合作也不断得到加强，加快了区域经济一体化的进程。除了上述京津冀、长三角、珠三角三大城市群外，还会涌现出新的城市群。根据国家发展与改革委员会国土开发与地区经济研究所肖金成、袁朱的文章《我国将形成十大城市群》，我国将形成十大城市群，分别是京津冀、长三角、珠三角、山东半岛、辽中南、中原、长江中游、海峡西岸、川渝和关中城市群。这些城市群将成为我国最有发展潜力的地区，也将成为我国国民经济的十大支撑点。

山东半岛城市群以济南、青岛为中心，包括烟台、潍坊、淄博、东营、威海、日照等城市。该地区发挥临海和靠近日、韩的区位优势，制造业和农产品加工业发展势头很猛，将会大大带动山东全省的发展。随着城市群对外辐射力的增强，城市群的范围将不断扩大。

辽中南城市群以沈阳、大连为中心，包括鞍山、抚顺、本溪、丹东、辽阳、营口、盘锦、铁岭等城市。该地区城市高度密集、大城市所占比例最高。沈阳是东北和内蒙古东部的经济、交通和资讯中心，全国最大的综合性重工业基地。大连是东北亚地区重要的国际航运中心，东北地区最大的港口城市和对外贸易口岸。在工业化推动下，中部城市密集圈和沈大城市走廊形成了。近年来，这一地区还逐步形成以沈阳、大连为中心，以长大、沈丹、沈山、沈吉和沈承五条交通干道为发展轴线的城镇布局体系，提高了地区城市化水平。

中原城市群以郑州、洛阳为中心，包括开封、新乡、焦作、许昌、平顶山、漯河、济源在内共9个市。依托中原这块沃土，中原城市群孕育了若干个中外闻名的大都市，如洛阳、开封、许昌等，几经兴废，风韵犹存。区域内各城市发展势头强劲，经济联系日益紧密，基本形成以郑州为中心、90分钟通达的交通网路，已经具备一体化发展的基础和条件。

长江中游城市群以武汉为中心，还包括黄石、鄂州、黄冈、仙桃、潜江、孝感、咸宁、天门、随州、荆门、荆州、河南的信阳、江西的九江和湖南的岳阳。目前，区域内部已形成一定的经济联系，未来区域内的经济联系将更加紧密。该城市群将成为我国区位条件优越、交通发达、产业具有相当基础、科技教育资源丰富的城市群之一，在未来空间开发格局中的战略地位和意义举足轻重。

海峡西岸城市群以福州、厦门市为中心，包括漳州、泉州、莆田、宁德四市。该城市群处在海峡经济区的核心地区，与台湾隔海相对，既可成为开展对台合作、促进和平统一的基地，又能够在合作中加快发展。在国家政策的支援下，城市发展、经济合作、对台交流等都会取得更快更好的进展。

川渝城市群以重庆、成都两市为中心，包括四川的 14 个地级市——自贡、泸州、德阳、绵阳、遂宁、内江、乐山、南充、眉山、宜宾、广安、雅安、资阳和渝西经济走廊等县市。成都和重庆为特大城市，自贡、绵阳、南充为大城市，雅安、资阳为小城市，其他城市为中等城市。十多年来，重庆市城市规模迅速扩大，经济实力不断增强，对周边的辐射力也在增强。成都是省会城市，城市发展也很快。未来，要继续完善城市之间的交通体系建设，加大核心城市的辐射效应，使城市群的一体化程度进一步提高。

关中城市群以西安为中心，包括咸阳、宝鸡、渭南、铜川、商州等地级城市。关中是中华民族的发祥地，周、秦、汉、唐均建都于此。该城市群是陕西的经济核心区，是西部地区唯一的高新技术产业开发带和星火科技产业带，是西北乃至西部地区的相对优势区域。新中国成立以来，关中一直是全国生产力布局的重点区域，在全国区域经济发展中占有重要地位。

除了上述十大城市群之外，以“长株潭”（长沙、株洲、湘潭）为中心的湖南中部、以长春、吉林为中心的吉林省中部、以哈尔滨为中心的黑龙江中北部、以南宁为中心的北部湾地区、以乌鲁木齐为中心的天山北坡地区等，都有希望发展成为新的规模较大的城市群。

国家“十二五”规划纲要也明确指出：“按照统筹规划、合理布局、完善功能、以大带小的原则，遵循城市发展客观规律，以大城市为依托，以中小城市为重点，逐步形成辐射作用大的城市群，促进大中小城市和小城镇协调发展。科学规划城市群内各城市功能定位和产业布局，缓解特大城市中心城区压力，强化中小城市产业功能，增强小城镇公共服务和居住功能，推进大中小城市交通、通信、供电、给排水等基础设施一体化建设和网络化发展。”

# 下　篇

# 世界城市文化

# 第十三章

# 世界城市的起源与发展

人类社会在300多万年的历史发展过程中，经历了原始社会、奴隶社会、封建社会、资本主义社会和社会主义社会等历史时期，城市作为一种区别于农村的聚落，是在由原始社会向奴隶社会过渡的时期产生的。人类社会的劳动大分工是城市产生的根本动因。所以说，城市的产生与人类技术的进步和阶级的形成有着密不可分的关系。

世界城市的起源与发展历史大致可以分为四个阶段：城市的产生以及早期发展阶段、封建城市的发展阶段、资本主义城市的发展阶段和当代城市的发展阶段。



## 第一节 城市雏形的产生

原始社会大约有几十万年的时间，当时的人类过着完全依附于自然的狩猎与采集的生活，猎人有时穴居、巢居，有时跟踪兽群游猎。人们没有固定的居住地，当然也不可能有城市，人类最早城市的出现与三次社会大分工存在着密切关系。

在与自然的长期斗争中，原始人学会了播种、有组织的采集，使农业与畜牧业分离开来，这就是第一次社会大分工。那时，原始的农业和畜牧业为人们提供了持续的食物积存，人们进入永久的定居生活，使得经常性的交换变成可能。公元前7000年至前4000年间是土地耕作者的居民点产生的时期，这时出现了从事农业生产的固定居民点，也就是原始农村定居点，为城市的出现奠定了基础。

今天已经很难再找到原始农村定居点的遗迹，但根据考古发现，世界上最早的农村定居点主要产生于尼罗河、底格里斯河、幼发拉底河、印度河、长江和黄河等冲击平原上。大约在公元前5000年，埃及、巴勒斯坦、叙利亚、美索不达米亚和伊朗的定居点已经具有村落的形式。埃及和两河流域的早期农村居民点以6—60户组成一个群居村落。

第二次社会大分工后，出现了商品生产，货币开始流通。于是，专门从事产品交换的商人出现了，进而产生了第三次社会大分工。手工业者和商人摆脱了对土地的依赖，自然地趋向于有利于加工业和交易的交通便利的地点聚居，从而产生了固定的交换商品的居民点，这就逐渐出现了最早城市的最初雏形。从此，城市开始逐渐形成。城市的形成对于传播人类文化的贡献，仅次于文字的发明。

当然，城市是多种因素综合作用下的产物。战争、私有制的产生、宗教信仰、人类聚集的行为因素和环境因素等也起了很大的作用。也正因为如此，城市的形成才有了防御说、私有制说、阶级说、地利说和生产力说等不同说法。总而言之，聚居、劳动分工、政治组织的出现、社会阶层的分化等应该是城市起源所具备的条件。

## 第二节　城邦的陆续出现

城邦通常以一个城市为中心，连同周围的村庄一起组成。早在公元前2500年，两河流域的南部地区就出现数以十计的奴隶制城邦，这些国家都是一些人口不多、地域狭小的小国，因此被称为城市国家，简称城邦。

在希腊语中，美索不达米亚的意思是两河之间的土地。美索不达米亚原义为“河间地区”，即“两河流域”。广义的美索不达米亚是指底格里斯河与幼发拉底河的中下游地区，东抵扎格罗斯山，西到叙利亚沙漠，南迄波斯湾，北及托罗斯山。狭义的美索不达米亚仅指底格里斯河与幼发拉底河之间的地区。苏美尔是指底格里斯河和幼发拉底河之间的中下游地区。

公元前4000年，苏美尔人在美索不达米亚建立了苏美尔文明，它是全世界最早产生的文明，主要位于美索不达米亚南部。

公元前4000年到前3000年间的苏美尔文明被称作“早期高度文明”。这一时期，各苏美尔城邦都已存在，苏美尔人的文字也产生了。最早的苏美尔时期由数个独立的城市国家组成，这些城市国家之间用运河和界石分割。每个城市国家由一个主持该城市宗教仪式的祭司或国王统治，国家的中心是该城市的保护神或保护女神的庙。

城邦兴起后，相互之间不断进行兼并战争。从公元前2900年开始，苏美尔城邦进入一个“诸国争霸”的时代。战争加剧了城邦内部的社会分化和阶级斗争，因此在公元前24世纪，出现了乌鲁卡基那的改革。由于改革打击了贵族寡头的势力，有利于平民，所以受到本国显贵和邻国贵族的敌视，他们联合起来推翻了乌鲁卡基那的改革。

在统一过程中，古代两河流域南部奴隶制国家阿卡德的势力日益强大。大约在公元前2371年，经过多次战争，国王萨尔贡一世征服了苏美尔诸城邦，向外扩张到小亚西亚、叙利亚和巴勒斯坦一带。从此，苏美尔的城邦时代结束。

公元前8世纪到前6世纪，希腊各地的社会生产力有了非常大的发展。铁矿的开采是生产力发展的主导因素之一。而后，随着与地中海沿岸各国的贸易往来，商业也大大发展起来。这些因素促进了希腊奴隶制关系和阶级分化的发展，城邦国家也一个接一个地出现。在最初兴起的希腊城邦中，米利都、以弗所、卡尔息斯、科林斯等最为繁盛，雅典和斯巴达则是后来两个最大、最重要的城邦。公元前5世纪，希腊打败入侵的波斯以后，空前繁荣起来，奴隶制经济高度发展。这时雅典是地中海的霸主，也是希腊最繁荣的城邦。

希腊城邦的发展还通过移民在希腊以外地方建立移民城邦，将城市文明扩散到地中海的西部和黑海地区。新建立的移民城邦包括意大利的那不勒斯、叙拉古，高卢南部的马赛利亚，黑海南岸的西诺普等，它们都是重要的工商业中心。

雅典位于希腊东南沿海的阿提卡平原上，那里有肥沃的农田、大片的粘土（用以制造陶器）、丰富的银矿和曲折的海岸线，良好的地理条件使雅典的人口、权力和威望大大发展起来。当时，雅典的人口超过了40万人，其贸易往来远达埃及、南俄罗斯、利比亚、意大利以及法国

南部的沿海地区。

可以说，古希腊城市是早期城市的典型，主要有以下几个特点：大多数坐落在有利于农业、防御和贸易的地方，大都有城墙环绕；宗教在城市布局和社会结构方面占有主导地位，宗教建筑大都在中心广场四周；市中心的林荫道两侧居住着富人，从富人住宅的周围一直延伸到城墙的地带居住着其他人；商人和工匠住在他们工作的地方，那里称为市；城市统治着周围的农业土地，从农民那里获取粮食，作为回报，城市保护农民不受侵犯。

公元前 490 年和前 480 年，两次希波（希腊与波斯）战争以后，雅典成为希腊的霸主。公元前 405 年，雅典海军被斯巴达全歼。第二年，雅典向斯巴达投降，斯巴达成了希腊的新霸主。但斯巴达的霸权也没有能够长久，希腊各城邦陷入混战之中。后来，马其顿逐渐在希腊诸城邦中崛起，公元前 323 年亚历山大病死，他庞大的马其顿帝国随之分裂，古希腊的历史结束。

## 第三节　早期城市的发展

据考证，公元前 3500 年到前 3000 年之间，先是尼罗河流域，然后两河流域出现了人类历史上最早的一批城市。这些城市是在原始社会向奴隶社会发展的过程中产生的，是在早期阶级社会技术和经济十分不发达的基础上形成的。

公元前 3000 年左右，埃及形成统一的王国，都城是提尼斯，以后又建立了新都孟斐斯。早在公元前 2800 年至前 2300 年，孟斐斯已经是世界著名的城市之一，作为古代埃及的首都和贸易中心，它是当时地中海东部和西亚最为繁荣的城市。公元前 3000 年至前 2500 年，两河流域的苏美尔地区也开始了最初国家的形成过程，出现了很多城市国家，重要的有埃利都、乌尔、乌鲁克、拉伽什等。这些早期城市国家是由几个地区围绕一个中心城市联合而成的。考古表明，埃利都遗址反映出当时的城市面积约 8—10 公顷，据估算有 4000 多人。此处发现了砖坯砌墙、神庙等城市遗迹，反映了当时城市的繁荣。

在尼罗河和两河流域文明的共同影响下，公元前 2000 年左右小亚细亚的赫梯和地中海东部沿岸的腓尼基也开始出现城市。从公元前19世纪到前18世纪的几年里，赫梯人已经建有设防城市，最重要的包括库萨尔、涅萨和察尔帕。腓尼基则与两河流域的情形相似，出现了很多城市国家，如乌加里特、阿瓦尔德、毕布勒、西顿、推罗等，都是当时最重要的城市。腓尼基这个城市国家有发达的手工业和商业，与埃及、克里特等地有很多商业往来。大约与此同时，东地中海上的克里特岛上也开始出现城市文明。

人类文明的又一发源地是印度河流域。1922年，人们先是在信德地区的摩亨卓达罗，后在西旁遮普的哈拉帕发现古城遗址，并统称之为哈拉帕文化。哈拉帕文化估计存在于公元前2500年至前1500年，但也有一种说法上推到公元前3500年，从而使得这两个城市成为世界上已知最早的城市。哈拉帕时期的居民主要从事农业，但手工业和商业也十分发达。城市有又高又厚的城墙，并占据了相当大的面积，如摩亨卓达罗占地达260公顷。公元前2000年前后，这两个城市进入繁荣期，估计有2万人左右，是当时世界上最大的城市之一。



作为另两个城市的发源地，美洲和非洲的城市出现的时间要略晚一些。在危地马拉热带丛林中曾发现一座名为埃尔麦雷多的玛雅人城市，其兴盛的时间是公元前300年，产生的时间应该更早一些。在非洲，特别是在津巴布韦、尼日利亚、苏丹等地都发现了城市的遗址，其中有一些至少在公元1世纪就存在了。

总体来说，公元前3000年至前1500年是世界上城市形成的主要时期。从此，在亚、欧、非大陆上，从西部到东部，城市文明蓬勃兴盛起来。

澳大利亚著名史学家蔡尔德指出：城市的出现是人类史上的一次革命，灌溉过程和广泛贸易活动的兴起在城市革命中起了重要作用。但是，美国著名城市学家刘易斯·芒福德却认为：“在从分散的村落经济向高度组织化的城市经济进化过程中，最重要的参变因素是国王，或者说是王权制度。”这是因为在美索不达米亚的文字中，“商人”这一词汇是到公元前2世纪才出现的。从埃及、苏美尔、中国等地城市兴起的原因来看，王权制度确实起到了重要作用；但是，在腓尼基、希腊等地城市兴起的因素中，商业的作用更大一些。所以，各个地方城市的起源有着不同的主因。

从公元前1000年直到公元5世纪罗马帝国衰亡为止，欧洲产生了光辉灿烂的希腊、罗马文化，这一文化的出现与城市的发展息息相关。在亚欧大陆的另一端——中国，也产生了可以与之媲美的春秋战国及秦汉文化，主要标志同样是城市的发展。

公元前6世纪至前5世纪，特别是希波战争以后，希腊的经济生活高度繁荣，产生了光辉灿烂的希腊文化，对后世产生了极其深远的影响。古希腊人在文学、戏剧、雕塑、建筑、哲学等诸多方面有很深的造诣。这一文明遗产在古希腊灭亡后，被古罗马人破坏性地延续下去，并成为整个西方文明的精神源泉。

当希腊文明逐渐衰弱之时，亚平宁半岛上的罗马开始强大起来。公元100年，罗马控制了地中海和西欧的大部分地区。罗马的统治者不断进行军事征服，为实现这一目的还建立了公路系统。正是这个公路系统，使罗马人在欧洲内陆建立了各种各样的市场、行政中心和军事基地，现今欧洲一些著名城市，如伦敦、巴黎、科隆、维也纳等均始兴于这一时期。罗马在顶峰时，人口达80万—100万。罗马的城市建设也取得很高成就，修建了环绕整个城市的长达数百英里的排水道，还有一些高达35米的建筑物。至今，罗马还保存着规模巨大的浴池、斗兽场、宫殿寺庙的遗迹。但是，在罗马城市建设成就中极其富丽堂皇的另一面是极其奢侈糜烂。罗马是一个寄生城市，后来又发展为一个病态城市。刘易斯·芒福德称古希腊文化讲求体魄强壮而又精神健康，古罗马文化则基本上是四肢发达头脑简单，讲求满足物欲，靠自己的权势过着寄生生活。公元5世纪，罗马的城市文明与罗马帝国一起消亡。



当时，亚洲内陆地带的西亚城市也发展起来，发展的原因大都与农业技术的进步、宗教的兴起、帝国的盛衰、国际商道的形成、经济的繁荣密切相关。西亚因为复杂的自然环境形成了不同的农业生产类型，生产比较发达，为城市的产生和发展奠定了基础。西亚又处在“三洲五海”之地，交通位置十分重要，过境贸易和洲际贸易发达，国际商道的中转点往往成为商业性城市，如伊斯坦布尔、巴格达都曾一度因过境贸易而兴盛。

西亚也是犹太教、基督教、伊斯兰教三大宗教的发源地。宗教的传播促进了城市的发展，像耶路撒冷、麦加、麦地那、库姆、卡尔巴拉、马什哈德等都是依托宗教而发展起来的城市。

此外，西亚还是各种政治势力诉诸武力、争夺霸权的地区，历史上曾先后经历了米亚、亚述、马其顿、罗马、阿拉伯、波斯和土耳其等强权势力的统治。波斯帝国十分强盛，东征西讨，扩大疆域。波斯帝国的首都苏萨城以及波塞玻利斯城都是当时有名的都城。

## 第四节　封建城市的概况

世界上的早期城市是奴隶社会时期的城市，如果说这个时期是城市兴起的时期，那么封建社会就是城市的发展时期。城市兴起之初具有十分强烈的军事和政治功能，城池方正坚固，能抵御外敌入侵，具有很明显的堡垒特征。

但是，在进入封建社会时期以后，城市的功能进一步拓宽，特别是商业流通功能得到明显加强。城市不仅像“城”，更具有“市”的特征。与奴隶社会时期相比，封建社会时期的商品交换更加频繁，商业、服务业进一步发展，封建社会的城市规模也更大，其繁荣程度更是前所未有。在交通便利的地方，如河流附近或是沿海地区，常常会自发地形成很多商品自由交易的市场，这些地方往往发展成为了比较繁荣的城市。城市的发展也不仅仅局限于政治和军事需求，可以在农业生产发达、交通条件方便的其他地区兴起。

封建社会时期的城市已经成为了一定区域范围的经济中心。按照“杜能农业区位论”的推定，这时的城市已经具有一定的规模，并呈现出了同心扩大的态势，同时也有了广阔的农业经济腹地。它们既保证城市的消费供给，同时也改变了自身的发展模式，伴随着城市经济的发展而发展。

在公元前5世纪到2世纪的奴隶社会时期，罗马帝国是奴隶制大国的代表。当时的罗马帝国几乎征服了全部的地中海沿岸地区。古代罗马作为罗马帝国的首都，其鼎盛时期的人口一度超过80万人。实际上，罗马的发展得益于生产的大发展和对外贸易的开辟。除了罗马之外，地中海沿岸的亚历山大、锡腊库扎（意大利）等城市的兴起情形也差不多如此。

进入中世纪以后，欧洲的城市发展曾经历过一个衰亡的时期。罗马帝国解体后，罗马的一些城市在战争中遭到了严重破坏，城市中充斥着贫穷和疾病。随着欧洲殖民帝国时代的开始，海陆贸易路线再次畅通，使原先处于停滞状态的城市又开始生机勃勃地发展起来，商业变得比较繁荣，城市人口也开始逐步上升。巴黎、阿姆斯特丹、安特卫普、里斯本、威尼斯和那不勒斯及许多城镇相继复兴。

封建社会时期，城市国家是欧洲城市的另一个显著特征。当时，商品经济和对外贸易迅速发展，使得欧洲有些港口城市变得十分富强，它们拥有政治上的自主权，形成一种封建制的共和国体。城市国家以一个城市为中心，周围的农村范围比较小，大量社会财富集中在城市，是一个政治和经济上的地域中心。威尼斯、佛罗伦萨、热那亚、锡耶那等都是当时具有代表性的城市国家。



古代非洲和美洲人民与欧亚大陆的各族人民一样，曾经在世界文明的发展过程中，作出了卓越贡献，创造出光辉灿烂的文化。

中世纪时期是非洲和美洲各民族历史上的一个重要阶段。北非、埃及和马格里布先后摆脱罗马和阿拉伯人的统治，建立了独立的国家，其他的非洲国家也大都脱离了奴隶社会阶段，发展了较高水平的封建经济和文化。美洲人民则创造了在世界文明史上占有重要地位的玛雅文化、印加文化、阿兹特克文化。然而，中世纪末期以后，西方殖民主义者侵入非洲和美洲，残酷地屠杀当地人民，掠夺他们的财富，打断了非洲和美洲历史发展的正常进程，造成近代非洲和美洲经济、文化落后局面。

虽然早在5000年以前就已经出现了人类历史上的第一批城市，但在其后的5000年里，因为生产力的发展长期处在一种比较落后的状态，世界范围的城市发展都十分缓慢，一直到公元1800年，全世界城市人口占总人口的比重仅为3%。

## 第五节　资本主义城市的兴起

15世纪末，英法两国都在不同程度上出现了资本主义性质的生产关系，主要表现是出现了大批资本主义性质的手工工场，农村中资本主义商品经济的因素也日益发展，由此侵蚀和破坏了封建的自然经济基础，导致封建制度解体。随着资本主义生产关系的产生和发展，英法两国的阶级关系也出现一些新的变化，对资本主义城市的兴起起到一定的促进作用。到16世纪，资本主义生产方式在封建社会内部逐渐成长起来。

在工业革命以前，城市所发挥的作用主要是作为政治、商业、军事和宗教中心。除了个别的城市，当时欧洲的城市规模一般比较小，城市的功能和基础设施也比较简单，发展极其缓慢，并且只是基于地区性的，而并不具备全国性和国际性的功能。

18世纪中叶开始了第一次工业革命，实现了手工业到大机器生产的飞跃，有力地推进了世界城市化的进程。工厂、企业为了寻求集聚效益和规模效益，在地域上出现了相对集中的倾向。特别是蒸汽机的发明和铁路运输方式的出现，工厂围绕着城市在郊区布局，铁路成为城市之间的主要交通工具。随着工业、企业的逐步集中，更多的人口、资金、物质被吸引到城市中来，使得城市的规模和范围急剧扩大，人口也不断增多，工业企业和工人成为城市的主体。同时，在铁矿、煤田等工业原料燃料产地和铁路枢纽处，迅速产生一批新型的工业城市。可以说，资本主义时期城市发展的重要特征就是在工业化推动下的城市化现象。这时，防卫和宗教作为推动城市建设的力量，在工业革命以后开始逐渐减弱，决定城市发展和布局的因素变成经济力量。



工业革命始于英国，这一时期英国城市化进程的速度居于世界前列。17世纪初，英国城市居民仅占总人口的2%；19世纪初，已经增加到20%。从1801年到1851年，英国5000人以上的城镇由原来的106个增长到了265个，城镇人口比例由26%增加到45%；到1990年城市人口占总人口的比重达75%，英国成为世界上第一个城市化国家。1750年伦敦的人口为75万，1862年竟达到280万，成为当时世界上的第一大城市。此外，在工业革命的带动下，利物浦、伯明翰、曼彻斯特等一批新兴的工业城市迅速建立并发展起来，英国成为世界工业和城市的中心。

19世纪后，欧美主要资本主义国家相继完成了工业革命，涌现出一大批世界性的重要城市。工业革命前，纽约、巴黎、柏林、莫斯科、罗马、东京等城市人口不过几十万，工业革命后都成为拥有数百万人口的特大城市。除了特大城市出现外，在一些经济发达的地区，城市不但规模大、数量多，而且由公路、铁路等交通网络相联，形成城市群和城

市连绵带。19世纪中期，世界经济增长的重心在英国，从伦敦到利物浦一带出现了城市群雏形；19世纪中后期转移到了欧洲大陆，出现了大巴黎地区、莱茵—鲁尔地区以及荷兰—比利时地区城市群；19世纪末20世纪初，随着世界经济重心向美国转移，美国东部从波士顿起，经纽约、费城、巴尔的摩到华盛顿，形成所谓的“波士华”大城市群。1800年，美国仅33个城镇；到了1890年，增加到1384个。相应地，城市化水平从6.1%上升到了35.1%。

亚洲的日本资源贫乏，其原材料大多从国外进口，工业产品也多依赖国外的市场，所以日本的工业和城市大都集中在太平洋沿岸和濑户内海沿岸。主要城市有筑波、东京、横滨、名古屋、京都、神户、大阪等，城市间相距不远，用高速公路和铁路新干线沟通，形成城市连绵带。

工业革命也带来了海外贸易的发展，西方资本主义国家凭借坚船利炮，不断向欠发达国家进行殖民侵略，刺激了沿岸城市经济的发展。如阿克拉、内罗毕、孟买、新加坡、雅加达等。与西方工业化城市相比，欠发达国家城市规模虽不断扩大，城市数量明显增加，但这并不意味着这些国家和地区城市人口比例的显著改观、工业化程度高。就欠发达国家而言，工业化和城市化进程任重而道远。

## 第六节　当代城市的发展

进入20世纪以来，科学技术的进步极大地推动了人类社会的发展，科学技术的发明也被广泛地应用于生产实践，社会物质财富极大丰富，城市也进入了空前的发展时期。

### 一、全球性城市化全面推进

1800年，全世界人口为9亿多，1900年达到16.25亿，1950年达到25.16亿，2000年突破了60亿大关。第二次世界大战以后，世界城市人口的数量和比例都有前所未有的增长，世界城市化进程大大加速。1800年，世界总人口中仅约5%居住在城镇；1900年，世界也只有1.6亿人生活在城市，10%以上的人口住在城市的国家非常罕见。1950年，世界城市化水平为 29.2%；1990 年，发达国家的平均城市化水平已达 73.8%。目前，许多国家如英国、日本、新加坡、澳大利亚、新西兰等有 80%—90%以上的人口住在城市。2000 年，城市人口约占世界总人口的 47%。预计到 2050 年，全球约有 2/3 的人口会居住在城市。

## 二、发展中国家城市化进程迅速

世界城市人口在迅速增长，特别是发展中国家城市增长的势头猛烈，其中经济最不发达国家城市化速度最快。与发达国家相比，发展中国家人口自然增长率通常要高得多，以至于城市即使只有小比率的人口移入，每年增加的人口数量也非常大。第二次世界大战后，很多第三世界国家经济、社会和政治迅速发生变化，国家日趋昌盛，使得城市人口的增长更加迅速。根据联合国的统计数字，从 1950 年到 1995 年，发达国家的城市居民增长到 37%左右，在欠发达国家，城市居民的人数增加了一倍以上，而在最不发达的国家，城市居民的人数增加了两倍以上。非洲城市人口占总人口的比例从 1950 年的 15.7%增加到 2000 年的 39.1%，其中，城市化最快的地区是东非。拉丁美洲已成为以城市为主的大陆，城市人口占总人口的比例从 1950 年的 41%增长到 2000 年的 76.8%。在亚洲，城市化水平从 1950 年的 17%增加到 2000 年的 34%。



1900 年，全球人口最多的 10 大城市全都在北美洲和欧洲，但到了 20 世纪末，10 大城市中属于发达国家的只有东京、纽约和洛杉矶。据估计，到 2020 年，纽约和洛杉矶“全球城市前十”的地位可能会被达卡、卡拉奇或雅加达取代，而东京的全球第一大城市地位将被印度的孟买取代。

## 三、世界人口的集中趋向

大城市服务设施齐全，就业机会多，对外交通方便，让人们向往在城市定居。目前，世界上 1000 万人口以上的特大城市有 20 个，预计到 2015 年将增加到 23 个，其中超过 2000 万人的特大城市将有 5 个。新增加的特大城市都来自发展中国家。相比之下，发展中国家的中小城市在交通就业等诸多方面比较逊色，人口增长也就相对缓慢。而发达国家大部分城市人口居住在中小城市。也就是说，世界人口会更多地向大城市和特大城市集中。

## 四、世界城市崛起

20 世纪中期以来，经济全球化是世界经济发展的一个基本特征。经济全球化的过程大大改变了发达国家及发展中国家的城市功能，并使其与周边地区的经济融为一体。全球经济的一体化进程，使人们不得不面对世界市场、全球生产链和全球贸易。而实施全球贸易的国际性商号、跨国公司和国际金融机构所在的城市，其城市地位和职能也将发生重大的变化。世界城市就是这种国际大循环的枢纽，是信息、资本和商品的不同流动的交叉点，并形成相互联系、等级有序的网络体系。

世界城市是协调和控制全球经济活动的中心，也是国际政治和文化中心。这些城市有这样几个共同特点：规模大，经济、文化教育、科学技术都十分发达；全方位开发，市场与国际接轨，多是跨国公司总部、银行总部、金融领域或生产服务组织的集中地；交通信息通畅，国际活动频繁，城市享有高度的现代设施和现代文明。从世界城市形成的时间顺序来看，世界城市最早出现于西欧，而后扩散到北美，20 世纪 50 年代以来扩散到环太平洋地区。

按照经济实力的大小，世界城市可大致归入几个等级，即全球经济系统的调控中心（如纽约、伦敦、东京）、国家经济中心（如巴黎、马德里、圣保罗）、具备多个角色的城市（如新加坡、迈阿密）和地区经济实体中的城市（如芝加哥、香港等）。以一国拥有的世界级城市的数量而论，美国为最多，有 6 个，即纽约、芝加哥、洛杉矶、旧金山、迈阿密、休斯顿。如以区域而论，世界城市的集中地区有西欧（9 个）、北美（7 个）、东亚（7 个）。

经济全球化是世界城市赖以形成和继续发展的基础，而世界城市主宰城市世界，影响着世界经济的走势。在今天这个时代，随着信息产业等高科技的不断创新和全球化进程的加快，世界城市将对世界经济起到更大的推动作用。

## 五、城市问题日趋严重

城市人口和工业的过度集中以及大城市的畸形发展，也带来一系列严重问题，造成大量的社会危机，比如劳动力过剩、失业率上升、交通拥挤、住宅紧张、地价昂贵、污染严重、生态环境恶化、生活质量下降、社会秩序混乱、犯罪率增高、城市基础设施落后、公用事业不足等。这些城市社会问题给城市的社会生活和城市管理带来极大的困难，严重影响了城市的协调发展。

# 第十四章

# 古代世界的著名城市



城市产生于人类社会由野蛮向文明的过渡时期，距今大约有5000多年的历史。根据历史记载和有关考证，古代的城市主要分布在东地中海沿岸和印度河之间的广大弓形地带，即两河流域、尼罗河流域、印度河和恒河流域以及黄河中下游和中安第斯山脉。这些地区是世界文明的发源地，是人类文化的摇篮，也是地球上第一批城市的诞生之地。

这些城市就是古代世界的城市。在此，主要叙述一下古埃及的城市、古西亚与波斯的城市、古印度的城市、古美洲的城市、古希腊的城市和古罗马的城市，带领广大读者重温古代城市的点点滴滴。

## 第一节　古代城市的概况

古代最早的一批城市出现在尼罗河流域。古埃及从公元前3200年到公元322年共经历了30个王朝，历代王朝都把都城建在尼罗河沿岸。

公元前3000年至前2500年，两河流域的苏美尔地区出现了很多城市国家，这些城市国家均是由几个地区围绕一个中心城市联合而成的。公元前2000年左右，地中海沿岸建立了拜占庭、斯巴达、雅典和罗马等城市。

人类城市文明的又一发源地是印度河流域，该地的城市也不断发展，有些地区的城市甚至一度进入繁荣期，成为当时世界上最大的城市之一。当然，美洲和非洲也出现了很多城市。

关于世界各地城市的形成时间，各国学者有不同的说法，但是大致可以做如下划分：距今6000年以前，美索不达米亚的一些村落首先发展成了城镇；其后800年（大约公元前3200年）左右，尼罗河流域出现城镇；印度河流域的城镇大约形成于公元前2800年左右；而我国黄河、渭河流域的城镇大约形成于公元前2700年左右；欧洲城市源于地中海岛屿地区，但形成的时间较晚，直到公元前2000年左右才露端倪；西非城市的出现时间更晚一些，距今只有2000年左右的历史。

值得指出的是，在上述地区出现了一些奴隶制大国，如当时的古罗马帝国几乎征服了全部地中海沿岸。这些大国的奴隶主为过上豪华的生活，在城里建造了华丽的建筑和多层住宅，从而导致城市人口剧增，当时罗马城的人口超过了80万。这些奴隶制大国不断向外殖民，扩大版图，在其势力抵达的沿海地区建有很多殖民地性质的港口城市，如地中海沿岸的亚历山大、锡腊库扎、迦太基等。



古罗马帝国的后期，为了抵御日耳曼族的入侵，曾沿着多瑙河西一直到英格兰北一线设防。在某些战略要地，随着军队的驻扎和浴场、剧场的出现，一系列罗马型的城市也随之出现了，进而逐渐兴起发展起来。很多著名的城市，如伦敦、巴黎、科隆、维也纳等都是始于这个时期。在当时的亚洲内陆地带，波斯帝国十分强盛，不断扩大疆域，波斯帝国的首都苏萨城及波斯波利斯城都是当时有名的都城。

古代城市也有其显著的特征。澳大利亚著名历史学家、考古学家柴尔德这样总结了世界早期城市的基本特征：早期城市有比过去各种聚落更多、更密集的人口；出现了一批从事非农活动的手工业者、官吏、设计师和神职人员等；国王开始征收农业剩余产品；开始建设一些有象征意义的公共建筑，如纪念碑、寺庙、祭坛等；数学、天文学、几何学、历法学等学科诞生，并应用于农业生产、建筑设计等方面；出现了脑力劳动和体力劳动的分工；开始与较远的城市进行贸易往来的活动；城市居民不再以血缘关系为基础，而是以居民身份存在。

有了古代城市的发展，才会有后来城市的继续成长。德国著名的学者奥斯特·斯本格勒曾指出：“人类所有的伟大文化都是由城市产生的……世界史就是人类的城市时代史。”由此可见，城市的产生与发展对于世界历史有着极为巨大的推动作用，而这种推动力的原动力就是古代城市。

## 第二节　古埃及的城市

埃及是世界上最古老的文明古国之一，位于非洲东北部尼罗河的下游。埃及是沙漠中的绿洲，几乎终年不下雨，唯一的水源就是尼罗河。尼罗河由于贯穿全境，土地肥沃，成为古代文明的摇篮。

早在公元前4000年左右，埃及进入金石并用时期，出现铜器，生产力也有了较大增长。此时原始公社开始解体，向奴隶制过渡，且于公元前3500年左右，埃及成立了两个王国，即上埃及和下埃及。经过长期的战争，在公元前3200年左右统一的美尼斯王朝建立了，历史上称为第一王朝，首都建于尼罗河下游的孟斐斯。

古代埃及的历史大致可分为4个时期：古王国时期（公元前3200年—前2400年）、中王国时期（公元前2400年—前1580年）、新王国时期（公元前1580年—前1150年）、晚期（公元前1150年—前30年），在3000年中更换了30个王朝。

埃及的奴隶制直接从氏族贵族演化而来，形成了中央集权的皇帝专制制度，国王被尊称为“法老”。从事大规模的水利工程和金字塔建造需要集中大量人力，而且尼罗河绿洲的农业开发也需集中人力，这些均为城市居民点的建立创造了条件。古埃及人民在建设工程中发展了几何学、测量学，创造了起重运输机械，并学会了组织几万人的劳动协作。其他如天文学、历法、数学、医学、美术、文学等均达到最高水平。这些成就对城市的建设和发展起到重要的推动作用。

古埃及的城市位于尼罗河东岸。在古埃及象形文字中，“城市”一词以圆形或椭圆形内划十字组成，其圆形或椭圆形代表城墙，十字代表街道。城市被十字街划分为4个部分。在古埃及时期，主要的城市有以下几个：

### 一、孟斐斯古城

古王国第一王朝的国王美尼斯统一了全国，并在尼罗河三角洲的最南端建立了孟斐斯城。城市以白色城墙围绕，所以在当时被命名为白城。地方神泼塔神庙建于南城墙以外。前四个王朝法老的金字塔与第五王朝的太阳神庙都建在了远离城市的沙漠边缘。

第三王朝国王裘萨重建了孟斐斯城，并按照国王生前的生活方式在萨瓜勒设计了国王的坟墓。裘萨的墓地大约等于孟斐城的内城大小，孟斐斯城和墓地都是坐北朝南。

古埃及以花岗石材料建成的宙宇、陵墓、方尖碑、狮身人首等建筑群组成了独立的“死者之城”。远处，与它遥遥相对的城市被称作沙漠中的“生者之城”，是它的陪衬。

孟斐斯城持续了千年之久，在第三到第六王朝期间有很大发展，成为当时的大城市，而不幸的是，到公元前 2263 年，该城在一次革命中被全部毁坏。



古王国后期，战乱频仍。十二王朝的国王重新统一了埃及，拉开了中王国历史的序幕。为解决人口日益增长的需要，国王下令开垦尼罗河三角洲上的发雍绿洲，建造了巨大的人工水库。从此，农业与工商业都有了较大发展，出现了比较繁荣的城市。它的首都设在一个名叫伊套伊的城堡里，四周布满了堑壕，城防坚固厚实。

## 二、卡洪城

公元前 2000 年左右，十二王朝时期建成古埃及有名的城市卡洪。城市为长方形，围有砖砌城墙。城市划分为东西两部分。城市中心有神庙；城西是奴隶居住区；城东被一条东西长的大路分成南北两部分，有市集；北部是贵族区，面积与城西奴隶区差不多，仅排列着十几个大庄园；南部则是商人、手工业者、小官吏等中产阶层住所，房屋零散地分布着；城东南角有一大型坟墓。贵族住宅朝向北来凉风的方位，而西部劳动人民居住区，却迎着由沙漠吹来的热风方位，反映了明显的阶级差别。

长期以来，人们对古代卡洪城有不同的猜测，认为该城市是为修筑金字塔而筑的一个小城，而这个城市恰恰位于通往法尤姆绿洲的要道上，也可能是为开发绿洲而建的城市。

## 三、底比斯城

中王国时期，城市与“死者之城”的界限逐渐模糊。如十一王朝首都底比斯，虽然“死者之城”位于尼罗河的左岸，城市位于尼罗河的右岸，二者仍是分隔的，但雄伟的神庙如卡纳克与鲁克索神庙则位于城中，与“生者之城”结合在一起了。底比斯在以后王朝有很大发展而成为古埃及最宏伟的城市，传说城市人口最盛时达到10万。底比斯位于峡谷，两岸悬崖峭壁。在这里，金字塔的设计构思已经不适应，皇帝们在山岩上凿石窟作为陵墓，利用原始拜物教中的巉岩崇拜来神化皇帝。

公元前661年，底比斯被亚述人所毁，接着又于公元前525年被波斯国王捣毁，公元前24年罗马人又进一步加深破坏。加之此处常受尼罗河侵淹，今天只能大致辨别城市的原来格局。

### 四、阿玛纳城

新王国时期统治阶级为加强中央集权，国王自称神，祭拜皇帝不再在金字塔或崖墓的祭堂里，而是将宫殿和庙宇结合在一起，在大殿里拜谒国王。公元前1370年左右，皇帝阿克亨纳顿于在阿玛纳建立首都，该城面临尼罗河，三面山陵环抱，无城墙，历时10年建成。史传在皇帝统治期间实行新政，主张开创新的生活方式，崇拜太阳或光明，提倡现实性的艺术、妇女享受同等权利以及较为开明的社交礼节等。

这个城市与古埃及其他城市不同，没有神秘、巫术、昏暗、阴沉的感觉。城市分北、中、南三个部分，三条与尼罗河平行的道路自南至北通过这三个部分。北部是劳动人民住区；中部为帝皇统治中心，有皇宫、阿顿神庙和许多国家行政与文化建筑；南部为高级官吏们的府邸，有四合院宅第和各种附属用房以及花园。街道也有部分绿化。这座城市有明确的分区，特别是已经有了明显的市中心区。中心区内，皇宫居中，大小两个阿顿庙分列左右。皇宫之后是行政与文化机构。

此城其后由于底比斯的阿蒙僧侣的诅咒反对，市民纷纷离开，一朝的光明城市又淹没在风沙之下。

## 第三节　古西亚与波斯的城市

古西亚文明发源于两河流域及伊朗高原地区。两河流域的南部，即上游为亚述，下游为巴比伦，气候干燥。上游积雪融化后每年定期泛滥，所以下游的土地十分肥沃。早在公元前 4000 年，苏马连人和阿卡德人就在这里创造了灿烂的文化，建立了许多奴隶制国家。

公元前 19 世纪初，古巴比伦统一了两河上下游，从而更利于大规模水利工程的开展。公元前 16 世纪初，古巴比伦灭亡。两河下游先后为埃及帝国和亚述帝国所占。从公元前 7 世纪后半期至 6 世纪后半期，又建立了新巴比伦王国（也称迦勒底王国），这是两河下游文化最灿烂的时期。后来，新巴比伦被波斯帝国所灭。

两河上游的亚述国家，公元前 8 世纪征服了巴比伦等国，建立了领土远达小亚细亚、阿拉伯与埃及等地的大帝国。公元前 7 世纪末，亚述国家被新巴比伦所灭。公元前 6 世纪中期，在伊朗高原建立了波斯帝国，领土遍及西亚、埃及、中亚和印度河流域。公元前 4 世纪后半期，被马其顿帝国所灭。



两河流域与波斯同周围地区的文化交流比较频繁。波斯信奉拜火教，露天设祭，没有庙宇。两河流域信仰多神教，但君主制将国王神化，崇拜国王和崇拜天体结合起来，故宫殿常与山岳台邻近，而山岳台往往又与庙宇、仓库、商场等在一起，形成城市的宗教、商业和社会活动中心。

这些地区因战争比较频繁，加上当时的建筑材料耐久性差，所以当时建筑遗存几乎没有，现在只能从一些城市遗迹考古挖掘中得知一个梗概。下面以几个城市为例，为读者展示古代西亚与波斯的城市概况。

## 一、乌尔城

大约在公元前 3000 年，苏马连人和阿卡德人在两河流域南部建设了一些城市。这些城市是建在自然经济基础上的农村公社的中心。经过考古发掘，在乌尔等地发现了筑城遗址。乌尔城约建于公元前 2100 年至前 2000 年，有城墙与城壕，城市面积为 88 公顷，人口约为 3.4 万人。

乌尔城由厚墙围抱的宫殿庙宇和贵族僧侣的府第组成，高踞在西北高地，而墙外是普通平民和奴隶的居住地，分界明显，防卫森严。起着天体崇拜作用的山岳台是土夯的，外贴一层砖，砌着薄薄的突出体。

在宫殿、庙宇和山岳台三位一体的土台上还布置着各种税收和法律等衙署、商业设施、作坊、仓库等，形成一个城市公共中心。宫殿是四合院，由若干院落组成。城市除中央土台外，还保留着大量耕地，有几处零星的居民点散居在耕地中。房屋密集排列，街宽仅约 3 米，有利于阻挡烈日的暴晒。

## 二、巴比伦城与新巴比伦城

公元前 3000 年，两河流域建成了以巴比伦为首都的国家，建立了巴比伦城。此城于公元前 19 世纪初及公元前 16 世纪先后被闪米特人、喀西特人和亚述人所占，公元前 689 年为亚述国所毁。公元前 650 年，迦勒底人灭亚述国后，建立了新巴比伦王国，其成为西亚贸易和文化的中心。公元前 6 世纪尼布甲尼撒二世时，规划与建设达到高潮。城市人口达到了 10 万，建设极其宏伟。



城市跨越幼发拉底河两岸，出于防御需要，筑有两重城墙。城市主轴为北偏西，主要大道叫普洛采西大道，沿大道及河岸布置宫殿、山岳台与马尔都克神庙，马尔都克神庙正对夏至日出方向。城中的小巷曲折而狭窄。

新巴比伦国王还为其皇后筑有“空中花园”。花园建于 20 多米高的高处，引其下幼发拉底河的河水进行浇灌。希腊人称该花园为世界七大奇迹之一。

古希腊历史学家希罗多德赞誉巴比伦是当时城市中最富丽的一个。在新巴比伦时期，城市工商业十分活跃，都城新巴比伦成为东方贸易的中心。公元前 2 世纪，此城沦为废墟。20 世纪初，专家对巴比伦城进行了系统的考古发掘。

## 三、尼尼微城

古亚述首都尼尼微的历史可以追溯到公元前 3000 年。这个城市的全盛时期在公元前 1300 年，该城选址于一个高差 25 米的山坡上。城分内外两圈，向北倾向底格里斯河。近河处有 35 个神庙，位于人工筑砌的高台上。市内的阿奴与阿达德神庙有一对相同的观象台，用庙宇把它们连接起来。庙宇的前面还有一个用很厚的墙封闭起来的院子，庙宇和围墙有很强的防御性。

公元前 627 年，亚述再次衰落。不久，来自波斯和巴比伦的入侵者占领了尼尼微城。公元前 605 年，巴比伦国王尼布甲尼撒击败了亚述的残余部队，从此亚述国消失在历史的废墟中。

1846 年起，有关专家开始发掘该城址，20 世纪 50 年代后修复了部分城墙、城门和王宫。考古发现，城中还有动、植物园，武器库及排水设施；出土了大量文物，包括浮雕石板、铭文泥板和艺术品，其中最有名的是阿卡德王萨尔贡一世青铜像和国王猎狮图浮雕石板。

## 第四节　古印度的城市



印度是世界上古老的文化发源地之一。大约在公元前 3000 年左右，印度北部的原始部落就已经开始解体，并出现了许多奴隶制国家。

印度河文明（公元前 2600—前 1500 年）的早期城市主要是通过在莫亨约—达罗和哈拉巴两地的发掘而闻名于世。1922 年，经过考古发掘，证实了公元前 2500 年至前 1500 年间的史前文化——哈拉帕文化的存在。

雅利安人到印度后不久，给印度文化增添了新的色彩。大约在公元前 1000 年，某些定居点四周开始筑起护墙。住宅与城镇也开始制定规划准则，有些准则内记载有建筑和雕塑规范。住宅和城镇出于“吉兆”的需求，首先要求严格按罗盘基本方位定朝向，城内土地分块也要按某种规格进行。每一城镇有东西长街叫作街道，另一条南北向街道叫作宽街。城内顺城墙根有一环城街，供宗教游行用。城市中心是块高地，后来代之为窣屠婆塔楼。潘陀族的首府印特拉勒斯特城和枯鲁族的哈斯底纳波勒城被当时的史诗描绘成气象万千的美丽都城。据传说，那两城是按天堂模式建造起来的。

### 一、莫亨约—达罗城

莫亨约—达罗城是奴隶社会初期由达罗毗荼人所建的城市，莫亨约—达罗原意为死者的遗丘。该城为方形，约 1000 米见方，人口估计为 3 万—4 万，是当时世界上最大的城市之一。该城有 3 条南北大道与 2 条东西大道，分划如棋盘，棋盘内又分别划成直角交错的小径。城市主要干道与建筑物均按当地主要风向取正南北向。

与古印度其他文化遗迹相似，莫亨约—达罗城分成两个部分。两侧稍高的是“卫城”；东侧是较广而低的原市街地，以道路划成较大的街坊，坊内又以众多的小径划分为更小的坊，居住房屋面向小径，面积大小不一，有的房屋是两层的，排水系统比较完善；城西条形地带1/3的中间地段是高地遗丘，它建于洪水位以上，有高高的砖砌厚墙围护，主要建筑物有窣屠婆、大谷仓、大浴场、列柱厅及两个大型建筑物，较为突出的是大浴场与大谷仓。

## 二、哈拉巴城

哈拉巴城的规模和平面与莫亨约—达罗城差不多。它的西城中央也有高地城堡，设置行政中心；北部有仓库和劳动人民居住地。考古学者发现，那时已经有了城市规划，包括道路系统、排水系统以及住宅区的布置，充分证明当时的技术水平曾达到相当的高度，计划十分周密。

另外，当时还有公私浴室，街道上有店铺。而且手工的纺织业、陶器业都相当发达。这一文明延续了千年之久，传说是由于雅利安人的入侵而予以破坏。雅利安人入侵是事实，但哈拉巴文化是否因此而遭到破坏和灭绝，在历史上尚无定论。



## 三、华氏城

华氏城始建于公元前6—5世纪，古印度摩揭陀国孔雀王朝（公元前321—前185年）的都城，是古代印度奴隶制国家最有名的首都。因位于恒河与桑河两大河流的汇合处（约在今印度比哈尔邦巴特拉附近），具有商业及战略上的重要性。根据古史籍记载，华氏城是当时印度最大的城市，城周围有城墙和宽阔壕沟，上有570座城楼和64座城门。城中的孔雀皇宫比当时的波斯王宫还要奢华。有些记载显然是夸大的，但也说明此城工程浩大。

我国著名僧人法显法师于公元5世纪初访问过印度，在华氏城住了3年，看到有2个大佛教寺院，吸引着来自印度各地的佛学学生，还有一个十分出色的医院。公元7世纪，我国唐朝玄奘法师旅居印度时，华氏城已经荒芜了。

## 第五节　古美洲的城市

在欧洲殖民者入侵以前，美洲的各族人民已经创造出丰富的物质财富和灿烂的精神文化，为人类的发展作出了卓越贡献。那时他们的大部分地区还处在原始公社阶段，但是在中美洲和南美洲的某些地区已经开始进入阶级社会，并形成 3 个巨大的文化中心——墨西哥地区（即阿特特克地区）、古代玛雅地区和古代印加地区。

大约在 10000 年至 5000 年前，较高的石器时代文化在墨西哥地区已经出现了。约公元前 10 世纪中期，奥尔梅克文化出现了。到公元前 10 世纪末期，以墨西哥城西北数十公里的特奥蒂瓦坎为中心，建立了最初的奴隶制国家。1325 年，阿兹台人从北方来到墨西哥地区，建立了丹诺奇迪特兰城，这就是现在墨西哥的前身。



古玛雅地区包括现在的墨西哥的尤卡坦半岛和危地马拉、洪都拉斯等国。玛雅人的历史遗迹始于公元初期。在尤卡坦半岛南部的贝登伊查湖东北，建立了一些奴隶制的城邦国家，其中最大的是提卡尔城，此后兴起的大小不同的玛雅城邦不下 100 个。公元 5—6 世纪之间，奇清、依扎城建立了。公元 10 世纪，多尔台克人征服玛雅。玛雅的天文、历法和数学达到很高的水平，玛雅是美洲文明的摇篮，玛雅文化也是世界著名的古代文明之一。

公元 11—13 世纪时期，印加人在安第斯中部的库斯科谷地强盛起来。公元 1438 年，他们征服了一些部落，并建立了国家，统治的地区从现在的厄瓜多尔和哥伦比亚南部，一直到智利和阿根廷北部，包括秘鲁和玻利维亚在内。印加的文化一度达到了较高的发展水平，印加人也是伟大的，他们建造了宏丽的金字塔式的庙宇和城堡。

直到今天，人们还极少发现古代美洲的完整城镇遗址。现有的遗址，多数只限于宏伟的核心，也就是宗教中心或政治中心，还没有发现这些中心附近是否有居住区。有时，发现的居住区却没有神庙或举行宗教仪式的遗址，也没有集市遗址。

从城市的选址来看，当时的人们很少考虑交通是否方便，而主要考虑距离肥沃土地的远近、就地取材是否方便、水源如何等等，还会考虑到用山坡地进行建设，以有利于防卫。

## 一、特奥蒂瓦坎城

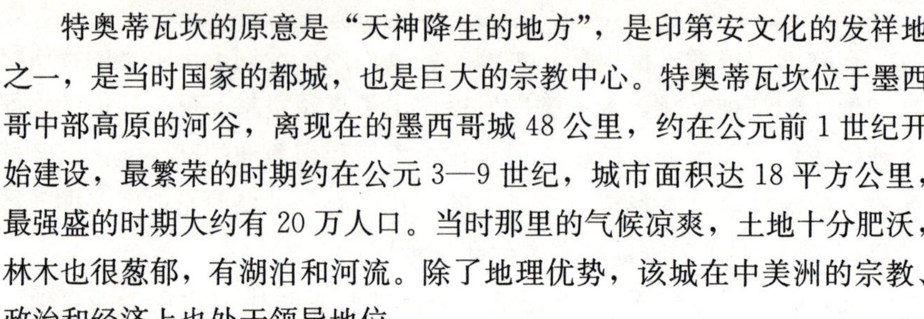

特奥蒂瓦坎的原意是“天神降生的地方”，是印第安文化的发祥地之一，是当时国家的都城，也是巨大的宗教中心。特奥蒂瓦坎位于墨西哥中部高原的河谷，离现在的墨西哥城48公里，约在公元前1世纪开始建设，最繁荣的时期约在公元3—9世纪，城市面积达18平方公里，最强盛的时期大约有20万人口。当时那里的气候凉爽，土地十分肥沃，林木也很葱郁，有湖泊和河流。除了地理优势，该城在中美洲的宗教、政治和经济上也处于领导地位。

城市中心的主要建筑是一组举行宗教礼仪的纪念建筑物，分布在一条长达2000米的大道两侧，包括好几座雄伟的庙宇，如太阳神庙、月神庙和羽蛇神庙等，形状很像埃及的金字塔。庙宇以月神庙为主，各类建筑物的布局相当严谨。太阳神庙与月神庙大概都建于公元1世纪。太阳神庙的金字塔分5层，高达64.5米，是迄今为止发现的中美洲各处建筑遗迹中最高的一处。羽蛇神庙的金字塔是古代墨西哥最引人注意的建筑之一，约建于公元2世纪。

## 二、丹诺奇迪特兰城

丹诺奇迪特兰城是阿兹台克人建造的城市。殖民者侵入之前，丹诺奇迪特兰已发展成为一个10多万人的大城市。城在盐湖中央，有3道堤连接城市和岸。淡水用输水管从陆上送来。城市形状方正，被运河切割开。市内还有一座中央广场，广场四周分布着三座宫殿和一座多级金字塔。宫殿和住宅都是四合院式，屋顶是平的，四周有雉堞。市内街道与运河交错，河上设有水闸，能够调节水量。城市中果木园和花园非常多，阿兹台克人还在蓝色的湖面上用木筏制造了浮动的花园。

## 三、提卡尔城

在玛雅人的城镇里，提卡尔城由于神庙、广场、金字塔、院落和回廊组合得非常优美而闻名，它还是美洲最古的城市之一。它的遗址占地10.5平方公里。建筑物分布在南北向的院落和广场的周围。城市有一座庙，造在一座3层金字塔上，庙与金字塔总高达到70米，庙顶有高耸的方锥台。金字塔脚下通常有一些四合院式的建筑物，大概是宫殿或祭司们的住所。

## 第六节 古希腊的城市

古希腊是古典文化的先驱、欧洲文明的摇篮，深深地影响着欧洲2000多年的城市发展史。古代希腊的地理范围不仅包括希腊半岛（爱琴海诸岛、小亚细亚沿海和地中海沿岸），还包括黑海沿岸的某些地方。

古希腊史的开端是“爱琴文化”，即克里特与迈西尼文化，大约在公元前3000年至前2000年是其繁荣时期。希腊本土的文化是从公元前12世纪发展起来的。它在古代历史上分为4个时期：荷马时期（公元前12世纪—前8世纪），古风时期（公元前7世纪—前6世纪），古典时期（公元前5世纪—前4世纪），希腊化时期（公元前3世纪—前2世纪）。古希腊文化与城市发展的黄金时代是古典时期，这一时期的文化是古希腊的代表。

希腊人所建立的国家，以一个城市为中心，周围有村镇，所以称为城邦，比较著名的有雅典、斯巴达、亚各斯、科林斯等。公元前479年，以雅典为首的希腊城邦战胜了入侵的波斯，并建立了奴隶主的民主政治，对希腊经济、政治、文化、科学、艺术等的发展都起到了促进作用。



公元前5世纪后半期，雅典人口中奴隶已占绝大多数，保证了手工业作坊、矿山、采石场与公共建筑工地有足够的劳动力，发展和繁荣了雅典的工商业。

古希腊信奉多神教，希腊的神被视为各行各业的守护神，所以在希腊各地庙宇均十分盛行。它不仅是宗教的场所，也是建筑群和公共活动的中心。公元330年，希腊北部的马其顿兴起，统一了希腊全境。亚历山大在不断发动侵略战争之后，使国土大大扩张，成了横跨欧、亚、非三洲的庞大帝国。从此，希腊的历史进入普化时期，城市经济与发展因战争掠夺而繁荣起来。

## 一、爱琴文化的城市

公元前 2000 年，爱琴海诸岛及其沿岸大陆的城市中已经有相当发达的经济和文化。它的中心先后在克里特岛和巴尔干半岛上的迈西尼。

### 1. 克里特岛

爱琴海的克里特岛由于地处欧亚非三大洲的航线上，商业非常繁盛，传说岛上有 90—100 个城镇，如高尼亚城、摩里亚城、费斯塔城等。其中占统治地位的是诺索斯城，号称众城之城。这些城镇是围绕高地上的防守据点或宫殿而形成的，街道弯曲，住宅参差拥挤，一般没有设防的城墙。居民主要是手工业者和商人，按职业分区聚居。城市建筑主要有住宅、宫殿、别墅、旅舍、公共浴室、作坊等。后期城镇建设受神话的影响，每一城镇都有自己的保护神。在诺索斯城有规模很大的米诺斯王宫，还有外国商人的旅舍、公共浴室等。

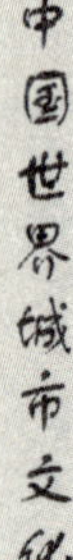


### 2. 迈西尼

公元前 2000 年后期，继克里特之后，迈西尼成为爱琴世界的中心。迈西尼的主要城市核心是卫城。卫城里有宫殿、贵族住宅、仓库、陵墓等。宫殿建在山岗高处的一片人工筑成的平台上，从它的平屋顶上可以眺望远处。卫城有个举世闻名的城门叫狮子门，城墙在门的两侧突出，使门前形成一个狭长的过道，增强了防御性。

## 二、古风时期、古典时期的城市

荷马时代以后，公元前 8 世纪—前 6 世纪是古希腊生产力迅速发展的时期，也是社会经济制度剧烈变化和文化艺术繁荣的时期。古典时期伟大哲学家亚里士多德在其著作《政治篇》中探讨了城邦的社会、人口、家庭、伦理、贸易、宗教组织、边防等问题，给人类留下了丰富的历史遗产，为世界文明宝库增添了光辉。

希腊工商业奴隶主在经济实践活动中认识了许多新事物，也接受了古代东方国家数学、天文等方面的知识，推动他们进一步认识周围的物质世界。希腊的朴素唯物论和朴素的、先进的奴隶制民主政治以及发达的科学技术促进了希腊城市的发展。

**1. 圣地**

在共和制城邦里，受崇拜的守护神以及民间自然神的圣地发展了起来。它们不同于以防御为主的卫城，有一些圣地的重要性甚至超过旧的卫城。圣地是公众欢聚的场所，也是公众活动的中心，定期举行节庆，人们从各地汇集于此，举行体育、戏剧、诗歌、演说等比赛，节日里商贩云集。圣地中心建起了神庙，周围也建起了竞技场、旅舍、会堂、敞廊等公共设施。

**2. 雅典**

希波战争以后，希腊城邦奴隶制经济进入全盛期。手工业、商业、航海业高度发展。科学文化的进步和民主思想的抬头，自由民、城市平民地位的提高，使城镇的形态也有所变化，开始大规模地发展作为全希腊盟主的雅典，目标是把它建成为一个宗教文化中心，并纪念希波战争的胜利，使一个原本破落不堪的小城市变成拥有许多重要建筑的城市。但是，即使在公元前 5 世纪的全盛时期，雅典的人口也没有超过 10 万人，加之水源和食物供应困难，古希腊城市很少有超过 1 万人的，中等城市的人口通常为 5000—7000 人。

雅典背山面海，城市的中心是卫城，最早的居民点形成于卫城山脚下，后发展到旦城西北角形成城市广场，最后形成整个城市。与其他早期希腊城市一样，广场没有固定的形状，庙宇、雕像、喷泉、作坊或商贩临时性的摊棚等都不规则地散布在广场侧旁或其中。广场是群众集聚的中心，具备司法、行政、商业、工业、宗教、文娱、交往等社会功能。

## 三、希腊化时期的城市

公元前 4 世纪后半期，奴隶制经济的发展突破了城邦的狭隘性。马其顿统一了希腊，随后建立了版图包括希腊、小亚细亚、埃及、叙利亚、两河流域和波斯大帝国的国家。这个时期叫作希腊化时期。由于东方古国的经济与文化同希腊的经济、文化交汇在一起，手工业、商业和文化达到了比希腊古典时期更高的水平，因此城市也有很大的发展。

希腊化时期，卫城和庙宇已不再是城市的中心，新的城市中心是喧嚣的广场。广场往往在两条主要道路的交叉点上，周围有商店、议事厅和杂耍场等。在海滨城市，它靠近船埠，以利于贸易。

**1. 普南城**

该城始建于公元前 6 世纪，在公元前 4 世纪亚历山大执政时进行了彻底的重建。城市面积非常小，仅为古罗马庞贝城的 1/3，建在 4 个不同高度的宽阔台地上。普南城全城可供 4000 人居住，居屋以两层楼房为多，一般没有庭院。市中心广场在城市中居显要位置，面积与城市公共活动的要求相适应，是商业、贸易与政治活动的中心。

**2. 亚历山大城**

该城是马其顿亚历山大远征东方时，于公元前 332 年在埃及北部濒地中海南岸创建的。它是古代世界最大最美的城市，是当时地中海的经济贸易文化艺术中心，也是地中海与东方各国进行各种交流的中心。

亚历山大城城中有最壮丽的庙宇和王宫。王宫的一部分包括有名的亚历山大博物园、图书馆、动植物园、研究院、集会的厅堂以及游览的场所等。图书馆藏书达 70 万卷，是自亚述国家设王室书库以来古代最大的藏书机构。当时古希腊科学家如欧几里德、阿基米德等都曾到达亚历山大城。可以说，亚历山大城在文化上的功绩超过古希腊的任何城邦。

## 第七节　古罗马的城市

古罗马时代是西方奴隶制发展的最高阶段。古罗马的地理位置最初在意大利境内，随着国势的强大，领土也在日益扩展，到罗马帝国时代，版图已扩大到欧、亚、非三洲。图拉真皇帝（公元 98—117 年）执政时期，帝国人口达到 1 亿以上，其中本土人口在 800 万左右。当时罗马的城市数量之多、规模之大，在世界古代文明中是极为罕见的。整个帝国的版图上城市数以千计，仅就西班牙一省来说，就有 400 座重要的城市，还有 293 座次要的城市。当时中小城市都有几万人口，大城市人口可达几十万甚至近百万。

古罗马的历史大致可分为 3 个时期：伊达拉里亚时期（公元前 750 年—前 300 年）、罗马共和国时期（公元前 510 年—前 30 年）和罗马帝

国时期（公元前 30 年—公元 476 年）。从公元 395 年开始，罗马帝国分裂为东西两部分。东罗马帝国建都在君士坦丁堡，西罗马帝国建都于罗马城。分裂以后的罗马已经不可能维持国家的统一，西罗马帝国于公元 476 年灭亡，东罗马则发展为封建制的拜占廷帝国。

古罗马的历史可以上溯到公元前 8 世纪伊达拉里亚统治拉丁姆平原，它是古罗马最早的有文化的民族。它曾经和埃及、腓尼基、希腊文化相结合，形成罗马文化的萌芽。罗马共和国在最后 100 年中由于国家统一、领土扩张、财富集中，城市得到很大发展，极盛时期罗马城的人口达到 100 万。

罗马国家的所有城市都有众多的公共活动，自由民的城邦爱国主义精神就是从这些公共活动中产生的。他们在这里选举自己的执政官，进行各种政治纲领的辩论。城市的公共生活铸造了罗马精神，形成了自由民生活的精神支柱。

## 一、伊达拉里亚时期的城市

早期的城市是以一种统一模式来建造的，在城市建设方面有两点较为明显：一是早期的伊达拉里亚城市都是建在山岩或高地之上；二是以宗教思想为指导，城市地区的划分非常明显。已经发现的一座伊达拉里亚早期城市在马尔扎波多附近，建于公元前 6—前 5 世纪，大多数街道是东西向的，有一条 15 米宽的南北干道贯穿全城。这条干道两边有略高出路面的人行道，有一些地方有几块高出中央路面的石头连接左右人行道，以方便行人在雨天过街。路边有明沟，雨水通过它流入暗沟而排出城外。城市街坊为方格形，临街有商店和作坊。

## 二、罗马共和时期的城市

### 1. 罗马营寨城

公元前 3 世纪至公元前 1 世纪，罗马人几乎征服了全部地中海沿岸，公元前 275 年占领地中海沿岸的派拉斯营地，并把它作为城堡的模式，由此形成古罗马营寨城的原型。这种营寨城的模式有方正的城墙。城市平面为正方形，朝向罗盘的基本方位。中间的十字交叉道路通向方城的东南西北 4 个门，道路交叉处建有神庙。今天欧洲有 120—130 个城市是从罗马营寨城发展起来的，有些城市还可以看出原来的面貌。其中最典型的营寨城市当属建于公元100年，即罗马帝国时期的北非城市提姆加德。该城建后150年被北非的风沙淹没，直到近代才被发掘出来，所以完整地保存了当时的风貌。

**2. 古罗马城**

相传，公元前753年，古罗马城建成，而且这个城市是在一段较长的时间里自发形成的。公元前4世纪，古罗马城建立了城墙，城市保留有空地，作为被敌人包围时的粮食供应地。城市中心广场在帕拉丢姆以北，后来这里逐渐形成了广场群，即著名的共和广场和建于帝国时期的帝国广场。共和时期的罗马广场是城市社会、政治和经济活动的中心，周围的房屋比较零乱。2007年6月11日，来自多个国家的专家展示了通过数字虚拟技术“复原”的古罗马盛景。专家们介绍，这是首次完整模拟出公元320年罗马古城的原貌，也是对罗马这座历史名城最大最完整的一次数字模拟，再现了古罗马帝国鼎盛时期的繁荣景象。该项目负责人、美国弗吉尼亚大学专家伯纳德·弗里希介绍说，通过对现代罗马城进行激光扫描，同时参考考古学家的意见，他们几乎“重建”了公元320年时的古罗马城。弗里希表示，在古罗马国王康斯坦丁统治时期，罗马城拥有7000座建筑，城墙长13英里，城内大约有100万居民。而且，模拟图还再现了城内30座建筑的内部情形，包括参议院、圆形竞技场等，它们内部满是精美的壁画和装饰。专家们还根据考古学家的意见，恢复了一些后来遭到破坏和污损的雕像及纪念碑原貌。

**3. 庞贝城**

共和时期的著名城市庞贝始建于公元前4世纪左右，是公元79年维苏威火山爆发时被淹没的罗马共和时期古城。它原来是规则的营寨城市，后逐渐发展为古罗马的重要商港和休养城市。该城位于维苏威火山脚下，当时约有2万人口。城西南角是市中心广场，广场上的主要建筑物有城市守护神朱比特神庙、法庭、交易所、市场、公秤公尺陈放室、行政机关、会议厅等。广场地坪比四周柱廊低，显然车辆不能进入广场。城市南部还有一个三角形的广场，其上有神庙，其北有大小两个剧院，各容纳5000人和1500人。城市东端有大斗兽场，可容纳20000人，也就是说全城的人都可容纳在内。城市一般住房和商店是一层或两层的，市中心附近的潘萨府邸较突出，单独占据了整整一个街坊，府邸的沿街部分有敞开的店面和面包房。

## 三、罗马帝国时期的城市

罗马帝国时期是古罗马的鼎盛时期，在地跨欧亚非三洲的辽阔幅员内，城市有了很大的发展。

### 1. 罗马城

到公元 2 世纪，罗马城市的发展已突破 13.86 平方公里的奥留良城墙范围。公元 3 世纪时，人口已经超过 100 万。人口数目庞大就导致粮食和水的供应格外重要。其粮食供应是通过梯伯河口的俄斯提亚运入的。俄斯提亚人口为 5 万，距罗马 18 公里。罗马人在俄斯提亚建设了图拉真港湾与克劳提亚斯港湾，城市与港湾均筑防御城墙。古罗马一度曾缺粮缺水，城市居民向郊外迁徙，使郊外沿梯伯河两岸的建设蓬勃发展。罗马城市用水量很大，所以从几十公里之外把水源源送入城市。罗马城内有位于巴拉丁山上的皇帝宫殿，建造年代先后不一，用地紧张狭小，但供消遣娱乐所需的跑马场、剧场、斗兽场、浴场等规模宏大。其中，马克西玛斯跑马场可容纳 25 万观众；卡拉卡拉浴场除了浴场外，还有俱乐部、交谊厅、演讲厅、体育场、储水库、花园和商店等。

### 2. 其他城市

在罗马帝国时期，还有一批具有重要军事意义的城市，如北非的城市提姆加德、兰培西斯以及阿奥斯达等都是军队在短时期内建成的。这 3 个城市规模比较大，城内的设施也比较完善。今天，提姆加德是属于阿尔及利亚的古罗马遗迹，是北非最大、保存最为完好的罗马遗址。该遗址位于阿尔及利亚东北部的奥雷斯山脉地区，建于公元 100 年，最初只是古罗马奥古斯都军队的一系列哨所之一，后来罗马帝国特拉让皇帝下令在此地建立了城市。1881 年此城遗址被发现。直到今天，这里依然可以看出当初城市的繁荣景象。城市里其他建筑包括一些坚固的房屋和商店，广大而随意分布着的郊区建筑。城堡中心建有广场，歌剧院则位于城南。它是当时罗马设计最完美的城堡，城内商铺、客栈云集，技工们在自家店铺上出售手工制品。

# 第八节 古代城市的发展和衰落

在马可·奥里略时代，罗马的统治权已经受到威胁，主要原因之一是罗马对奴隶的需求日益增长。虽然奴隶已经是古代世界的重要组成部分，但现在他们逐渐取代了构成罗马社会中坚力量的手工业者和小商人，多数手工业者和小商人都沦为债务人。最终，首都有 1/3 的居民不得不依靠国家救济生活。

过去，对外征服能够为流离失所的罗马人提供机会。现在，帝国处于防御状态，正在奋力保卫其广阔的城市网络。随着安全保障和便捷交通的破坏，远程贸易衰落了。在随后的几个世纪中，其货币罗马便士也持续贬值。或许更糟糕的是，所有阶层的罗马人都失去了道德的目标意识，整个文化被玩世不恭和逃避现实的思想影响着。许多社会上层分子厌倦了罗马的城市生活，选择逃避到位于农村或那不勒斯海湾的别墅生活。

在政府举办的挥霍无度的娱乐活动中，罗马的中产阶级和劳动阶层渐渐迷失了自我。多数罗马人把他们的闲暇时光消磨在珍禽异兽展览、残忍的角斗士表演和剧院演出中。另外，一连串的传染病也加剧了罗马的阴晦气氛。据记载，公元 3 世纪爆发的一次瘟疫特别严重，连续数月每天夺走 5000 个罗马人的生命。

磨难之中，一些人试图从宗教中寻求精神慰藉，后来证明，这些新信仰体系的影响日益增长，大大伤害了古典城市文明。基督教利用罗马传播福音，但其信仰本身却与该城市帝国的核心价值观相抵触。由于罗马人的长时期迫害，基督徒被疏远，形同路人。公元 3 世纪的迦太基主教塞普里安，因罗马和帝国其他主要城市遭受瘟疫而暗自庆幸，认为这是对其罪恶和不贞的报应。

这种反城市的观点最著名的表述体现在圣·奥古斯丁的《上帝之城》一书中。奥古斯丁把罗马描绘为“自鸣得意的”“尘世之城”，认为其罪恶应受到惩罚。可奥古斯丁并没有制订方案来改革这个垂死的大城，而是主张罗马人应设法进入另一个大城——“上帝之城”，在那里“没有人的智慧，只有对神的虔诚”。

公元5世纪，当奥古斯丁撰写他的宏篇巨作时，教堂和基督教的会众（当时总部在罗马）都没有阻挡住帝国的崩溃。出生率下降，城市越来越空，罗马城本身也开始游离于帝国权力的主要中心之外。甚至在意大利，商业和政治中心也转移到其他城市——特别是拉文那和麦迪欧拉努（米兰）。

随着帝国功能的丧失，罗马人口直线下降，城市发展停滞。公元410年，罗马被西哥特人攻陷。在此后一段时间里，城市保持着时断时续的独立。公元476年，日耳曼国王奥多亚克控制了罗马城。至公元7世纪，罗马的人口只剩下3万。

随着罗马的衰落，欧洲的城市生活日渐暗淡。城市的退化并没有在各个地方立即发生。罗马城市生活的袖珍版在某些地区仍持续了几个世纪，复兴帝国的尝试时有发生。然而，到了公元7世纪，古代帝国城市之间旧的商业联系被切断。在帝国灭亡以后兴盛了好几个世纪的宏伟的马赛港被荒废了。

实际上，西方所有的大城市——从迦太基到罗马再到米兰——都经历着一次人口骤减。帝国边缘的损失更具灾难性和持续性。繁华的德国省会城市特里尔在公元前4世纪早期有约6万人，而到7世纪已经萎缩成围绕在一个大教堂周围的小村庄。在欧洲大多数地方，古老的城市文明几乎都消失了。公元7—8世纪，整个欧洲只有不到5%的居民生活在大大小小的城镇中。

但有一个城市不得不提及，因为它是为数不多的幸存下来而且发展良好的大城市，那就是君士坦丁堡。君士坦丁堡，从前的希腊城市拜占庭，现在成了古典城市最后的大堡垒。这个城市横跨将欧亚两洲分开的博斯普鲁斯海峡，约公元326年，君士坦丁堡被宣布为东罗马帝国的首都。依靠着城墙和巨大海港的拱卫，君士坦丁堡在野蛮人的攻击中存留下来。在一个世纪内，它的人口从5万人增长到超过30万人。在公元6世纪的全盛时期，作为欧洲首要城市，君士坦丁堡有接近50万人口，成为控制从亚得里亚海到美索不达米亚、从黑海到非洲之角的庞大帝国。

君士坦丁堡是在欧洲和近东其他城市衰落的时代繁荣起来的。虽然君士坦丁堡自夸为“新罗马”，但它却从没有达到过从前罗马帝国的规模。由于同西方世界相分离，这个城市经历了“一个东方化的过程”。

也许更糟糕的是，君士坦丁堡废弃了古典世界的全球化理念，特别是在宗教问题上，帝国政权逐渐开始迫害基督教的“异端”和异教徒——犹太人。

于是，很多有实力的团体开始反对帝国的政权，积极帮助敌人——先是波斯人后是穆斯林一块块地蚕食帝国领土，其他的力量也在破坏着城市和削弱帝国。自然灾害（如地震）和紧随其后的公元 6 世纪晚期的大瘟疫，夺走了君士坦丁堡 1/3—1/2 的人口，有些小城镇甚至全城灭绝。灾害和内乱让帝国人口减少、疲惫不堪。面对公元 7—8 世纪伊斯兰世界的兴起，帝国已无力与之抗衡。

尽管存在诸多问题，帝国仍旧坚持着它最伟大的力量。拜占庭的防御潜力、外交、明目张胆的行贿以及伊斯兰世界的内部纷争等因素加在一起，使君士坦丁堡免于被彻底征服。直到公元 1453 年，它才在土耳其人的重炮攻击下沦陷。

# 第十五章

# 中世纪的世界名城

中世纪城市也称为中古城市，是指世界各国封建社会时期的城市，时间大约从公元5世纪到17世纪左右。中世纪城市的发展以封建制度的产生和发展为线索，以其内部的自然经济向商品经济的转化为条件。

在中世纪，城市农产品的主要供应方式已经转变成为贸易方式，与以前有着明显区别。城市的手工业者逐渐增多，他们提供了大量农村所需要的生产资料和生活资料以换取更多的粮食和副产品，使得中世纪的城市已经不再单单是政治的中心，而是逐步转变为各种生产和交通贸易中心。城市商业逐渐兴盛，水陆交通不断发达，进一步推动了城乡物资的流通，大大促进了贸易的发展，产生了很多港口贸易城市。还有一些城市，在整个中世纪扮演了重要的对外贸易中心的角色。

毋庸置疑，在中世纪，手工业和商业的较大发展也推进了阿尔卑斯山脉以北小城镇的兴起。中世纪的后期，欧洲形成一种半封建、半共和的政体，被称为城市国家或自由城市。另外，欧洲城市的发达也促进了欧洲文化的发展，成为后来欧洲文艺复兴和资产阶级革命的重要舞台。

## 第一节 中世纪城市的概况

中世纪是欧洲各国的封建社会时期，从罗马帝国消亡一直到17世纪英国爆发资产阶级革命，共持续1000年之久。不可否认，罗马帝国的消亡使很多城市遭到严重破坏，而南下的日耳曼人以农业耕作为主，对城市的依赖不大，加上频繁的战争使商路断绝，手工业、商业变得萧条，人们的生活重心转到乡村，这些因素都使欧洲很多城市走向衰落。其中最典型的是罗马城，其人口由极盛时的近百万人骤减到 4 万人。但是，欧洲的城市传统并没有完全消亡，在中世纪后半期，城市发展在整个欧洲再次出现。

早在公元 9 世纪初，欧洲形成一些新的城市中心，例如：巴黎有 2.5 万人、西班牙的科尔瓦多有 16 万人、土耳其的伊斯坦布尔（即君士坦丁堡）人口高达 30 万。在意大利，罗马有 5 万人、那不勒斯有 3 万人。公元 9 世纪，随着查理曼帝国的建立，城市生活方式在欧洲重新复苏。查理曼大帝还通过威尼斯、那不勒斯、热那亚等城市重新开辟了贸易渠道。

从 10 世纪末起，欧洲的农业生产也开始恢复，农奴、手工业者逃离封建领主的庄园，到便于销售产品的渡口、关隘、交通要道、寺庙附近及罗马旧城等地方去，他们的聚集地就逐渐形成了城市。法国的 500 个城市中就有 420 个是这样兴起的。

西欧的中世纪城市还在战争中得到一定程度的发展。意大利的威尼斯、佛罗伦萨，法国的马赛就是由此重新得到发展的城市。这些城市通过斗争取得完全自治，通过选举产生权力机构，法官制定政策、法令，城市铸造货币，拥有武装和法庭。

在中世纪，随着商人阶级的兴起和商业的繁荣，一些城市“市”的色彩日益增强，这是中世纪城市与早期城市的显著差别之一。随着贸易的复兴，城堡的君主也变得越来越依赖商人，以便从他们那里得到奢侈品，于是商人的力量增强，甚至被允许在城堡外筑墙自卫，城市的局部自治程度越来越大，最终形成“自治市”。

“自治市”（或称“自由城市”、“帝国城市”）是欧洲新城市发展的核心。实际上，自治市是以城市为中心，辖有周围农村的一种政体。它与古希腊城邦不同，是一种封建制的共和政体。公元 12—13 世纪，意大利的威尼斯、佛罗伦萨、热那亚、锡耶纳等以及德意志的汉堡、不来梅、卢卑克、科隆等，都属于这样的城市国家。

另外，一些自治市结成同盟以保护自己的政治与商业利益。在这些同盟中，最著名的是汉萨同盟，参加该同盟的城市最多时达到

160 多个。从 14 世纪到 17 世纪，汉萨同盟一直是北欧政治结构中一个活跃因素，这些城市的自治权力一直兴盛到 19 世纪中叶的俾斯麦时代。

以城市为单元结成政治性同盟，以及以城市为中心形成城市国家、自由城市、帝国城市等政治客体，都说明城市在地区政治经济结构中的地位，这也是欧洲中世纪城市发展的突出特点之一。欧洲城市的发达促进了欧洲文化的发展，这些城市成为以后欧洲文艺复兴和资产阶级革命的重要舞台。

从总体上说，中世纪欧洲城市的人口规模仍较小。据估计，公元 1400 年，仅巴黎的人口达 27.5 万，布鲁日、威尼斯人口超过 10 万，伦敦、罗马、那不勒斯、科隆、佛罗伦萨、根特等人口也在 4 万—5 万不等。在其他地区，当时土耳其伊斯坦布尔有 70 万人，日本大阪、东京、京都，以及埃及开罗的人口达 30 万—40 万。这些城市与同时期西欧的城市相比，显示了更高的城市发展水平。

总结一下中世纪西欧城市的发展，可以看到这样的特点：欧洲城市的发展经历了一个衰落的时期，直到后期才有所好转，相对来说，东方尤其中国城市的发展达到了封建时代的顶峰；虽然城市人口规模仍然比较小，但却有不断扩大的趋势，中小城镇不断增多；城市布局多样化，经济功能大大增强，改变了过去单一的政治和军事功能状态；城市结成的政治同盟或以城市为中心形成的城市国家，表明城市在地区政治、经济结构中有重要地位；城市经济仍然没有占据经济发展的主导地位。



## 第二节　中世纪意大利的城市



意大利原来在西罗马帝国的疆域之内，自从西罗马帝国崩溃以后，这一带先后建立了封建制国家。意大利的封建化开始得比较早，进程也比较快，城市的兴起也比西欧的其他国家要早。它把许多从罗马时代保存下来的城市仍然作为设防的据点，这些城市在公元 9—10 世纪已经变成手工业和商人的居住地。

就当时的欧洲来说，意大利的佛罗伦萨、威尼斯、热那亚、比萨等城市都是最先进的城市，是最早战胜封建主而建立的城市共和国。在这些城市里，教堂、市政厅、商场、府邸占据了主导地位。城市中建立的高塔有的附属于教堂，有的是独立的，而这些塔实际上就是城市独立的纪念碑。

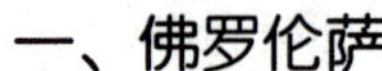

## 一、佛罗伦萨

佛罗伦萨是一座文化名城，具有悠久的历史，既是意大利文艺复兴运动的发源地，也是欧洲文化的发源地。它位于阿尔诺河谷的一块平川上，四周环抱以丘陵。城市的路网比较规则。

传说，佛罗伦萨最早兴建于罗马共和国凯撒在位时期。公元前 59 年，佛罗伦萨成为罗马的殖民地，后又被伦巴第人统治。公元 13 世纪时，佛罗伦萨因为羊毛和纺织业的迅速发展而崛起，成为当时意大利纺织业和银行业比较发达的经济中心，也是比较重要的城市。

1172 年，佛罗伦萨在原城墙外扩展了城市，修筑了新的城墙，城市面积达到了 97 公顷。1284 年，又向外扩建了一圈城墙，城市面积达 480 公顷。到 14 世纪，佛罗伦萨的人口已经达到 9 万，市区早已越过阿诺河向四面放射，成为自由布局。

佛罗伦萨以市中心西格诺利亚广场著称于世。这是意大利最富趣味的广场之一，也是一个象征城市共和国独立而带有纪念意义的市民广场。广场上有市政厅，有高达 95 米的塔楼，是当时城市的标志。

## 二、威尼斯

威尼斯是当时意大利最富庶、最强大的城市共和国，是沟通东西方贸易的主要港口，也是意大利中世纪最美丽的水上城市。城市水系作枝节状分布，一条大河从城中弯曲流过，形成了以舟代车的水上交通。城市沿河布满了码头、仓库、客栈以及富商府邸。建筑群造型活泼、色彩艳丽，有敞廊与阳台，波光水色，构成了世界上最美的水上街景。

这里有世界著名的圣马可广场，经历数百年的经营而形成于文艺复兴时期；这里还有公元 11 世纪建造的拜占廷式的圣马可教堂；还有公元 14 世纪建造的总督府和广场上独立的钟塔。1902 年，钟塔倾塌，后又按照原状修复。其别具一格的造型，显示了当时意大利海上强国的雄姿豪态。总督府以方正的体量与稳定的水平划分，衬托着教堂复杂的轮廓和蓬勃向上的动势。总督府与圣马可教堂毗邻，它们之间又以富丽的券廊和绚丽的色彩相互协调。

## 三、锡耶纳

锡耶纳位于南托斯卡纳地区，佛罗伦萨南部大约50公里，是一座山城，也是意大利著名城市。锡耶纳由奥古斯都建立于公元前29年，在历史上是贸易、金融和艺术中心。在罗马殖民统治时期以前它是被称为朱丽亚·萨埃那的一块伊特鲁里亚定居地。



独立的锡耶纳（1186年—1555年）的皇帝派与佛罗伦萨的教皇派是敌对的派别。为领土之争，两个城市进行过几次著名的战争。锡耶纳商人和银行家曾在欧洲市场和教皇宫廷中享有很高的声望，他们确保了城市的繁荣。在13世纪，锡耶纳达到了全盛时期。

锡耶纳是一所独特的中世纪城市，它保留了其特色与性质，真正影响了中世纪意大利的艺术、建筑和城市的规划，甚至影响了大部分欧洲。锡耶纳的城市建筑结构与周围文化景观所形成的整体效果协调一致。

锡耶纳由几个行政区组成，每一区有自己的地形和小广场。美丽的市中心坎波广场是几个区在地理位置上的共同焦点。广场上有一座处于中心位置的显著的市政厅和高塔，从高塔可以俯瞰广场的建筑景观。从来没有哪个中世纪城市能像锡耶纳一样，把一座市民之塔建造得那么高，直指蓝天。城市街道均在坎波广场上汇合，广场上重要建筑物的局部处理都考虑到了视觉艺术效果。锡耶纳在绘画语言里就是赭黄色，这也成为这座中世纪古城的主色调。

锡耶纳城市很小，但是历史很悠久。和罗马城一样，公元12世纪锡耶纳就成立了共和国，商业和银行业很繁荣，为保卫独立，不断进行艰苦甚至悲壮的战争。整个中世纪，意大利北部和中部战乱不断，所以城市都重视防御。锡耶纳这座小城就建在阿尔西亚和阿尔瑟河河谷之间基安蒂山三座小山的交汇处，东边是市政广场，西边是主教堂。

## 第三节　中世纪法兰西的城市

法兰西（法国）的城市兴起很早。从10世纪开始，法国城市就已经发展起来。从11世纪末起，法国北部的城市就开始为摆脱领主统治做斗争。12世纪中期，也就是路易七世统治时期，国王为了打击封建主，需要利用城市作支持，城市也要求加强王权，于是城市与王权强强联手，路易七世发给城市的自治特许证就有20多起。

公元14世纪前后，由于王权的逐步强大，国王开始派官吏插手自治市的事务，并利用各自治市的内部矛盾，逐渐剥夺了很多城市的自治权。不可否认，城市的兴起对中世纪的法国有着深刻影响：一方面，促进了经济的繁荣，使市民作为一支独立的政治力量登上历史舞台；另一方面，还直接促成了三级会议的召开和等级君主制的形成。



### 一、巴黎

公元888年，巴黎成为法兰西封建国家的首都。这个城市是在罗马营寨城的基础上发展起来的。当时，罗马城堡建立在塞纳河渡口的一个小岛上，也就是城岛，后来在塞纳河以南扩展了城市。中世纪时，巴黎曾几次扩大了自己的城墙。

中世纪的巴黎，街道狭窄而又曲折。市民的房屋大多为木质，沿街建造，非常拥挤。在菲利浦、奥古斯都统治时期（1180—1225年），修建了鲁佛尔堡皇。1183年，修建了中央商场。巴黎圣母院位于城岛东南部，其主要工程也是在这个时期进行的。公元13—14世纪，在城岛西北部兴建了宫殿，后来毁于火灾。

另外，索邦神学院是中世纪时期巴黎的见证，实际上，它是现在巴黎大学的前身。在当时，它是欧洲最重要的教育中心之一。如今，索邦神学院的很多学院已经成为巴黎大学的一部分，它们多分布在巴黎的5区和13区。

### 二、卡卡松与圣密启尔山城



公元11世纪末到12世纪，这一时期是法国历史上城市迅速成长的时期。先是大的工商业中心在法国南部发展起来，但到了12世纪，北部城市的发展更加显著，至11世纪末期，北部城市已经开始为摆脱领主统治做斗争。

卡卡松是最开始只是个小村庄，后来先后建立了教堂、府邸和城墙。公元13世纪后，这里又建了城墙，有60座城楼，入口处有塔楼、垛墙、吊桥等防御设施。城市的道路系统为蛛网状的放射环形，这一方面反映了城市建设的自发性，另一方面也是为了防御的需要。这个城市是13世纪法国的典型城市，也是法国南部一座美丽的古城。

圣密启尔山城是公元13世纪重修的城堡。城市建在一座小山上，防御性很强。位于山顶的主要建筑是教堂，教堂以庞大的体积和高耸的塔尖，突出了整个山城的雄伟险峻气势，成为这个城堡的中心。



## 第四节 中世纪德意志的城市

大约在公元10—11世纪，德意志的封建土地所有制开始形成。因为这个地区不是罗马帝国的领地，再加上战争比较频繁，所以经济比较落后，城市不发达。从公元11世纪末到12世纪初，德意志基本完成封建化的过程，城市在国家的经济发展中获得了一定地位。

公元13世纪，莱茵河和多瑙河一带出现很多大城市，如科伦、纽伦堡、乌尔姆等。这些城市位于边境附近，主要依靠对外贸易发展，与王权没有紧密的联系。此外，还有被称为“帝国城市”的卢卑克、不来梅、汉堡、纽伦堡等。名义上，这些城市从属于皇帝，但实际上也具有某种独立地位。

### 一、纽伦堡

纽伦堡始建于公元1040年，是一座有近千年历史的古城。这里有坚固雄伟的城墙、庄严肃穆的教堂、古朴典雅的建筑，到处都透露出中世纪皇城的气息。

这座城市最早的居民点位于山丘和河流之间，有堡垒和市场。公元12世纪，城市发展到河的另一岸。北部堡垒下有教堂及市场，与南部

新区教堂遥遥相对。最初市民受堡垒中封建领主的保护，后来市民的力量大大增强，扩建了新区并加建了全部城墙。在第二次世界大战中，纽伦堡被炸毁，战后恢复了部分古城的面貌。该城虽然已有千年的历史，但城市的系统还是合理的。城市最重要的特点之一是有一个很高的堡垒，战后也恢复了原样。

## 二、诺林根

中世纪，德意志最为典型的城市是诺林根城，其建城历史可追溯到公元 900 年。1217 年，诺林根城成为独立的城市共和国之一。这个古城至今仍然保存完好，是德国保存最好的中世纪城镇之一。其中，公元 14 世纪建成的城墙堡塔和环城栈楼至今丝毫无损。

诺林根城在巴伐利亚州西部边境山区。中世纪欧洲宗教势力强盛时，教堂成为城市中心，城市的道路多以教堂广场为中心向外辐射，诺林根就是这样一座城市。该城道路呈蛛网状不规则形，转折较多，而且比较狭窄。教堂巍然屹立，以其巨大的体量与尺度突出了市中心的地位。教堂广场是集市贸易的中心和举行集会的地方。诺林根有完整的城墙，一方面是出于防御的需要，另一方面也是建立新城市体制和新秩序的象征。

当时，该古城的景色十分优美，城市的机体和环境景观协调统一。城市的空间主要采用封闭形式，把各自分散的建筑物组成多姿的建筑群体。城内高矗的尖塔、角楼、山墙等表达了超凡脱俗的效果。



## 三、卢卑克

中世纪，卢卑克是北欧商贸中枢之一，也是汉萨同盟的首要城市。卢卑克城建于 1138 年，是一个海上商业城市，位于两条河的交点上，同时它也是一个产盐的贸易城，地形略似丘陵，四周有水环绕。城入口处建有一座堡垒，中心有市场，面积很大，四周有圣玛丽教堂、市政厅及行会。圣马丽教堂建于最高点，其他小教堂及主教的教堂也在地形上的高点，远处看去城市轮廓线的变化很突出。

15 世纪早期，卢卑克成为仅次于科隆的北德第二大城市，大约有 2.2 万人。公元 16 世纪 30 年代末期，新教改革给卢卑克带来了巨大变化，市议会被推翻，革命者成为市长。随后市长发动了一场对丹麦、瑞典和荷兰的战争，该战争徒劳无功，反而导致卢卑克的经济和政治开始衰落。尽管在17世纪中叶，汉萨同盟瓦解了，卢卑克仍然是波罗的海沿岸最重要的港口。

## 第五节　中世纪东罗马帝国的城市

公元3世纪后，当罗马帝国衰退时，罗马帝国东部的工商业比较发达，人口也比较多，古代许多重要的文化中心转向了东部。公元395年，罗马帝国分裂为东西两个，在东部建立了拜占庭帝国，以君士坦丁堡为首都。西罗马以巴尔干半岛为中心，领土包括小亚细亚、叙利亚、巴勒斯坦和埃及。



公元5—6世纪，当西欧的城市处于严重衰落的状态时，拜占庭已经成为一个强盛的大帝国。帝国的城市仍然统治着农村，也继续保持着十分发达的商品经济。这一时期，东罗马还有600座大小城市，城市人口占总人口数的1/14。拜占庭的城市比较稳定，没有发生普遍的衰落现象。当时，君士坦丁堡是繁荣的工商业中心，同阿拉伯、伊朗、印度等地进行了很多贸易往来。政府从工商业中获得大量税收，中央政权比较稳定。

拜占庭文化在中世纪的欧洲占有非常重要的地位，它的发展水平远远超过了西欧。希腊罗马文化的传统在拜占庭一直没有中断过，并兼收并蓄了埃及和西亚等东方文化，丰富了拜占庭文化的内容，使其具有综合特色。人文主义的思想最早出现在拜占庭。早在公元11世纪，拜占庭就发展了柏拉图的哲学思想，并提出哲学应与神学分离。在公元13世纪以前，拜占廷就出现过类似意大利的文艺复兴思潮。

拜占庭的城市发展情况，以首都君士坦丁堡最为活跃。公元334年，君士坦丁皇帝就开始在这里培养大批年轻的建设者，并吸引各地的人才来君士坦丁堡工作。公元5—7世纪，国家政权就利用帝国幅员内广大的人力和物力，以及希腊、罗马古典时代和东方各国的艺术成就，来发展君士坦丁堡。

查士丁尼大帝在位时期（公元527—565年），皇帝利用集中的财富进行大规模的建设活动。这种建设活动扩大到了很多地方，尤其是意大利的拉温那城，因为那里是拜占庭皇帝代表的驻节地。

首都君士坦丁堡坐落在马尔马拉海西岸、黄金角的一个丘陵上，居高临下，港口沿博斯普鲁斯海峡伸长。城市周围有水陆防御工事，有高耸的城墙，还有林立的碉堡。只要封锁住海峡，城市靠水的三面就肯定安全。

市中心区颇为壮观，有中央大道连贯六个广场。市中心区由王宫、圣索菲亚教堂、奥古斯都广场及竞技场组成。东南沿海为御花园，东南角是竞技场，西边则为奥古斯都广场及圣索菲亚教堂。公元532—537年，查斯丁尼在位时兴建的圣索菲亚教堂是东正教的中心教堂，是皇帝举行重要仪式、典礼的场所，也是拜占庭帝国极盛时期的纪念碑。圣索菲亚教堂高达60米的大弯顶极大地丰富了这个城市的侧影。教堂离海很近，四方来的船只远远就能望见，它塑造的城市轮廓线非常宏伟。

公元542年4月，君士坦丁堡市内有很多人突然发烧，接着出现红肿和剧痛，有人甚至发了疯。原来，他们感染了淋巴腺鼠疫，这种病正在地中海东部一带蔓延。这次鼠疫在该市肆虐了4个月，在高峰时每天有1万人死于该病。到8月，发病的人数开始减少，尽管在接下来的冬季里继续有人染病。许多病愈的人仍留有终身后遗症，如语言障碍或身体部分瘫痪。公元1世纪，西方世界首次出现淋巴腺鼠疫，当时在比利亚、埃及和叙利亚等国蔓延，后又扩散遍及罗马帝国各地。该病使欧洲受害达15个世纪之久。

## 第六节　中世纪俄罗斯的城市

东部欧洲居住着斯拉夫人。历史上的斯拉夫人可以分为3支，分别是西斯拉夫人、南斯拉夫人和东斯拉夫人。公元8—9世纪时，许多东斯拉夫人的部落联盟发展为国家，称作公国。这些公国以统治者所在的设防城市为中心，幅员比较小，其中较大的是南方的基辅和北方的诺夫哥罗德。

俄罗斯人所建立的罗斯国家也属于东斯拉夫。公元10—11世纪

时，罗斯的生产力有了很大发展，开始形成封建土地所有制。从公元11世纪起，罗斯的手工业也有很大发展，对外贸易十分发达。当时，罗斯有80多个城镇，少数较大的城市是地方的经济中心。到公元12世纪，罗斯分裂成许多封建小国，互相混战。公元13世纪末，莫斯科公国成立，莫斯科大公领导了很多斗争，在各公国中的地位逐渐提高。

1510年，俄罗斯国家的统一基本完成。国家最高权力掌握在莫斯科大公的手里。通过领土扩张，公元16世纪中叶伊凡四世时，俄罗斯开始成为沙皇统治下的一个多民族国家。在中世纪的前半期，罗斯人从拜占庭汲取较高的文化和艺术成就，发扬了俄罗斯艺术的独特风格。

公元10—13世纪，诺夫哥罗德、基辅、莫斯科、下诺夫哥罗德等古老的俄罗斯城市成为封建主、贵族和公侯们政权的据点，并已经成为十分繁荣的商业中心。这些城市一般由要塞、内城与城厢地带构成。后者居住着商人和手工业者，并设有很多市场。据说，基辅繁荣时期有6个广场和将近400个教堂，拥有数万人口。当时诺夫哥罗德的人口数也相差不多，而且已经有了木头铺砌的道路和中世纪非常先进的上水管，修建起许多跨越大河的桥梁，宫殿和大部分教堂是石结构的。

在当时的欧洲城市中，俄罗斯的城市属于先进之列。它们选择了最优美的地区，如靠近河流，位于丘陵地带。每个封建割据的城市都有它们自己的克里姆林宫和豪华的教堂建筑。克里姆林曾经对城市形态的形成起过很大作用。它们的范围要比西欧的城堡大得多，也雄伟得多，是城市的政治、行政、宗教和防御中心。这里除了封建主和上层的僧侣官邸外，还有大教堂、官署、武器库和粮仓等。

封建主义的发展促使许多小城市建立。公侯或贵族的庄园逐渐发展成不太大的城市——世袭城市，而且有着比较发达的手工业和商业。

公元14—15世纪，俄罗斯的城市得到新的成长，手工业和商业繁荣起来，并出现许多新的城市。这时期，分裂的罗斯逐渐以莫斯科为中心团结起来。古城诺夫哥罗德与基辅也得到较大的发展。

中世纪后叶，俄罗斯建立莫斯科大公国，逐渐发展成为一个帝国，并从15世纪起开始向亚洲扩张。公元14世纪时，莫斯科对克里姆林宫

进行重建和扩建。克里姆林宫的木墙换上了雄伟的锯齿形的砖石墙，并建造了许多高塔。公元15世纪，乌斯平教堂和多棱宫的建造象征着新政权，体现了俄罗斯民族的独立和国家的复兴。同时，在莫斯科河旁边、克里姆林宫的对面建造了一个巨大的公共花园。公元16世纪，瓦西里布拉仁教堂的建造可谓凝结了全民的胜利狂欢，使它具有无比兴奋和欢乐的表情。

## 第七节　中世纪阿拉伯国家的城市



公元6—7世纪初，为了维护阶级利益，寻求新的商路，夺取土地和财富，阿拉伯贵族要求建立统一的强大帝国。这种愿望成为伊斯兰教产生的社会根源，而伊斯兰教的产生又促进了阿拉伯的政治统一。

大约在公元610年左右，穆罕默德开始在麦加传教。公元630—631年，阿拉伯各地接受了伊斯兰教。到公元632年穆罕默德去世时，整个半岛已经基本上统一。公元8世纪中叶，阿拉伯帝国最后形成，疆域东起印度河流域，西临大西洋，地跨欧、亚、非三洲，史称萨拉森帝国。

公元762年，阿拉伯国家定都巴格达，建立了中央专制政权。公元8世纪中叶到9世纪中叶，在阿拔斯哈里发统治下，阿拉伯帝国进入了繁荣强盛的时期。那时，巴格达的工商业非常繁荣，埃及、印度等地的很多商人都聚集在巴格达。

公元756年，一个王朝后裔逃往西班牙，在那里建立了独立政权，首都是舒多瓦。公元10世纪初，又有一些阿拉伯贵族在北非建立独立政权，最终在开罗定都。不久，伊斯兰教国家分裂成了若干由诸侯或君主统治的独立的伊斯兰教国。公元11世纪起，土耳其在西亚、小亚和伊朗建立了强大的国家。公元13世纪后，蒙古人在中亚、伊朗和西亚先后建立了伊儿汗国和帖木儿帝国。公元15世纪，土耳其人又重新统一了小亚和西亚，占领了巴尔干和北非。公元16世纪后，阿塞尔拜疆人的伊斯兰王朝建成。



在伊斯兰世界，手工业和商业非常兴盛，科学文化也很发达，这对世界文化的发展有巨大的推动作用。它既是阿拉伯帝国境内各地人民所共同创造的，也是吸收了古代希腊、印度以至中国文化的许多因素综合而成的。在数学、化学、造纸、航海、医学、文学等方面，阿拉伯人也有很高的成就，对中世纪东西方文化的交流起了很大作用。

## 一、巴格达

巴格达作为中世纪世界三大名城之一，有着1000多年的历史。在成为都城以前，巴格达只是底格里斯河畔的一个村落。在阿拉伯语中，“巴格达”的意思是“神明所赐的恩物”。公元762年，巴格达成为阿拉伯国家的首都，这时经济比较繁荣，统治者们摆脱了游牧的习惯，在重要的商道上建造了多座城市，巴格达就是其中最为宏伟的一座。公元766年，巴格达城建成。城市中有商馆、旅驿、市场、商业街道和公共浴室等，建筑的水平都相当高。



哈伦·拉希德王朝（公元786—809年）时期，巴格达迎来了历史上最兴盛的时期。在此期间，城市里到处大兴土木，具有阿拉伯民族风格的建筑拔地而起，装饰得富丽堂皇。当时，巴格达的城市人口超过了100万，成为整个伊斯兰世界最大的城市。这里聚集了世界各国的金银器皿、文物古董，被誉为“博物之城”。后来，经过不断的扩建，巴格达逐渐向底格里斯河东岸发展，继而成为市中心，称为“鲁萨法赫”，西岸反而成了郊区，称为“卡尔赫”，东西两岸由5座大桥相连。今天，市内的穆斯坦西里耶尔书院是阿拉伯世界的最高学府之一，该学院就始建于中世纪的公元1227年。

## 二、伊斯法罕

波斯的城市，像大不里斯、伊斯法罕、设拉子、坎大哈等都是典型的伊斯兰城市。公元903年，伊斯法罕重建。城市有4座城门，100座塔。当阿巴斯大帝（1587—1629年）在此建都大兴土木时，该城的发展达到高峰。他主持修建了宫殿和宏伟的大道及桥梁，还为这个城市移植了一个新的心脏——皇家广场。广场的西侧是阿里卡普宫，东侧有谢赫、卢特福拉清真寺。广场南部为皇家清真寺，是阿巴斯执政时城市内最美丽壮观的建筑物之一。广场北部是长达4公里的伊朗传统的经商场所，规模很大，由商业街道、商场和驿馆等组成。城市的商业街道曲折有致，街道两侧密排着小店和作坊，十字路口往往扩展成一个大商场。

### 三、撒马尔罕

撒马尔罕是中亚最古老的城市之一，其历史最早可追溯到公元前 5 世纪，当时善于经商的粟特人把撒马尔罕建造成了一座美轮美奂的都城。

作为丝绸之路上重要的枢纽城市，撒马尔罕连接着波斯帝国、印度和中国这三大帝国，但也饱受了战火的蹂躏。1219 年，撒马尔罕是花剌子模帝国的新都和文化中心，被成吉思汗的蒙古帝国攻陷后，遭受了灭顶之灾。现在城内的部分建筑都是由后来的帖木儿大帝敕令修建的。随着帖木儿帝国的兴起，他的大军横扫波斯、印度、高加索、阿塞尔拜疆和蒙古。他发誓要让撒马尔罕成为亚洲之都，因此把从亚洲各地劫掠来的珍宝堆积在撒马尔罕，把每个城市最精巧的工匠带到撒马尔罕，在城里修建起最辉煌的宫殿和清真寺。



兀鲁伯天文台坐落在撒马尔罕的东北郊，由帖木儿帝国的创建人帖木儿之孙、著名天文学家、学者撒马尔罕的统治者兀鲁伯于公元 1428—1429 年建造，是中世纪时期具有世界影响的天文台之一。

在中世纪的阿拉伯世界中，中亚城市撒马尔罕是当时的政治中心、宗教中心和通商大邑。

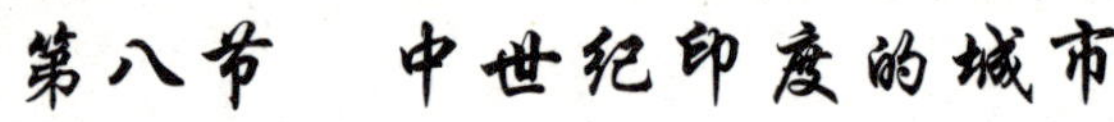

## 第八节　中世纪印度的城市

公元 5—7 世纪是印度封建制度形成的时期。在印度封建社会初期，婆罗门教经过与佛教的长期渗透和融合，逐渐发展成为印度教。公元 9—10 世纪，印度教在全国获得很大优势，佛教则逐渐衰落。

公元 711 年，阿拉伯人攻占了印度河的下游，半个世纪后被迫撤出。从 10 世纪后期起，信奉伊斯兰教的突厥人先后统治了印度西北部，势力曾到达恒河流域。在北印度建立的政权统称德里苏丹国（1206—1506 年），伊斯兰教在这 300 年间在印度广泛传播。

公元14世纪末，帖木儿从中亚入侵印度。自称帖木儿后裔的巴布尔从中亚入侵，灭掉了苏丹德里，建立了莫卧儿帝国。在莫卧儿帝国统治时期（1526—1827年），印度社会经济获得很大发展，对外贸易十分发达。根据有关史料的记载，印度的大城市比西欧的大城市大得多。

## 一、曲女城

公元7世纪初，戒日王统一了北印度，并迁都恒河西岸的曲女城，该城是当时北印度最重要的城市。该城周围深沟高垒，城防十分坚实，城市内有100多所佛寺，还有很多婆罗门教寺院，商业发达，手工业则有制造棉织品、铜器和玻璃器皿的作坊。城市宏伟美观，堪称帝都。自从戒日王公元606年在这里定都后，这个城市一直是北印度政治角逐的中心。直到公元11世纪初伽色尼王朝马默德入侵被毁，它始终是许多王朝的中心。公元7世纪中期，我国唐朝高僧玄奘法师周游印度时，曾访问曲女城，并在该城讲经。

关于“曲女城”名字的来历，还有一段悲戚的故事。传说，以前这里的国王有100个女儿，个个都长得美丽无双。一天，她们一同来到河边洗澡，恰巧被一位高人看见。高人竟然动心了，然后面见国王，要求国王把女儿嫁给他，否则他就降祸于这个国家。国王非常为难，于是就征求女儿们的意见，可是没有一个愿意嫁给那个高人。最后，还是最小的女儿妥协了，当国王带着小女儿来见高人时，高人觉得这个小女儿并不是国王女儿中最漂亮的一个，就责怪国王。国王无奈地说：“其他女儿都不愿意嫁给你，只有小女儿愿意啊！”高人听了，顿时大怒，把国王其他的女儿都变成驼背，以此来惩罚她们。所以，这里就有了“曲女城”这个名字，“曲”就是驼背的意思。

## 二、德里

德里是印度北部的文化古城，曾先后有7个王朝设在这里。早在公元前1世纪，拉贾·迪卢国王在当地建立城市，并以自己之名命名，“德里”就是“迪卢”的变音。

1206年，突厥人在北印度建立的苏丹德里新王朝在德里定都。这个城市始建于公元 11 世纪，从那时起几经战火，城市布局有过几次改变。它有一条主要大街，是全市最宽直的街道，从这条主要街道分出许多弯弯曲曲的街巷。城市有早期的清真寺和公元 13 世纪建成的库德勃塔，公元 16 世纪后在莫卧儿王朝统治时期，又建造了一座红色的宫堡和胡玛扬陵墓。公元 17 世纪中叶，城市又有发展，建立了杰弥、麦斯杰德清真寺等。

## 第九节　中世纪日本的城市



古代日本与中国有许多联系，早在公元 1 世纪两国人民已经开始了交往。特别是公元 7 世纪日本进入封建社会之后，深受中国唐朝文化的影响。公元 694 年，日本在飞鸟建立的京城藤原京，就是仿照我国唐朝首都长安建立起来的。公元 710 年，日本在平城京（奈良）定都，奈良时期（公元 710—794 年）开始大力吸收中国的文化。

公元 794 年，日本的都城由奈良迁到平安京（京都），此后 400 年的时间称为平安时期（公元 794—1192 年）。从公元 894 年起，日本停止派遣唐使，逐渐摆脱对中国文化的模拟，形成其独特的文化。1192 年，镰仓幕府建立，史称镰仓时期，庙会、市集比较发达，有些神社寺院前的庙会发展为常设市场的市镇即“门前町”。有些城市则是从行政中心、港湾或驿站发展起来的。

1336 年，室町幕府建立，这时除了奈良、京都、镰仓以外，还兴起了更多的城市，如博多（今福冈市东部）、大津（今滋贺县治）、尾道（今广岛的东部）等。公元 16 世纪中期，日本各个封建领国依托城市里的小高丘建造了卫城。卫城中央是一座高楼，叫做天守阁，是军事堡垒，也象征着藩主的权力。

日本封建制度确立和国家统一以后，经济、文化在公元 7—8 世纪出现一个高潮，在此期间先后建立平城京（公元 708—710 年）和平安京（公元 793—805 年）。

### 一、平城京

公元 708 年，日本在今奈良建造了平城京。城市全部仿造隋唐的长安城。城市的面积大约为长安的 1/4，属于整齐的方格形（称为条坊制）城市。正中有朱雀大街，把城市分为左京和右京两半，各有一处市场，叫东市和西市。朱雀大街北端是大内里平城宫，皇宫和役所就在其中。它的四周有绿丘围绕的宫城，并列着红柱、白墙、瓦屋顶的唐朝官衙和贵族府邸。此外城中还有贵族和役人的住所、大寺院、庶民住的盖有茅草的屋子和稻田。

该城设有东西两个市场，交易各种物品。据推测，当时城中的人口约有 10 万，全盛时期大约有 20 万，其中高级贵族约 100 人、中级役人约 600 人，可见绝大多数还是奴婢、手工业者、农民和从地方征用来的壮丁。平城京中，以天皇为顶点，皇族、贵族、役人、僧尼、商人、手艺人、壮丁、农民、流浪者等各种阶层的人们聚居于此，形成古代真正意义上最初的城市。

公元 784 年，桓武天皇迁都奈良市西方的长冈京。在这之间的 76 年间，平城京一直是日本的国都和政治中心，而这一时期也被称作奈良时代。平城京没有城墙，日本的其他城市也没有城墙。继平城京之后，各地的州府也建造了类似的方格形城市。

## 二、平安京

公元 793 年，日本在现在的京都建造了平安京，成为平安时代和室町时代的首都，为日本的政权中枢，直到明治天皇东京出行为止的 1100 年间，其基本上是日本天皇居住的城市。平安京是一座巨大的城市，以朱雀大路为中心分为左京、右京两个区，曾经拥有 15 万人口。左京、右京两区分别有国营市场，储存着全国各地的丰富物产。手工业也是政府直接经营。高技术人才云集此处。

京城本身拥有日本最盛时期的景观。在经过了 200 年之后，也就是在公元 10 世纪中期，该城发生了巨大的变化。因为右京是沼泽地，不宜居住，人口逐渐减少，从而失去了都市的风采。这一时期的人口逐渐向左京地区集中，越过了城界，向鸭川河的东部，甚至在北部也得到极大发展。公元 11—12 世纪间，平安京有了一个新名字——京都，且在中世纪初被人们固定下来。

中世纪，京都成为新佛教兴起的中心，北山、东山、西山的山麓上建起许多寺院。在京都，原则上除了东寺和西寺之外不可有其他的寺

院，但在市民的支持下也陆续建起来了。公元13—15世纪，随着时代的向前推进，京都作为宗教文化都市，被给予了特有的新景观和性格。这一时期的京都，市民活动十分活跃，产业经济得到前所未有的发展。当然，这种气势也影响到了行政和文化。同时，京都也作为工商都市而发展成日本最大的都市。

# 第十六章

# 近代世界城市的特点

近代时期是指从18世纪中期工业革命到19世纪末。18世纪中期开始的工业革命，迎来了世界城市发展史上一个崭新的时代。工业革命结束了城市工场手工业的生产方式，而代之以机器大工业，生产水平得到空前提高。工业规模的扩大并在城市聚集带来了人口在城市的集中，进而推动了世界城市的发展。

## 第一节　工业革命与近代城市的发展

公元16世纪末，尼德兰摆脱了西班牙的统治，并建立了资产阶级共和国。当欧洲还普遍处在封建专制制度统治时期时，这个共和国的诞生具有重要的历史意义，它拉开了欧洲资产阶级革命的序幕。公元1640年和1789年英国和法国的资产阶级革命，标志着欧洲从封建制度转向资本主义制度，具有重大的世界历史意义。

英国革命最主要的成果就是导致了工业革命，开始了机器工业的时代。18世纪中叶，以蒸汽机的发明和广泛应用为重要标志的工业革命，创造了人类历史上前所未有的生产力，机器大工业代替了以手工劳动为主的工场手工业，广泛的社会化专业协作代替了分散、孤立的生产状态，交通运输业的发展又极大地促进了商品交换的发展，并加强了社会联系，商品经济更加活跃，人口和资本大量集中，大大加速了近代城市

的发展和城市化的进程。也就是说，城市化是随着工业化而出现的，而且工业化进一步推动了城市化的进程。

不可否认，近代城市文明的发展来源于工业革命。工业革命不仅是一场技术革命，也是一场深刻的社会变革，对人类社会各个方面的影响都极其深远。工厂大量兴建，导致人口聚集，消费集中，城市的数量大大增加，规模不断扩大；工厂的大规模经济、城市的集聚效应，以及日益先进的生产方式和集约化的经营手段，导致城市社会生产力和社会物资财富高度集中，城市成为社会经济中心，成为“社会前进的基地”；工业革命增强了城市经济实力，促进了城市自身基础设施的完善和生活水平的提高，为城市居民的生产生活提供了方便；工业化为农业提供了先进的技术和生产工具，提高了农业生产效率，解放了大批农业劳动力，为城市发展提供了充足的人口。总之，工业革命对城市发展起了决定性作用，工业革命使城市主宰了世界。

工业革命始于英国，英国也是世界上最早开始近代城市化的国家。在工业革命的推动下，19 世纪英国的城市化进程十分迅速，一大批工业城市，如格拉斯哥、曼彻斯特、伯明翰、利兹、纽卡斯尔等都迅速发展了起来。19 世纪 40 年代，英国已经基本完成了工业革命。到 1900 年，英国城镇人口上升到 75%，成为世界上第一个城市人口超过农村人口的国家。

从 19 世纪起，法、德、美、荷兰、比利时等国家也相继开始了工业革命，城市化在欧美国家全面展开。19 世纪从欧洲向南北美洲开始的大规模移民，也大大支持了美洲城市化的进程。从 1846 年到 1939 年，欧洲共向外移民 5000 多万人，其中大部分移到了美洲，一部分移到了大洋洲和世界其他地区。这些移民首先在沿海港口登陆，然后向内地推进，在沿海形成很多著名的港口城市，如纽约、费城、巴尔的摩、圣保罗、里约热内卢、布宜诺斯艾利斯、墨尔本、悉尼等。

随着制造业及贸易的发展，近代城市的功能也发生了显著的变化。工业革命使伦敦成为商业中心、金融中心、工业中心，也大大增强了纽约、芝加哥、巴黎、柏林、汉堡等城市的经济功能。

## 第二节 近代城市的发展特点

工业化开创了城市发展史上一个崭新的阶段。工业化带动了城市的发展，不仅使城市数量增多、规模扩大、人口急剧增加，而且使城市的地位、作用、性质和功能都发生了根本性变化，导致城市发展进入城市化时期。近代城市的发展有以下几个特点：

首先，城市数量增加、规模扩大。在工业革命推动下，英国兴起一批工业城市，如利物浦、伯明翰、曼彻斯特等。美国在1790—1890年的100年时间里，城镇由24个增加到了1384个，增加了55倍，城市的规模也不断扩大。公元18世纪，中国以外10万人以上的城市只有15个，到20世纪初增加到了38个，而到20世纪40年代更增加到400多个，并出现了百万人口的大城市。

其次，城市分布的区域范围扩张。随着生产力的提高，欧美一些国家的内陆地区得到了开发，在开发后的农业区域中心地和工业资源地附近出现了大批的城市。城市不仅在欧美得到全面的发展，而且向全世界扩展。西欧资本主义国家完成工业革命后，凭借着先进的技术和雄厚的国力发展海运事业，控制了世界贸易，通过炮舰政策不断向落后的亚非地区进行殖民主义扩张，他们选择亚非沿海城市作为登陆点，选择内陆的部分区域中心作为掠夺基地，这些地区在殖民主义经济的刺激下开始畸形繁荣发展，出现了大量的殖民地城市，如非洲的内罗毕、金沙萨，亚洲的孟买、新加坡、雅加达等。

再次，城市的性质和功能发生变化。城市的经济功能特别是工业生产功能和商品交换功能日益突出，城市的职能趋于多样化，它不仅是工业生产中心、科学技术中心，而且是商业、金融、信息、文化和行政中心。经济对行政的依附逐渐削弱，对政治和军事的影响和控制明显加强。城市创造出来的前所未有的经济效益，以及无与伦比的物质财富和精神财富，使城市对周围及其他地区的影响日益扩大，城市成为整个地区的政治、经济和文化中心。

最后，城市的发展造成了社会财富的巨大集中和贫富差距的日益扩大，加剧了城乡对立和贫富分化。城市生产力的高度发达，造成社会财

富的高度集中，城市成为资产阶级的经济统治中心，城市经济在整个国民经济中占绝对优势，并剥削和统治农村。城市的发展激化了城乡之间的矛盾，加剧了城乡之间的对立，加重了城市对农村的剥削。而在城市内部，贫富差距也越来越明显，产生了无产阶级和资产阶级两大阵营，阶级之间的鸿沟不断加深，出现激烈的阶级对立与冲突。

## 第三节 近代亚非拉殖民地的主要城市



公元 17、18 世纪，欧洲绝大多数国家已经开始了资本的原始积累，其原始积累的重要来源之一就是剥削和掠夺美洲、亚洲与非洲人民。这一时期，中美洲和南美洲是西班牙和葡萄牙的殖民地。当时大多数亚非国家还处在封建统治之下，某些国家甚至还处于更早的社会发展阶段，这些国家逐一成为西方资本主义殖民掠夺的对象。

19 世纪最后 30 年“自由”资本主义过渡到了垄断资本主义，并对外发动侵略战争，变本加厉地压迫和兼并弱小民族，抢占大量殖民地成了帝国主义赖以生存的重要条件。到 19 世纪末 20 世纪初，资本主义各国已经结束了领土和势力范围的分割，确立了帝国主义的殖民体系。

近代亚非拉的大城市大多是欧洲殖民主义殖民扩张的产物，具有宗主国资本主义城市的一般特征。这些城市早期多因掠夺殖民地的财富和倾销商品而兴起，有的是殖民主义的政治或军事中心，有的则由于宗主国资本输出而出现规模较大的工业城市。在城市发展的过程中，有的殖民地国家的民族工业也相继发展起来。

### 一、新加坡

1819 年英国侵入时，新加坡还是一个荒凉的孤岛，位于马六甲半岛南端，岛上丘陵起伏，有长堤与大陆相连，当时只有 150 人。英国占领该地后进行建设，将它变为英帝国在东南亚殖民扩张最大的据点之一。这个城市的地理位置非常重要，它扼太平洋与印度洋的咽喉，是欧洲或印度至远东、澳洲航轮的必经之地，也是世界海洋航路的要冲之一。这里港口优良，港南有两个岛屿作为屏障，港内风平浪静，巨轮可以靠岸停泊。这里又是附近各国的货物集散点，马来亚的橡胶、锡，印尼、缅甸、泰国、越南等国的货物也从这里转口。

1822年，该城进行了城市规划，把市区划分为政府区、商业区、欧洲人区、华人区。每个不同的种族都有自己的聚居地，充分反映了阶级对立与民族矛盾。19世纪殖民时期，市区建设在沿海东南部分，与其他殖民城市一样，街道垂直相交，成棋盘式道路系统。东西向道路几乎与海岸线平行，南北向通向海岸。市区房屋均系西式，城市居民活动中心在临海一带。

## 二、加尔各答



1757年以后，印度逐步沦为英国的殖民地。加尔各答就是作为英国殖民统治者在印度的最主要据点而发展起来的，是印度东海岸的最大港口。城市明显地分为两部分。城中央是欧式建筑街区，它的四周是贫民居住区。码头的旁边是城市中心区，有古老的威廉堡和公园。城市中央大道从公园附近通过，大道旁有大公司管理处、银行、旅馆、商店等，不远处是市场。这个城市没有摆脱一般殖民地大城市的弊病，城市迅速膨胀，吞没了郊区，并与附近城市连成一片。

1772年，加尔各答被指定为英属印度的首府。在这期间，城市周围的沼泽被排干，政府区沿着胡格利河河岸建设。由于拥有壮观的公共建筑，加尔各答被描绘成“宫殿之城”。加尔各答印度博物馆成立于1814年，是亚洲最古老的博物馆，收藏有印度自然和艺术方面的大量藏品。

## 三、开罗

埃及的开罗也曾经是非洲最大的殖民地城市，是作为帝国主义殖民统治的中心而发展起来的。中世纪以来，埃及一直是土耳其的属国，100多年前沦为英国的殖民地，并于1863年成为埃及的首都。开罗位于尼罗河的右岸，城市从一座古代城堡向北沿着河流而延伸。

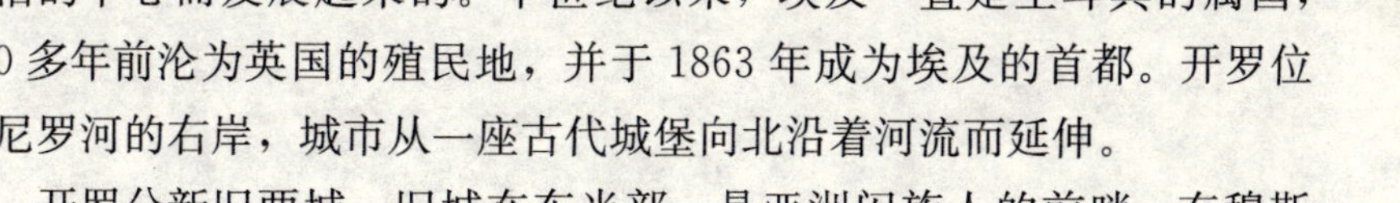

开罗分新旧两城。旧城在东半部，是亚洲闪族人的前哨，有穆斯林、柯普特及犹太人区域。旧城仿中东穆斯林住区，外形就好像一个圆形的大剧场。街道狭窄而弯曲，住房是一、二层的土房。英国殖民者建设的新开罗占据了城市的西北郊，有宽阔的街道、巨大的广场，还有欧式高层建筑。尼罗河的左岸是开罗大学和居住区。该城人口密集，用地紧张，反映了殖民地大城市的一般特征。

## 四、布宜诺斯艾利斯

布宜诺斯艾利斯市（简称布市）是最早的西班牙殖民地城市之一，是大西洋沿岸的重要港口，也是南美最大的交通枢纽之一。

公元16世纪前，这里一直居住着印第安部落。1536年1月，西班牙宫廷大臣佩德罗·德·门多萨率领1500人组成的探险队到达拉普拉塔河入海口，在河西岸潘帕斯草原的一个高地上建立居民点，并以水手保护神“圣玛丽亚·布宜诺斯艾利斯”的名字命名，布宜诺斯艾利斯因此而得名。1880年，该市被正式定为阿根廷首都。



布市不仅是首都，而且是阿根廷政治、经济、文化中心，城市风景如画、气候宜人，享有“南美巴黎”的盛名，该市西班牙语即意为“好空气”。它东临拉普拉塔河，西靠“世界粮仓”潘帕斯大草原，气候温暖，终年无雪，年平均气温在16摄氏度左右，且四季温差不大。布市市区人口约300万，若包括郊区，则有超过1300万人，约占全国人口的1/3以上，是南美洲仅次于圣保罗的第二大城市。居民98%为欧洲移民的后裔，所以是一座欧化十足的城市。市中心的代表——著名的五月广场是西班牙殖民时期建设的。它的周围有市政厅、总督官邸、大教堂及国家银行。一条中央大道由此向西直达议会大厦，中途穿过广场，一座方尖碑屹立在广场的中心。广场的北面是商店、剧院和商业区，布市的传统商业中心也在这个区。城市北部为有产者住宅区，而工人居住区在靠海港位置。

# 第十七章

# 世界现代城市的发展

按照时间来划分，现代城市的发展时期是指 20 世纪初以来的这段时间。在这一时期，世界城市得到前所未有的大发展，从而加速了城市化进程。

20 世纪前半期，快速城市化仅仅是先进工业国家的发展倾向，并没有在世界范围内铺开。据统计，1900 年时只有英、澳、德 3 个国家的城镇人口超过乡村人口，1940 年增加到十几个，大部分是发达的工业国。第二次世界大战后，城市化开始形成世界规模，世界城市化的进程不断加速。20 世纪 50 年代中期起，发达资本主义国家的经济开始转向以信息服务业为主，以人口集中为标志的城市化也转向人口的郊区城市化和逆城市化。



## 第一节　现代城市的发展特点

现代科学技术迅猛发展，经济高速增长，大大加快了世界城市发展的进程。在规模、速度和范围上，城市化大大超过了以往任何一个时期。现代城市的发展表现出很多独有的特点，主要有以下几个方面：

### 一、城市化进程在加速，但发展却不平衡

20 世纪初，城市化还只是工业国家的发展趋向，但到了 20 世纪 50

年代末 60 年代初，城市化开始形成了世界规模，在全世界全面展开，城市开发的深度和广度超过以往任何一个时代。

总体看来，无论是发达国家，还是发展中国家，城市化水平都得到了普遍的提高。但是，因为各个国家和地区的生产力发展水平还存在很大的差异，经济发展也不平衡，所以城市化水平也有比较大的差距。在先进的工业国家，城市化水平高达 80%以上，而在发展中国家和地区，虽然城市的绝对量不断增加，但城市化水平却很低，有的只有 10%左右。在这些国家和地区，城市的发展非常落后，以现代化大工业为基础、经济发达的现代城市很少见。



## 二、城市结构发生变化

城市结构的变化分别表现在城市内部和外部两个方面。首先，从城市的内部结构来看，早期的城市规模不大，地域分化不太明显。但随着经济的不断发展，城市的规模也在相应地不断扩大，城市的内部出现明显的地域分化，出现界限明确的工业区、商业区、住宅区、文化区等。各个区域在保持自身地域特色的同时，也不断加强联系，构成一个完整的城市综合体。其次，从城市的外部结构来看，城市开始向郊区发展。由于城市中心的人口集中、用地紧张、环境污染等各种因素，从而使得人口和企业逐渐扩散到了城市的外围，出现了逆城市化的趋势，导致城市周围出现大量卫星城镇，它们与中心城联系紧密，组合成城镇群，成为城市空间组织的新形式。

与此同时，在世界上一些发达的地区，大城市市区的横向扩展使得邻近城市在空间上相互联系，形成了城市连绵带或巨型城市。在美国，从北起缅因州南到弗吉尼亚州长达 550 公里的地带区，分布着波士顿、纽约、费城、巴尔的摩和华盛顿等 5 个大城市；还有上百个中小城市，在世界范围内组成一个最大的人口稠密、城镇密布的城市群。类似的城市群在德国有埃森—多特奈德—杜伊斯堡城市群，日本有东京—横滨和大阪—神户—京都的城市群等。

## 三、城市功能趋向动态性和综合性

现代工业向城市集中和现代科学技术的发展，提高了整个社会的生产、流通、交换的容量和活动频率，所以说，现代城市特别是综合性的大城市，其生产和生活的各种物资供应量、消耗量与日俱增，联系范围规模不断扩大，活动的频率不断提高，因而要求城市功能趋于动态性和综合性。

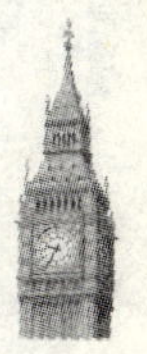



### 四、出现了很多城市问题

城市化在让人类享受物质文明的同时，也使人类受到“城市病”的困扰，全球城市化的迅猛发展更加重了城市问题。据有关调查报告表明，虽然城市面积只占陆地面积的2%，但城市所排放出的二氧化碳却占总排放量的78%。城市人口消耗的工业木材占总使用量的76%，使用的生活用水占总量的60%。目前，世界城市人口中2/3以上居住在发展中国家，其中约有15亿贫困人口，没有足够住房的至少有6亿人，呼吸不到新鲜空气的有11亿人。在非洲、拉美和亚洲的部分大城市中，相当数量的人口居住在贫民窟和窝棚里。城市供水不足而且不洁，每年仅因为饮水不洁就造成1000万人死亡。大城市城区人口过于密集、就业困难、环境恶化、地价房租昂贵、生活质量下降，从而使得很多人迁移到环境优美、地价房租便宜的郊区或卫星城。另外，基础设施条件日益恶化、交通拥挤、污染严重、犯罪率上升等问题不仅对城市的经济发展潜力产生很大的威胁，而且还减弱了社会凝聚力，影响了政治的稳定。

城市是现代产业和人口聚集的地区，是人类文明和社会进步的标志。只有合理的城市规模、完善的城市设施、良好的城市环境，才能满足居民日益增长的物质文化需求，才能促进城市经济的发展和社会文明程度的提高，实现城市的可持续发展。

## 第二节　现代城市的发展规律

城市的发展有一定的规律性，现代城市的发展也不例外。那么，现代城市的发展主要有怎样的规律呢？

**1. 不同规模、不同功能的城市并存**

这一方面是由于地理位置、自然资源和区域经济发展水平的制约；

另一方面，也是充分利用区域内地理资源等自然条件，合理布局生产力的客观要求。这样，规模不一的城市利用其自身的优势，形成功能互补、结构完善的统一体系，大大促进了社会整体发展水平的提高。

**2. 城市的发展由单一功能、封闭性向多功能、开放性转变**

城市的发展经历了一个由最初以防御统治为中心的“城”，到以经济交易为中心的“市”，再到集政治、经济、文化等功能于一体的“城市”的过程。为了满足人们日益增长的生活需要，城市的功能不断扩展，成为一个区域或一个国家乃至洲际性、国际性的政治、经济、文化和科学技术中心。为了维持城市内部多种功能的发挥，现代城市越来越具有开放性，城市与周边地区、城市与城市间的文化交流非常频繁。城市不断从外界吸收人口、技术、货币等资源，同时也不断地向外界输送资源，形成了一种双向交流的机制，更好地促进了城市及社会其他地区的发展。

**3. 城市和区域相互依存、彼此推动**

城市和区域密切联系，相互制约。一方面，区域是城市的基础，区域所处的经济地理位置的重要程度和经济、交通发展水平，对城市的功能、性质和规模起着巨大的制约作用；另一方面，城市是区域的核心，对区域经济社会发展起着主导和推动作用。

**4. 城市与农村相互促进、共同繁荣**

城市以自身优越的社会化大生产、商品化经济和发达的交通通讯网络，冲击和改造着农村社会，大大推动了农村的文明与进步。随着社会的发展，城乡之间开始朝着平衡与协调的方向发展。

**5. 城市规模与城市容量相适应**

城市的容量主要是由城市的基础设施、文化设施、交通设施、服务设施、环境设施等的承载容量所决定的。城市规模必须和城市容量相适应，如果城市人口盲目膨胀，超过城市经济、社会及生态环境的承载力，就会导致各种社会问题，影响城市的运行，也会阻碍其功能的发挥。

# 第三节 现代城市的发展趋势

21世纪是城市大规模发展的世纪，现代城市发展的趋势主要表现在以下几个方面：

## 一、国际化

随着主要政治、经济和文化活动的全球化，世界各国和地区之间的联系越来越广泛，出现了更多在世界上具有重大影响力的城市，如纽约、伦敦、巴黎、东京等，它们在全球经济、科技发展与文化交流活动中的组织与协调功能越来越突出。现代化的国际大都市通常开放度很大，国际化程度很高。

## 二、集群化

城市发展不仅表现为某一城市的整体发展，而且还表现为以一定的地域为基础的城市群的共同发展。城市群是在城市化过程中形成的一种城市空间集聚现象，这是社会生产力和城市化发展的必然结果。

## 三、分散化

从世界城市化的进程来看，当城市化水平达到一个相当高的程度而保持稳定缓慢增长时，城市化进程也就进入一个稳定发展的阶段，其发展趋势可能会出现两种状态：一是城市人口的增长有可能继续保持相对和缓的速度，但增长率会逐渐递减；二是城市人口有可能出现微弱下降的趋势，部分人口会向城郊迁移，城市人口迁出数多于迁入数和自然增长数。这种状况在发达国家的城市比较突出。20世纪20年代以来，西方发达国家的大城市出现人口、工业、零售业由城市中心向郊外扩展的趋势，这就是“城市郊区化”。到了20世纪70年代，在美国和欧洲出现了“逆城市化”现象。实际上，郊区化和逆城市化并不表示城市化水平下降，而是一种新的城市化形式。未来世界的城市化将由集中走向分散，但城市作为集中居住和社会经济活动中心的作用不会下降。

## 四、生态化

工业革命以来，全球经济的发展进入快车道，城市化进程加快，各种城市问题日益引起人们的关注。这些矛盾使人们不得不开始重新审视城市发展的道路。城市可持续发展要求协调经济发展与生态环境的关系，解决好经济系统和生态系统之间的矛盾，促进生态城市的建设。城市的可持续发展就必须使城市环境、城市资源等能够承载城市的正常发展而不受到破坏，使城市经济发展、社会进步、生态保护三者高度和谐，从而有利于人类的生存和发展。

## 五、人本化

20 世纪中期以来，工业化导致的城市环境污染、不可再生资源的过度消耗、物质生活的丰富带来人的欲望的无限扩张、科学技术带来的人的价值观的失落等一系列问题已经扩大到全球范围，对整个人类继续生存的条件构成威胁。于是，许多国家把城市的发展重心从城市数量、规模的扩张上，转移到了“人的发展”上，强调城市建设和发展应“以人为本”。于是，现代城市发展的最高准则变成了以人为中心、全面满足人的需求。许多国家着力于建设适宜人居住与活动的“家园城市”，“家园城市”不仅体现了人们工作和生活的需求，而且是一个有文化特色的、可识别的、并为市民所普遍认同的城市。另外，现代世界城市服务业的比重不断上升，如纽约、伦敦等以工业起家的城市，在 20 世纪 80 年代将大量的工业企业外迁，依托内河沿岸发展旅游业、服务业，满足人们对城市服务的要求。

## 六、知识化

知识经济是现代城市发展的重要推动力，城市发展的知识化程度在未来将会大大提高，这将为城市可持续发展提供智力支持。首先，知识化有利于解决当前世界城市发展面临的不同程度的城市问题。城市发展的知识化趋势是城市可持续发展的重要支柱。其次，知识经济的发展不是直接取决于资源的数量和规模，而是依赖于知识或有效信息的积累与利用。当知识成为主要经济要素后，经济的增长方式就会发生根本的变化。最后，知识化趋势将会推动信息城市的建设。信息城市的建设必须依赖于现代科学技术在城市中的运用和城市知识化程度的提高。现代城市以通信、计算机及信息资源网络化为基础，广泛利用数字化信息处理技术和网络通讯技术，将城市的各种信息资源加以整合，从而改变城市的空间结构，使之向着网络化和虚拟化的方向发展。人们的生产生活将更多地依赖网络，这有利于经济、社会、资源、环境的协调和持续发展。

## 第四节　不同国家城市的发展特征



从现代城市的发展情况来看，在发达国家和发展中国家表现出的特征并不相同。在发达国家，城市的发展有如下特征：

一、城市发展速度趋缓，城市数量和人口稳定发展。总体来看，现代发达国家城市仍然在不停地向前发展，城市数量和城市人口在持续稳定地增长。如 1920 年，美国有 2722 个城市，城市人口占总人口的 51.2%；到 1950 年，城市数升到 3873 个，城市人口比例也上升到 57.9%；到 1980 年，美国城市人口比例高达 82.7%，城市化已经发展到相当高的水平。

二、城市功能完善，中心作用突出。现代发达国家城市的功能已经相当完备，城市具备经济中心、政治中心和文化中心的多种作用，对周围地区形成辐射，带动地区的整体发展。城市的中心作用越来越突出，城市区域不断扩大，城乡界限日益模糊，逐渐形成“大都市区”。“大都市区”的出现，反映了城市功能的完备和城市中心作用的日益强大，反映了发达国家城市化的巨大进步。

三、城市体系发育完全，出现大规模城市群及城市连绵带。随着工业化的深层次发展和城市中心作用的加强，城市功能出现专业化发展趋势，并且随着城市间分工协作关系发展，城市间的联系更为紧密。同时，一些大城市、特大城市为了缓解过分膨胀的人口和工商业的压力，在周围地区分设一个或多个卫星城，以至于大城市的周围出现星罗棋布的小城镇。在一些城市密集地区，大小城市相连，彼此难分界限，形成范围广大的城市连绵地带。城市群和城市带在本质上没有太大的区别，都是现代城市特有的现象，只是表现形式各不相同。

四、城市问题突出，出现“郊区化”现象。城市化运动使工业和人口向城市高度集中，而城市的地域空间毕竟有限，难以容纳并承担过多的人口以及他们的生产和生活，于是在一些人口众多的大城市和特大城市，人们开始迁出拥挤嘈杂的城市中心区，转而居住在人口少、环境好的城市郊区。

发展中国家城市发展的主要特征有以下几点：

一、大城市数量激增。当前，发展中国家由于城市人口过快增长，加之大城市特别是首位城市的吸引力增强，大城市数量激增，首位城市人口膨胀。1980年，发展中国家有119个人口在100万以上的大城市，有22个人口在400万以上的超级城市，其数量都超过了发达国家。很多发展中国家面临协调本国城市规模体系的任务，试图通过发展中小城市，促进区域经济平衡发展。

二、城市人口的增加以农民进城为主。当代发展中国家，由于卫生条件的改善，婴儿死亡率降低，加上农村经济增长赶不上农村人口增长，导致农村出现大量过剩劳动力，这一切都推动大量农村人口进城，寻找工作机会和较佳的生存条件。这些人进城以后，在生活方式上具有二重性，一方面丰富了城市的文化特征，另一方面维持了相当部分的农村规范和社群关系。在经济上，传统经济与现代资本主义经济相结合，出现了很多家庭工厂、乡镇企业，农村集市也在这些城市里以摊贩的形式出现，给移民提供了很多就业机会。

总体来说，20世纪是发达国家城市发展速度最快的时期，已经达到了城市化的成熟阶段，而广大的发展中国家却在经历一场快速的乡村—城市化转型过程，还正处在城市化的中期加速阶段。比较发达国家和发展中国家的城市发展，可以发现它们之间存在着很多差别，如存在着分散和集中两种不同的趋势，在城市发展的数量和质量上各有偏重。

# 第十八章

# 欧洲的城堡



城堡是欧洲人经常谈论的话题，因为城堡是欧洲人引以为傲的文化遗产，很多文艺作品都以城堡为背景展开，如英国著名小说家司各特的一些历史小说、法国著名小说家雨果一系列颂扬法国大革命的作品，都有对城堡的生动描写。

城堡的英文名称是Castle，是由拉丁文Custrum演变而来的。Custrum的意思是具有防御工事的军营，通常是指用木栅或壕沟圈围着的军事营地。后来的城堡则是指一种建筑，兼有军事和居家的双重功能：一方面，它是一个具有战略意义的前冲要塞；另一方面，它又可能是个非常精致豪华的贵族宅邸。

## 第一节　欧洲城堡的概况

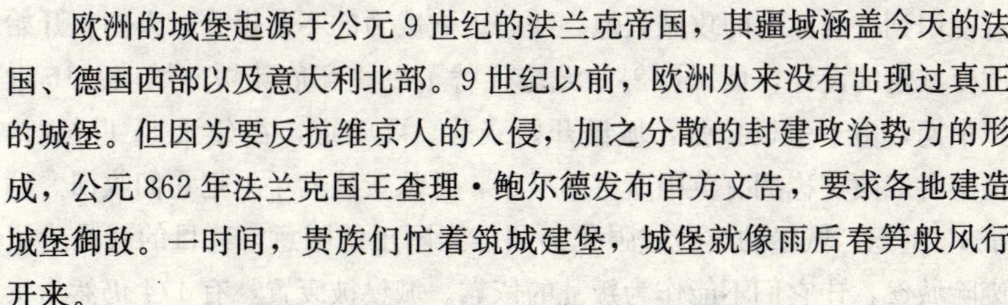

欧洲的城堡起源于公元9世纪的法兰克帝国，其疆域涵盖今天的法国、德国西部以及意大利北部。9世纪以前，欧洲从来没有出现过真正的城堡。但因为要反抗维京人的入侵，加之分散的封建政治势力的形成，公元862年法兰克国王查理·鲍尔德发布官方文告，要求各地建造城堡御敌。一时间，贵族们忙着筑城建堡，城堡就像雨后春笋般风行开来。

到了公元10世纪，城堡在西欧大陆非常风行：西班牙在北方兴建了大量城堡；德国在东部建了很多城堡，以抵抗温蒂人和斯拉夫人；法国的城堡则是有权势的大贵族兴建的，用来加强他们对自己领地的强权和防御其他贵族的觊觎。总之，从公元9世纪到15世纪，数以万计的城堡遍布了欧洲。1905年，以法国这一个国家的统计数字为例，其境内就超过1万座城堡。

从公元9世纪开始，地方上的强人开始以城堡来占据欧洲的各个地区。这些早期的城堡设计和建造大多非常简单，但却慢慢发展成为坚固的石材建筑。它们多属于国王或国王的臣属，虽然贵族辩称是受到蛮族的威胁才建造城堡的，但实际上他们是用城堡来确立对地方的控制。因为当时欧洲地区没有战略性的防卫地形，又没有一个强大的中央集权政府，所以这种情况经常发生。

法国的普瓦都地区是欧洲遍布城堡的最佳例子。在公元9世纪维京人入侵之前，那里只有3个城堡，但到公元11世纪就增加到39个。这个发展模式在欧洲其他地区都能够找到，因为可以快速地把城堡建立起来。在火炮出现之前，城堡的防卫者比攻城者占有更大的优势。

遗憾的是，遍布各地的城堡和为防卫而站岗的大批士兵，不仅没有带来和平或互相防卫以对抗入侵者，反而导致战争不断发生。公元11世纪，开始以石头代替泥土和木材来建筑城堡。建设在土堤上面的木制箭塔改由大块的石头建造，这种防御工事被称为空壳要塞，后来发展为箭塔或要塞。一堵石墙会包围旧的板筑和要塞，并改由壕沟或护城河环绕，另外再设置吊桥和闸门来防护城堡唯一的城门。最著名的基本要塞型城堡是由征服者威廉建造的伦敦塔。它最初是一幢方形的建筑，并被涂成白色以吸引人们注意，后来的国王们就以今天所看到的城墙和改良后的建筑来加强它的规模。

虽然火炮出现在14世纪初期的欧洲，但直到15世纪中期以前也没有使用到有战斗力的攻城大炮。随着火炮威力的不断提升，人们也开始改变城堡的设计，低矮倾斜的城墙代替了以往高危陡峻的城墙。15世纪中期，由于王权扩张，城堡开始衰落。要知道，在公元11世纪时，征服者威廉宣称拥有英国所有的城堡，并从贵族的手上把它们收回。到了13世纪，城堡的建造或强化必须得到国王的同意，其目的就是为了废除城堡，让它们不能作为叛乱的依靠。城堡被废置，有1/4仍然为贵族所保存，其他的则沦为废墟。因为财富的生产从农村转到了城市，防御设施强化的城镇反而变得更为重要了。

建造一座城堡，可能不到一年就能完成，也可能会耗上20年的时间才能建完。几个世纪以来，建造城堡是一门十分重要的专业，出名的石匠大师受到殷切的需求，而成群结伙的城堡建造者会从一个地方换到另一个地方工作。城镇希望雇用熟练的工人来建造大教堂，而领主也希望雇用他们来建造城堡。

在英国，北威尔斯的鲍玛利斯城堡从1295年就开始建造，设计对称，没有弱点，建造的顶盛时期需要30个铁匠、400个石匠和2000个工人。工人们多是从事开凿、搬运、起吊、发掘和分裂石头。不过遗憾的是，这个设计严格的城堡一直没能完成。而康威尔的大城堡则由英国的爱德华一世花了40个月来建造。城堡的城墙为石造建筑，石墙内部以碎石和燧石来填充。

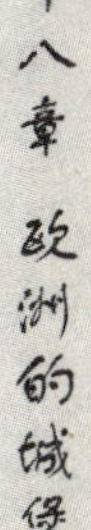


## 第二节 城堡的军事功能

一般认为，城堡的功能是用来防卫，这种看法与事实并不相符，因为最初建造城堡的目的是用作进攻，它的功能是作为专业士兵尤其是骑士的基地，并控制四周的乡间地区。当国王的中央权力由于各种原因而衰落后，由城堡所构成的网络以及它们所支援的军事武力，反而在政治上提供了相对的稳定。

十字军东征以后，带回新的防御技术和攻城工程师，改进了城堡的设计。同心的城堡从中心点扩展，由两堵或更多的环形城墙所包围。在公元11—12世纪，城堡通常被造成带角的矩形，它的致命弱点之一就是不利于防守。因为守军的视线和弓射难以触及到城堡的角上，攻城者就可从角上贴近城堡，用工具开挖墙基，或打开一个可以作为入口的洞穴，或干脆把城堡挖到倒塌。针对这一弊病，后来的建设者把城堡建成圆形，或在城堡的四周增加向外挑出的角楼，在角楼里的守军能有很好的视点和弓射点，能及时发现在任何位置接近城堡的敌人，并予以阻击。

城堡的攻和守是一对针锋相对的矛盾，为应付新形势，它们在不断地变换。最早的城堡几乎都是木头建造的，防御功能有限，而且不敌火

攻。于是后来采用石头建造城堡，它们比木头更价廉、更坚固，大多属于就地取材。这就是为什么不同地域的城堡建筑风格不同，就连外表的石头颜色和纹理也大不一样的原因。

城堡大多建在地势险要、有战略意义之处，并以自然环境为屏障来增强它的防守能力。如：有的建在山顶上，不仅可以扩大它们的控制和监视范围，而且还可以迫使攻城者在上坡攀爬时放慢攻击速度，城堡的守军容易击退敌军。有的建造在急转的江河边，要靠船才能接近，守军很容易击败渡河的敌军。有的地方没有适当的自然条件，城堡建设者会采用人工的方法加以创造。如建在城市中心的城堡没有天然屏障，他们就在四周开挖壕沟和护城河，搭建可提升的吊桥作为入城的通道，敌军如果来犯，他们就提起吊桥。

有的城堡建成后，守军进驻其中，在备足了粮草的境况下，会将底下的入口用土封死，用活动的木梯从上面进出，一旦遇到紧急情况就可抽掉梯子。于是，攻城者发明了一种名叫轮塔的装备。轮塔是用木头做成的一个高塔，底部装有轮子，攻城时被推到城堡的墙边，它的顶部吊着块木板，落下后正好搁在城堡的墙顶，攻城敌人在木塔里用梯子攀上去，通过这块木板跃入城堡。

到14—15世纪，具有远程威力的大炮被用于战场，并在攻城战中发挥了巨大作用。所以城堡建造者认为使城堡更安全、更容易防守的最好办法就是加强城堡的外围防御，让入侵者难以接近城堡。于是，城堡外面用坚固厚实的石墙代替了原本泥土筑成的防御工事，并在外墙的四角建造了具有瞭望和守卫功能的塔楼，称为外堡，并在外堡上通常筑有炮台和枪眼。有的还在城堡主楼和外堡中间建有中堡，中堡又比外堡高，有更好的地势。这样，整个城堡就形成一个重叠的复合结构，要想进入主楼，就必须经过几道大门，可以说是固若金汤。

一个设计优良的城堡能够以很少的兵力做长期而有效的防卫。拥有坚固的防御，可以让防卫者在补给充足的优势下力守不屈，直到攻城者被前来解围的军队逐退，或是让攻击者在弹尽援绝、元气大伤的情况下撤离。

在中世纪后期，城堡和设有防御工事的城镇数目急剧增加，加之本身占有重要的战略位置，占领或防卫一个据点成为十分平常的军事活动。尽管仅靠一支小型部队来镇守城堡，攻城者却需要比守军庞大的军队予以攻陷。

当敌军接近城堡时，地方上的居民一般会带着贵重物品，尤其是食物和武器撤退到城堡里面。但是如果领主认为攻城战会持续很长时间，不能参战的农民就会被挡在门外，以免消耗粮食。历史上对此多有记载，即许多平民在攻城战期间被抛出城镇，以维持食物的存量。

## 第三节 城堡内的生活

一般来说，城堡的内部结构紧凑而复杂。它的梯道建在墙内，很狭窄，只可一人行走，为的是当城池被攻破时，守军可以在梯道里坚守，具有“一夫当关，万夫莫开”的地理优势。同样的道理，城堡内部的通道也被造得狭窄而迂回。

城堡是个可以独立存在的小社区，所以在建造时也考虑到了必须具备的生活功能。为了保证水的供应，城堡都挖有深井。有仓库，可以贮备足够的粮食，这样一旦遭到围城，不至于断粮灭炊，乱了军心。

城堡里还设有厕所，通过墙中的斜槽将人的排泄物送到城堡的外面。但是，这往往成为城堡失守的蚁孔，在历史上众多的围城战中，攻城者从这种斜槽爬进城堡突袭成功的例子不在少数。另外，任何单独的卧室都有自己的厕所，但过去的记载表明，领主常用便椅桶，用完后由仆人直接将粪便倒在厕所里。

一般来说，城堡内部的光线很差，就是在白天也得点蜡烛或油灯来照明。这是因为城堡的建造者为了尽可能地减少城墙的薄弱点，将窗子设计得很小、很狭窄，为了让射手有足够的安全，他们把射箭缝也开得尽可能窄，所以透到城堡内的光线非常有限。

发展到后来，城堡军事上的实际功效逐渐减弱，而作为豪贵住宅以及地区和领地行政中心的功能倒是得到加强。城堡也开始讲究美观、气派和舒适。有的城堡的外墙还用不同颜色的石块砌成花纹。为了改善光照，窗子也被开大了，甚至安装了玻璃。原先用明火取暖，在屋顶开孔走烟的做法也被有烟囱的壁炉所替代。城堡的内部布置也日趋豪华，冰凉的石壁用精美的挂毯装饰起来，家具摆设越来越讲究，特别是城堡里供主事贵族执行公务的大厅以及他和家人的私人

居所。

在城堡里，最常见的家具除了银箱和床架之外，就是餐具架，里面可以摆设金银器和豪华的餐具，它们均是城堡主财富的象征。住房的装饰本身就标志了城堡主人的财富、气派与炫耀。现在，绝大多数的大厅常会忽略那些墙上的壁画，那上面画的是骑士比武、战争或狩猎，有时还会画一些装饰性的帷幔。居住空间一般会由几个房间组成，这些房间的私人用途与公务用途分得很清楚。炫耀的作用由前厅来“承担”，领主并不睡在那里，但在那里招待客人、博弈棋子或接见外来使者。卧室旁常常会有一些辅助的小房间作为补充，如内室或书房，君主带其亲信在这里聊天或读书。这些幽静的私人场所对于逃避那些公务活动是必不可少的，这些活动甚至在他的私房里也继续存在。

今天，欧洲许多古老的城堡都在进行修缮，每座城堡都是一座精美的建筑，每座城堡都有一个动人的故事，它们将作为珍贵的历史遗产而流传千载。

## 第四节　欧洲著名的城堡

不可否认，城堡在众人尤其是欧洲人的心中始终占据着一种难以置信的地位。太多的故事和传说使它们成了充满神秘的地方，它们的城墙与塔楼象征了对自由的限制。下面为读者介绍一下欧洲著名的城堡。

**1. 香波堡**

香波堡被称为卢瓦尔城堡中的“钻石”，是法国卢瓦尔河谷所有城堡中最大最宏伟的一个，距今已经有500多年的历史了。附近的居民常喜欢把它和阴柔的舍侬索堡封为法国古堡里的一王一后。

香波堡的第一任主人是法国历史上颇有作为的国王弗朗索瓦一世。当时，年仅25岁的他已经打过无数场胜仗。狩猎时，他被这块自由、广阔、淹没在森林中的地方深深地吸引住了。他突发奇想，要在这里建一所皇家城堡供打猎使用，用宏大规模以示自己至高无上的皇权以及国力强盛。

香波堡有名，而总设计师的名声更大，甚至超越了这位国王。他的名字是达·芬奇。这位顽童性格的大师甚至在城堡内创造性地设计了一个双螺旋楼梯，让国王的情人和妻子可以同时沿着它上下行走，她们可以看见对方却不必相遇。如今，这精妙而滑稽的楼梯已成为城堡内最具人气的地方。

**2. 舍侬索堡**

据当地人说，在卢瓦尔河谷的数百处城堡中间，法国情侣独爱来舍侬索城堡举办自己的终身大事。或许是因为它历任的主人都是法国历史上有名的贵妇，城堡也就独具浪漫风情吧！

舍侬索城堡跨越卢瓦尔河支流——谢尔河而建，在世界范围内这样的跨河城堡也极为少见。舍侬索不仅拥有法国第一段走廊和最精致的木雕天花板，还开辟了法国直楼梯的先河。舍侬索与其被称为城堡，不如说更像是水果蛋糕，连国王法兰西斯一世也赞美它是“谢尔河上最美丽的地方”。

亨利二世时，他将城堡送给深受其宠爱的情妇戴安娜。她美丽、聪慧且具经营头脑，使得舍侬索城堡最终成为法国当时最瑰丽、最现代的城堡。亨利二世去世后，遗孀卡特琳娜从戴安娜手中夺回了舍侬索城堡。入住舍侬索城堡后，她建了一条 60 米的长廊，跃然立于谢尔河上，成为舍侬索城堡的点睛之笔。再后来，卡特琳娜将城堡给了她的儿媳路易斯。亨利三世被暗害后，路易斯王后便隐居在此，春夏秋冬只穿法国王室服丧的白色衣饰，由此被称为“白衣夫人”。

18 世纪时，舍侬索城堡迎来了第 5 位女主人——路易丝·杜宾。杜宾夫人美丽、温柔，她在这里接待了法国大革命的思想启蒙者伏尔泰、卢梭、孟德斯鸠、狄德罗。年轻的哲学家卢梭来到舍侬索城堡后便爱上了城堡女主人，虽然他的爱慕并未被接受，但对路易丝的爱促使他在此完成了名著《爱弥尔》。

到了 19 世纪，另一位富有的女士——贝露茨夫人成了城堡的继承人。1888 年，法国土地银行从末代夫人手中接管了城堡。如今的舍侬索城堡依旧拥有雅致迷人和无与伦比的风采。

**3. 昂布瓦斯城堡**

昂布瓦斯城堡是文艺复兴时期最负盛名的城堡之一，保留了那个时期罕见的雅致和摆设奢华家具的建筑风格。作为法国国王弗朗索瓦一世曾经的寝宫，这里收藏了众多家具珍品。

在瓦卢瓦王朝时期，有众多杰出的意大利艺术家移居法国。他们当中最著名的是达·芬奇，他在这里陪伴着弗朗索瓦一世度过了生命中的最后三年。最终，达·芬奇的墓被安置在昂布瓦斯城堡的圣·于贝尔小教堂内。

弗朗索瓦一世年轻时举行的狂欢节日，今天在这里依旧享有盛誉。与这份欢乐气氛截然不同的是，查理八世的统治正是在昂布瓦斯这个地方偃旗息鼓的，那些当年吊死叛党的楼台依然显得阴森恐怖。然而，不管怎样，时光依然飞逝，卢瓦尔长河日夜川流不息。登上平台，可远眺山谷、公路、城市和山岩。从城堡的高处俯瞰，可独享整个古城及卢瓦尔河两岸的美景。

**4. 海德堡**

德国巴符州著名的旅游城和大学城，人口 15 万左右。罗马帝国时期，这里成为边塞。1386 年，鲁普莱希特选帝侯在这里创办了德国最古老的大学——海德堡大学，直到今天海德堡仍是德国乃至欧洲的一大科研基地。第二次世界大战期间海德堡幸免于战火的洗礼，古城风貌得以完好的保存。

海德堡环山绕水景色奇美。王座山上绿树葱茏，中世纪的古堡隐现其中；内卡河缓缓流淌穿城而过，美丽的古石桥横卧江面；海德堡的老城依山面河，建筑以 18 世纪的巴洛克风格为主，处处青砖红瓦。古堡、石桥、古意盎然的老城与青山绿水交相辉映，折射出浪漫和迷人的色彩。古堡对面的哲人路曲径通幽，两旁树木葱郁，鸟语花香，被誉为“欧洲最美丽的散步场所”。音乐家舒曼、作家马克·吐温、文坛巨匠歌德都在这条林间小道上留下了足迹。

海德堡的这个城堡虽已大半倾塌，但其恢宏的规模、美丽的结构、似乎都因倾塌而更具魅力。城堡中有德国现存最大的古代葡萄酒桶，可以想见当年贵族的奢侈生活。

**5. 温莎堡**

最初温莎只是一个坐落在泰晤士河右岸的小城市，人口有 1.4 万人。城堡的历史开始于公元 11 世纪威廉一世统治时期，威廉一世买下这块地，并在此建起一座木头要塞，以便监控由西边通往伦敦的大路。

国王亨利一世时期，要塞被改建为石头的。温莎堡建在一个丘岗顶

上，由此可以俯瞰泰晤士峡谷。城堡及其一层层的台地、塔楼、钟楼和其中一个巨大的四角塔楼都给人以深刻的印象。但是，真正将温莎堡建成今天这个样子的是出生在温莎的国王爱德华三世。后来温莎堡的内部进行了大规模的改建和全面维修，城堡的外部轮廓和基本建筑物经过一系列改建后依然完好无损，直到现在，城堡中央还耸立着建筑师怀特维尔于 1830 年增建的圆塔。

城堡的内院用矩形的城墙与塔楼相连。东边的内院称为上区，是英国女王伊丽莎白二世的寝宫。北边的大厅用来接见贵宾，因此用风景画、古老的家具以及历史和艺术珍品将之装饰得很豪华。从四个大门中的任意一个均可以进入城堡。如果从“亨利三世门”进入，就可以看见英国最漂亮的哥特式建筑之一——爱德华四世于 1474 年修建的圣乔治小教堂。从它存在的第一天起，温莎堡就成了嘉德勋章的基地。直到今天，每年一到最隆重的祈祷仪式，获得嘉德勋章的英雄们都会聚集在圣乔治小教堂。

现在，温莎堡的切斯特塔楼和与塔楼相连的大厅成了图书馆。图书馆珍藏的宝贵图书中有国王查里一世题词的莎士比亚作品以及马丁·路德的圣经。图书馆中属于无价之宝的还有戈尔贝恩、拉斐尔、米开朗基罗的真迹和达·芬奇的著名解剖图纸。

**6. 爱丁堡**

爱丁堡是一座黑色的古堡之城，是苏格兰的首府。而爱丁堡城堡是爱丁堡市的象征，爱丁堡城堡之于爱丁堡就好像大本钟之于伦敦一样，是整个苏格兰的精神支柱。

公元 6 世纪，爱丁堡城堡成为皇室堡垒。1093 年，苏格兰的玛格丽特女王在这里逝世，爱丁堡城堡自此成为重要的皇家住所和国家行政中心，并且一直是英国重要的皇室城堡之一，直到 16 世纪初荷里路德宫落成并取代了爱丁堡城堡，成为皇室的主要住所。不过爱丁堡城堡依然是苏格兰王室的钟爱之地，是苏格兰的重要象征。

1707 年，英格兰和苏格兰的国会合并后，苏格兰的王冠、宝座等王室宝物就陈列在这里。1996 年，古代苏格兰国王的遗物——最著名的命运之石在被英格兰扣押近 700 年归还后也保存在这里。爱丁堡城堡同时也是苏格兰国家战争博物馆、苏格兰联合军队博物馆所在地。

# 第十九章

# 世界名都



伟大的城市为什么会如此伟大？怎样的城市可以称得上世界名都？在这里笔者将把世界上最著名的几座历史名都作最大限度的展示，如罗马的壮阔、布拉格的瑰丽、佛罗伦萨的天才辈出……虽然城市的性格迥异，风貌也各异，但不朽与永存是它们共同的标记。名都内的宫殿、豪宅、雕像、教堂、名画、寺院等随处可见，每一样珍贵的存在都是人类最伟大的创作，都是人类历史文化最为深刻的积淀。

这些城市之所以是世界名都，更是因为它们流传已久的古老传统：威尼斯的面具嘉年华、巴黎的集世界文化珍品之大成……当然，还有那些塑造城市灵魂的旷世巨匠：托莱多的格列哥、巴黎的奥斯曼男爵、佛罗伦萨的米开朗琪罗……伟大的都城就是因此而伟大，因此而称为世界名都，历千年而不衰！

## 第一节　伦敦：华丽与智慧的结合

伦敦是英国的首都，也是世界上最大的现代化国际城市之一、世界十大都市之一。伦敦市城外的12个市区，称为内伦敦；以外的20个市区，称为外伦敦。伦敦城加上内外伦敦，合称大伦敦市。其位于英格兰东南部，坐落在泰晤士河下游两岸。



伦敦最早是一个凯尔特人的城镇，公元50年罗马入侵者建立了这座城，开始是泰晤士河畔的一个港口。公元7世纪，罗马帝国灭亡后此城遭弃。直到公元9—10世纪，罗马伦敦老城才再次恢复人烟。伦敦逐渐发展、扩大，吸收了附近的村庄、聚居地方，向四面八方扩散，到17世纪时，已经是当时大英帝国乃至欧洲最大的都市。公元1666年，伦敦大火灾毁坏了城内的大部分建筑。大火后，伦敦又立即开始了历时10年的重建，包括圣保罗大教堂在内的标志性建筑都是在此期间开始动工的。维多利亚时代，伦敦经历了大规模的发展。世界上第一条地铁于1863年在伦敦开通，再加上公共汽车的营运，以及联系四方的铁路线，伦敦的市容与交通面貌一新。大量新建的建筑也使伦敦成为具有维多利亚特色的城市。

20世纪之前，伦敦人大部分都使用煤作为家居燃料，产生大量烟雾。这些烟雾再加上伦敦的气候，造成了伦敦远近驰名的烟霞，在英语中称为伦敦雾（London Fog）。今天，伦敦的空气质量已经得到了明显改观。二战期间，伦敦遭到纳粹德国空军的猛烈轰炸，大部分建筑遭到破坏。20世纪50—70年代，伦敦的重建没有经过统一的规划，结果造成今天建筑多样化的格局，不过这也成为当今伦敦的独特之处。



伦敦是英国的商业和政治中心，也是英国的金融中心，同时还是世界上最大的金融中心之一。作为英国的金融大本营，伦敦不仅控制着英国的经济命脉，对世界许多地方的经济也有着举足轻重的影响。伦敦还是英国最大的工业城市，机械制造、汽车、飞机、电子工业、石油化工和印刷等具有很高水平，在国际上享有盛誉。

伦敦是英国的铁路中心，十几条铁路干线从这里伸向大不列颠岛上各主要城镇。伦敦还是世界上最大的国际港口和航运市场，世界上所有主要的航运、造船和租船公司都在这里设有代表机构。

## 一、饮食文化

伦敦的美食非常多样化，有世界各国的传统菜肴，各种口味的菜色和不同的价格等级，适合各类人。以不同的菜色为例，伦敦有亚洲菜，当然也包括中国菜，还有东南亚以及日韩的料理。目前，伦敦最流行的是墨西哥菜。当然，伦敦也有传统的英国菜色，也有现代感十足的特色餐厅。此外，伦敦还有印度、中东、非洲和中南美洲等地不同口味的食物。

伦敦既有鱼炸薯条这样的传统美食，也有来自世界各地的众多风味。伦敦市区的索霍区有各种档次、风味的餐厅，可称得上是整个伦敦饮食状况的缩影。东伦敦有孟加拉镇之称的布里克巷是地道的印度美食区。地铁伦敦桥站附近有充满新鲜甜点、面包、奶酪、水果和鱼肉小摊的博罗市场。伦敦著名的斯皮塔佛德市场内同样有众多诱人的小吃。

当地人的饮食习惯很简单。英国菜可以用一个词来形容——那就是“简单”。其制作方式只有两种：放入烤箱烤，或者放入锅里煮，做菜时什么调味品都不放，吃的时候再依个人的爱好放些盐、胡椒或芥末、辣酱油之类。烤牛排是英国菜的代表作，由大块带油的生牛肉放入烤箱中烤制而成，同煎牛排一样。

## 二、日常习俗及礼仪

**1. 仪态礼仪**

在伦敦，人们在演说或别的场合伸出右手的食指和中指，手心向外，构成V形手势，表示胜利；如有人打喷嚏，旁人就会说上帝保佑你，以示吉祥。老人讲究独立，不喜欢别人称自己老，走路时不必搀扶他们。

**2. 取名习俗**

当婴儿出生时，父母亲朋一般依婴儿的特征、父亲的职业为婴儿取名，有的母亲家庭显赫，就用娘家的姓作为婴儿的第二个名字。

**3. 商务礼仪**

到伦敦从事商务活动要避开7月和8月，这段时间工商界人士多休假。另外在圣诞节、复活节也不宜开展商务活动。不得送重礼，以避贿赂之嫌。在商务会晤时，应按事先约好的时间光临，不得早到或迟到。工商界人士办事认真，不轻易动感情和表态，他们视夸夸其谈、自吹自擂为缺乏教养的表现。

**4. 旅游礼仪**

当地的所有车辆均沿马路的左侧行驶。当地人遵守纪律，即便是几个人上车，他们也会自觉地排队上车。坐出租车一般按10%左右付小费，将小费列入服务费账单的饭店不必另付。在主人家中做客几天，应

视情况付给提供服务的佣人一些小费。

## 三、传统节日

### 1. 圣诞节

圣诞节是最重要的家庭节日。12 月 25 日和 26 日两天是国家法定节日。

### 2. 新年

1 月 1 日也是公共节日。在新年前夜人们通常会熬到深夜，迎接新年的到来。

### 3. 复活节

复活节没有固定的日期，是在 3 月末和 4 月中旬之间。公共假期从星期五一直到复活节后的星期一，这时候又有特别的宗教活动，孩子们会收到巧克力彩蛋。在复活节当天，城镇有复活节游行。在复活节前的星期四，女王每年会访问一座不同的大教堂，送当地居民一些金钱，被称为濯足节救济金，作为象征性的礼物。



## 四、旅游文化

在伦敦旅行，交通十分便利，一张地铁票便可跑遍全城，游览城内的风景名胜。从古代罗马帝国以来，它一直保持着自己的悠久传统，是被称为“日不落”大帝国的首都。仔细观察，这里的每一个角落似乎都有历史遗痕，这里的大街小巷都流露出历尽多年风霜的风采。

### 1. 大英博物馆

又称不列颠博物馆，初创于 1753 年，1759 年对外开放。位于伦敦牛津大街北面的大罗素广场，是世界上历史最悠久、规模最宏伟的博物馆之一。

### 2. 圣保罗大教堂

屹立在伦敦弗利特街东口外不远处的卢德盖特山上，为世界第三高教堂。大教堂十分雄伟，造型奇特壮观，由两座长 150.5 米、宽 37.5 米的两层十字架形大楼构成，中间拱托起一座高达 111.4 米的圆屋顶，上有一个镀金的十字架。它的地下室号称欧洲最大的地下室，有一些王公达官的坟墓和纪念碑。圣保罗大教堂以悠久的历史、壮观的圆形屋顶和别具一格的建筑特色而闻名于世。

**3. 白金汉宫**

英国王宫，位于伦敦最高权力的所在地威斯敏斯特区，东接圣·詹姆斯公园，西临海德公园，是英国王室生活和工作的地方。王宫初建于1703年，当年白金汉公爵、诺曼底公爵和约翰·谢菲尔德在这里建造了一座公馆，并以白金汉公爵的名字命名。

**4. 西敏寺**

英国皇家教院，是欧洲最美丽的教堂之一，建成后即成为英国国王加冕典礼的场所。它是一座壮丽的哥特式教堂，无论在世界建筑史上还是在英国过去9个世纪的悠长年代中，都占据了举足轻重的位置。英国王室成员、政治家、宗教界名人以及著名诗人有不少都葬在此处。



## 第二节　巴黎：无与伦比的浪漫之都

法国首都巴黎是欧洲大陆上最大的城市，是世界上最繁华的都市之一，也是世界闻名的浪漫之都。巴黎地处法国北部，塞纳河西岸，距离英吉利海峡375公里。塞纳河蜿蜒穿过城市，形成两座河心岛——斯德和圣路易。

巴黎是一座有着悠久历史的城市，早在2000多年前便有了古代巴黎。不过，那时的巴黎还只是塞纳河中间西岱岛上的一个小渔村，岛上的主人是古代高卢部族的“巴黎西人”。公元前1世纪，罗马人开始在此定居并逐渐将其发展成一座城市，名为“吕岱兹”。公元4世纪，为纪念此地最早的主人，该城被命名为“巴黎”。

公元508年，法兰克王国定都巴黎。公元12世纪，巴黎已发展到塞纳河两岸，教堂、建筑比比皆是，成为当时西方的政治文化中心。公元16世纪末17世纪初，国王亨利四世扩建巴黎。到了18、19世纪，巴黎仍在逐步扩大。法兰西第一帝国后期，巴黎拥有70多万居民，千余条大街；第二帝国建立后，巴黎又吞并了周围的一些村庄；到拿破仑三世时，开始在巴黎开辟一些宽阔的道路，修建了许多园林和公园，使巴黎开始形成今日的样子。从 1981 年开始，总统密特朗开始建设巴士底歌剧院、国家图书馆等 10 大工程，1996 年底前全部完工。

巴黎是法国的工商业中心。北部诸郊区主要为制造业区，最发达的制造业项目有汽车、电器、化工、医药、食品等。奢侈品生产居次，并主要集中在市中心各区，有贵重金属器具、皮革制品、瓷器、服装等。外围城区专事生产家具、鞋、精密工具、光学仪器等。大巴黎区电影生产量占法国电影生产总量的 3/4。巴黎大部分银行、保险公司的总部均设在中心市场西侧。

巴黎是法国文化、教育事业的中心，也是世界文化名城。法国著名的法兰西学院、巴黎大学、综合工科学校、高等师范学校、国立桥路学校以及国家科学研究中心等均设在巴黎。巴黎大学是世界上最古老的大学之一，创建于公元 1253 年。巴黎还有许多学术研究机构、图书馆、博物馆、剧院等。



另外，巴黎还是一座众所周知的“世界会议城”。它以明媚的风光、丰富的名胜古迹、多姿多彩的文化活动以及现代化的服务设施，迎来了众多国际会议。据统计，1987 年在巴黎共举行了 365 次国际性会议，超过了纽约、伦敦、布鲁塞尔、日内瓦，居世界首位。联合国教科文组织、经济合作与发展组织等国际组织的总部均设在巴黎。

## 一、饮食文化

法国人常说：世界上只有中国人和法国人懂得烹饪。或许这话说得有些极端，但中、法两国民族把烹饪提升为一种生活的艺术，却是千真万确的。法国人的吃饭时间，好像变成交际场合，或者是在享受人生。

### 1. 注重饮食文化

在巴黎，食物不仅只是为了生存，它还是一种生活方式。有调查结果显示，人们将收入的 20%花在了食物上。从果酱多士和一杯加上几块方糖的热腾腾黑咖啡的早餐，到下午三点的便餐；从浓汤、沙律、面包、乳酪和酒组成的简单晚餐，到深夜啜饮柯尼亚克的白兰地，食物都被放到极受尊崇的地位。

### 2. 饮料

法国种植葡萄的土地总面积达 100 万亩，所产葡萄将制成名酒、好酒、普通酒以及罕为人知的酒。今天，法国约有 40 多万制酒人士，其中约半数制成的酒只供私人饮用，不向外出售。除了葡萄酒，巴黎人还爱喝咖啡，早上上班前、傍晚下班后都喜欢到街角的咖啡室喝一杯。

**3. “奶酪王国”**

奶酪也是巴黎人生活中必不可少的东西。据说，200 多年前一个牧师发明了奶酪，现在已经有 360 多个品种。当初戴高乐将军曾感叹道：“要治理好每天都有一种奶酪的国家是不容易的，”难怪这里有“奶酪王国”之美称。

**4. 朝夕相伴的主食——面包**

面包是巴黎人必不可少的东西。面包的种类很多，但人们日常吃的就那么几种，一般具有外观金黄、内部质地松软、入口香脆适中的特点。半个世纪前，这里的面包都是用木炭烤出来的，火候全靠有经验的师傅来掌握。进入 20 世纪七八十年代后，面包生产已逐渐走向自动化，从和面、醒面，到入炉、出炉，全由电脑控制。

## 二、服饰礼仪

巴黎人对于衣饰的讲究在世界上都十分有名。在正式场合，人们通常要穿西装、套裙或连衣裙，颜色多为蓝色、灰色或黑色，质地则多为纯毛。出席庆典仪式时，一般要穿礼服。男士所穿的多为配以蝴蝶结的燕尾服或是黑色西装套装；女士所穿的则多为连衣裙式的单色大礼服或小礼服。对于穿着打扮，他们认为重在搭配是否得法，在选择发型、手袋、帽子、鞋子、手表、眼镜时都十分强调要与自己的着装协调一致。

## 三、社交礼仪

巴黎人爱好社交，善于交际。对于他们来说，社交是人生的重要内容，没有社交活动的生活是难以想象的。在许多法国作家的作品当中，巴黎人的社交活动充斥其中。巴黎人拥有极强的民族自尊心和民族自豪感。在他们看来，世间的一切都是法国最棒，与他们交谈时，如能讲几句法语，一定会使对方热情有加。

巴黎人在人际交往中大都爽朗热情，善于雄辩，喜欢高谈阔论，还好开玩笑，讨厌不爱讲话的人，对愁眉苦脸者感到难以接受。受传统文化的影响，他们不仅爱冒险，而且喜欢浪漫的经历。

在世界上，法国人是最著名的“自由主义者”。“自由、平等、博爱”不仅被法国宪法定为本国的国家箴言，而且在国徽上明文写出。他们虽然讲究法制，但是一般纪律较差，不大喜欢集体行动。与他们打交道，约会必须事先约定，并且准时赴约，但是也要对他们可能的姗姗来迟有所准备。

## 四、旅游文化

巴黎是历史名城，也是风格出众、浪漫迷人的名都，素有“世界花都”之称，旅游资源十分丰富，旅游业非常发达。屹立于塞纳河畔的埃菲尔铁塔和雄伟庄严的凯旋门是巴黎和法国的标志。

### 1. 埃菲尔铁塔

世界著名的铁塔，坐落在塞纳河南岸马尔斯广场的北端。埃菲尔铁塔于1887年1月26日开始动工，1889年5月15日开放，距今已有100多年的历史了。埃菲尔铁塔成了巴黎的标志性建筑，任何人来到巴黎一定不会错过这里。浪漫的巴黎人给铁塔取了一个美丽的名字——“云中牧女”。



### 2. 卢浮宫

世界三大博物馆之一，始建于12世纪末，当时建造时用作防御目的，后来经过一系列的扩建和修缮逐渐成为一个金碧辉煌的王宫。卢浮宫艺术藏品种类之丰富，档次之高堪称世界一流。其中最重要的镇宫三宝是世人皆知的《米洛的维纳斯》、达芬奇的《蒙娜丽莎》和《萨莫特拉斯的胜利女神》。

### 3. 凯旋门

1806年，夏尔格兰奉拿破仑之命修建此门，用来纪念法国大军，1836年建成。凯旋门地处宽阔的戴高乐广场，高50米，宽45米，每一面上都有巨幅浮雕，其中最著名也是最精美的一幅就是位于面向乡塞丽寨大街一面右下侧的那幅浮雕，上面描绘了1792年义勇军出征的情景，取名为《马赛曲》。

### 4. 巴黎圣母院

建于公元12—14世纪的巴黎圣母院坐落在巴黎市中心赛纳河中的

小岛上，是法国建筑史上的杰作，也是法国歌特式教堂经典之作。建筑的最大特点是高而尖，且由竖直的线条构成。正面有三重哥特式拱门，门上雕着犹太和以色列的28位国王的全身像。院内外都饰有许多精美的雕刻，栏杆上也分别饰有不同形象的魔鬼雕像，状似奇禽异兽。它一直是法国的历史舞台，重要的国家庆典都在这里举行，拿破仑1804年就在这里登基。

## 第三节　罗马：当之无愧的不朽古城



意大利首都罗马是古罗马帝国发源地，是一座有2700多年历史的世界文化古城，始建于公元前753年，初期是建立在7个山丘上，故有“七丘城”之称。它是全国政治、经济、文化和交通中心，位于亚平宁半岛的中南部西侧，台伯河下游的丘陵平原上，西距第勒尼安海25公里，城市面积200余平方公里。

今天的罗马分成两个部分，一个是罗马古城，另一个是20世纪30年代扩建的新罗马，两个城区互为补充，相得益彰。罗马虽然没能进入世界十大城市之列，然而千百年来人们对罗马倍感熟悉和亲切，不少人总是对它怀有神秘之感和景仰之情。因为它曾是“世界帝国首都”，是一座曾经创造过辉煌文明的古城。如此古老而又繁荣至今的都邑，在世界上屈指可数。

罗马还是一座艺术宝库、文化名城。有人说：“古城酷似一座巨型的露天历史博物馆。”到过罗马和了解罗马的人都认为，罗马具有无与伦比的理由可被称为世界名城。早在公元前509年，罗马就建立了共和国，摒弃了君主制，由元老院和公众监督执政官执政。凯撒拯救了危机重重的罗马共和国，统一了罗马，罗马共和国也在此时盛极一时，却因凯撒的死而终结。屋大维从凯撒的手中接过权杖，成为罗马帝国的第一位君主。在罗马帝国时期修建的众多古代建筑，虽无法显示当年的壮阔场景，但从残垣断壁中，星星点点地寻觅，也让人大为感慨。

古罗马人创造了灿烂的拉丁文化，文艺复兴开创了人类历史的新纪元，罗马无可争议地成为欧洲近代科学艺术的发源地。“条条大路通罗马”、“罗马不是一天建成的”等中国俗语都是因她而来。这个对欧洲乃至世界历史都有重要影响的古城，今天依旧向世界诉说着她的伟大。

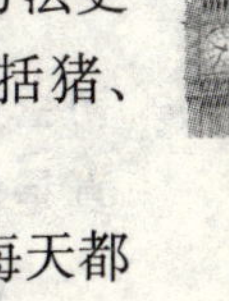

## 一、饮食文化

罗马作为曾经辉煌的古罗马帝国的文化中心，饮食文化当然也不可小觑。古罗马人喜爱吃鱼，公元前1世纪就有了大养鱼场，烹饪方法更是多样，已经出现煮、烤等烹饪技法，选材范围十分广泛，包括猪、鸡、鸭、羊等。

今天的罗马沿袭了当年的饮食特色，罗马人饮食比较规律，每天都有固定的取材范围，比如周二、周五吃鱼，周四吃面等。许多餐馆也会根据顾客的需求，每天提供相应的饭菜。

意大利菜在西餐中享有盛名，而作为意大利首都的罗马，当然会有享誉世界的菜品。意大利面种类繁多，不管怎么变化外形，口感依然爽滑；意大利比萨色彩鲜艳，已经成为世界流行的快餐。



与其他旅游城市一样，罗马有很多餐厅以旅游客人为主要对象。年轻人喜欢的餐厅集中在纳沃纳广场、费奥里广场和特米尼车站东侧的罗马大学周围，以及沿台伯河一带和托拉斯特维勒区。

当地人的饮食特点是味浓香烂，以原汁原味闻名，烹调上经常采用炒、煎、炸、红焖等方法，并喜用面条、米饭作菜，而不作为主食用。吃饭的习惯一般在六七成熟就吃。传统的正餐套菜的顺序是：第一道是汤、意粉或烩饭，由于之后仍有主菜，所以分量会较少；第二道是整个正餐的灵魂，主要是海鲜或肉类菜式；第三道是沙拉、蔬菜等，最后是水果、咖啡。饮料以葡萄酒为代表。

## 二、生活习俗

### 1. 女士受到尊重

在各种社交场合，女士处处优先。宴会时，要让女士先吃，只有女士先动刀叉进餐，先生们才可用餐。进出电梯时，要让女士先行。

### 2. 萨尔维

如果有人打喷嚏，旁边的人马上会说：“萨尔维！”意思是说：“祝你健康！”此外，当着别人打喷嚏或咳嗽被认为是不礼貌和讨嫌的事，所以本人要马上对旁边的人表示“对不起”。

**3. 习惯对死者进行土葬**

各地都有公墓。罗马的公墓十分讲究，就像一座花园，里面还有许多精美的雕刻。

**4. 时间观念不强**

在出席宴会、招待会等活动时，他们经常迟到，晚15—20分钟是司空见惯的事。如果迟到时间过长，他们常常会说："交通太拥挤了，真是对不起。"

**5. 商店门口插葡萄枝**

意大利是盛产葡萄酒的国家，许多小城镇甚至乡村农户也会酿酒。过去，有些农民家里酿了许多酒，自给有余，便打算出售一些。他们将葡萄枝挂在自家门口，过路人一看便知道这家有酒卖，一旦酒已售完，绿枝就被取下。这一风俗一直延续到今天，有些商店门口仍然挂起葡萄枝。

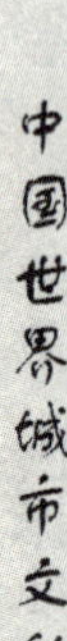


## 三、旅游文化

罗马气候温暖、四季鲜明，春季是一年中最适合出游的季节。罗马古都遗址上矗立着帝国元老院、凯旋门、纪功柱、万神殿和大竞技场等世界闻名的古迹，还有文艺复兴时期的许多精美建筑和艺术精品。不胜枚举的名胜古迹，让人惊叹不已。

**1. 许愿池**

许愿池又叫幸福喷泉，原名是特雷维喷泉，传说会带给人们幸福，是18世纪建筑师沙尔威的杰作。喷泉建筑左右对称，中央立有一尊被两匹骏马拉着奔驰的海神像，这尊海神像是1762年由雕刻家伯拉奇设计的。海神的左右两边各立有两尊水神，右边的水神像上有一幅"少女指示水源"的浮雕，浮雕上面有4位代表四季的仕女像，每一个雕像神态都不一样，栩栩如生。

**2. 威尼斯广场**

位于罗马市中心的圆形广场，正面是新古典主义建筑维克多·埃曼纽尔二世纪念堂，绰号叫"结婚蛋糕"、"打字机"，是用白色大理石建造的。这个纪念堂是为了庆祝1870年意大利统一而建造的，耗时25年才建成。

**3. 罗马斗兽场**

斗兽场位于今天的罗马市中心，是古罗马时期最大的圆形角斗场，也称做罗马圆形竞技场，建于公元72—82年间，现仅存遗迹。斗兽场专为野蛮的奴隶主和流氓们看角斗而造，自从诞生的那天就是，到今天仍然是罗马的象征。

**4. 万神殿**

罗马市中心，有一个中央竖立着高大的尖顶方碑的喷水池，方碑基座雕有古罗马神话场景，这一喷水池所在地就是罗马万神殿的前庭。万神殿是至今完整保存的唯一一座罗马帝国时期建筑，始建于公元前27—25年，由罗马帝国首任皇帝屋大维的女婿阿戈利巴建造，用以供奉奥林匹亚山上诸神，是奥古斯都时期的经典建筑。



## 第四节 威尼斯：梦幻般的水上之都

威尼斯位于意大利东北部的亚得里亚海滨，四周被海洋环绕，素有“水都”、“百岛之城”的称号。这是一座具有1500多年历史的古城，是亚得里亚海岸的重要港口，风光旖旎绚丽，古迹众多。最为独特的是它的水城风光，充满了迷人的魅力，可谓世界上独一无二的水上城市，也是不折不扣的梦幻般的水上之都，具有宝贵的历史文化价值。

公元5世纪时，罗马帝国走向衰亡，伦巴第人入侵意大利北部，居民为逃避外族的征服，纷纷离开大陆到泻湖中的岛屿上定居，这就是威尼斯城早期的雏形。公元8世纪时，这里为亚得里亚海贸易中心；公元10世纪曾建立城市共和国；中世纪为地中海最繁荣的贸易中心之一；新航路开通后，因欧洲商业中心渐移至大西洋沿岸而衰落；公元1866年并入意大利王国。威尼斯的工商业发达，有炼铝、化学、炼焦、化肥、炼油、钢铁等工业，以生产珠宝玉石工艺品、花边、刺绣等著称。陆上的马尔盖拉港是重要油港和客运港。

威尼斯外形像海豚，城市面积不到7.8平方公里，却由118个小岛组成，177条运河蛛网一样密布其间，岛与岛之间由400多座造型各异

的桥梁连接。整个城市只靠一条长堤与意大利大陆半岛连接。这座城市的建筑方法比较特殊，是先在水底下的泥上打下大木桩，木桩一个挨一个，这就是地基，打牢了，铺上木板，然后再盖房子。这里的房子都是这样建造起来的。据说当年为建造威尼斯，意大利北部的森林全被砍完了。水下的木头根本不用担心腐烂，而且会越变越硬，愈久弥坚。此前考古者挖掘马可·波罗的故居，挖出的木头坚硬如铁，出水后见了氧气才会腐朽。

平日大运河像一条熙熙攘攘的大街一样，各式船只往来穿梭其上，最别致的当然还是贡多拉。这是一种黑色平底、首尾尖翘的狭长小木船，历史上最多时有1万多只。乘船漫游市区，波光粼粼，远远望去，建筑物就像漂浮在水面上一样。夜晚，明月和灯火照着碧波，宛如置身于水晶宫之中。此外，威尼斯还是一座文化艺术名城。沿岸的近200栋宫殿、豪宅和7座教堂，多半建于公元14—16世纪，有拜占庭风格、哥特风格、巴洛克风格、威尼斯式等，看起来就像水中升起的一座艺术长廊。

文艺复兴时期，威尼斯是继佛罗伦萨和罗马之后的第三个中心。威尼斯画派作为后起之秀，在欧洲艺术中享有盛名，影响很大。威尼斯在歌剧艺术发展上也作出过重要贡献，威尔第创作的《茶花女》等世界著名歌剧就是在此首演并获得成功的。



## 一、饮食文化

威尼斯地处意大利北部，属于意大利北部菜系，多以牛油作为调味油，喜用起司调味，烹饪技法以炒、煮等为主，材料多样，讲究保持菜品的原味。此外，作为水城的威尼斯，盛产海鲜，厨师对海鲜的烹饪方法也是别有一套，最有名的是意大利式茄汁烩肉饭和螃蟹沙拉。

威尼斯的众多美食中，以豌豆浓汤和黑墨鱼面为最，用普通的材料——豌豆和大米，就能做出汤味浓郁，吃过后难以忘怀的豌豆浓汤；用墨鱼做成的黑墨鱼面，将海鲜的香味与意大利面条完美结合，口感爽滑。吃完正餐后，再来点威尼斯的冰激凌，奶味浓郁，香甜可口，边走边吃别有一番风味。

意大利的面条非常有名，要想吃到正宗的面条，Rizzo店是首选，它是威尼斯屈指可数的有历史的食品店。另外，威尼斯美味的葡萄酒也非常有名，无论是当地人还是来到威尼斯的游人，都对其赞不绝口。

## 二、传统节日

威尼斯有代表性的节日有两个：一个是嘉年华会，另一个是传统划船比赛。

### 1. 嘉年华会

嘉年华会的时间是根据每年日期不同的复活节往后推算决定的，这个节日前后要持续3个星期。一般来说，从5月中旬到6月上旬，在圣马可广场上就能看到一群戴面具、穿奇装异服狂欢的人。置身于那些随着音乐而劲舞的人当中，你能感受到意大利狂热的气氛。

### 2. 传统划船比赛

划船比赛是威尼斯最大的仪式活动，与水都的身份十分相符。每年9月的第一个星期天下午在大运河上举行的刚朵拉划船比赛，意大利国内的游客就不用说了，还有很多游客从外国专程赶来，为激动人心的刚朵拉划船比赛而欢呼。

## 三、旅游文化

作为著名的旅游城市，威尼斯自然会吸引世界各地的游客慕名前来。据统计，每年来这里观光旅游的游人达上千万之多。

### 1. 圣马可广场

又称威尼斯中心广场，一直是威尼斯政治、宗教和传统节日的公共活动中心。广场长约170米，东边宽约80米，西侧宽约55米。它位于圣马可教堂前，是游览威尼斯的必去之地。广场四周的建筑都是文艺复兴时期的精美建筑。广场上带翅膀的狮子像是威尼斯的象征。

### 2. 叹息桥

建于1603年，是威尼斯著名的桥之一。叹息桥两端连结着总督府和威尼斯监狱，是古代由法院向监狱押送死囚的必经之路。叹息桥造型属早期巴洛克式风格，桥呈房屋状，上部穹隆覆盖，封闭得很严实，只有向运河一侧有两个小窗。犯人在总督府接受审判之后，重罪犯会被带到地牢中，在经过这座密不透气的桥时，只能透过小窗看看蓝天，会不由叹息自己从此失去了自由，叹息桥因此得名。

**3. 威尼斯钟楼**

钟楼耸立于圣马可广场，由红砖砌就，高98.6米，建于15世纪末期。钟楼曾经倒塌过，现在的钟楼为重建后的新钟楼。它既是威尼斯城市的纵坐标，也是广场建筑群空间构图的重心。站在钟楼顶端俯瞰，可以尽情观赏风光宜人的威尼斯城和泻湖全貌，甚至可以远眺美丽的阿尔卑斯山。

**4. 圣马可大教堂**

建于公元9世纪，为纪念圣徒圣马克而建，融合了拜占庭、哥特、伊斯兰等各种建筑风格。教堂装饰极尽奢华之能事，陈列了许多威尼斯十字军从君士坦丁堡掠夺来的战利品。

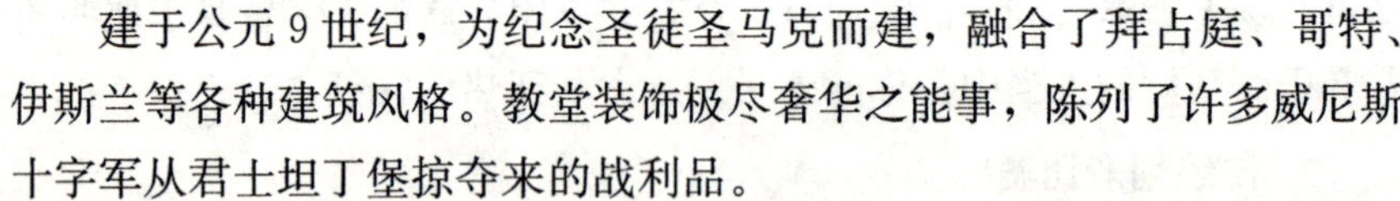

## 第五节　布拉格：中部欧洲的一颗宝石



布拉格是捷克共和国的首都，也是捷克最大的城市，位于中波希米亚州伏尔塔瓦河流域。布拉格地处欧洲大陆的中心，恰好介于柏林与维也纳这两个德语国家首都的中间，在交通上拥有重要地位，与周边国家的联系也相当密切。

新石器时代，布拉格即有人类居住。数千年来，布拉格所在伏尔塔瓦河段为南北欧之间商路上的要津。最古老的居民点始于公元9世纪下半叶。神圣罗马帝国皇帝查理四世时期在布拉格建都，把历代国王建造的城堡和宫殿联在一起，称为布拉格堡，并在老城区以南兴建新城区，一度成为欧洲最大的政治、经济和文化中心之一。

公元17世纪中叶，布拉格被外族占领，经济衰退。18世纪，中欧局势稳定，经济又获得发展。1845年通铁路，19世纪90年代出现电车，1918年成为捷克斯洛伐克共和国的首都，因而城市职能扩展，工业发展迅速。1920年将周围郊区合并，形成大布拉格。第二次世界大战期间，被德国占领。1945年获得解放后重建，同时为保护和恢复历史名胜进行了规划。1993年1月1日，捷克和斯洛伐克各自独立，布拉格为捷克首都。

布拉格是一座欧洲历史名城。查理四世时期是布拉格的鼎盛时期，兴建了中欧、北欧和东欧第一所大学——查理大学。布拉格曾是一个多民族混居的城市，多元文化是其显著特色，不过经过两次世界大战之后，布拉格已经基本上成为单一捷克民族的城市。

现在，布拉格为全国最大的经济中心。工业以机械制造为主，主要分布于城市的西南郊和东南郊，产品有运输机械、机床、电机、矿山机械、建筑机械、农机等，还有化工、纺织、皮革、印刷、食品加工等。公共交通以汽车、电车为主，并建有地铁，伏尔塔瓦河上有客运航船，附近有国际机场。

布拉格是一座著名的旅游城市，市内拥有为数众多的各个历史时期、各种风格的建筑，从罗马式、哥特式、文艺复兴、巴洛克、洛可可、新古典主义、新艺术运动风格到立体派和超现代主义，其中巴洛克风格和哥特式建筑更占优势。布拉格建筑给人整体上的观感是建筑顶部变化特别丰富，并且色彩极为绚丽夺目（红瓦黄墙），因而拥有“千塔之城”、“金色城市”等美称，号称欧洲最美丽的城市之一。1992年，布拉格历史中心被列入联合国教科文组织的世界文化遗产名单。



## 一、饮食文化

布拉格的饮食文化很有特色，当地的特色菜综合了周边匈牙利、德国、奥地利等国菜肴的特点，取长弃短，改良制成。布拉格的特色菜一般与肉搭配，最常搭配的是捷克烤鸭，不但分量足，而且美味可口。另外布拉格的苹果派、嫩小牛里脊以及烤鲜鱼、鸡蛋薄饼都是很好吃的小吃。

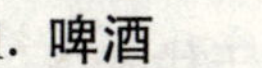

### 1. 啤酒

啤酒可以说是捷克最具代表性的饮料，不分季节，不论场合，这种“液体面包”大肆征服了当地男女。布拉格的酿酒历史自公元11世纪展开，200年后，酿造啤酒蔚为风潮，百家争鸣。1842年前，布拉格的啤酒以深色为主，现在已经开发出了多样口味。

### 2. 偏爱浓郁口味

当地人偏向浓郁口味的菜肴与啤酒极为相衬，香肠不用多说，烤鸭、猪排甚至熏鱼都能搭配，葡萄酒似乎成了配角。

**3. 海鲜**

与许多内陆城市一样，布拉格也把海鲜视作节庆的佳肴，鲤鱼便是圣诞节的传统食物。餐厅的菜单多会标示鲤鱼的出处，如出一辙地标示着南波西米亚，这是捷克供应鲤鱼的大本营。

## 二、文化重镇

布拉格是欧洲的文化重镇之一，历史上曾有音乐、文学等诸多领域的众多杰出人物，如作曲家莫扎特、斯美塔那、德沃夏克，作家弗兰兹·卡夫卡、哈维尔、米兰·昆德拉等人在该城进行创作活动。直到今天，该市仍旧保持着浓郁的文化气氛，拥有众多的歌剧院、音乐厅、博物馆、美术馆、图书馆、电影院等文化机构，以及层出不穷的年度文化活动。



市内有查理大学、工学院、音乐学院等高等院校和国家科学院、农业科学院等科研机构。剧院、博物馆和美术馆众多。古建筑风格多样，包括布拉格城堡、王宫、教堂等。音乐久负盛名，每年一度的布拉格之春音乐会，是世界上重要的音乐盛会。

## 三、旅游文化

布拉格是全世界第一个整座城市被指定为世界遗产的城市，它是一座美丽而古老的山城，伏尔塔瓦河将城市分为两部分。当地游人如织，每年5—9月是最好的旅游季节。

**1. 布拉格城堡**

布拉格城堡的真名是赫拉德卡尼，又称总统府，位于伏尔塔瓦河畔的丘陵上，是布拉格的地标，建于公元9世纪，可称得上是欧洲历史上最伟大的古城堡建筑群，属哥特式建筑，拥有教堂、宫殿、庭园，占地45公顷，包括1所宫殿、3座教堂、1间修道院，分处于3个中庭内。长期以来，这里一直是布拉格的王室所在地，布拉格城堡现在仍然是总统与国家机关所在地。最重要的圣维特大教堂，其是整座城市最古老的部分，至今已有1000多年历史。

**2. 天文钟**

大名鼎鼎的天文钟就在旧市政厅外墙上，分为上下两座，天文钟是一座精美别致的自鸣钟，钟楼建于公元1410年。其根据当年的地球中心说原理设计，上面的钟一年绕行一周，下面的一天绕行一圈，每天中午12点，12尊耶酥门徒从钟旁依次现身，6个向左转，6个向右转，随着雄鸡的一声鸣叫，窗子关闭，报时钟声响起。这座大钟至今走时准确，当地人常在此驻足校对手表的时间。

**3. 查理大桥**

查理大桥建于公元1357年，是14世纪最具艺术价值的石桥。查理大桥横跨在伏尔塔瓦河上，桥长520米，宽10米，有16座桥墩，大桥两端是布拉格城堡和旧城区，是历代国王加冕游行的必经之路。在桥上，有艺术家的表演，也有一些手工艺创作表演。如今，这里已经成为布拉格艺术的展示场所。在桥上还可以买到很多艺术品，如表现查理大桥的水彩画，以及身着传统捷克服装和宫廷服装的木偶。



**4. 旧城广场**

人们集会的场所，已有900年历史。旧城广场是旧城最初形成的中心，位于伏尔塔瓦河右岸，与左岸的城堡具有同等重要的历史地位。原来这里是一片河边的低地沼泽，后来商贾云集，成为中东欧重要的集市，过路的诸侯也在此歇息，这些有钱有势的人需要消遣，就有了酒馆等玩乐的场所。之后又修建了教堂，这样慢慢发展成现在的规模。

**5. 圣维塔大教堂**

圣维塔大教堂经过3次扩建，1929年正式完工，属哥特式教堂，圣维塔大教堂大门上的拱柱等装饰都很华丽。布拉格王室的加冕仪式在此举行，以往王室的遗体也安葬于此，这里还保存着国王的王冠和加冕用的权杖等。圣维塔大教堂的几个参观重点包括20世纪的彩色玻璃窗、圣约翰之墓和圣温塞斯拉斯礼拜堂。

**6. 黄金巷**

黄金巷位于布拉格城堡内圣乔治大教堂和玩具博物馆之间，是一条出售手工艺品的商业街，热闹程度与查理大桥不相上下。16世纪罗马帝国时期，这里居住了很多冶金师，后来这条街就被称为黄金巷。小巷不大，任何建筑都是小小的，色彩丰富，像童话王国里精灵的居所，现在是布拉格最著名的景点之一。

## 第六节 佛罗伦萨：文艺复兴的发祥地



佛罗伦萨是意大利中部的一个城市，托斯卡纳区的首府。位于亚平宁山脉中段西麓盆地中，阿诺河横贯市内，两岸跨有 7 座桥梁。佛罗伦萨最早兴建于罗马共和国凯撒在位时期。公元前 59 年，佛罗伦萨成为罗马的殖民地，而后又被伦巴第人统治。公元 13 世纪，其因羊毛和纺织业的迅速发展而崛起，成为当时意大利重要的城市。

1282 年，佛罗伦萨建立起共和国，国家的权力转移到最有权势的贵族手中。15 世纪，佛罗伦萨被当地巨商美帝奇家族所守护，一守就是 300 年。美帝奇家族的族徽也成了今天佛罗伦萨的市徽。15—16 世纪时，佛罗伦萨是欧洲最著名的艺术中心，以美术工艺品和纺织品驰名全欧洲。15—18 世纪中期，长达 3 个世纪的佛罗伦萨历史可以说是与美帝奇家族的兴衰紧紧联系在一起的。当时美帝奇家族掌握了当地的政治和经济实权。

佛罗伦萨最为辉煌的时刻要数文艺复兴时期。美帝奇家族酷爱艺术，在其保护和资助下，当时有众多名人积聚在佛罗伦萨，如达·芬奇、但丁、伽利略、米开朗基罗等。正是众多卓越的艺术家，才创造出了大量闪耀着文艺复兴时代光芒的建筑、雕塑和绘画作品，佛罗伦萨才成为文艺复兴的重中之重，成为欧洲艺术文化和思想的中心。直到 1737 年，美帝奇家族最后一个统治者去世后，佛罗伦萨重又陷于奥地利的统治，1865—1871 年间曾为意大利统一后的临时首都。

佛罗伦萨的工业以玻璃器皿、陶瓷、高级服装、皮革为主，金银加工、艺术复制品等工艺品也很有名。现在，全市到处都是博物馆和美术馆，其中乌菲齐和皮提美术馆举世闻名，意大利绘画精华荟萃于此。佛罗伦萨是世界上最全的文艺复兴时期艺术品的保存地之一，有文化中心，有大学，还有艺术、文学、科学研究院与图书馆等，因而又有“西方雅典”之称。

## 一、饮食文化

佛罗伦萨是文艺复兴时意大利的文化经济中心，具有佛罗伦萨特色的地方菜也是在这个时候开始形成的。由于当时对外贸易频繁，所以佛罗伦萨的厨师获得了很多异域调料，使得传统意大利菜的味道趋于多元化。

佛罗伦萨菜，很讲究原料的多样性，多用奶酪、橄榄油等调味料，讲求味道鲜美。其制作面食的手法尤为独特，面食不仅种类多，而且味道好，松软可口、清淡，这使得佛罗伦萨的甜品非常出众。此外，佛罗伦萨对法国菜的影响深远，有很多法国菜品都是源于佛罗伦萨菜。

在佛罗伦萨，剔骨大牛排非常有名。而以世界流行甜点提拉米苏为代表的佛罗伦萨甜品更是一流，咖啡、红酒、蛋糕、奶油的完美结合，入口几种味道融合，久久难以忘怀。此外，无盐面包、什锦蔬菜浓汤、意大利式沙拉等也是佛罗伦萨的美食。



## 二、文艺复兴之城

佛罗伦萨是欧洲文艺复兴运动的发祥地，是意大利文艺复兴时期诗歌和绘画的摇篮。提起这座城市，就不能不提起但丁、伽利略、达·芬奇、米开朗基罗、马基雅弗力这几个光彩熠熠的名字。其中，伟大的诗人但丁就出生在这里，至今佛罗伦萨仍保存着但丁的故居，许多游人慕名前来这里参观。被称作文艺复兴艺坛“三杰”的达·芬奇、米开朗基罗和拉斐尔1506年聚会于此，成为艺术史上的千古美谈。巨人们的作品让这座城市名垂千古，给这座城市增添了光彩，并至今依旧照耀着这座城市。

直到今天，佛罗伦萨还保持着文艺复兴时的风貌，市区仍保持古罗马时期的格局，这是那个时代留给今天的独一无二的标本。全市共有40所博物馆和美术馆，60多所宫殿及许多大小教堂，收藏着大量的优秀艺术品和珍贵文物。

时光飞逝，当年的光辉岁月已经像梦一般消逝了。在佛罗伦萨那狭窄的街道上，仿佛还能听到昔日辉煌时期的马蹄声。如今，闪耀着文艺复兴时代光芒的建筑和绘画还保存在这里。华丽的大教堂在夏季强烈的光照下更放射出威严的光芒。佛罗伦萨的街景和文艺复兴的遗留物让人流连忘返、感慨万千。

## 三、旅游文化

佛罗伦萨，诗人徐志摩称之为“翡冷翠”，在意大利语中被译为“鲜花之城”，是意大利文艺复兴的起点和顶点之城。如今，这个城市里还保持着那个时代的建筑和绘画。佛罗伦萨气候温暖，四季鲜明，夏季干燥，冬季多雨。每年 7—8 月为旅游旺季。

### 1. 米开朗基罗广场

此广场建于 1806 年，位于亚诺河对岸，是眺望佛罗伦斯的最佳地点。广场中央建有米开朗基罗巨大的“大卫像”复制品，黄昏时在此可眺望亚诺河、花之圣母大教堂、钟楼等迷人的景致，山上还有著名的圣米尼亚托教堂。



### 2. 乌菲兹美术馆

意大利最大的美术馆，原是美帝奇家族的办公室，建于 1560—1580 年间。馆内的珍藏有些是来自美帝奇家族的贡献，最后由美帝奇的末代继承人安娜玛丽亚捐赠给佛罗伦萨政府。馆内的展览品陈设在顶楼，而雕刻类的作品陈列在走廊上，绘画则依照年代悬挂在展示室中。这里不仅有意大利最著名的文艺复兴时期的绘画作品，也有来自西班牙、德国、荷兰等国家的名画杰作。

### 3. 花之圣母大教堂

花之圣母大教堂是佛罗伦萨的地标，由粉红色、绿色和奶白三色的大理石砌成，展现出女性优雅高贵的气质，故称为“花的圣母寺”。中央巨大圆顶是由著名建筑家布鲁内勒斯基所建造，是第一座文艺复兴式圆顶。这个圆顶共花了 14 年时间才完成，是文艺复兴圆顶建筑的楷模。

### 4. 维琪奥桥

此桥建于 1345 年，是佛罗伦萨最古老的桥梁。“维琪奥”这个字是古老的意思。桥上有二层楼的建筑，以前是乌菲兹宫通往隔岸碧提王宫的走廊，如今桥上两边都是特产专卖店，以宝石和贵重金属为主项。

# 第七节　温哥华：加国的魅力之城

温哥华是加拿大的工业中心，是加拿大第三大城市、西部最大的城市，同时也是北美第二大海港和国际贸易的重要中转站，世界主要小麦出口港之一。温哥华位于加拿大西岸入口，加、美边界北侧，靠山面洋，气候无常，但很温和。

温哥华已经有200多年的历史。19世纪初时它还是一片荒野，只有一些土著在过着原始的渔猎生活。19世纪，随着近代工业的兴起及新矿产资源的发现，加拿大的经济开始发展。1792年，英国人乔治·温哥华海军上校的探险船航海到巴拉德湾一带。1862年起欧洲移民在海湾沿岸定居，建立了名为格兰维尔的锯木厂小镇。1867年，一个名叫贾大顿的人来到此地，在盖士镇的华特尔街（即现址的盖士镇）盖了一个木造的沙龙酒吧，供四面八方来的拓荒者憩息，这就是温哥华第一家饭店的起源。



1886年，温哥华正式成为城市，大家公推贾大顿为第一任市长。贾大顿与其幕僚决定为纪念白人船长乔治·温哥华于1792年为找寻西北通路而来到此地，将此城市命名为温哥华。之后，港口和城市逐渐兴起，成为“通向东方的大门”。1890—1910年间，温哥华的人口由1.3万增加到了10万。1914年巴拿马运河通航后，有了通向欧洲的航运捷径，更促进了港市的繁荣。

温哥华是加拿大西部农、林、矿产品的主要集散中心。它有天然的良港，冬季不冻，十分适合远洋巨轮出入。港口设备完备，专用的谷物码头和集装箱、散装货码头沿岸排列，长达10余公里，并建有巨大的谷物仓库。当地主要出口谷物、木材、纸浆、鱼品、面粉等，进口咖啡、可可、糖、茶、钢铁、水泥等。定期航线通往亚洲、大洋洲、欧洲和拉丁美洲各国。全国出口谷物的40%以上在此外运。此外，其陆路交通也十分便利，有4条铁路线和多条公路线通往全国各地，并与美国西雅图等城市直接联系。建于弗雷泽河北侧支流福尔斯河河口岛屿上的国际机场，是加拿大重要的航空中心之一。

此地的木材加工业历史悠久，是首要工业部门，其他传统部门有水

产加工、罐头食品、造纸、纺织、印刷等。第二次世界大战后这里发展了炼油、石油化工、炼铝、造船、飞机制造等部门，工业趋于多样化。工厂企业主要集中在巴拉德湾沿岸和福尔斯河沿岸一带。南北两大工业区之间为商业区，街道宽阔，高楼林立，集中了全市主要行政机构、大银行、保险公司、现代化旅馆和零售批发商店。住宅区分布在工业区外围，南至里士满，向北扩至西、北温哥华。华人聚居，唐人街规模仅次于美国旧金山。

## 一、饮食文化

温哥华是一个移民都市，拥有丰富多彩的饮食文化。早期的欧洲移民最先带来了法国菜、意大利菜、加勒比海菜以及地中海菜，令这里的欧洲菜达到世界一流水准。近20年来，大量亚裔移民来到这里，更令本地饮食业大放异彩。温哥华是加拿大第三大华裔聚居城市，拥有北美最高水平的中国菜。现在的中国餐馆不仅仅限于唐人街，而是已经遍布了市内各区。近几年，中国各大菜系和地方小吃，如京菜、沪菜、粤菜、川菜都已经在温哥华落地开花。此外，日本菜、韩国菜和印度菜等都非常受欢迎，而且开设了很多餐厅。

最能代表温哥华本土饮食文化的是源自太平洋西北部地区的西岸菜。这种菜强调以最新鲜和美味的材料入肴，尤其以海产类为主角，例如太平洋鲑鱼、银鳕鱼等。市内的很多酒店及大小餐厅都提供这种西岸佳肴，有着十分丰富的菜式。

温哥华的餐厅遍布市内的大街小巷，但也有一些区域因为历史背景或城市发展等方面的原因，慢慢演变成了独具风格的美食集中区，并有着独特的民族或文化特色，如罗伯逊街、煤气镇、耶鲁镇、西区、基斯兰奴、唐人街等等。温哥华的餐厅风格多样，从轻快休闲的露天咖啡馆到音乐弥漫、气氛优雅的高档餐厅，总能给人以不同的用餐享受。

另外，“三不”饮食文化别有一番情趣：一不设烟酒，请客吃饭都不设烟酒；二不吃热食，当地人喜欢吃冷食，因为菜肴烧得比较早，时间一长也就成了凉菜，称之为“冷餐宴会”；三宴请不安排桌席，通常是客人自己动手随意选取食物，最后自找地方用餐。

## 二、风俗与禁忌

**1. 温哥华人朴实友善、随和懂礼**

在公共场所，人们很注意文明礼让，在公共汽车和地铁里，都自觉给老人和小孩让座，礼让女士优先，并忌讳推撞女性。开车至人行横道线时，车速减慢。乘坐公共交通工具，人们总是依次排队，很少有拥挤现象。在公共场所，一般不大声喧哗。

**2. 做客礼仪**

如果应邀去当地人家里做客，可以事先送去或随身携带一束鲜花给女主人，但不要送白色的百合花，因为白色的百合花只有在葬礼上才用。

**3. 不喜欢被比较**

当地人以及全加拿大的人都不喜欢外来人过分地把他们的国家和美国进行比较，他们喜欢外来人谈有关他们国家和人民的长处。

**4. 公私事都要预约**

在当地，很多事情要事先预约。公事要预约，私事也要预约，找工作面谈、请客甚至去朋友家串门都要预约，不速之客是不受欢迎的。

**5. 培养孩子独立的品质**

父母亲非常注意从小培养孩子能吃苦、勤奋和自立的习惯，不娇惯孩子。子女从读高中起便开始在学习假期中找工作挣钱，高中毕业后就独立生活，边学习边工作，挣钱缴学费。子女婚后就要离开父母，自寻住处。有了孩子则由自己抚养，不靠父母帮助。

## 三、旅游文化

温哥华绿树成荫，风景如画，是一个富裕的绿色住宅城市，是世界著名的旅游城市。沿海岸线而筑的街道极富特色，市内设计集中，走在其中感觉清爽放松。

**1. 斯坦利公园**

斯坦利公园是世界著名的城市公园之一，是连接温哥华市中心的半岛，此公园被森林覆盖，三面环海，面积上千公顷。公园入门免费，汽车道路是单向的，约 9 公里长的环岛便道上可步行、骑车或滑轮。远眺可欣赏市区的高楼大厦、海湾和积雪的山峦，可谓大自然和繁华城市毗邻呼应。

**2. 吊桥**

吊桥建造于 1889 年，是世界上最长最高的步行天桥。它悬挂在 70 米高、137 米宽的卡毕兰诺河谷上，在此游览可领略摇曳空中的刺激。来回走过桥，会得到公园主人签发的一张勇敢奖状。

**3. 高斯山**

高斯山是著名滑雪胜地，夜晚会看到山顶的一排灯束，是北美罕见的夜间滑雪道。这里四季皆可游玩、爬山、观野生动物和欣赏温哥华的全景。

**4. 唐人街**

温哥华唐人街是北美第二大唐人街，有百年历史。这里是传统的华人商业区，各族居民都喜欢到此购物、饮食。区内的中山公园是中国之外的中国古典花园，建于 1980 年。

## 第八节　新加坡：儒雅的花园城市

新加坡共和国是一个城市岛国，位于马来半岛南面，由新加坡岛及其附近小岛组成，正当太平洋与印度洋之间航运要道马六甲海峡的出入口。

新加坡 8 世纪建国，古称淡马锡，属印尼室利佛逝王朝。18—19 世纪是马来亚柔佛王国的一部分。1824 年，新加坡沦为英国殖民地，1942 年又被日本占领。1945 年日本投降后，英国恢复殖民统治。1959 年新加坡实行内部自治，成为自治邦。1963 年 9 月 16 日，新加坡并入马来西亚，直到 1965 年 8 月 9 日成立新加坡共和国。

新加坡市是新加坡共和国的首都，位于新加坡岛南端，面积约 98 平方公里，约占全岛面积 1/6。新加坡市是全国政治、经济、文化中心，是世界上最大港口之一，附近国家所产的产品大多经此转运；这里还是重要的国际金融中心，是世界各大银行聚集的金融中心，包括美国银行、荷兰银行、德意志银行、东京银行等，都是联络新加坡和全球各地的商品、股票及外汇交易中心；这里还是联系亚、欧、大洋洲的重要国际航空中心。

新加坡有热带雨林等自然资源，加上政府有系统的绿化政策，不仅拥有现代大楼林立的景致，绿意盎然更是充满整个都会。85 万多株花草树木遍布全岛以及多达 4868 公顷的公园地，为新加坡人提供了绝佳的生活休闲享受。

## 一、多民族文化



新加坡居民中华人占 77%，马来人占 14%，印度人占 7.6%，其他民族占 1.4%。英语、华语、马来语、泰米尔语为官方语言。早期背井离乡到新加坡再创家园的移民将各自的传统文化带入新加坡，各种族间的交流与融合，不仅创造了新加坡今日多民族的和谐社会，也留下了丰富的多元文化特色。其大体表现为以下几类：

### 1. 中华文化

中华文化的精髓深深影响着新加坡，如欢欣多彩的华人农历新年、慎终追远的清明节等等。此外，中华的传统艺术，如精致细腻的景泰蓝磁器和高雅脱俗的书法等，也早已融入新加坡的文化血液之中。再者，风行于华人文化的风水之说，也反映在新加坡的多项建筑设计里。

### 2. 马来文化

马来人以自身丰富的文化遗产，使新加坡变得更为多彩多姿。马来人受到早期阿拉伯商旅的影响，改信伊斯兰教，其最为人称道的民族特性就是坚强团结的民族性、乐于助人的心胸和对宗教信仰与传统的坚定不移。

### 3. 印度文化

印度人被冠以“新加坡建设者”的美誉。新加坡草创初期，印度人扮演着契约劳工的角色，参与各项工程建设。除劳工外，学有专精的人士接踵而至，其中不乏具有教育、农业和商业等素养的专业人才。一如华裔和马来裔民族，印度族裔也在饮食、艺术、宗教方面尽力保留其特色，更加突显了新加坡文化的多元性特质。

除上述三大民族之外，新加坡另有约1.4%的其他少数民族，包括欧亚通婚的后代，例如来自马来西亚马六甲的葡萄牙裔后代和来自印度的戈亚族。此外还有少数阿拉伯、亚美尼亚人和犹太人后裔。

## 二、饮食文化

新加坡餐饮汇集了当地的风味和来自世界各地的佳肴，有中国菜、马来菜、泰国菜、印尼菜、印度菜、西餐、快餐等。现在介绍三种主要的饮食：

**1. 中式美食**

粤菜是新加坡最受欢迎的中国菜，以清淡及推陈出新闻名，从简单的叉烧面到精心制作的上汤鱼翅或脆皮乳猪，都令人食欲大增。新加坡的许多餐馆在午餐时推出粤式点心，以蒸或炸的点心为特色，非常受欢迎。除了粤菜，其他有名的中国菜还有北京的烤鸭、上海的鳝鱼、潮州卤鸭、海南鸡饭、客家酿豆腐与辛辣的四川菜等。

**2. 马来/印度美食**

最受当地人喜爱的食物是沙嗲烤肉串。虽然马来西亚和印尼是传统香料的盛产地，但是并非每道菜都是辛辣的，还有许多清爽的选择，拌凉菜如罗杂、加多加多都是受欢迎的美食。

**3. 娘惹美食**

“娘惹”指的是过去居住在新加坡、马六甲及槟榔屿的土生土长的华人女性，由于土生华人是早期马来人与华人通婚的后代，因此娘惹食物融合了马来人与华人的烹调特色。从口味上来说，娘惹食物是最特别、最精致的传统佳肴之一。一些娘惹面食，例如汤汁混合椰浆的拉沙以及搀以酸辣汤汁的马来炒米粉，都是一般美食中心常见的小吃。

## 三、民俗礼仪文化

新加坡是多民族的融合区，各民族文化区展现了其丰富的历史遗产及多元种族、多元文化的特征。这些特征展现在日常的礼仪上，就有了一个样板，形成了新加坡独有的特色。

**1. 服饰礼仪**

新加坡不同民族的人在穿着上有自己的特点。马来人男子头戴一顶叫“宋谷”的无边帽，上身穿一种无领、袖子宽大的衣服，下身穿长及足踝的纱笼；女子上衣宽大如袍，下穿纱笼。华人妇女多爱穿旗袍。

**2. 仪态礼仪**

新加坡人举止文明，处处体现着对他人的尊重。他们坐着时，端正规矩，不将双脚分开，如果交叉双脚，只是把一只腿的膝盖直接叠在另一只腿的膝盖上。他们站立时，体态端正，而不把双手放在臀部，因为那是发怒的表现。

**3. 相见礼仪**

在社交场合，新加坡人与客人相见时，一般都施握手礼。男女之间可以握手，但对男子来说，比较恰当的方式是等女子先伸出手来，再行握手。马来人则是先用双手互相接触，再把手收回放到自己胸部。



**4. 餐饮礼仪**

新加坡人的主食多是米饭，有时也吃包子等，但不喜欢吃馒头。马来人用餐一般用手抓取食物，他们在用餐前有洗手的习惯，进餐时必须使用右手。饮茶是当地人的普遍爱好，客人来时，他们常以茶水招待。华人喜欢饮元宝茶，意为财运亨通。

**5. 喜丧礼仪**

在新加坡人眼中，男婚女嫁是件大事，不论华人还是马来人都很重视。马来人的婚事要经过求亲、送订婚礼物、订立婚约等程序。新加坡的华人讲求孝道，如有老人行将去世，其子孙必须回家中守在床前，丧礼一般都很隆重。

## 四、旅游文化

新加坡风光绮丽，终年常绿，岛上花园遍布，绿树成荫，素以整洁和美丽著称。这里的城市道路宽阔，人行道两旁都种着枝繁叶茂的道旁树及各种花卉，市容整洁美丽。这里旅游业十分发达，又是国际会议及国际展览中心，每年来到这里的国际游人约 600 万人次，也使新加坡成为国际主要的旅游胜地之一。

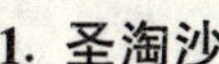

**1. 圣淘沙**

圣淘沙位于新加坡本岛南部，是一个田园式的度假岛屿。岛上青葱翠绿，有引人入胜的探险乐园、天然幽径、博物馆和历史遗迹等。圣淘沙有龙道、海底世界、胡姬花园、蝴蝶园、世界昆虫博物馆等供游人参观，还有西乐索炮台、海事博物馆和新加坡万象馆等历史人文景观。

**2. 新加坡动物园**

新加坡动物园中有250种哺乳动物、鸟类和爬虫类动物，动物总数接近3000只。动物园中所展示的包括许多濒临绝种的动物，其中有科摩多龙、睡熊、金丝猴等。每天有4场精彩的动物表演，参与表演的动物有灵长类、爬虫、大象和海狮等。园内设有游园列车，能带游人畅游动物园。

**3. 鱼尾狮公园**

新加坡著名的鱼尾狮像就坐落于新加坡河畔，是新加坡的标志和象征。鱼尾狮的头部是个狮子，而身子则是鱼的形象。狮头代表传说中的“狮城”新加坡，鱼尾象征古城“单马锡”，代表新加坡是由一个小渔村发展起来的。如今，每年有100多万来自世界各地的游人专程造访该公园。

## 五、宗教文化

新加坡的多民族决定了其宗教也多种多样。新加坡的宗教建筑各式各样，有伊斯兰教清真寺尖塔、哥特式教堂尖顶、带有神秘神像的印度教寺庙以及中国寺庙。新加坡的主要宗教有伊斯兰教、佛教、基督教、印度教、锡克教、犹太教以及拜火教。

**1. 佛教与道教**

早期的华人移民，如同其他种族的移民一样，带来了他们的宗教信仰与习俗。不同籍贯的华人各自兴建庙宇，让善男信女参拜。其中有一些庙宇，已成为国家古迹，如天福宫、双林寺和凤山寺等。

**2. 兴都教**

前来新加坡的印度人，也带来了他们的宗教、文化和艺术。他们早期是在新加坡不同地区兴建兴都庙，兴都庙成为许多印度节日与庆典的焦点。今天，在新加坡约有24间主要的兴都庙，其中马里安曼兴都庙和实里尼维沙伯鲁玛兴都庙已被列为国家古迹。

**3. 天主教会**

新加坡共有 30 间天主教教堂。天主教教会管理 20 所小学、17 所中学、一所大学先修班和一所初级学院。天主教教会还开办了安微尼亚山医院、雅西西慈怀病院、5 间老人院和一间儿童收容所。

**4. 基督教教会**

1819 年，莱佛士登陆新加坡，把一块土地赠送给伦敦宣教会。5 个月后，第一位传教士抵达新加坡。在最初的数十年里，一些不同的团体对新加坡基督教教会的发展作出了独特贡献。后来，这里成立了神学院与圣经学院。

**5. 锡克教徒**

锡克人成立了锡克人咨询委员会，专门向政府提供有关锡克教与习俗以及锡克社区一般福利的意见。锡克人的重要节日主要是纪念几个锡克古鲁的诞辰，以及庆祝卡尔沙教团的纪念日。

**6. 其他宗教**

新加坡推行宗教自由与宽容，各种宗教信仰追随者都可在这里立足。犹太教在新加坡有两个会堂，还有少数的袄教徒及耆那教徒，但没有庙宇。

## 第九节　新德里：古老而年轻的城市

新德里是印度共和国首都，是全国政治、经济和文化中心。新德里位于印度大平原西北部，坐落在恒河支流亚穆纳河西岸，河对岸是广阔的恒河平原。作为德里中央直辖区，它既包括老德里，又包括中央政府所在地的新德里，统称德里。主要语言为英语、印地语、乌尔都语和旁遮普语。

德里始建于公元前 1400 年左右，取名“因陀罗普拉斯特”，即“因陀罗神（雷神）之住所”。后来这里曾先后出现过 7 个德里城，到公元前 1 世纪，印度王公拉贾·迪里重建此城，德里由此得名。

1911 年，英国殖民统治者驻印度总督将首都从加尔各答迁至德里，并在旧城以南 3000 米处兴建新城。为了与老城相区别，人们就将这个新城区称为新德里。新德里原是一片荒凉的坡地，1911 年开始动工兴建城市，1929 年初具规模，1931 年起成为首府，1947 年印度独立后成为首都。

现在的旧德里是最后一座保存下来的城市。在城区和郊外还保留着不少古城的断壁残垣，至今还能辨认的古城有 6 座。现在遗留下来的旧德里，是莫卧尔王朝第五代帝王夏杰罕下令在 1638 年动工兴建的。

今天的德里早已是印度共和国的工商业中心。新德里作为首都，许多方面都得到优先发展，因此德里在印度有着举足轻重的地位。这里的主要工业有棉纺织、毛纺织、化工、炼铁、木材加工、印刷和食品工业等。德里的手工艺品闻名于世，特别是宝石、金银细加工和象牙雕刻等手工艺品更是著名。

新德里还是全国的交通中心，有 5 条国家级公路、6 条铁路与全国各地相通，还建有 2 座机场，通过火车、汽车和飞机与全国各地及国外一些城市相通。德里市郊的巴兰机场现已成为南亚最重要的国际机场。此外，这里还有艺术宫和博物馆等名胜以及著名的德里大学和不少科研机构。

## 一、饮食文化

新德里是印度的美食中心，市内大小餐厅林立，一般食物的烹调方法自古以来就受蒙古人的影响。

### 1. 调料

新德里人做菜喜欢用调料，咖喱、辣椒、黑胡椒、豆蔻、丁香、生姜、大蒜、茴香、肉桂等是常用调料。他们用得最普遍、最多的就是咖喱粉，几乎每道菜都用，可以说对咖喱粉情有独钟。

### 2. 饮食习惯

由于宗教的原因，虔诚的印度教徒绝对不吃牛肉，他们把牛奉为神牛。穆斯林不吃猪肉，但是吃牛肉。虔诚的印度教徒和佛教徒是素食主义者，不沾荤腥。耆那教徒是严格的素食者，连鸡蛋也不吃，但可以喝牛奶，吃乳酪和黄油。据统计，素食者大约占人口的一半。

### 3. 主食与甜食

新德里人的主食主要有米饭和一种叫“加巴地”的烙成的小薄饼，

还有一种油炸的薄饼，又香又脆。甜食种类很多，有煎的、炸的、烘的、烤的，一应俱全，但每一道甜食都无一例外地甜得要命。多数人都嗜食甜食，当地人容易发胖，大概与嗜食过多的甜食有关。

## 二、奇特的动物文化

新德里人喜爱动物，对动物非常宽容。许多人家在自己用餐后，往往不忘留一份食物给牛或者狗等动物。据说在当地有这样一个说法，如果路边的动物吃了某家的食物，就会给这家人带来好运气。所以，各种动物在这里与人和睦相处，不但丝毫没有被打扰的惊恐，倒更像是这座城市的真正主人。

### 1. 新德里的牛很“牛”

在印度，83%以上的人口信奉印度教，对他们来说黄牛是“神圣动物”，可以挤奶，可以使役，但绝不可宰杀，因此牛在城市生活中占有一席之地是很自然的了。新德里市每天在街道上闲逛的牛达35000头，它们或立或卧、或行或停，有的在专心致志啃食路边的青草，有的吃饱了在马路中间闭目养神，有的三五成群在道路上游荡，就像一幅悠然自得的“万牛图”！

### 2. 野狗成群结队玩耍

新德里街道上另一道壮观的风景是成群结队的野狗。据不完全统计，全市有超过20万只野狗生活在马路上，有大狗、小狗、黄狗、黑狗、花狗等。它们有一个共同特点，体形比纯种狗略小些，都有一根向上卷曲的尾巴。

### 3. 猖獗的猴子称大王

新德里的猴子比较猖獗，经常扑到人身上，争抢食物，撕咬衣物。因为猴子属野生动物，即使抓住了也只能送到野外放掉，但这些机灵的猴头尝到了城市的甜头，没几天就又回来了。

### 4. 象轿

大象是受到印度人爱戴的动物之一，新德里的大象数量并不多，主要集中在城市东部雅姆纳河沿岸，为驯象人所看管。在印度人结婚等喜庆场合，请象轿是人们喜爱的一种庆祝方式，甚至在印度国庆阅兵游行的队伍里，也可以看到大象的身影。

## 三、旅游文化

旧德里的名胜古迹很多。在城东北角有一处著名的古迹，这就是印度的“紫禁城”——1639 年兴建的德里皇宫。因其围墙是用红色砂岩建成，故被称为红堡。红堡内有一座白色大理石建成的殿宇，是红堡最豪华的建筑，叫枢密宫，有“尘世天堂”之誉。

在德里皇宫附近，耸立着一座印度最大的清真寺——贾米清真寺，这也是德里有名的古迹。远远望去，其形象的魁伟和气势的雄壮，令人起敬。孔雀王朝兴建的旧堡遗址和阿育王石柱，在这片土地上历经了 2000 多年的风霜。耸立在德里城东南的大铁柱，是一个古代冶金的奇迹。铁柱高 7.1 米，重 60 吨，裸露在荒野中，距今已有 1500 年的历史，任凭风吹雨淋，从不生锈。这说明，在 1500 年前古印度人就掌握了先进的冶炼和铸造技术。

相比旧德里悠久的历史和灿烂的古文化，新德里则是一派欣欣向荣的景色。新德里是一座身披绿装的花园城市，街道宽阔整齐，到处是花坛草地，它与世界上一些名都相比，毫不逊色。市中心顿西纳小山上，耸立着一座豪华雄壮的宫殿，原名维多利亚宫，现在是印度总统府。规模宏大，有觐见厅、宴会厅、图书馆等华丽的厅堂，还有无数喷泉水池、亭榭长廊。从总统府到印度门的大街两旁，分布着许多政府机构，如外交部、国防部等。另外还有几十座富丽堂皇的王宫。环境优美，绿树葱郁，碧草如茵，终年有花，清静幽雅。

## 四、人际礼仪民俗

当地人在人际交往中，盛行传统的礼仪，主要有：

### 1. 合十礼

佛教礼仪——双手相合的合十礼。亲友相见或告别时，双手合十于胸前，并互致问候和敬意，口说“纳马斯代”（您好）。当参拜神佛之像或见长辈时，双手合十，俯首，以示崇敬；如在公众场合向群众致礼时，在行合十礼时要频频向群众点头，以示深深的谢意。

**2. 摸脚礼与吻脚礼**

此乃印度教徒之礼，是晚辈对长辈为了表示敬仰，在行完合十礼以后，再弯腰去摸一摸对方的脚；如果表示更加崇敬，则吻一吻对方的脚。妻子送丈夫出门的最重要礼节，即摸丈夫的脚跟和吻脚。

**3. 敬献花环**

在欢迎最尊贵的贵宾时，主人献花环，恭敬地套在贵宾的脖子上。花环大小一般是到客人之胸，贵宾地位愈高，花环愈大，可长过膝。

**4. 握手礼和鞠躬礼**

受西方礼仪影响，印度人也行握手礼和鞠躬礼，但男人与女人不能行握手礼，行合十礼时，也不能碰女人。

## 第十节　东京：繁华的东方大都会

东京位于本州岛关东平原南端，全称东京都，是日本的首都。其最早叫千代田，是一个荒凉的渔村。公元 1192 年，日本封建主江户在这里建筑城堡，并且以他的名字命名这座城市。公元 1603 年，德川家康将军在武士混战中获胜，下令在江户设立幕府，于是此地成为当时的全国政治中心。公元 1867，最后一任幕府——德川幕府被推翻。这一年，新即位的明治天皇将都城从京都迁到江户，改称东京，次年定为首都。

东京是日本最大的工业城市，是日本经济、商业、金融中心，资本在 50 亿日元以上的公司 90%集中在东京，全国各大银行或总行或主要分行都设在东京，东京在千代区和中央区分别设有闻名于世的日本银行和活跃于世界股票市场的东京股票交易所。周恩来、鲁迅、郭沫若青年时代都曾在东京求过学。1979 年 3 月 14 日，东京和北京市结为友好城市。

作为世界著名的大都市，东京有许多名胜古迹和著名国际活动场所。市中心的丸之内是东京银行最集中的地方；乐町区的剧场和游乐场所最多；银座区的商业因世界百货总汇而闻名。这三个区是繁华东京的缩影，此外还有新宿、涉谷、池袋等，都是繁华的商业区。

除了经济中心，东京还是日本的教育和文化中心。市内有 100 多个博物馆，博物馆种类很多，有交通博物馆、船舶博物馆、香烟博物馆等。最大的是东京国立博物馆，展出日本古代历史文物和艺术珍品，有雕刻、武器、陶瓷、绘画等。目前，东京拥有近200所大学，著名的东京大学、早稻田大学、庆应大学、立教大学、明治大学、一桥大学、法政大学等都位于东京。

## 一、娱乐文化

东京有许多令人流连忘返的娱乐场所，如果要去看电影，最好选择“电影日”去，除了1月和12月是在1日以外，其他各月的第一个星期三都是电影日。如要看日本著名的相扑比赛，就到秋叶原附近的两国去，那里既有两国国技馆，还有许多相扑选手所属的俱乐部，每个俱乐部都有自己的名号与标志。

银座、新宿是享受五光十色夜生活最佳的选择，这些地区遍布各式酒吧、夜总会和歌舞厅，当地人也喜欢在下班之后来此娱乐一番。日本传统表演艺术起源于公元17世纪，歌舞伎的演出包括舞蹈、剧目、武打、传统音乐等多种内容。独特的化装、优美的动作，再配以传统的日本音乐，歌舞伎演出蕴含着东方的特色，是了解日本文化的独特窗口。

## 二、饮食文化

身为国际化的大都市，东京饮食的最大特色是应有尽有，日本各地的美食和世界各国的代表性菜肴在东京都可以品尝到。在东京比较具有代表性的正宗日本料理主要有寿司、涮锅、串烧、各式盖浇米饭、拉面、天麸罗、荞麦面条、日式杂烩等。

### 1. 东京口味

东京口味又被称为江户口味，多为世代相传的传统口味。江户口味是指以在东京湾内捕获的鱼类为材料做成的菜肴风味。在江户时代，东京湾就叫做“江户前”。“江户前”的料理就是从那时发展起来的，直至现在还负有盛名。

### 2. 天麸罗

据说这个词是由葡萄牙语的 tempero 或者 tempora 的发音讹化而来的，是将虾、墨鱼、鲜鱼等鱼以及各种蔬菜等裹上小麦面粉后用油煎炸后的一种食品。

**3. 寿司**

日语发音 sushi，是日本代表性的食物之一。文化 7 年（公元 1810 年），在本所横刚首次出现手捏寿司，从此作为江户前的寿司一直到现在。醋味小饭团上面加上切成小片的各类新鲜海鲜（金枪鱼、虾、墨鱼等）和甜味烤蛋等的饭团，也被称为寿司。另外将黄瓜和卤菜等放入中央、形成细长圆柱形后用紫菜包卷的饭团称为卷寿司。

**4. 荞麦面条**

从元禄时代（公元 1688—1703 年），荞麦面条就为江户的人们所喜爱，发展成为一种江户代表性的口味，有汤面、冷面等不同吃法。

**5. 日式火锅**

在安放在餐桌上的特制铁锅中，放入薄牛肉片、各种蔬菜、豆腐和带甜味的调料汁后，边煮边吃。



## 三、旅游文化

东京是日本的首都，不仅是日本的政治、经济和文化中心，是日本的海陆空交通枢纽，也是现代化国际都市和世界著名的旅游城市。

**1. 富士山**

富士山在日语中的意思是“火山”。该山海拔 3776 米，是日本第一高峰，面积为 90.76 平方公里，距东京 80 公里。自公元 781 年有文字记载以来，富士山共喷发了 18 次，最后一次喷发是在公元 1707 年，此后休眠至今。富士山在日本人心中的地位很高，它是大和民族的心之故乡，是日本人心目中的“圣山”。据说，每个日本人一生中一定要攀登一次富士山，否则他们的生命会被认为是不完整的。每年的七八月，是富士山开山的季节，世界各地的游人争相涌入，一览秀色。

**2. 迪士尼乐园**

东京迪士尼乐园离东京有 10 公里，是迪士尼公司在美国以外建造的第一个迪士尼乐园。迪士尼乐园集历史知识、童话故事、自然风光和现代科学于一体，寓知识于娱乐，各个年龄层次的人在这里都能找到乐趣。

### 3. 东京国立博物馆

日本最大的博物馆，位于东京台东区上野公园北端，创建于明治四年（公元 1871 年），现在的建筑于 1938 年完工。博物馆由本馆、表庆馆、东洋馆、平成馆、法隆寺宝物馆 5 展览及资料馆组成。收藏品总数为 11 万件以上，其中包括为数众多的日本国宝。

### 4. 浅草寺

浅草位于庶民居住地的中心，是以浅草寺为中心的一个地段。浅草一年四季都有庆祝活动，寺前有一条很热闹的街道叫仲见世，两旁排列着各式民间工艺品店、特产店和杂货店，这些店被称为“仲店”，在东京也是极具传统性。



## 四、人际交往礼仪

日本是个很注重礼仪的国家，与日本人交往的讲究相对比较多，下面简单列出一些在日本常见的注意事项。

### 1. 谦词鞠躬频

在日本，谦词使用十分普遍，如“请多指教”、“请多关照”、“照顾不周，请见谅”等都是见面时的常用词汇。日本人的见面礼基本上为脱帽鞠躬，一般而言，鞠躬者必须恭恭敬敬，而且鞠躬的度数、次数和时间通常和向对方表示的尊敬程度成正比。但记住：三鞠躬可要不得，那是向死者告别时使用的。有时候，日本人在鞠躬时也会和对方握手。初次见面应当向对方 90 度鞠躬，而不一定握手。通常和女子交往的时候，仅仅鞠躬而不握手。

### 2. 脱鞋要规范

这一点与中国不同，中国人进屋通常是“换鞋”，即换拖鞋，而日本人则通常是只脱鞋而不换鞋。要知道，进屋脱鞋在日本是最起码的礼节，你要是穿着鞋就往里闯，可就太没礼貌了。脱下的鞋也要按规矩放好，不能扔下就走。而且，由于要脱鞋，所以你之前最好把脚部卫生清理一下，要是一脱鞋脚上就“冒烟”，这可是非常失礼的。另外，传统的日本房屋里是没有椅子的，只有坐垫，宾主都是席地而坐。但近几十年来，由于受欧美文化的影响，使用西式布局的家庭越来越多，很多日本人家里与西方人已经没什么区别了。

**3. 名片换得勤**

在日本，与人见面时往往需要交换名片。日本人以节约著称，但有一样东西他们舍得下大手笔，那就是名片。据说，日本每天交换的名片高达400万张。日本人初次见面时，对互换名片极为重视。倘若与人初次相会不带名片，不仅失礼，而且对方会认为你这人不好交往。互赠名片时，要先行鞠躬礼，并用双手递接名片。接到对方名片后，要认真看阅，看清对方身份、职务、公司，再用点头的动作表示已清楚对方的身份。另外，由于日本人的姓氏太多、太复杂，同音的姓名比比皆是，有时连日本人自己也分不清楚谁是谁，所以交换名片就成了了解对方最直接有效的方法。因此，日本人经常身上带足名片，以便和人见面时使用。需要注意的是，日本人非常注重等级，所以递送名片时，往往根据地位的高低、资历深浅与人交换名片。

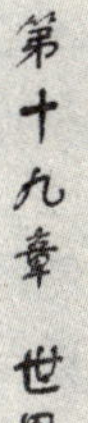

**4. 风俗习惯严**

日本是信教的国家，大多数人信奉神道和佛教。他们通常不喜欢紫色，认为紫色是悲伤的色调；最忌讳绿色，认为绿色是不祥之色。在照相时，非常忌讳三人一起合影，因为他们认为中间的人被左右两人夹着是不幸的预兆。另外，日本的社会风气非常严整，人们的行为举止都受一定规范的制约。在正式社交场合，男女须穿西装、礼服，忌衣冠不整、举止失措和大声喧哗。在通信时，信的折叠、邮票的贴法都有规矩，比如：寄慰问信忌用双层信封，双层会被认为是祸不单行；寄给恋人信件的邮票不能倒贴，否则意味着绝交。此外，日本人在饮食中的忌讳也很多：一般日本人不吃肥肉和猪内脏，也有人不吃羊肉和鸭子。在饭馆招呼侍者时，把手臂向上伸、手掌朝下，并摆动手指，侍者就懂了，用不着扯着嗓子大喊："结账!"谈判时，日本人若用拇指和食指圈成"O"字形，你可别随便就点头同意，否则日本人就会认为你将给他一笔现金。还有，在日本，用手抓自己的头皮是愤怒和不满的表示，所以可别随便就去抓自己的脑袋。

**5. 做客讲究多**

在日本，招待客人的规矩很多，例如：主人忌讳将饭盛过满过多，也不可一勺就盛好一碗；忌讳客人吃饭一碗就够，只吃一碗会被认为是象征无缘；忌讳用餐过程中整理自己的衣服或用手抚摸、整理头发，因为这是不卫生和不礼貌的举止。日本人一般不喜欢别人参观自家住房，所以轻易不要提出“到处看看”的要求。他们还特别忌讳男子随便闯入厨房，上厕所也要先征得主人的同意。另外，在日本人家里，无论天气多么炎热，都不要光膀子或只穿背心裤衩。需要特别注意的是，日本人使用筷子时忌把筷子放在碗碟上面，更不能将筷子插在饭上面——这可是给死者上坟呢。



**6. 送礼要得当**

和中国人一样，日本人也认为“礼多人不怪”。到日本人家去做客，最好带上礼品。日本人认为，送一件礼物要比说一声“谢谢”的意义大得多，因为它把感情用实际行动表达出来了。给日本人送礼可要把握好分寸——礼品既不能过重，也不能过轻。若过重，他会认为你有求于他；若过轻，则会认为你轻视他。与我们不同的是，中国人送礼习惯成双，日本人则避偶就奇，通常用1、3、5、7等奇数，但他们忌讳其中的“9”，因为在日语中“9”的读音与“苦”相同。此外，日本人还特别忌讳“4”这个数字，因为它在日语里和“死”的读音相同。日本人十分重视等级，按日本习俗，向个人赠礼须在私下进行，不宜当众送出。如在公开场合送礼，必须每人一份，礼品应有档次之分。忌送风景图画，也不送梳子、圆珠笔、T恤衫、火柴等。荷花在中国可以“出淤泥而不染”，在日本则象征着死亡，最好不要赠送；由于菊花是日本皇室的标志，所以一般不要赠送带有菊花图案的礼物。此外，在包扎礼品时不要扎蝴蝶结，收到礼物一般也不当面打开。

## 第十一节　悉尼：澳洲最古老的城市

悉尼是澳大利亚新南威尔士州首府，澳大利亚最大的城市和港口。公元1788年，首批英国殖民者在悉尼登陆，开始了悉尼作为城市的历史。1842年7月20日，悉尼正式建市。二战后，大量欧洲、中东、东南亚的移民涌入悉尼。悉尼外来移民按人口数量以意大利人居多，其次是黎巴嫩人、土耳其人、希腊人、华人和越南人。近20年来，华裔居民大量增加。

悉尼是全国最大的经济中心，也是商业、贸易、金融、旅游和文化中心。澳大利亚储备银行和澳大利亚证券交易所均设在悉尼，澳大利亚共53家银行，其中有39家银行的总部设在悉尼。而最大的百家公司中，有3/4在悉尼设立了公司总部或分支机构。来澳大利亚访问的国际商务人员几乎都要造访悉尼，同时，大部分世界知名跨国企业也在悉尼设有分公司或办事机构。其居民大多从事服务业，工业有石油炼制、化工、纺织、服装、食品加工、飞机、汽车和船舶制造业等。

悉尼是国际大都市，基础设施完善发达，交通便利快捷，铁路和公路网联系广大内地。主要输出羊毛、小麦、面粉、肉类、纺织品等。悉尼机场是澳大利亚主要航空港之一。在城区内，还有地铁和轻轨火车以及摆渡船，既可缓解交通压力，也可进行城市观光。



悉尼是澳大利亚重要的国家和地区性通讯服务场所。国家卫星系统管理中心位于悉尼。澳大利亚连接塔斯马尼亚、东南亚的同轴电缆和光缆由悉尼开始，国家最大的3个商业电视台总部建在悉尼，2个国营电视台ABC和SBS也在悉尼。

悉尼既是澳大利亚最大、最古老的城市，也是一个日益国际化的大都市，2000年悉尼奥运会使悉尼的国际声望和知名度空前提高。

## 一、礼仪与禁忌

### 1. 礼仪

近年来，美国的社交礼仪已经日益渗入这里，并且逐渐为悉尼人尤其是青年一代所接受，呈现出一种兼收并蓄、多姿多彩的风格。初次见面时称呼别人用“先生”、“小姐”或“太太”加上姓。熟识后若用昵称，则表明双方的关系很融洽。见面礼节五花八门，有拥抱礼、亲吻礼，也有合十礼、鞠躬礼、握手礼、拱手礼、点头礼。当地土著居民独具特色，他们通常行勾指礼。双方各自伸出手来，将双方的中指紧紧勾住，然后再轻轻地往自己身边一拉，以示相亲相敬。

悉尼人的人情味很浓，待人朴实无华。他们质朴、开朗、热情，亲密的男性朋友相见时可亲热地拍拍对方的后背，要好的女性朋友相逢时常常行亲吻礼。他们大都爱跟陌生人打招呼、聊天，往往有邀请友人一同外出游玩的习惯，并且爱请别人到自己家里做客。大多数人性格外向、热情、坦率，而且真诚、踏实，容易接触与相处。不喜欢自夸与吹牛的人，也不喜欢转弯抹角、拖泥带水。交往中，崇尚人道主义和博爱精神。

**2. 禁忌**

信奉基督教的悉尼人忌讳数字“13”，认为“13”是个不吉利的数字，还讨厌兔子。另外，悉尼人通常不喜欢别人把他们与英国人或美国人相比，或者评论他们之间的异同。他们的自尊心很强，常为自己独特的民族风格而自豪。他们为人虽然很随和，但对宗教却非常认真，因此平时交谈应尽量避免谈工会、宗教与个人问题等话题。

## 二、婚葬习俗

**1. 婚礼**

婚礼一般先由牧师致词，阐明宗教婚姻意义，然后询问男女双方是否愿意和对方结为伴侣。新郎和新娘宣誓永远相爱，并戴上结婚戒指。牧师宣布一对新人结为合法夫妻，然后带领他们到后台签字。宗教仪式完毕，亲友上前祝贺新婚夫妇，并在教堂门口一起合影留念。在举行婚礼之前或之后，新娘、新郎身穿结婚礼服与伴娘、伴郎及家人到公园等风景优美的地方拍摄纪念照。至于婚宴可简可繁，但结婚蛋糕是必不可少的。不信教者通常在政府结婚登记处举行世俗婚礼。

**2. 葬礼**

当地人举行葬礼的气氛比较轻松，通常在殡仪馆大厅里举行。葬礼首先由主持人介绍死者的生平，然后大家一起站着诵读葬礼诗。当把死者安葬在墓地后，要在墓前立一块碑，碑上写着死者的姓名、生卒年月。墓前一般都会堆满红艳艳的天堂鸟鲜花。

## 三、旅游文化

悉尼位于澳大利亚东南海岸，这里气候宜人、环境优美。它建在世界上最漂亮的港口之一——悉尼港的附近。在悉尼，你可以享受无尽的阳光、沙滩和海浪，悉尼市内，有多彩的戏剧、舞蹈、歌剧、音乐会和酒吧娱乐活动。

**1. 悉尼歌剧院**

1959 年，丹麦建筑师约农开始建造这座举世闻名的歌剧院，历经 14 年的时间才建成，1973 年由伊丽莎白女王二世揭幕。整个歌剧院共包含 5 个表演厅——舞蹈、歌剧、戏剧、交响乐以及其他活动，它的屋顶覆盖了超过 100 万片的瑞士瓷砖，游客可以在任何时候观赏它的外设。

**2. 国立海洋博物馆**

博物馆于 1991 年开馆，馆内展览项目多达数千种，内容五花八门，在这里可以看到早期的海滩时髦风情、移民的航行游记、一个悉尼人如何在其后院建造出世界上速度最快的船的有趣展示，也可以看到罪犯在船上的生活情形等等。



**3. 蓝山**

蓝山国家公园位于悉尼西部，是世界文化遗产之一。其中心旅游区位于悉尼以西 104 公里的卡顿巴。这里风景秀丽，山势壮观，游客可以乘坐空中缆车或观光火车游览峡谷的壮丽景色，也可以在回声台领略三姐妹峰的秀美英姿。

**4. 悉尼大桥**

悉尼大桥是连接港口南北两岸的重要桥梁，是悉尼歌剧院明信片的完美背景，也是摄取港口全景的绝佳地点。1932 年 3 月，这座世界最长的长翼桥通车，长 502.9 米，宽 48.8 米，有 8 个车道、2 条铁轨、1 条自行车道及 1 条人行道。不管游客是步行、开车、搭乘巴士或坐火车越过大桥，感受各不相同。

## 四、饮食文化

在悉尼这个举世闻名的海港城市，不可错过海鲜，因为海鲜是味觉的宠儿。可以带上一瓶啤酒或葡萄酒，在码头的绿荫下找一张桌子，伴上三五个知己，点几道当地美味，如生鱼片、寿司、烤乌贼和烤章鱼，临海而餐，可以算是人生的乐事。

悉尼也有许多格调高雅的英国风味餐厅，或移民所经营的各国名菜餐厅，另外也有不少以牡蛎、龙虾等海产为主的餐厅。用餐时可以多喝葡萄酒，以澳洲产的白葡萄酒比较好一些，当然，啤酒也很不错。

悉尼的名菜是牡蛎，有生吃的，也有添加腊肉和羊肉一起炒的，或夹在牛排间等吃法。海鲜餐厅还有龙虾、蟹、司纳巴（鲷鱼的一种）等菜色。一般来说，以热炒居多，也可以吃到生鱼片。袋鼠尾汤很少见，一般不容易吃到。

## 第十二节　曼谷：东南亚的文化中心

曼谷是泰国的首都，是泰国政治、经济、文化和交通中心。吞武里王朝（公元1767—1782年）兴起时，曼谷逐渐形成了一些小集市和居民点。公元1782年，曼谷王朝拉玛一世把都城从湄南河以西的吞武里迁至河东的曼谷。



拉玛二世和三世统治时期（公元1809—1851年），城内增建了许多佛寺。1892年，曼谷城里通了电车。1937年曼谷划分成曼谷和吞里武两市。二战后，城市发展迅速，人口和城市面积大大增加。1971年两市合并成曼谷—吞武里都市区，称大曼谷。

湄南河沿岸地区，是泰国的政治中心，也是旅游景点密集区；达思特地区，则是泰国新的政治中心。每年有多达二三百起的各种国际会议在此举行。城内设有联合国“亚太经社委员会”总部、世界银行、世界卫生组织、国际劳工组织以及20多个国际机构的区域办事处。此外，曼谷还是“世界佛教联谊会”总部及国际“亚洲理工学院”所在地。

近几十年来，曼谷发展迅猛，日新月异。曼谷市内河道纵横，货运频繁，有“东方威尼斯”之称。曼谷港，是泰国和世界著名稻米输出港之一。如今，这里繁华异常，已集中了全国50%以上的工业企业，约80%的高等学府。孙中山先生曾两次在曼谷宣传革命思想，人们为了纪念孙中山在泰国的活动，把他在曼谷进行过演说的一条街称为“演说街”。

### 一、佛教文化

曼谷佛教历史悠久，东方色彩浓厚，佛寺庙宇林立，建筑精致美观。它是世界上佛寺最多的地方，有大小400多个佛教寺院，有“佛庙之都"之誉。城中到处都是巍峨的佛塔、红顶的寺院、红、绿、黄相间的泰式鱼脊形屋顶的庙宇，充满了神秘的东方色彩。

曼谷众多的寺院中，玉佛寺、卧佛寺、金佛寺最为著名，被称为泰国三大国宝。玉佛寺是专供曼谷王朝历代王室举行宗教典礼和礼佛的地方。玉佛寺浮坛的墙上和寺四周的矮墙上，各嵌有一列绘着牡丹、莲花、小鸟图案的彩瓷。闻名遐迩的玉佛是由整块碧绿剔透的翡翠玉石雕成的，高 66 厘米，宽 48 厘米，被供奉在黄金制成的宝座上面。当地人认为玉佛是镇国之宝，神灵威力无边，就连历届泰国政府的内阁组成之后，总理和全体内阁成员也都要向玉佛宣誓。老百姓有升学、婚姻、生育、就业等切身大事，都要去祭拜祈祷。两个人打赌起誓，也请玉佛作证。每到换季时，都要举行盛大仪式，由国王亲自为玉佛沐浴、更衣、更换头饰。

卧佛寺里供奉的是一尊长 48.7 米、高 12.2 米的巨大卧佛，佛全身包金，占地面积有一座篮球场那样大，比四层楼还要高。据说，卧佛是泰国不和睦或不生育夫妇膜拜的偶像，这里经常能看到青年夫妇虔诚跪拜祈祷的场面。

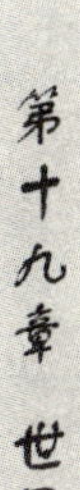



金佛寺里供奉的是一尊 5500 千克重的纯金大佛，它分为 5 个部件铸造，再拼装成为一个整体。

## 二、旅游文化

曼谷是亚洲重要的旅游城市之一，其迷人的热带风情以及独具特色的佛教文化是吸引游客的重要因素。这里到处是金碧辉煌、尖角高耸的庙宇、佛塔，为曼谷增加了许多神秘色彩。其主要旅游景点如下：

### 1. 大皇宫

大皇宫是曼谷的旅游热点，位于曼谷湄南河东岸，分为外宫、内宫、主宫，占地约 26 万多平方米。始建于 1782 年，是拉玛一世到拉玛八世的寝宫。1946 年拉玛八世在宫中被刺之后，拉玛九世便搬到新宫居住。大皇宫是泰国历代王宫保存最完整、规模最大、最有民族特色的王宫，现在仅用于举行加冕典礼、宫廷庆祝等仪式。

### 2. 郑王庙

又名黎明寺。位于湄南河右岸的吞武里。始建于大城王朝，当时名皇冠寺，后改称昌寺。郑王庙是纪念泰国第41代君王、民族英雄郑昭的寺庙。郑昭是华裔，公元1768年，他领导泰国各族人民奋驱外敌，重整江山。主塔庙堂现供有郑昭王像及遗物，殿内悬有中国式的灯笼。

**3. 大城王朝故址**

故址位于曼谷市北面72公里的阿犹地亚，是声名赫赫的古代皇城——“大城”所在地。阿犹地亚本意为坚不可摧的城市，华人又称大城。从公元1350年至公元1767年间，这里一直是泰国的首都，后来缅甸人挥兵围城及焚城，大部分建筑物及文物被毁。目前，古都只遗留下无数古迹，反映了当时文化的丰盛和显赫的国势。

**4. 鳄鱼潭**

位于曼谷以东30公里的北揽，面积约4万平方米，是全世界最大的鳄鱼饲养场。这里的驯鳄表演，是外国旅游者争相一睹的节目。鳄鱼潭由华人杨海泉创建于1950年，以饲养泰国鳄为主，还有非洲鳄、澳洲鳄及中国的扬子鳄等10多种鳄鱼。

## 三、游艺民俗

当地的游艺民俗丰富多彩，非常具有民族特色。

**1. 音乐与舞蹈**

传统音乐与佛教文化有着密切的联系，音乐的乐调和乐器都与佛教的盛典仪式有关。其主要乐器是笛、鼓、排铃、木琴与锣。每逢庆典和传统节日，人们都以传统的音乐来陶冶情感。近代以来，西方音乐传入，一些通俗音乐也在传播，使古老的风情正在发生变化。这里最具特色和流行最为广泛的民间舞蹈是“南旺”舞。人们围成一个圈，伴着击鼓和民族乐曲跳舞，男女老少都喜欢。在泰国不同地区，民间舞蹈表现形式不同，但共同特点是节奏鲜明、欢快，表现了劳动给人们带来的欢乐。

**2. 泰拳**

泰拳闻名于世且历史悠久，起源于素可泰王朝时期，由战争中赤手空拳消灭敌人的格斗演化而来。在泰国，男人学拳、练拳之风遍及全国，泰语俗称“十个男人九个学拳”。拳手们大多都纹身，纹刺各种凶猛野兽的图形，头上绘饰佛像，腰扎束带，雄壮威武，大有战胜一切对手的气概。

**3. 藤球**

藤球由细藤丝编织而成。玩藤球的习俗在当地已有上千年历史，在城乡都非常盛行。玩藤球不受场地、时间、气候的限制，设备要求也很简单。除不许用手接触外，身体任何部位都可以触球，如头顶、膝顶、脚踢、胸挡等，使球围绕身体旋转而不落地。有过网藤球、人篮藤球、单人藤球等多种玩法。

## 四、饮食文化

富饶的湄南河造就了曼谷街头巷尾的美食美味，同时也造就了曼谷美食平易近人的特点。酸、辣、甜是曼谷人的嗜爱，或许是泰国首府的缘故，酸、辣、甜也成为了一个国家的饮食性格。美味的关键则在于各种调料：各式辣椒、香浓的咖喱、鱼露、虾酱、椰奶、柠檬汁、新鲜的九层塔、芫荽、紫苏、薄荷叶、柠檬叶等都是当地常见的调味料。也正是这些调味料成就了当地美食的性格，是当地饮食文化的精髓所在。

在曼谷可享用到世界各地佳肴，但一般饭店以西餐为主。曼谷的华侨比较集中，中餐馆特别多，多供应闽、粤菜式，甚至还有颇为地道的潮州鱼蛋粉面。粤式饮茶也很风行，粤式小点心品种齐全。曼谷街道还有很多露天小摊，菜肴品种丰富，味道不错，也很便宜。

曼谷的小吃精美，盖浇饭、海鲜炒饭、米粉、炒面，各具特色，以中餐馆小吃为最佳。不过，泰国的小吃分量都比较少，据说是因为天热的关系，泰国人的胃口一向都很小，所以很大的碗里只有很少的食物。

# 第十三节　莫斯科：俄罗斯民族文化的集聚地

莫斯科是俄罗斯的首都，是一座历史悠久的城市，始建于公元12世纪中期。14世纪俄国人以莫斯科为中心，建立了一个中央集权的封建国家。15世纪中期一直到18世纪初，莫斯科都是俄罗斯的都城。

1712年，彼得大帝迁都圣彼得堡，但莫斯科仍是俄罗斯最大的经济、政治和文化中心。

1812年，拿破仑率领的法军占领莫斯科后，这个城市在大火中焚毁，1813年成立莫斯科城市建设委员会，开始大规模地改建城市。1918年3月，苏维埃政府和共产党中央委员会从圣彼得堡迁到莫斯科，1922年12月莫斯科正式成为苏联首都。1991年12月21日，苏联解体，莫斯科成为俄罗斯联邦的首都。

莫斯科一直是全俄最大的综合性工业城市，是一个重要的工业制造业中心。同时，城市还发展各种有色金属冶炼工业，其中铝业特别发达。除了重工业外，发达的化工业、轻工业以及造纸业也是莫斯科工业中重要的组成部分。此地也是俄罗斯最大的军事工业中心，航空、航天、电子等工业均集中在这里。

莫斯科是全国科技文化中心，教育设施众多，有数目众多的研究所、各种专科院校、博物馆、剧院、图书馆以及这些设施的分支机构。大学中莫斯科国立罗蒙诺索夫大学最为著名。列宁图书馆是世界第二大图书馆，每年出4万种图书，发行近3600种刊物。



## 一、饮食文化

第一，茶炊是莫斯科传统饮茶文化的象征。在今天的莫斯科，茶炊已经成为温馨家庭的独特标志。莫斯科的饮茶文化源远流长，早在18世纪，莫斯科的一些城市就开始生产茶具，图拉被公认为真正的茶炊之都。莫斯科人喜喝红茶，里面加糖、蜂蜜或果酱。

第二，喜欢饮酒。莫斯科人喜欢饮酒，但不太讲究菜肴，有酒喝就行。女士们一般喝香槟和果酒，而男士们则偏爱伏特加。伏特加是一种用粮食酿造的烧酒。好的伏特加虽然度数高，但喝后不容易上头。

第三，饮食习惯独特。莫斯科人一日三餐中，早餐比较简单，面包夹火腿，喝茶、咖啡或牛奶。午餐则丰富得多，通常都有三道菜。第一道菜之前是冷盘。第一道菜是汤，俄式汤类比较营养，有土豆丁、各类蔬菜，还有肉或鱼片。第二道菜是肉类或是鱼类加一些配菜。第三道菜是甜点和茶、咖啡之类。这是莫斯科人的饮食习惯，一般情况下菜的顺序不能颠倒。



第四，莫斯科人用面包加盐的方式迎接贵宾，这是因为在古莫斯科盐很珍贵，只有款待宾客时才用。面包在当时代表着富裕和地位。一般将面包放在铺有精致刺绣方巾的托盘上，由主人献给尊贵的客人。客人先对面包示以亲吻，然后掰一小块，撒上点盐，品尝一下，表示感谢。

## 二、服饰文化

莫斯科人穿衣的风格是整洁、端庄、高雅、和谐。其古老的传统服装大部分早已被世界服装的潮流所冲淡，随着时间的推移，渐渐地走进了博物馆，但男女服饰的基本风格却仍然保留着。

### 1. 一年四季裙不离身

莫斯科的女人无论老少都喜欢穿连衣裙，几乎是一年四季不离身。“布拉基”是最常见的夏裙，此外还有两款大众化的裙装——“鲁巴哈”和“萨拉范”也深受妇女们的喜爱。每逢传统节日到来，人们就穿上这种富有民族风味的服装。由于这种服装色彩艳丽、装饰细腻，能烘托气氛，逐步变成了人们的节日盛装。



### 2. 男人喜欢皮装

由于莫斯科的冬天十分寒冷，男人经常在外面活动，自古以来就对皮装有特殊的喜好。皮装不仅能御寒，而且还是一种装饰。因此，男人在穿皮衣的同时，还须配上相同质量的皮帽、皮围巾、皮手套，这样才算置齐了“行头”。

## 三、旅游文化

莫斯科是一个很著名的旅游城市，绿化面积高，有“森林中的首都”的美誉，市内的人文经典数目众多。红场、克里姆林宫一带为市中心。此外，市内有 11 个自然森林区、98 个公园、800 多处街心花园。主要的旅游景点有：

### 1. 红场

位于市中心，占地 9.1 万平方米，“红场”名称由沙皇于公元 1658 年确认，意思是“美丽的广场”。西面是克里姆林宫的红墙及三座高塔，南面是西里教堂，北面是一座红砖银顶的历史博物馆。

### 2. 克里姆林宫

800 多年前，俄国一位名叫尤里·多尔戈鲁基的王公，在这里建了一个城堡，它就是克里姆林宫的雏形。在这里，保存了俄罗斯最优秀的古典建筑和文化遗产，它们分别是：钟王、炮王、圣母安息大教堂、天使长大教堂、圣母领报大教堂、教堂广场伊凡大帝钟楼、大克里姆林宫、兵器馆。

**3. 列宁墓**

1924年列宁逝世后长眠于此，庄严肃穆的红色花岗岩建筑，位于红场西侧中央。列宁遗体安葬在水晶棺内，定期对外开放。列宁墓后的红墙下葬有斯大林等苏联著名领导人的遗体和骨灰。

**4. 莫斯科河**

全长502公里，流经整个莫斯科约80公里，河宽一般200米，最宽1公里，乘游艇漫游莫斯科河，沿途景色秀丽，别有风情。

**5. 大剧院**

位于中心剧院广场，被誉为“俄罗斯之光”、“俄罗斯民族珍珠”，它是世界著名的大剧院之一。

**6. 阿尔巴特艺术街**

街头有很多各具特色的工艺品、小吃店、咖啡店，街头画家除卖油画外，还为游客画像，很有民族特色。

## 第十四节　阿姆斯特丹：欧洲文化艺术的名城

阿姆斯特丹是荷兰首都，是荷兰最大的城市和第二大港口。中世纪初这里还是个渔村，1300年才建市，19世纪初成为荷兰王国的首都。阿姆斯特丹市被称为“北方威尼斯”。全市共有160多条大小水道，由1000余座桥梁相连。漫游城中，桥梁交错，河渠纵横，从空中鸟瞰，就像蛛网一般。阿姆斯特尔河从市内流过，从而使该城市成为欧洲内陆水运的交汇点。

由于地少人多，河面上泊有近2万家“船屋”。在过去，城市的建筑几乎均以涂有黑柏油的木桩打基，以防沉陷，据说王宫的地基使用了13659根木桩。阿姆斯特丹城市名中的“丹”字，在荷兰语中是水坝的意思，也就是说，正是由于这筑起的水坝，阿姆斯特丹才逐步发展成为今天的国际大都市。

16 世纪末，阿姆斯特丹已经成为重要的港口和贸易都市，并曾于 17 世纪一度成为世界金融、贸易、文化中心。1806 年，荷兰将首都迁到阿姆斯特丹，但王室、议会、首相府、中央各部和外交使团仍留在海牙。阿姆斯特丹是荷兰最大的工业城市和经济中心，工业用钻石产量占世界总量的 80%。此外，阿姆斯特丹还拥有世界上最古老的证券交易所。

现今，阿姆斯特丹的建筑依然保留着 17、18 世纪的风格，楼高一般不超过 3—4 层，小楼房被蓝色、绿色和红色精心地装饰着如同可爱的玩具一般。在阿姆斯特丹，还能发现一样特别的建筑，那就是山形墙建筑，即在墙上加一座山形墙以装饰门面，也增加一个小阁楼的空间。随着阿姆斯特丹越来越繁荣，山形墙后来甚至有梯形、颈型、钟型等华丽的形式出现。



## 一、饮食文化

在阿姆斯特丹，人们可以吃到世界上任何一种风味的食物，意大利菜、西班牙菜、墨西哥菜、泰国菜、中国菜、印度菜和土耳其菜等。与欧洲许多地方相比，阿姆斯特丹的美食价格不算贵，分量也很足。

第一，习惯吃西餐，爱吃面食，也喜欢吃一些炒饭，如什锦炒饭、奶油炒饭等。他们口味清淡，爱吃牛肉、猪肉、羊肉、鸡肉等肉食。当地人经常吃一道由土豆、洋葱、胡萝卜混合烹调而成的菜肴，据说，这道菜曾经救过饥饿中的荷兰人，因此这道菜经常出现在款待客人的餐桌上。

第二，早午餐多为冷餐，比较简单，晚餐为正餐，是最丰富的，因此宴请客人时一般会安排在晚上。第一道菜为鲜汤，第二道菜为蔬菜。第三道菜为肉菜，第四道菜为奶酪制品，第五道菜为点心或者甜品。此外，荷兰奶酪为荷兰四宝之一，荷兰人非常爱吃奶酪，基本上餐餐必备。

第三，倒咖啡有特别的讲究，忌讳一杯倒满，只能倒到杯子的 2/3 处，否则被视为失礼的行为和缺乏教养。

第四，生吃鲱鱼。阿姆斯特丹人喜欢生吃鲱鱼，把鱼收拾干净后，往上面洒些生的洋葱粒就可以吃了。

## 二、社交礼仪

第一，在正式的商务场合，人们一般相互握手为礼。在日常生活中或者与亲朋好友见面时，一般相互拥抱，有时还会相互亲吻面颊。见面亲吻面颊时一般为左右面颊各吻一次，有的地方可能要左右交替互吻三次。他们忌讳交叉式握手和交叉式的谈话，认为这些都是极不礼貌的举止。

第二，在称呼方面，通常称呼关系一般的交往对象为“先生”、“夫人”、“小姐”，并且也可以在对方的姓氏前加此类称呼。亲朋好友或者关系亲密的人，一般会直接称呼其姓名，甚至关系更亲密的人会称呼对方的昵称。称呼女王为“陛下”或“女王陛下”，称呼王室成员时，通常可以称之为“殿下”。



第三，时间观念很强。他们对各种社交活动都很重视，对约会讲究信义，并有准时赴约的好习惯。受邀到家中拜访时，一般要带一些鲜花或者巧克力送给女主人。当地人特别喜欢听客人赞美其家庭，尤其当客人称赞他们的家具、艺术品、地毯和家中的其他摆设时，他们一般会非常高兴。

第四，尊重女性，有“女士优先”的良好传统。在赞赏他人“很有头脑”之时，常以手指敲太阳穴来表示。

## 三、旅游文化

阿姆斯特丹的旅游业十分发达，此地人居水上，水入城中，人水相依，景自天成，独特的景观使阿姆斯特丹变得活泼起来。同时，阿姆斯特丹又是欧洲文化艺术的名城，全市有 40 家博物馆。国立博物馆收藏有各种艺术品 100 多万件，其中不乏蜚声全球的伦勃朗、哈尔斯和弗美尔等大师的杰作。

**1. 西教堂**

塔高 85 米，需步行上楼。从塔上可一览阿姆斯特丹全景，值得一看。进教堂免费，登塔参观须参加每小时一次的导游团。

**2. 音乐剧院**

音乐剧院是荷兰国立歌剧院与国家芭蕾舞团所在地。是一座现代化的圆形剧场，与阿姆斯特丹市政府为邻。

**3. 国家音乐厅**

国家音乐厅是阿姆斯特丹国家音乐厅管弦乐团的根据地，演出季节自 9 月到次年的 6 月。

**4. 考斯特钻石厂**

这是世界上最著名的钻石厂，维多利亚女皇皇冠上的钻石便是在这里切割打磨出来的。

**5. 凡·高博物馆**

博物馆位于考斯特钻石厂附近，门票较贵，但物有所值，收藏了凡·高的许多名作，如“向日葵”、“罂粟花”，以及他生命中最后一年中所作的 4 幅油画。

## 第十五节 维也纳：世界音乐之都

维也纳是奥地利首都，位于奥地利东北部阿尔卑斯山北麓维也纳盆地之中，三面环山，多瑙河穿城而过，四周环绕着著名的维也纳森林。维也纳是一座拥有 1800 多年历史的古老城市，公元 1 世纪罗马人曾在这里建立城堡，到 1137 年成为奥地利公国的首邑。13 世纪末期，城内出现大批宏伟的哥特式建筑，15 世纪以后成为罗马帝国的首都和欧洲的经济中心。

维也纳是奥地利政治、经济和文化中心。奥地利联邦议会、国民议会、总统府、总理府、国家政府各部委和最高司法机构都聚集在这个城市里。同时，维也纳市还享有重要的国际地位，联合国和石油输出国组织都在维也纳设有办公机构。

维也纳是往日奥匈帝国的首都，昔日的豪华气派尚存，它是欧洲最古老和最重要的文化、艺术和旅游城市之一。第二次世界大战后，维也纳人把满目疮痍的城市重建起来。如今，维也纳的所有历史建筑都得到了整修。随着奥地利加入欧盟，维也纳重新成为东西欧商业和经济往来的中心。

## 一、“音乐之都”

18 世纪，随着艺术的繁荣，维也纳作为“音乐城市”闻名遐迩。如今，提起维也纳，人们自然会联想到贝多芬、莫扎特、舒伯特、海顿、约翰·施特劳斯等音乐大师的名字，因为这里是著名圆舞曲华尔兹的故乡，也是欧洲许多著名古典音乐作品的诞生地，一直享有世界音乐名城的盛誉。

18 世纪，这里是欧洲古典音乐“维也纳乐派”的中心，19 世纪是舞蹈音乐的主要发祥地，世界各地许多著名音乐家曾来这里居住，从事创作和演出活动。在维也纳市区，几乎到处可见一座座造型逼真的音乐家雕像，城市许多街道、公园、剧院、会议厅等都是用世界著名音乐家的名字命名的。



几个世纪以来，音乐一直都离不开维也纳，与它紧紧相连。维也纳悠久的音乐遗产延续至今：闻名世界的维也纳交响乐团和维也纳儿童合唱团在世界各地的巡回演出中获得观众最热烈的掌声，而维也纳音乐学院今天依旧不断孕育着一流的乐者。

维也纳内环城路集中了音乐大师们的雕像。在这条环城路的城市公园里，竖立着奥地利音乐家约翰·施特劳斯的雕像。施特劳斯以创作三节拍的圆舞曲华尔兹而闻名于世，被誉为“华尔兹之王”。在施特劳斯一生中，创作了大量描绘维也纳人情风貌的著名乐曲，如《蓝色的多瑙河》、《维也纳森林的故事》等。莫扎特的雕像坐落在内环城路皇宫公园的中心。他是奥地利一位才华横溢的音乐家，在短暂的 36 年生涯中，有 1/3 的时间是在维也纳度过的。他的许多著名歌剧，如《魔笛》、《费加罗的婚礼》、《后宫的诱逃》等都是在维也纳期间写成的。贝多芬的雕像耸立在内环城路上的一个广场中央，他是德国人，青年时代来到维也纳，度过了自己大半生，创作了《英雄交响曲》等许多名作。

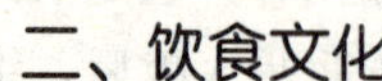

## 二、饮食文化

维也纳的饮食多种多样，因为维也纳的居民来自原来奥匈帝国不同国家的不同民族，所以，这里的餐饮五花八门，吸收了不同国家的风格。丸子继承了波西米亚的风格，辣味红烧牛肉和梭鲈来自匈牙利，田馅红卷心来自远东的斯拉夫地区等等。

维也纳的咖啡馆有着悠久的历史。在维也纳街头，人们随处可见宽敞的咖啡餐厅和咖啡西点店，更有许多与情景餐厅、书店、酒吧、音像店、歌舞剧院等连成一体的咖啡馆。咖啡馆在维也纳是日常生活中的重要部分，是朋友聚会、独自休闲和消遣的好地方。

1841 年，维也纳人酿造出了现代 Lager 啤酒，到现在他们还引以为豪。维也纳地下酿酒厂和酒吧里也采用新法酿造啤酒。维也纳一直都是啤酒之城，传统的地下酒馆和现代酒吧相映成辉，使得奥地利美酒飘香四方，名传在外。

今天，新一代的维也纳人崇尚健康食品，因而现今有不少一流大饭店都供应“新式维也纳烹调”，这对健康有益。但仍有不少维也纳人坚持高胆固醇的饮食配餐，辅以白葡萄酒或啤酒。



## 三、旅游文化

维也纳是奥地利著名的旅游城市。著名的维也纳森林从西、北、南三面环绕着这座老城，辽阔的东欧平原从东面与其相对，到处郁郁葱葱，生机勃勃。登上城西的阿尔卑斯山麓，波浪起伏的“维也纳森林”尽收眼底。城东面对多瑙河盆地，可远眺远山的绿色峰尖。北面宽阔的草地宛如一块特大绿色绒毡，令人心旷神怡。

### 1. 霍夫堡宫

奥地利哈布斯堡王朝的宫苑，坐落在维也纳的市中心。其于 1696 年动工，1713 年落成，由奥卡尔皇帝为欧根亲王建造。欧根亲王原是法国贵族，后来成了率领奥地利军队击退土耳其入侵的民族英雄。

### 2. 美泉宫

奥地利哈布斯堡王室的避暑离宫，位于首都维也纳西南部。这里原是一片开阔的绿地，其得名于一眼泉水：有一次，马蒂亚斯皇帝狩猎至此，饮一泉水，心神清爽，称此泉为“美丽泉”。1743 年，玛丽娅·特蕾西亚女王下令在此建宫，这里便出现了气势磅礴的宫殿和巴洛克式花园。美泉宫面积 2.6 万平方米，仅次于法国凡尔赛宫。

**3. 国家歌剧院**

此剧院建于1869年，原是皇家宫廷剧院，前身是17世纪维也纳城堡广场木结构包厢剧院，1869年迁到市区的环行街旁。1918年宫廷剧院变为国有企业，称国家歌剧院。维也纳国家歌剧院是世界上数一数二的大型、辉煌歌剧院，是以“音乐之都”享誉世界的维也纳的主要象征，素有“世界歌剧中心”之称，有第一流的作曲家、指挥家、独唱演员和舞蹈家在此演出。

**4. 维也纳音乐厅**

这是维也纳最古老、最现代化的音乐厅，是每年举行“维也纳新年音乐会”的法定场所。始建于1867年，1869年竣工，是意大利文艺复兴式建筑。维也纳交响乐团每季度至少在此举办12场音乐会。

**5. 维也纳市政厅**

维也纳市政厅于1873年建成，是典型的新哥特式建筑。其拱廊、凉廊、阳台、尖头窗、豪华的雕刻等无不体现了新哥特式的典型风格。大厅前面的98米高塔被视为维也纳的吉祥物。夏季音乐会的时候，有拱廊的天井和大厅前的广场上有表演活动。圣诞节前一个月，这里还是圣诞节市场。另外，展览和商品交易会有时在宴会大厅举行。

## 第十六节　苏黎世：全欧洲最富裕的城市

苏黎世是苏黎世州的首府，它是瑞士最大的城市，也是全欧洲最富裕的城市。苏黎世位于阿尔卑斯山北部的苏黎世湖西北端、利马特河汇入苏黎世湖的河口。早在2000多年前，这里就已经形成村落，公元1218年成立城邦，1351年加入瑞士联邦。到18、19世纪，这里成为瑞士讲德语民族的文化教育和科学中心，许多著名科学家，如爱因斯坦、沃尔弗同·波里（核物理的创始人之一）等都在这里学习和工作过。

2000多年前，罗马皇帝开始在林登荷夫山丘设置税关关卡，并命名“苏黎世”关卡，苏黎世地名由此而来。苏黎世地处从法国到东欧和从德国到意大利的商路要冲，是水陆空交通枢纽。工商业历来十分兴盛，特别是丝织业有很大发展，是中世纪阿尔卑斯山以北的丝织业中心。1847 年，瑞士第一条连接苏黎世和巴登的铁路诞生，这使得苏黎世纺织产业与机械产业日益发达，由此奠定了金融实业的基础，从而成为瑞士第一大城市。现在它的工业占全国第一位，机器制造业占全国生产总值的 3/4，有毛纺织、丝织、化学、电机、造纸、印刷等工业。瑞士全国工商业联合会就设在此地。

此外，它还是重要的国际金融中心和黄金市场之一。西尔波尔特大街和交易所大街两旁银行林立，证券交易所的交易额在西欧交易所中首屈一指，总计占西欧 70％的证券交易量在此进行。这里集中了 120 多家银行，其中 70 多家是外国银行，故享有“欧洲百万富翁都市”之誉。苏黎世的班霍夫街被认为是世界上最富有的街。苏黎世的黄金市场也闻名世界，20 世纪 60 年代曾跃为仅次于伦敦的世界第二大黄金市场。

苏黎世的文化氛围非常浓厚，拥有 20 多个博物馆、20 多个图书馆、100 多家画廊，还有众多音乐厅及歌剧院。1848 年，苏黎世把首都的地位让给了伯恩，作为补偿，6 年后在这里创办了联邦工学院。在克里特语里，苏黎世的意思是“水乡”。市区被利马德河分为东西两岸，也分成新城和旧城，它们之间有许多羊肠小道连接，整个市区像个迷宫一般。旧城区在河北岸，分为上村和下村，布满了大大小小的精品时装店、酒吧、咖啡屋、古玩厅等。



## 一、饮食传统

苏黎世人以西餐为主，讲究菜肴的色香味，但举办宴会却很简单，仅有一道主菜、一道汤菜、冷盘和甜食。比较讲究点的是饮酒，饭前有开胃酒，饭后有消化酒，席间吃鱼饮白葡萄酒，吃肉饮红葡萄酒。他们不单只是喜欢美食，还喜欢把餐桌布置得很好看。

在苏黎世有很多种类的面包，但是 Zopf 是一种很特别的面包，是特意在星期天而食用的早餐。香肠沙拉是在炎热夏天的一道好菜，通常就着面包与冰茶或啤酒一起吃。肉馅饼是一种圆形的饼，最适合浪漫的二人餐。它可以有各种不同风味的馅，如蘑菇和肉与奶油沙司一起，一般是就着米饭和豆子吃。

另外，干酪是最受欢迎的食物，一般是把它做成酪乳蘸面包吃。风味不同的秘密在于恰当地与不同口味的奶酪混合吃。通常，干酪是在寒冬里食用，但在很多餐馆里常年供应。

## 二、传统礼仪

### 1. 相见礼仪

习惯行握手礼，握手时两眼注视对方。亲朋好友见面，有时也施拥抱礼，女子则施吻面礼。对于陌生人，他们也总是彬彬有礼。他们乐于助人，无论是你问路或打听某个人，都有人热情地为你指点。

### 2. 服饰礼仪

在正式社交场合一般是穿西服，在日常生活中则穿各式各样朴素大方的服装。在他们看来，青春本身就是美的，不必穿红戴绿，也不用化妆。

### 3. 仪态礼仪

他们不喜欢随意触碰他人的身体，一旦碰到，马上就会说对不起。他们不仅有礼让妇女和老人的习惯，而且即使彼此都是男性，也会给有急事的人让路。他们喜欢安静，在房内行走总是尽可能避免发出过大响声。

### 4. 商务礼仪

在这里进行商业会晤最好事先安排，并要严守约会时间。受到邀请到当地商人家中做客，通常送的礼物是鲜花，但不要送红玫瑰，因为它是浪漫的象征。接受礼品时，应当场打开包装观看礼品。

### 5. 喜丧礼仪

他们很重视婚礼，但仪式却很简朴。婚礼那天，新郎新娘分别由两名证婚人陪同来到市政厅，先在等候厅验明证件，然后进入婚礼厅举行仪式。不论是参加宗教葬礼还是非宗教葬礼，人们都习惯穿黑色衣服。

### 6. 主要禁忌

瑞士人忌讳 13 和星期五，他们不喜欢饰有猫头鹰图案的物品，也不喜欢黑色，他们不在阳台上晒衣服，认为这会影响市容。

## 三、旅游文化

苏黎世市有各类博物馆、美术馆 50 多处。苏黎世联邦高工、苏黎

世大学等院校均是举世闻名的高等学府，瑞士国家博物馆和图书馆也设在这里。

国家博物馆是个值得参观的地方，它开办于1898年，是维多利亚式的大建筑。展品以瑞士文化、艺术、历史为主题，其中包括中古宗教经文、绘画、彩色玻璃窗饰、取自古教堂及房舍的壁画等。

苏黎世美术馆主要收藏西欧绘画，上至中古，下到本世纪的作品，尤其着重瑞士画家，如18世纪的博斯利、19世纪的勃克林及贺德勒等。美术馆除欧洲各国大师如莫奈、塞尚、凡·高、毕加索等人的作品外，还搜集了相当数量的蒙克的作品，是斯堪的纳维亚半岛外收藏蒙克作品最多的美术馆。夏高尔的作品更是丰富，独占了一整间展厅。另有一个展厅专门展出达达主义的作品。

莱特博格博物馆位于苏黎世湖西一个林木繁茂的公园里。展品以外国艺术作品为主，包括中国画、美洲地毯、印度雕像、秘鲁陶瓷、非洲面具等。展品原为一个贵族所收藏，大半来自亚、非、拉各洲。

苏黎世湖畔的“馥劳”教堂始建于公元853年，为典型的罗马式建筑。教堂不远处全市最美的巴洛克式建筑是昔日的酒业公会。河对岸正对“馥劳”教堂的建筑是苏黎世大教堂，它有一对高耸的塔楼，建于15世纪，是苏黎世城的重要标志。

## 第十七节　柏林：全年都是文化节的城市

柏林是德国首都，也是德国最大的城市，位于德国东北部，四面被勃兰登堡州环绕，施普雷河和哈韦尔河流经该市。柏林是东西欧交通要冲，北部距离波罗的海、南部距离捷克均不到200公里。它位于欧洲的中心位置，是欧洲的心脏，东西方的交汇点。

从19世纪普鲁士王朝开始，柏林一直是“日耳曼帝国”的首都。早在13世纪，柏林就已成为贸易集镇，17世纪发展成为地方性的政治、经济和文化中心，第二次世界大战前是德国首都和最大城市。战后，东、西柏林分道扬镳，各自发展。1990年两德统一，柏林从此重新成为德国的首都。

柏林是德国主要工业区，电机、电子、仪器、仪表最为发达，其次是机械、冶金、化工、服装、食品加工、印刷等。柏林的土地中，农业用地占很大比重，为其提供蔬菜、水果、花卉等。此外，柏林还是附近地区尤其是东部腹地生产的小麦、燕麦和其他农产品的集散地。

柏林交通发达，有环形铁路和高速公路等交通大动脉，空中走廊可与全国各地及欧洲其他主要城市进行便捷的联系。柏林人口密集，但不堵车，因为人们不是坐地铁、轻轨、公共汽车，就是骑自行车。柏林有10条地铁和15条轻轨，四通八达，构成了欧洲最大的交通网络之一。

如今，柏林正在重建“文化之都”，现有3座歌剧院，还有大型管弦乐团和几十座剧院、以及无数的世界级博物馆。柏林的建筑多姿多彩，既有巴洛克风格的灿烂绚丽的弗里德里希广场，也有新古典主义风格的申克尔剧院；既有富丽堂皇的宫殿，也有蜚声世界的现代建筑流派作品。柏林是一座文化名城，全年几乎都有文化节，所以也有人称它为“全年都是文化节的城市”。



## 一、饮食文化

有人说，柏林传统的饭菜无非是清煮、白炖加烤制，这同德国人呆板、拘泥的性格一样。不过今天在柏林可以品尝到世界各国的美味佳肴，不论是法式、俄式、意大利式，还是日式及中餐等都能见到。现在的德国厨师善于吸收其他外来饮食特色，在博采亚、欧、美众家烹调特色的基础上，也可做美味可口的佳肴。柏林人大都体形高大，喜爱各种肉类，烹调手段以炖煮为主，肉食在他们的三餐中占的份量很重。

柏林的食品朴实无华、经济实惠。在这里，本地的风味食品有很多品种，受到了越来越多人的欢迎。柏林当地物产丰富，小萝卜、鱼、蘑菇等特产，都是美食的绝好原料。柏林最有名的食品有小牛肉香肠、醋焖牛肉、酸焖白菜、咸猪手、咖喱香肠等等，都是不可错过的特色美食。

德国的啤酒、葡萄酒历史悠久，在全世界享有盛名。啤酒、葡萄酒是家庭必备的饮料，朋友相聚必有酒来助兴。柏林人喝啤酒时有时会加烧酒，喝柏林白啤酒时加少量红酒或者绿酒。在喝白啤酒时，用核盆干果或者香车草兑来润色，用麦秆吸饮。其实这么喝的大多是旅游者！

一提到地道的德国菜式，马上就会联想到香肠。香肠使用单一材料便能变化出千百款的配搭，而且份量十足。德国香肠有1500多种，其中仅水煮小香就有 780 多种，最受欢迎的要算是润口的肉肠。此外，水煮肠中还包括 60 种不同的肝和风味特色肠，如著名的普法尔茨灌肠。

柏林人的主食是面包，但他们从不单独食用面包，而是要抹上一层厚厚的奶油，配上干酪和果酱，加上香肠或火腿一起食用。

## 二、社交礼仪

### 1. 服饰礼仪

柏林人不喜欢花哨的服装，都很注重衣冠的整洁，穿西装一定要系领带。在赴宴或到剧院看文艺演出时，男士经常穿深色礼服，女士则穿长裙，并略施粉黛。

### 2. 仪态礼仪

柏林人对工作一丝不苟，在社交场合也举止庄重，讲究风度。与他们相处时，几乎见不到他们皱眉头等漫不经心的动作，因为他们把这些动作视为对客人的不尊重，是缺乏友情和教养的表现。

### 3. 相见礼仪

柏林人比较注重礼节形式，在社交场合与客人见面时，一般行握手礼。与熟人朋友和亲人相见时，一般行拥抱礼。在与客人打交道时，总乐于对方称呼他们的头衔，但他们并不喜欢听恭维话。对刚相识者不宜直呼其名。

### 4. 餐饮礼仪

在宴会上和用餐时，注重以右为上的传统和女士优先的原则。在举办大型宴会时，一般是在两周前发出请帖，并注明宴会的目的、时间和地点。宴请宾客时，桌上摆满酒杯盘子等。他们有个习俗，那就是吃鱼的刀叉不能用来吃别的。

### 5. 商务礼仪

他们对工作严肃认真，时间观念很强。因此，一旦约定时间，迟到或过早抵达都被视为不懂礼貌。他们在谈判时态度明朗，谈生意时一般使用商业名片。

### 6. 主要禁忌



德国有 50%的人信奉基督教，45%的人信奉天主教，另有少数人信奉东正教和犹太教。他们忌讳13和星期五，忌讳在公共场合窃窃私语，不喜欢他人过问私事。

## 三、旅游文化

柏林的城市面积为883平方公里，其中公园、森林、湖泊和河流约占城市总面积的1/4，整个城市在森林和草地的环抱之中，就像一个绿色的大岛。因为特殊的历史和宜人的景观，这里旅游业十分发达。

### 1. 勃兰登堡门

勃兰登堡门是柏林仅存的城门，是柏林城的标志。以前由于紧挨着柏林墙，使它成为东西柏林分裂的代表建筑。柏林墙倒塌后，1989年12月22日，勃兰登堡门再次对外开放，成为统一的象征。



### 2. 国会大厦

国会大厦也称“帝国大厦”，现在不仅是联邦议会的所在地，其屋顶的穹形圆顶也是最受欢迎的游览圣地。它不断更新的历史映射着自19世纪以来德国历史的各个侧面。

### 3. 联邦总理府

新建政府区最醒目的建筑之一。这座白色大厦是“联邦纽带”的一部分。“联邦纽带”将新建建筑连在一起，同历史建筑国会大厦遥相呼应。1991年6月20日，重新统一的德国再次选择柏林作为首都，之后举行了在施普雷河湾政府建筑造型设计的投标活动，“联邦纽带”设计中标。它横跨施普雷河，把东、西柏林连在了一起。建筑上部18米高的半圆形是主楼的标志。

### 4. 御林广场

御林广场也称“宪兵广场”，是欧洲最美的广场之一，也是游客的必游之地。广场由德国大教堂、法国大教堂和音乐厅所环绕，美丽和谐，令人流连忘返。

### 5. 东边画廊

在1961年至1989年间，柏林墙把当时的西柏林紧紧围住，使西柏林同柏林东部地区和东德地区隔离开来。在1989年柏林墙倒塌及1990年德国统一之后，柏林墙被一段段拆除了。如今只有在很少的几处还能看到一些柏林墙的残迹。分离期间，彩色装饰画家和艺术家以墙代纸，柏林墙西侧一面曾是倍受青睐的作画场所。柏林墙倒塌后，一些著名的喷画艺术家在长期保留墙段的东侧一面作画，诞生了今日的画廊。

## 第十八节 纽约：世界级博物馆的集中所在

纽约是美国最繁荣的城市，位于纽约州东南部哈得孙河口东岸，濒临大西洋。纽约是波士顿到华盛顿大城市带的核心城市，也是美国及世界的重要国际贸易港口，经济、金融中心，也是联合国总部所在地，与伦敦、东京并称为世界三大国际都会。



公元 1626 年，荷兰人从印第安人手中贱价买下曼哈顿岛辟作贸易站，称“新阿姆斯特丹”。1664 年其为英国占领，改名“纽约”，几乎在很短的时间内就渐渐发展起来了。到 18 世纪，这里已经是美洲的十大城市之一。1825 年伊利运河通航和以后的铁路兴筑，沟通了与中西部的联系，促进了纽约的大发展，使其成为世界最大港口之一。

纽约是美国最繁荣的城市，是美国人口密度最大的地区，同时也是最激动人心的城市。它是美国最大的金融、商业、贸易和文化中心。现在，纽约分为 5 个相对独立的行政区，即曼哈顿、布鲁克林、布朗克斯、皇后及里卓蒙。此外，这里还包括自由岛、埃利斯岛、加弗纳斯岛、罗斯福岛等小岛，纽约州、新泽西州和康涅狄格州的 26 个县。

在各区中，曼哈顿区居最重要的地位，被人们称做“纽约市的心脏”。百老汇大街呈东南—西北向斜贯全岛，岛上有著名的旅社、餐馆、百货公司、影剧院、音乐厅和博物馆，一切丰富的精神生活和物质生活的必需品大都集中于此。该区中部有洛克菲勒中心，聚集了许多摩天楼群。帝国大厦坐落在本区南部第五大道与 34 街口，建成于 1931 年，高 381 米。中央区西部的伊斯特河畔，是联合国总部所在地，矗立着 39 层的联合国秘书处大楼，其北是联合国会议厅，南为藏书数十万册的联合国图书馆。中央区以北是中央公园，公园西面有“林肯中心”，是美国的艺术和文化中心，世界各国有名的交响乐队、歌剧团和芭蕾舞团常到此演出……

纽约是美国的工业中心之一，服装、印刷、化妆品等行业均居全国首位，机器制造、军火生产、石油加工和食品加工也占有重要地位。纽约港口规模巨大，设备优良，终年不冻。纽约也是铁路交通重要枢纽，地下铁道全长1000多公里，是目前世界上最长、最快捷的地铁交通系统。纽约有3个国际机场，包括著名的肯尼迪国际机场。

## 一、饮食文化

**1. 一日三餐**

纽约人讲究吃的是否科学、营养，讲求效率和方便，一般不在食物精美细致上下工夫。早餐时间一般在8时，内容为简单的烤面包、麦片及咖啡，或者还有牛奶、煎饼。午餐时间通常在中午12时至1时，也比较简单。许多上班、上学人员从家中带饭菜，或是到快餐店买快餐，食物内容常常是三明治、汉堡包，再加一杯饮料。他们最注重晚餐，大约在傍晚6时左右开始，常吃的主菜有牛排、炸鸡、火腿，再加蔬菜，主食有米饭或面条等。

**2. 讲究速食**

他们的蔬菜大都生吃，营养不会损失，更主要的是省时间，现在他们还极力提倡把蔬菜挤成菜汁喝，他们都想把吃菜这一点工夫也挤出来挪作他用。这种简单、方便、注重营养搭配的饮食方式，值得人们学习。当地有很多的快餐店，主要出售汉堡包和热狗这类大众化食品，这些食品的热量一般较高，不利于健康。

**3. 饮食的口味**

他们喜欢吃生、冷食品，如凉拌菜、嫩肉排等，热汤也不烫。菜肴的味道一般是咸中带点甜。煎、炸、炒、烤为主要烹调方式，不用红烧、蒸等方式。以肉、鱼、蔬菜为主食，面包、面条、米饭是副食。甜食有蛋糕、家常小馅饼、冰淇淋等。他们喜欢吃青豆、菜心、豆苗、刀豆、蘑菇等蔬菜。所用肉类都先剔除骨头，鱼去头尾和骨刺，虾蟹去壳。

**4. 不喜欢吃的东西**

他们不爱吃猪蹄、鸡爪、海参、动物内脏、肥肉等。烹饪时不放调料，调料放在餐桌上自取，有酱油、醋、味精、胡椒粉、辣椒粉等。

## 二、日常礼仪

第一，纽约人一般性情开朗、乐于交际、不拘礼节。第一次见面不一定行握手礼，有时只是笑一笑，说一声“Hi”或“Hello”就行了。他们握手的时候习惯握得紧，眼要正视对方，微弓身，认为这样才算是礼貌的举止。他们对握手时目视其他地方很反感，认为这是傲慢和不礼貌。

第二，登门拜访要预约。如果想要登门拜访某人，须先打电话约好。名片一般不送给别人，只是在双方想保持联系时才送。

第三，他们一般乐于在自己家里宴请客人，而不习惯在餐馆请客。不喜欢人在自己的餐碟里剩食物，认为这是不礼貌的。

第四，社交忌讳。他们不喜欢别人冲他们吐舌头，认为这种举止是污辱人的动作；讨厌蝙蝠，认为它是吸血鬼和凶神的象征；忌讳数字“13”、“星期五”等；忌讳问个人收入和财产情况；忌讳问妇女婚否、年龄以及服饰价格等私事；忌讳黑色，认为黑色是肃穆的象征，是丧葬用的色彩；特别忌讳赠送带有公司标志的便宜礼物，这有做广告的嫌疑。



## 三、旅游文化

有人曾经说：“如果你恨一个人就让他去纽约，因为那是地狱；如果你爱一个人也让他去纽约，因为那里是天堂。”纽约就是这样一个丰富多彩的地方，它的多变与繁华吸引了世界各地的人们。

### 1. 自由女神像

正式名称是“自由照耀世界之神”，它是美国国家的纪念碑。今天，它不仅是纽约和整个美国的标志，而且已经成为全世界民主自由的象征。自由女神像造型宏伟，美丽壮观，高达 152 英尺，垫座 89 英尺，腰围 420 英寸，嘴有 3 英尺宽，脚下残留着许多打碎的脚镣。女神左手持一标有 1776 年 7 月 4 日的铭板，宣布自由的到来。自由女神像由法国制造，作为法国政府赠送给美国的礼物于 1876 年运抵纽约，以庆祝美国独立 100 周年。

**2. 帝国大厦**

始建于1930年3月，建成于西方经济危机时期，是当时使用材料最轻的建筑。帝国大厦是一栋超高层的现代化办公大楼，自1931年以来，雄踞世界最高建筑的宝座达40年之久。

**3. 时代广场**

纽约通常称公园为“广场”，但这里既不是公园，也不是四方形的广场，而是一块三角地带。1904年，《纽约时代报》的总社迁移至此，因而得名。如今，时报总社虽已移到第43街8号和7号之间，但时代广场的名称仍然延用至今。

**4. 联合国总部大楼**

联合国建筑群兴建于1947至1953年间，可分为几个重要部分，从参观入口进入后，右侧的大楼是联合国大楼，后面那栋方正笔直得像火柴盒的大楼是秘书处大楼，沿着东河滨的一排办公大厅是安全理事会、社会暨经济理事会。

**5. 洛克菲勒中心**

20世纪20年代末期，北美和西美的上空都笼罩在经济萧条的乌云中，此时金融家小约翰·D. 洛克菲勒不顾劝阻，决定要在曼哈顿中心建造一群建筑，使之成为经典娱乐中心。由此，洛克菲勒中心如愿得建。

## 第十九节　开罗：古埃及人的“城市之母”

埃及首都开罗横跨尼罗河，气魄雄伟，风貌壮观，是整个中东地区的政治、经济和商业中心。它由开罗省、吉萨省和盖勒尤卜省组成，通称大开罗。大开罗是埃及和阿拉伯世界最大的城市，也是世界上最古老的城市之一。

古埃及人称开罗为“城市之母”，阿拉伯人把开罗叫做“卡海勒”，意为征服者或胜利者。世界上著名的大河——尼罗河流贯市区后，分为两支，继续北去，注入分隔欧非大陆的地中海，形成了广阔富饶的尼罗河三角洲，开罗就在这个三角洲的顶端。

开罗的前身是福斯塔特城，公元641年由阿拉伯人创建。公元969年，伊斯兰人从突尼斯入侵，在福斯塔特城北建立了一个长方形新城——曼苏里耶城。公元973—974年，法蒂米德哈罗定都于此并更名开罗。在阿拉伯语中，“开罗”为胜利之意。公元1179年，萨拉丁王朝时期得到扩展。自1260年开始，开罗成为马穆鲁克王朝的都城，修建了大量建筑物，有的保存至今，成为埃及人民宝贵的文化遗产。

公元14世纪中叶，开罗达到了极盛时期。1517年土耳其人入侵，开罗成为省会，自此走向衰落。1805年，穆罕默德·阿里王朝复定都于此。近代城市始建于19世纪30年代，伊斯梅尔下令在中世纪旧城以西兴建欧洲式样的新城，使开罗西方化。20世纪以后，人口激增，城区迅速扩展，工业、商业、金融、交通运输等也得到迅速发展。



开罗为全国最大的经济中心和金融中心，工业高度集中，制造业产值占全国近半数。纺织工业尤其是棉纺工业占重要地位。传统工艺品很有特色。城南的卫星城赫勒万是全国最大的钢铁工业中心，同时发展了石化、机械制造、汽车等一系列工业，是新兴的重工业区。

全国主要公路和铁路在此交会，与国内各大城市往来方便，同时傍依尼罗河这一水运要道。开罗因地处欧亚非三洲的交通枢纽，漫步街头，可见各种肤色的人，本地人一般身着宽袍大袖。市内交通以地铁、电车、汽车为主。东郊建有现代化国际机场，辟有近百条国内外航线。历史的车轮带着这座名城，向着更现代化的道路前进。

## 一、饮食文化

### 1. 家常菜

开罗人常吃的奶油拌果子泥是一种用蚕豆加油、柠檬、盐、胡椒做成的糊状菜。此外，用蚕豆粉包馅过油煎制的炸豆泥，芝麻饼和用茄子做的巴巴盖努，还有用大米、通心粉、兵豆和鹰嘴豆混合制作的有辣酱味的库萨瑞都是他们常吃的食物。肉类食物一般是烤肉串和辣肉馅。

### 2. 饮料摊位

这是埃及饮食的一大特色，小镇中也有饮料摊，刚刚榨出的天然果汁十分便宜，而且种类很多，有胡萝卜、香蕉、桔子等果汁，适应各种需求。

**3. 红茶**

在这里提起大众饮品，非红茶莫属。虽然红茶是近代之后才传入埃及的，但却已经完成了自身的发展，成为当地人不可缺少的饮料。红茶有很多新的饮法，如茶中加入薄荷。

**4. 主食**

他们通常以一种不发酵的平圆形埃及面包为主食，当地人管这种面包叫“耶素”，进餐时与煮豆、白乳酪、汤类一并食用。

## 二、习俗禁忌

**1. 肮脏的左手**

当地人认为“右比左好”，右是吉祥的，做事要从右手和右脚开始，握手、用餐、递送东西必须用右手，穿衣先穿右袖，穿鞋先穿右脚，进入家门和清真寺先迈右脚。这是因为，穆期林“方便”和做脏活时都用左手，因此左手被认为不干净，用左手与他人握手或递东西极不礼貌，甚至被视为污辱。

**2. 妇女的禁忌**

按伊斯兰教义，妇女的“迷人之处”不能让丈夫以外的人窥见。即使是同性之间，也不应相互观看对方的私处，因此禁止短、薄、透、露的服装。哪怕是婴儿的身体也不应无掩无盖。在街上看不见公共澡堂，看不见袒胸露背或穿短裙的妇女，也看不见穿背心和短裤的男人。穿背心、短裤和超短裙严禁到清真寺去。

**3. 不要当众打哈欠**

他们讨厌打哈欠，认为哈欠是魔鬼在作祟。一个人若打哈欠，要忙说：“请真主宽恕。”而打喷嚏认为不一定是坏事，一个人如果在众人前打喷嚏，则说：“我作证：一切非主，唯有真主!”而旁边的人说：“真主怜爱你!”他接着说：“真主宽怒我和大家!”

**4. 针**

针在他们的心目中有几分神秘的色彩。每天下午 3—5 时，当地人绝不卖针，这已经成为生活中一条不成文的戒律。据说，每天这个时间，有天神下凡赐给人们一些生活必需品，但天神要亲自体察人们各自的境遇。越是富有的人，得到的赏赐会越多；越穷的人，所得的赏赐则越少。而穷人整天总是穿针引线，缝缝补补，为了使穷人得到的赏赐多一些，免于窘困终身，所以人们在这段时间内绝不卖针。

**5. 饮食礼仪及忌讳**

他们习惯用自制的甜点招待客人，客人如果谢绝，会让主人失望也失敬于人；在正式用餐时，忌讳交谈，否则会被认为是对神的亵渎行为；一般都遵守伊斯兰教教规，忌讳喝酒；忌吃猪、狗肉，也忌谈猪、狗，不吃虾、蟹等海味、动物内脏（除肝外）、鳝鱼、甲鱼等怪状的鱼。

## 三、旅游文化



开罗是世界文化古都，西亚及北非地区文化中心，它丰富迷人的历史名胜，吸引了众多的游人。

**1. 金字塔**

埃及共发现金字塔 96 座，其中最大的是位于开罗郊区吉萨的 3 座金字塔。金字塔是古埃及国王为自己修建的陵墓。最大的大金字塔是第四王朝第二个国王胡夫的陵墓，建于公元前 2690 年左右，原高 146.5 米，因年久风化，顶端剥落 10 米，现高约 136.5 米。

**2. 埃及博物馆**

坐落在开罗市中心的解放广场，1902 年建成开馆，是世界上最著名、规模最大的古埃及文物博物馆。该馆收藏了 5000 年前古埃及法老时代至公元 6 世纪的历史文物 25 万件，其中大多数展品年代超过 3000 年。展品按年代顺序分别陈列在几十间展室中。该馆中的许多文物，如巨大的法老王石象、纯金制作的宫廷御用珍品，大量的木乃伊及重 242 磅的图坦卡蒙纯金面具和棺椁，做工精细，令人赞叹。

**3. 尼罗河**

尼罗河被称为埃及的“母亲河”，发源于埃塞俄比亚高原，流经布隆迪、卢旺达、坦桑尼亚、乌干达、肯尼亚、扎伊尔、苏丹和埃及九国，全长 6700 公里，是世界第一长的河流，可航行水道长约 3000 公里。

**4. 古城堡**

古城堡建于 1176 年，为阿尤布王朝国王萨拉丁为抵御十字军保护开罗而建。城内建有穆罕默德·阿里清真寺。古城堡内有埃及军事博物馆，展示埃及各历史时期军队的武器、装备、服装、著名战例、工事和城堡的实物、仿制品、模型、图画等。

# 第二十章

# 世界城市文化遗产的保护



在近代，工业革命后相当长的一段时期，人们忙于发展生产，无力顾及对古建筑和历史环境的保护，当然也缺乏保护意识。因此，在世界范围内，一批古建筑及其环境在工业化的浪潮中遭到毁灭。在现代，城市文化遗产又在战争和现代化的浪潮中遭到了不同程度的毁坏。那么，近现代时期，世界城市文化遗产的保护是怎样的一种情况呢？在这里，笔者以欧美日等国家的有关城市为代表，概述一下世界城市文化遗产的保护历程和保护活动。

## 第一节　世界城市文化遗产的保护历程

在近现代世界城市历史上，对城市历史文化遗产的保护和毁坏可以说同时存在，而导致世界城市历史文化遗产毁坏的最主要力量就是现代化和战争。

现代化改变了欧美日国家城市居民生活趣味和生活方式，这也影响到了他们对城市历史文化遗产的态度。所以，城市的一些历史文化遗产受到相当程度的毁坏是很自然的。

今天，当人们在英国考察时，就会发现，很多作为工业革命发源地的城市，如谢菲尔德，历史建筑已经所剩无几，古城风貌也荡然无存。巴尔神殿是威斯敏斯特城和伦敦的分界线，为了方便斯特兰大街的交通，人们就拆毁了这座神殿。19世纪末的德国和奥地利，在现代化浪潮的冲击下，许多具有历史意义的城市建筑被拆除。如1898年德国名城波恩扩建交通道路时，城墙成为严重障碍之一，结果发展交通道路的要求压倒了保护历史文化古迹的声音，城墙成了牺牲品。木原启吉教授在《历史的环境》一书中总结了日本近代文物古迹所遭遇的4次大劫难：第一次是明治维新以后，大量佛寺被毁；第二次是明治及大正初年开放贸易，大量古代文物外流；第三次是第二次世界大战，文物古迹毁于战火；第四次则是20世纪50年代后经济高速增长时，不但毁了文物，更破坏了历史环境，这是破坏最为严重的一次，远远超过了二战。在日本近代文物古迹所遭受的4次大劫难中，除第三次因为战争以外，其他三次都与现代化有关。

然而，在欧美日国家，在城市历史文化遗产受到现代化和战争等因素冲击，相当程度上遭到毁坏的同时，保护城市历史文化遗产的力量也在暗自生长。经过一两个世纪的发展历程，到19世纪末20世纪初，不仅保护城市历史文化遗产已经逐渐成为欧美日国家市民的共识，而且很多人甚至对城市历史文化遗产十分敬畏。

## 一、欧美日城市文化遗产保护历程

欧洲拥有丰富的历史文化遗产，保护思想起源也比较早。广泛而言，欧洲人对文物建筑和历史纪念物的保护，至少可以追溯到古希腊罗马时代。到欧洲文艺复兴时期，历史文化遗产的保护运动又有了进一步发展。

18世纪中叶，古罗马圆形剧场成为欧洲第一个被立法保护的古建筑，这标志着文物保护的范围已经从典籍、艺术品、器物等扩展到建筑的范围。18世纪末，历史建筑的保护开始受到重视。自19世纪以来，保护旧建筑和历史纪念建筑已成为欧洲个人和政府的一项重要活动。与此同时，人们也开始珍视废墟遗址。到19世纪中叶，欧洲人对民族遗产的兴趣不断升温，偷盗古物的活动也日益猖獗，因此政府文物部门开始关心废墟遗址的保护。

第二次世界大战后，许多城市因战争毁坏需要重建，人们开始进一步思考城市历史文化遗产保护问题。在当时的波兰，经过激烈争论，大多数人主张按历史面貌恢复华沙古城。这一消息传开后，一下回来了

30万在外流浪的华沙人，整个国家掀起了爱国热潮。于是，华沙城迅速重建，使该城赢得了“华沙速度”的美誉。后来，华沙城作为特例被列入《世界历史文化遗产名录》。这种恢复历史城市风貌的做法，在欧洲影响很大。德国的波恩、慕尼黑、匈牙利的布达佩斯等被战争破坏的古城，都按照“修旧如旧”的原则进行了很好的维修和恢复。

20世纪60年代以来，欧洲很多国家城市历史文化遗产的保护对象，进一步从单个的文物建筑扩大到文物建筑所在地段的历史街区，掀起了历史地段和历史街区保护的高潮。如：丹麦、比利时、荷兰分别于1962年、1963年、1965年划定了保护区；1966年，日本明确提出要保护古都文物古迹周围的环境以及文物连片地区的整体环境；1967年，英国划定了具有特别建筑和历史意义的保护区。



与日渐增长的保护意识及不断摸索和逐步推进的保护实践相适应，在19世纪末20世纪初，欧美日国家也开始制定一系列关于历史文化遗产保护的法律条文，成立了历史文化遗产保护机构。

在英国，1877年，威廉·莫理斯创建了古建筑保护协会；1882年颁布了《古迹保护法》，列举了作为保护对象的21项历史文化古迹；1900年颁布《古迹保护法修正案》，把历史文化遗产的保护内容扩大到了宅邸、庄园、农舍、桥梁等与历史事件有关或具有历史意义的建筑物；1913年颁布《古建筑加固和改善法》；1931年又颁布了《古建筑加固和改善法修正案》；1953年制定了保护历史性建筑物的《古建筑及古迹法》；1969年颁布《住宅法》，确定巴斯等4个历史古城为重点保护城市；1974年制定《城乡文明法修正案》，加强对被忽视了的被列建筑的保护措施，为欧洲建筑遗产年提供特别资助。

在法国，1840年颁布了《历史性建筑法案》；1913年颁布了《历史古迹法》，明确了历史性建筑保护的原则；1930年颁布了《遗址法》；1943年又通过立法，规定在历史性建筑周围500米内改变环境面貌要得到专门批准。

在美国，1960年制定了《文物保护法》。

在日本，1897年制定了《古神社寺庙保存法》，创立了保存资金制度，确立了保护对象与管理原则；1919年制定了《古迹名胜天然纪念物保存法》及施行细则；1929年颁布了《国宝保护法》，将保护范围进一步扩大，并制定了相应的保护措施；1952年，综合以上3项法令为

《文物保护法》，从而确定了文物保护制度体系；1954 年、1968 年、1975 年又对《文物保护法》作了 3 次修改；1980 年，颁布《城市规划法》，提出“地区规划”整顿政策，把区域性历史文化环境保护作为城市规划的一部分。

上述表明，尽管欧美日国家城市历史文化遗产因为现代化和战争等因素冲击而遭到了毁坏，但这些国家保护城市历史文化遗产的意识也在不断增强，历史文化遗产在城市生活中所具有的价值和作用逐步被人们所认识，保护运动由此获得了广泛的社会基础。与此同时，欧美日国家的历史文化遗产保护法规和保护制度也逐渐地得以完善。所以，近现代以来，欧美日国家城市历史文化遗产的保护取得了十分可喜的成就，今天许多城市所呈现的是现代化和传统历史文化风貌和谐并存、交相辉映的景象。

## 二、城市文化遗产保护产生的影响

现代意义上的城市历史文化遗产保护思想和活动起源于欧洲，并最先影响到美国和日本等发达国家，此后便伴随着全球性的现代化运动而波及到了世界各国，逐渐在全世界范围内获得了广泛的社会基础，形成了世界性的共识。这种共识集中体现在联合国教科文组织以及其他国际性组织的一系列文件之中。

1933 年，国际现代建筑协会制定的《雅典宪章》，专门论述了“有历史价值的建筑和地区”保护的意义与基本原则；1964 年 5 月，联合国教科文组织在威尼斯通过了著名的《国际古迹保护与修复宪章》，进一步论述了文物古迹保护的基本概念、基本原则与方法；1976 年 11 月，联合国教科文组织在华沙内罗毕通过了《关于历史地区的保护及其当代作用的建议》，进一步阐述了城市历史文化遗产保护的意义，并提出了应采取的措施；1987 年 10 月，国际古迹遗址理事会在华盛顿通过《保护历史城镇与城区宪章》，阐述了历史地段以及更大范围的历史城镇、城区的保护意义与作用、保护原则与方法等。至此，起源于欧洲的现代意义上的历史文化遗产保护思想已经基本趋于成熟，并成为国际社会的共识。

## 第二节 世界城市文化遗产的保护活动

世界各国进行的工业化建设以及城市的蓬勃发展，形成了一股冲击力量，导致许多城市文化遗产遭到威胁、侵蚀、破坏，甚至面临毁灭的危险。

在近现代，世界城市文化遗产的保护经历了长期的发展与演进：由保护可供人们欣赏的艺术品，发展到保护各种作为社会、文化发展的历史建筑与环境，进而保护与人们当前生活休戚相关的历史地区及整个城市；由保护物质实体发展到非物质形态的城市传统文化。这种历史回归的现象反映出人类现代文明发展的必然趋势。



### 一、英国城市历史文化遗产保护

英国人重视城市历史文化遗产的历史也就 200 来年。19 世纪时，英国古建筑保护得到社会关注。英国的城市历史文化遗产保护以古迹、登录建筑和保护区为主要内容，现在英国有在册古迹 175 处左右。1947 年《城乡规划法》及 1967 年《城市文明法》的颁布，分别标志着登录建筑和保护区保护制度的创立，登录建筑和保护区成为历史文化遗产保护的重点内容。被选为法定保护的古建筑称为登录建筑，由国务大臣将这些建筑编成一个目录，定义为有特殊建筑艺术或历史价值，其特征和面貌值得保存的建筑物。1968 年，第一批名单产生，共 18 万项。

1967 年的《城市文明法》首次引入保护区的概念，将保护区界定为“其特点或外观值得保护或予以强调的、具有特别的建筑和历史意义的地区”。目前，英国共有 7500 多处保护区。保护范围划分原则是保护该区的特点和完整性，也就是着重于保护地段的整体效果，而不局限于单幢建筑。1969 年的《住宅法》确定了巴斯、契切斯特、切斯特和约克等 4 个历史古城为国家重点保护城市，但在立法体系中，实际上是把 4 个历史古城作为一个完整保护区来对待的。这 4 座城市古建筑众多，而且集中成片，风景优美。如巴斯古城是英格兰西南部的一座山丘小城，但该市有 4900 多座登录建筑，划分了 6 个保护区，还利用古罗马遗址兴建了一座博物馆。除了 4 座历史古城外，英国其他一些城市的历史文化遗产也以登录建筑和保护区为核心，得到了较好的保护。

## 二、德国城市历史文化遗产保护

德国有许多古城，如柏林、波恩、科隆、兰茨胡特、累根斯堡、特利尔、法兰克福、斯图加特、莱因弗尔登等大、中、小城市。德国对古城的保护和改造是从城市整体考虑的，不仅限于文物古建筑的修复与保护，使它和现代社会经济发展相适应，同时保持古城的原有风貌。在保护古城古迹上，德国有非常成功的经验。德国人采取了功能更替、风格共容、部分拼补、遗迹残存、整体修缮、位置平移等一系列保护方法，取得了十分显著的成效。



除了这些方法外，德国对城市历史文化遗产还采取了其他一些行之有效的保护方法。比如，1971 年的《城市发展促进法》从城市整体上对保护古城风貌作了规定。在特利尔、兰茨胡特等小城市中实行全城整体保护，大城市则划出一定的保护区，如柏林的克罗依茨贝格区、法兰克福的古城区等。波恩列入保护的住宅有 6000 多处。

德国的古城保护和改造工作做得好，首先与德国全民族强烈的保护历史文化的传统意识具有密切的联系。另外，联邦政府、各州和市政府还有一系列古城古建筑保护的法律和相应的法规，使保护的实施有法可依。

## 三、意大利城市历史文化遗产保护

在意大利，有价值的文物古迹遍及城乡。首都罗马建于公元前 6 世纪，至公元 2 世纪时已初具规模，城中到处可见古罗马帝国时期遗留的古迹。其中，除教堂寺院等外，最著名的有斗兽场、公共浴场、万神殿、皇宫遗址、犹太教地下古墓等。古罗马时代的城墙、灌溉渠网、城市排水系统等都是国家瑰宝。佛罗伦萨、米兰、威尼斯等地的建筑艺术、雕塑品和历史文物遗迹等，充分闪现着古代罗马和文艺复兴以来的艺术光华。

由于拥有丰富的历史文化遗产，意大利在较早时间就提出了对历史名城进行保护。意大利古城保护的基本原则是：注重调查研究、精心保护和发掘古代城市文化艺术的精粹，在城市规划、建设中充分体现历史

风格和文化传统，高度珍视城市特色。在这一原则指导下，二战以来，意大利对历史文化遗产采取了一些保护措施：第一，在城市总体规划上，采取了避开古城另建新城的方法。第二，对古城与古建筑采取区别主次、分级分群的方式加以保护。为了保护古建筑群的个性和特色，意大利政府规定在古建筑群的四周邻近或相互之间不准随意插建别的建筑。

## 四、美国的城市历史文化遗产保护

美国是一个年轻的国家，但美国作为一个移民社会，不断地吸纳世界各地文化，形成了自身的文化特色，积累了丰富的历史文化遗产。与欧洲相比较，美国历史文化遗产保护的历史较为短暂，但在二战后已经成为一种社会风气。比如，20 世纪中期以来，美国出现了高度评价古旧物器的现象。在那里，人们对于古旧物器的赞赏已从古代欧洲和早期美国的精美家具、玻璃器皿以及银器，发展到一直不受人注意的、丑陋的、制作粗劣的旧物器。



1960 年美国制定了《文物保护法》，意味着历史文化遗产保护已经引起了美国人的高度重视，并已被提到了美国政府的重要议事日程上来。亚特兰大和丹佛这两个城市的历史文化遗产保护实践，便充分地说明了这一点。在 20 世纪 80 年代初，尽管亚特兰大市重视开发经济，但市议会经过反复激烈的争论，最终还是通过了一个《综合保存计划》的法令。到目前为止，按照该法令，亚特兰大市已经指定了 34 栋地标性建筑物和 152 栋历史性建筑物。

## 五、日本的城市历史文化遗产保护

1950 年制定的《文物保护法》是日本关于文物保护方面的第一个全面的、统一的国家立法，它确立了日本文物保护制度的最初体系，设立了文物保护委员会，确立了国家与地方公共团体的协作体制，对文物的保护以及产权的补偿实施保障与调整。

日本文物概念的外延非常广泛，具有以下几个特点：第一，日本把戏剧、音乐等规定为无形文物，它们是了解日本民族历史和人们生活习俗方面不可缺少的民俗文化，因此作为文物来保护。第二，纪念物中的天然纪念物，包括自然的动植物、名胜，例如富士山这样的名山或者非人工建造的美丽怡人的地区也作为保护对象。第三，依据文化的内涵和现实意义，对文物进行了具体规定。第四，专门将具有一定历史和艺术价值的技术作为文物保护对象，例如制瓦技术、茅草屋顶的修葺技术或修缮古建筑的木工技术等保护文物所必须的技术，也被列为文物保护的内容，并确保其技术人员的培训和材料的供给。第五，埋藏文物与以上分类有所不同。埋藏文物被埋在地下，它的价值还不明确。关于埋藏文物的保存主要是根据这个地区挖掘出来的东西来定。

日本历史文化遗产保护事业的经费来源是以补助金、贷款和公用事业费为主。1968 年度，日本文化厅预算总额为 50 亿日元，以后逐年攀升，到 1993 年度已经增长到了 539 亿日元，其中用于文物保护事业的费用占文化厅总预算的 3/4。

# 第二十一章

# 世界城市的未来发展



从最近几十年来世界城市发展的特点和趋势来看，当前的世界城市发展面临着严峻问题，但应一分为二地看待城市的发展，以正确的眼光和长远的角度来合理评价城市的发展，从而找到能切实有效地解决问题的途径。

未来的世界将是城市化的世界，21 世纪是城市时代，城市化的高速发展不可避免，这是人类社会发展的必然趋势，而且其所带来的后果有利有弊，不能因其所产生的弊端而回避其存在的客观性。城市化仍然是人类社会经济和社会发展的客观要求，也是必然结果。

## 第一节　世界城市的未来发展特点

随着社会生产力的不断发展，人类社会文明的不断进步，城市也不断发展和完善，特别是 18 世纪中期工业革命之后，人类社会发生了深刻的变化，由农业社会进入工业社会，从乡村化时代进入城市化时代。城市化成为社会经济的反映，是工业革命以后的一种世界性的发展趋势，成为当代世界的潮流。那么世界城市未来的发展将会有哪些特点呢?

首先，世界范围内的城市化仍将持续增长。回顾城市的发展历史不难发现，伴随着工业化进程，大规模的城市化迅速发展。1800 年，世界城市化水平只有3%，到1900年也仅有14%，据联合国人口司和美国人口咨询局的有关数据，1950年世界城市人口所占的比重为30%，1977年为38%、1990年为43%、2000年为46%、2005年为48%。可见，世界范围内的城市化增长势头持续而迅猛，未来的世界城市化仍然将会保持这种发展态势。根据联合国有关机构发布的资料，2008年世界城市化水平超过50%，总人口中首次有超过一半的人口生活在城镇。同时，预计到2030年，不发达地区的城市人口比重将提高到56%，而发达地区的城市人口比重将提高到81%，全世界城市人口比重达到61.1%，城市人口数量将增加到51亿。

其次，世界城市化仍然以聚集为主，但是城市化也会明显分散。美国著名的地理学家诺瑟姆把城市化过程分为三个阶段：第一，城市化水平较低、发展缓慢的初期阶段；第二，人口向城市迅速聚集的中期加速发展阶段；第三，进入高度城市化以后城市人口比重又趋缓慢甚至停滞的后期阶段。随着时间的向前推移，城市化的发展进程呈现出“S”形，城市人口的增长呈现出“缓慢—迅速—缓慢”的发展动态。所以，未来世界的城市化将由集中走向分散，但是城市作为集中居住和社会经济活动中心的作用不会下降。

总的来说，世界城市化水平不断提高，但与此同时城市人口增长率却呈下降趋势。1950年世界城市人口增长率为3.01%，至2030年将下降到1.55%。这一特点与世界总人口增长率的下降和城市化速度的下降密切相关。因为发达地区大多数国家的城市化水平已经很高，近期城市化速度会稳中有降，城市的人口增长率由1950年的2.32%将下降到2030年的0.14%。此外，人口的低增长率，也产生相应的低城市人口的增长。而在欠发达地区城市化将继续以较快的速度发展，但步伐也会放慢，城镇人口增长率也将由1950年的3.97%下降为2030年的1.91%。

最后，随着世界城市化持续快速地增长，城市数量和规模均将增长和扩大，大中城市将继续增加。从数量上来看，1995年全世界有2071个大中城市，到2015年将达到2998个。在全球范围内，2015年人口超过1000万的特大都市将达到26个，其中有18个在亚洲，4个在拉丁美洲，2个在北美洲，2个在非洲。1995年全世界50万人口以上的城市662个，至2015年将达到934个。50—100万人口的城市将继续增加，达到 908 个，总人口达 14.48 亿，占全世界总数的 37.4%。50 万以下的中小城市其人口的绝对数量随着城市化总体水平的提高而不断增大，但是其占世界总人口的比例则有所下降。

联合国预测，到 2050 年，世界上城市人口的比例将达到惊人的 75%，超级大城市也会成倍地出现，对世界来说，这是一种发展趋势。有关专家认为，超级大城市的人口增长不完全都是坏事，未来世界上最大的 40 个超级都市仅占地球极少的面积，却将让全球 18%的人口生活在其中。而且，大城市的数量有增无减。从规模上讲，表现为大城市在地域空间上也将不断扩展，形成许多以一个或几个城市为中心，包括周围城市化了的地区的大都市区，并且许多大都市区还首尾相连，形成若干个包括几千万人口的大都市带或都市连绵区。



## 第二节　世界城市发展面临的问题

当前世界城市发展面临着严峻的问题，未来的城市发展中，也会不可避免地遇到一些比较严重的问题。在世界城市高速发展的同时，不能忽视由此引起的各种城市问题。这些问题是客观存在的，但是也应该一分为二地来看待它们。

不可否认，城市的发展会带来一些负面效应。随着城市化进程的加快，城市将成为发展以及社会和经济进步的主要战场，大批人口涌向城市，城市人口会急剧增加，资源遭遇危机，环境不断恶化，城市贫困更加严峻，住房和基础服务设施短缺，失业和就业不充分，民族关系紧张和冲突，财产浪费，犯罪和社会分裂严重恶化等。城市发展带来的负面效应日益引起人们的关注。

到 21 世纪中期，城市会遇到这样或那样的问题，如：人口膨胀问题、交通运输问题、新的生活方式引起的问题、能源问题、污染问题等等。其主要表现为：城市用地紧张；建筑密度过大；住宅极端缺乏；交通堵塞；能源供给不足；污水、废气、垃圾、噪声等对环境的污染严重；生态环境恶化；人们的道德观念日趋薄弱；犯罪增加等。这些都是伴随城市化的快速发展而产生的。但是，我们也要正确认识和肯定城市发展的正面作用。

实际上，上面问题的严重程度与城市的发展速度之间并不完全直接相关。首先，不能忽视城市和城市系统在较强大、较稳定的经济体中所发挥的核心作用。其次，重要的新城市出现与贫困并没有特殊的联系。虽然许多城市有贫困高度集中的地方，但就全世界范围来说，其贫困的规模和严重程度仍比农村地区低得多。城市化水平越高的国家，绝对贫困的水平就越低，这是客观事实。还有，城市并不应完全承担过度利用资源和环境恶化的责任，这些责任应该由具体的工商企业、高消费群体来承担。而这类企业和消费者大多可能集中在城市，从而易让人产生对城市的误解。

所以，应该一分为二地看待城市的发展，应看到其积极的一面，充分利用其积极作用，发挥其优势。城市可以将安全、卫生的生活条件和丰富的文化娱乐方式同非常低水平的能源消耗、资源利用和废物产生结合起来。城市化虽然触发了许多危机，但它也蕴藏着巨大的潜在优势。事实上，由于城市化繁荣了一个国家的国内市场及其国际贸易，所以它为国家的富强乃至全球的富强起到了积极作用。城市化已成为多数国家向更强、更稳定的经济发展的主要动力，它对世界相当一部分人生活水平的提高起到了积极的推动作用。

此外，城市既是艺术、科学和技术创新中心，又是文化和教育中心。城市是人类文化得以世代传承的重要载体。城市受益于其规模经济，能提供更好的服务设施，大都市中心能降低能源费用，能提供更有效的交通系统，能以较低的单位成本提供较好的教育设施，并建造更适合居住的场所。

## 第三节　世界城市的未来发展趋势

世界城市的未来发展表现为怎样的趋势呢？可以从两个方面来看，分别是城市化水平的发展趋势和城市规模发展的趋势。

### 一、展望城市化水平发展趋势

总体而言，未来的世界城市化仍将保持持续、快速增长的势头。首先是城市人口继续增长。前面提到过，据联合国预测，到2030年，世

界城市人口将达到51亿。其次，世界的城市化率也将从1990年的43.2%提高到2030年的61.1%。最后，影响城市人口增长规模的城市人口年增长率，虽然2025—2030年的世界城市总人口的增长率估计为1.6%，低于1950—1965年的3%，但因为城市人口的增长速度高于总人口年增长率0.81%的速度，所以世界城市化的速度在未来十几年里将仍然呈现出加快发展的趋势。

在未来的城市发展过程中，发达国家的城市化速度将逐渐放慢，而发展中国家将是未来城市化发展的重点地区。20世纪是发达国家城市化速度最快的世纪，城市化水平由1900年的26.1%上升到了1999年的76%，达到了城市化的成熟阶段。进入21世纪后，发达地区的城市化速度将逐渐放慢，估计到2030年将达到84%，30年中增加8个百分点，大大低于发展中国家17个百分点的速度。与此同时，发达地区的城市人口占世界城市总人口的比例也相应地下降，从1900年的68%、1965年的60%将跌落到2030年的20%左右。这表明，发展中国家的城市将构成未来世界城市化的主体。



## 二、展望城市规模发展趋势

在经济全球化时代，城市尤其是大城市扮演着全球经济网络节点的重要角色。在国家和区域经济社会发展中，大城市有着十分重要的地位。它既有较好的投资环境和较强的经济实力，也有较完善的功能和较高的利益。同时，大城市充当着一个国家或地区经济社会发展的中心，体现着国家和地区的实力与发达程度。因此大城市有势不可挡的增长趋势，不仅大城市的数量在增加，而且地域范围也在不断扩展，甚至出现众多的城市群、大都市圈。大城市有强大的人口凝聚力，也有旺盛的生命力，在比较利益的驱动下，会不可避免地使大城市的人口和用地大规模地扩张。未来大城市的发展主要表现在以下几个方面：

首先，100万人口以上城市发展速度加快，数量不断增加，其人口占总城市人口的比重不断提高。其次，城市地域空间不断扩展，形成更多以大城市为中心，包括周围城镇化地区的大城市地区。最后，出现大城市群、城市带和城市连绵区。

经济全球化的发展使得各国、各地区、各大城市之间的经济、金融和贸易越来越相互渗透、相互依存，特别是国际贸易的迅速扩大，跨国公司的全球扩展，会大大促进全球的城市化进程。世界经济的全球化可以整合、改造、重塑全球的生产、经营、流通和消费方式，并促使一部分大城市向国际化大都市转变。大城市、超大城市及城市群的出现是世界城市发展的必然，但是必须加以规划管理和政策调控。由于超大城市和城市群已超越了行政界限，有的甚至超越国界，一些城市问题如环境污染等，依靠单个的城市难以解决。所以，世界大城市的协调发展，需要一些超越行政界限的组织进行宏观调控。

## 第四节　未来世界城市设想



未来的世界城市到底是一种怎样的情形呢？可以设想一下，在发展方向上，未来的城市应该不会超出以下几种类型。

### 一、生态经济城市

城市是一个生态与经济的复合系统，生态系统是城市的载体，经济系统是城市发展的基础，所以，城市具有生态与经济的双重特征。生态与经济的协调发展是城市现代化的重要标志，也是未来城市顺利发展的必然要求。随着经济与科技的发展，人类具有更强的能力来保护生态，维持生态与经济的平衡，提高人们的生活环境质量。人类应该通过理性思考和自身积极的活动不断调节经济与自然生态的关系，实现“经济循环圈”、“生态循环圈”、“人口循环圈”自身及三者间的平衡。

生态经济城市是城市发展的一个高级阶段，它是建立在现代科学技术基础上的社会、经济与生态环境协调发展的文明、舒适的“理想城市”。目前，世界上绝大多数发达国家都大力推进生态城市建设，十分重视环境的质量和保护，可持续发展成为世界城市永恒的主题。第二次世界大战以后，欧洲各国都开始了生态绿化战略，成立有专门的绿色空间设计组织。近 10 年来，亚洲一些国家如新加坡、日本、韩国等，已经把生态经济城市建设作为城市发展的最高目标，并且得到了长足的发展。

## 二、世界城市

“世界城市”的概念最早见于1915年英国人盖德斯所著的《进化中的城市》一书：“（世界城市是）世界最重要的商务活动的绝大部分都须在其中进行的那些城市。”当今已出现的世界城市，主要集中在美洲和欧洲，也有一些出现在经济发展水平与其接近的半边缘地区，如加拿大的多伦多和中国香港。

受经济全球化浪潮的影响，世界城市的产业体系具有不同于一般城市的特征。一批新兴产业、朝阳产业支撑着世界城市的发展，其中包括高新技术制造业、金融业、商业服务、休闲娱乐、创造性产业、零售业、保健与养老服务、教育产业等。作为经济全球化和后工业化的产物，世界城市如今正处于发展过程中。随着经济全球化的继续深入发展，世界城市的发展空间也将越来越大。因此，世界城市将成为未来城市的一个重要发展目标。



## 三、创新城市

创新城市具有如下特征：市民普遍具有创新意识；城市管理者能够将创新想法及时付诸实施；城市通过将创新实践和成果广泛深入地宣传和传播，维持城市不断进行新的创造活动。

创新城市分为文化型创新城市、工业型创新城市和服务型创新城市三种类型。文化型创新城市的创新活动偏重于文化艺术，其经济已经高度发达和繁荣，有足够的人力、物力、财力去进行文化创新，如法国的巴黎、芬兰的赫尔辛基。工业型创新城市不是中心城市，但也不能很偏僻，一般都在大都市的周边地区，通过创新知识影响中心城市，如美国的堪萨斯、英国的哈德斯费尔德。服务型创新城市则通过不断创造新的服务，使得城市善于面对突发事件，如社会福利、健康、公共安全等方面出现的问题。

今天，我们正处在知识经济时代，知识经济的一个重要特征就是创新。未来社会创新理念将会更加突出，积极倡导与开发创新城市，将为未来城市的发展注入更大的活力。

## 四、数字城市

数字城市是 1998 年美国前副总统戈尔提出“数字地球”后出现的一个新名词。数字地球的核心内容是全球信息数字化，主要指应用地理信息系统、遥感、全球定位系统等技术，以数字方式获得、处理有关地球的各种数据，并在此基础上解决全球的各种问题。数字城市，更确切地说应该是信息城市，指人们把数字技术、信息技术、网络技术等渗透到城市的方方面面后，通过获得的城市基础设施、土地利用、生态环境、建筑类型、资源人口、经济社会等各类数据，建立起的一个真实城市的虚拟模型，其本质是对物质城市及其相关现象统一的数字化重现和认识。

在以信息技术为主的第三次科技革命的推动下，现在有些城市已经开始步入数字化时代。“数字城市”正在成为世界城市规划和建设的新目标。世界上许多城市都在进行着信息数字化进程。美国约有 50 个城市正在建设“数字城市”，香港开始建设“数字港”，新加坡也提出数字城市的设想并在积极实践中。信息社会的来临，知识经济的发展，必然推动未来出现更多的“数字城市”。



## 五、文化城市

随着人类文明的进步，未来的城市将是以人为核心和导向、创造和管理社会转变的场所。现代的城市经济主义观点认为，城市是从属于经济需求的，其代价是抹杀个性、牺牲市民的生活质量，使城市成为经济和商业的附庸。与此相反，未来的城市将注重营造各具特色的文化氛围，注重城市个性的发展。例如，为了更适合人类居住，韩国首尔的发展战略之一就是将其建设成由丰富的历史和自然资源浇注的文化中心，重新焕发首尔的历史与传统的生机，使每个人都能享受文化空间，使艺术与生活融为一体；扩张居民的文化空间，文化设施（包括博物馆、图书馆、会议厅、福利设施等）的数量从 1999 年的 1427 个上升到 2007 年的 1725 个；通过使居住者消费绿色产品的运动来美化城市环境，在将来的首尔建立起绿色生活方式等。

# 附录一

## 中国主要城市大事年表

**公元前**

| | |
|---|---|
| 8000—6000 年 | 中国进入新石器时代 |
| 5000—4000 年 | 黄河流域的母系氏族公社首先进入繁盛期 |
| 3000 年前后 | 原始社会父系氏族公社进入发展高潮期，出现众多部落及部落联盟 |
| 3000 年左右 | 西山古城作为仰韶文化晚期的城堡出现 |
| 21—17 世纪 | 中国历史上第一个奴隶制王朝——夏朝在黄河流域出现 |
| 1750 年 | 商朝城市文明出现（近似时间） |
| 1045 年 | 北京成为蓟、燕等诸侯国的都城 |
| 11 世纪后半叶 | 周文王、周武王迁都丰、镐 |
| 9 世纪 50 年代 | 姜氏第七代国君献公由薄姑（今山东省博兴县境内）迁都临淄 |
| 4 世纪 | 燕下都始建 |
| 386 年 | 赵国都城从中牟迁至邯郸 |
| 311 年 | 燕下都正式作为燕国都城 |
| 109 年 | 汉武帝置益州郡，郡治滇池县（今云南省昆明市城南） |
| 100 年 | 广州建城 |

## 公元后

| | |
|---|---|
| 317 年 | 司马睿在建康（邺）称帝 |
| 398 年 7 月 | 拓跋珪迁都至平城（今山西大同） |
| 494 年 | 孝文帝迁都洛阳 |
| 698 年 | 靺鞨粟末部首领大祚荣建立“震国”，建都于今吉林省敦化县敖东城 |
| 937 年 | 徐知浩夺取杨吴帝位，改国号为南唐，并迁都金陵 |
| 971 年 | 广州设立第一个海关 |
| 1210 年 | 南宋在上海的西北部嘉定县设嘉定府城 |
| 1231 年 | 成吉思汗攻取金中都（今北京） |
| 1264 年 5 月 | 元世祖始建大都（今北京） |
| 1356 年 | 朱元璋进占集庆路，改名应天府 |
| 1358 年 | 农民起义之红巾军攻克上都，结束了它作为一代陪都的历史 |
| 1368 年 | 明军攻占元大都 |
| 1369 年 | 明政府改奉元路为西安府 |
| 1378 年 | 朱元璋罢开封北京称号，南京改称京师，成为正式首都 |
| 1382 年 | 明政府改中庆路为云南府，清朝沿袭 |
| 1394 年 | 明政府设立东莞守御千户所及大鹏守御千户所 |
| 1557 年 | 葡萄牙人向当时明政府取得居住权，成为首批进入中国的欧洲人 |
| 1684 年 | 清政府在艾呼寨旧址上筑黑龙江城，即旧瑷珲城 |
| 1772 年 | 清政府在迪化城西修建满城——巩宁城 |
| 1843 年 | 根据《南京条约》，上海开辟为商埠，帝国主义相继而来 |
| 1843 年末 | 宁波作为通商口岸对西方开放 |
| 1860 年 | 英法联军与清王朝签订《北京条约》后， |

| | |
|---|---|
| | 开天津为通商口岸 |
| 1861 年 | 清政府被迫与英国人签订《英国汉口租地原约》，从此武汉的大门被打开，帝国主义列强争先恐后地来到武汉 |
| 1863 年 | 英国人在上海取得中国海关的管理权 |
| 1891 年 | 清政府在胶澳设防，开始青岛建置 |
| 1896 年 | 哈尔滨被帝俄占据，后在 1906 年开辟为商埠 |
| 1897 年 | 德国借口“曹州教案”派兵强占青岛，并于第二年强租青岛 99 年 |
| 1898 年 | 英国强迫清政府签订条约，香港被迫租给英国，租期 99 年 |
| 1899 年 | 俄国人开始建造今大连，并起名为“达里尼”特别市 |
| 1927 年 10 月 | 中国共产党在井冈山首先开辟革命根据地 |
| 1931 年 11 月 | 中央工农民主政府在江西瑞金成立 |
| 1928 年 | 国民政府改北京为北平特别市 |
| 1945 年 9 月 | 国民政府接收青岛，仍为特别市 |
| 1949 年 4 月 23 日 | 中国人民解放军占领南京，成立南京市人民政府 |
| 1951 年 5 月 23 日 | 西藏和平解放，拉萨城进入了新的时代 |
| 1979 年 3 月 | 中央和广东省决定改宝安县为深圳市 |
| 1989 年 2 月 | 经国务院批准，成都市成为国家计划单列市 |
| 1990 年 | 上海开始开发浦东 |
| 1997 年 7 月 1 日 | 香港回到祖国怀抱，结束英国的殖民统治 |
| 1999 年 12 月 20 日 | 澳门回归祖国 |

# 附录二

## 世界主要城市大事年表



**公元前**

| | |
|---|---|
| 约 2.5 万年 | 现代人完全进化 |
| 8000 年 | 近代畜牧业和农业出现 |
| 7500—6800 年 | 耶利哥遗址出现定居生活 |
| 6000 年 | 耶利哥遗址建筑城墙，出现社会管理的标志 |
| 4000 年 | 底格里斯—幼发拉底河谷剩余食物增加 |
| 3500 年 | 美索不达米亚出现最早的文字资料 |
| 3000 年 | 克里特岛米诺斯文明开始 |
| 2600 年 | 齐奥普斯金字塔建造 |
| 约 2300 年 | 萨尔贡在巴比伦附近建立阿卡德王国国都 Agade |
| 2150 年 | 印度出现哈拉帕文化的城市 |
| 2004 年 | 最后的苏美尔王朝衰落 |
| 1600 年 | 希腊迈锡尼城市兴起 |
| 814 年 | 迦太基建城 |
| 753 年 | 传说中罗马建城 |
| 600 年 | 希腊移民建立马塞利亚（后来的马赛） |
| 587 年 | 尼布甲尼撒再次攻占耶路撒冷 |
| 515 年 | 耶路撒冷圣殿重建 |

| | |
|---|---|
| 450 年 | 罗马颁布十二铜表法 |
| 431—404 年 | 伯罗奔尼撒战争削弱了希腊的城邦国家 |
| 146 年 | 迦太基灭亡 |
| 63 年 | 庞培征服耶路撒冷，破坏圣殿 |

**公元后**

| | |
|---|---|
| 70 年 | 耶路撒冷圣殿被毁 |
| 324 年 | 圣彼得教堂在罗马建成 |
| 326 年 | 君士坦丁堡建成，作为马罗帝国东部首都 |
| 410 年 | 西哥特阿拉里克一世攻陷罗马 |
| 421 年 | 神话中威尼斯建立时间 |
| 500 年 | 日本首都区初现规模 |
| 508 年 | 法兰克王国定都巴黎 |
| 537 年 | 君士坦丁堡圣索菲亚大教堂完工 |
| 635 年 | 阿拉伯占领大马士革 |
| 637 年 | 阿拉伯人夺取耶路撒冷 |
| 639—647 年 | 阿拉伯人征服埃及；开罗的前身福斯塔建立 |
| 661 年 | 哈里发从麦地那迁至大马士革 |
| 708 年 | 日本奈良建立 |
| 749 年 | 哈里发迁移巴格达 |
| 794 年 | 日本在平安京建立新皇都 |
| 885—887 年 | 巴黎成功击退斯堪的纳维亚人入侵 |
| 968 年 | 开罗建立 |
| 1037 年 | 基辅建立圣索菲亚教堂 |
| 1095 年 | 第一次十字军东征 |
| 1163 年 | 巴黎圣母院开始建造 |
| 1176 年 | 撒拉丁统治时期，开罗的撒丁堡和城墙开始建设 |
| 1179 年 | 开始建造巴黎新的城墙和铺整街道 |
| 1204 年 | 十字军征服君士坦丁堡 |
| 1291 年 | 十字军东征结束 |

| | |
|---|---|
| 1325 年 | 特诺奇蒂特兰建城 |
| 1347 年 | 大瘟疫夺取了威尼斯半数人口的生命 |
| 1348 年 | 大瘟疫的流行使开罗损失惨重 |
| 1394 年 | 李朝建都汉城（今首尔） |
| 1453 年 | 君士坦丁堡落入奥斯曼土耳其之手 |
| 1492 年 | 西班牙征服格林纳达，开始驱逐犹太人 |
| 1498 年 | 达·伽马到达印度的卡利卡特 |
| 1499 年 | 法国人夺取米兰；意大利城市国家时代终结 |
| 1517 年 | 奥斯曼帝国占领开罗 |
| 1534 年 | 葡萄牙人占领孟买岛 |
| 1561 年 | 腓力二世将都城从里斯本迁至马德里 |
| 1576 年 | 安特卫普被西班牙人洗劫 |
| 1624 年 | 新阿姆斯特丹建城 |
| 1664 年 | 英国人占领新阿姆斯特丹，建立纽约市 |
| 1665 年 | 英国人控制孟买 |
| 1682 年 | 路易十四将王宫迁往凡尔赛 |
| 1690 年 | 英国东印度公司代办乔布·查诺克创建加尔各答市 |
| 1703 年 | 圣彼得堡建城 |
| 1764 年 | 圣路易斯建城 |
| 1772 年 | 加尔各答成为英属印度的首都 |
| 1781 年 | 洛杉矶建城 |
| 1782 年 | 曼谷王朝拉玛一世从吞武里迁都曼谷 |
| 1785 年 | 德黑兰成为波斯的首都 |
| 1788 年 | 辛辛那提建城 |
| 1800 年 | 伦敦人口达到 100 万人 |
| 1819 年 | 斯坦福·拉弗尔斯爵士创建新加坡 |
| 1833 年 | 芝加哥建城 |
| 1842 年 | 悉尼正式建市 |
| 1851 年 | 英国占领拉各斯 |
| 1851 年 | 伦敦举办第一届世界博览会 |

1854 年　开罗到亚历山大里亚开通火车

1867 年　新加坡成为英国殖民地

1869 年　东京成为日本的首都

1871 年　柏林成为德国首都

1898 年　纽约的五个区合并

1903 年　第一座“花园城市”在英格兰的莱奇华斯动工

1910 年　汉城被日本占领

1918 年　俄罗斯迁都莫斯科

1945 年　柏林分为东、西柏林

1950—1953 年　朝鲜战争对汉城造成严重破坏

1953 年　柏林暴动

1960 年　巴西迁都巴西利亚

1965 年　洛杉矶瓦茨骚乱

1968 年　美国主要城市发生骚乱

1977 年　世界贸易中心双塔建成

1990 年　柏林重新统一

1992 年　洛杉矶发生骚乱

2001 年　纽约世贸双塔被恐怖分子摧毁

# 参考文献

顾朝林著：《中国城镇体系：历史·现状·展望》，商务印书馆1992年版。

朱翔主编：《城市地理学》，湖南教育出版社2003年版。

向德平主编：《城市社会学》，高等教育出版社2005年版。

董鉴泓主编：《中国城市建设史》，中国建筑工业出版社2004年版。

赵立平著：《城市文化建设》，中国社会科学出版社2005年11月版。

赵冈著：《中国城市发展史论集》，新星出版社2006年6月版。

孙逊、杨剑龙主编：《阅读城市：作为一种生活方式的都市生活》，三联书店2007年版。

[美] 乔尔·科特金著，王旭等译：《全球城市史》，社会科学文献出版社2006年版。

[美] 刘易斯·芒福德著，宋俊岭、倪文彦译：《城市发展史：起源、演变和前景》，中国建筑工业出版社2005年版。

顾朝林等著：《中国城市地理》，商务印书馆1999年版。

王恩涌编著：《文化地理学导论》，高等教育出版社1991年版。

许学强、周一星、宁越敏编著：《城市地理学》，高等教育出版社1997年版。

陈立旭著：《都市文化与都市精神》，东南大学出版社2002年版。

[法] Jean Mesqui 著，赵念国译：《城堡：从战争时期到和平年代》，上海书店出版社2004年版。

周长山著：《汉代城市研究》，人民出版社 2001 年版。

沈玉麟编：《外国城市建设史》，中国建筑工业出版社 1989 年版。

邹逸麟主编：《中国历史人文地理》，科学出版社 2001 年版。

孟元老等著：《东京梦华录》（外四种），文化艺术出版社 1998 年版。

戴均良主编：《中国城市发展史》，黑龙江人民出版社 1992 年版。

周一星、陈彦光等编著：《城市与城市地理》，人民教育出版社 2003 年版。

晋保平、张宇燕主编：《国外的礼仪与禁忌》，中国社会出版社 2006 年版。

杨英杰编著：《中外民俗》，南开大学出版社 2006 年版。

赵建峡、李乐民主编：《中外民俗》，郑州大学出版社 2006 年版。

游明谦主编：《中外民俗》，郑州大学出版社 2002 年版。

《中国城市发展报告》编辑委员会：《中国城市发展报告（2006）》，中国城市出版社 2007 年版。

王中奇：“旧城改造：中国城市的集体活动”，《美联地产研究》企业内刊。

肖金成、袁朱：“我国将形式十大城市群”，《决策与信息》2007 年第 5 期。

官卫华、姚士谋：“世界城市未来展望与思考”，《地理学与国土研究》2000 年 16 卷 3 期。

马世之：“郑州西山仰韶文化城址浅析”，《中州学刊》1997 年 4 月。

中国文化网，http：//www.chinaculture.org/。

**图书在版编目（CIP）数据**

中国世界城市文化 / 张鹏编著. —北京：时事出版社，2013.7
ISBN 978-7-80232-416-9

Ⅰ.①中… Ⅱ.①张… Ⅲ.①城市文化—介绍—世界 Ⅳ.①C912.81

中国版本图书馆 CIP 数据核字（2013）第 124356 号

出版发行：时事出版社
地　　址：北京市海淀区巨山村 375 号
邮　　编：100093
发行热线：（010）82546061　82546062
读者服务部：（010）61157595
传　　真：（010）82546050
电子邮箱：shishichubanshe@sina.com
网　　址：www.shishishe.com
印　　刷：北京百善印刷厂

---

开本：787×1092　1/16　印张：25.5　　字数：420 千字
2013 年 7 月第 1 版　2013 年 7 月第 1 次印刷
定价：39.00 元
（如有印装质量问题，请与本社发行部联系调换）